개암 강익

남명학연구총서 10

개암 강익
Gae-am Gang Ik

엮은이   남명학연구원
펴낸이   오정혜
펴낸곳   예문서원

편 집   김병훈·유미희
인 쇄   ㈜상지사 P&B
제 책   ㈜상지사 P&B

초판 1쇄   2017년 12월 29일

주   소   서울시 성북구 안암로9길 13
출판등록   1993년 1월 7일(제307-2010-51호)
전화번호   02-925-5913~4 / 팩시밀리 02-929-2285
E-mail   yemoonsw@empas.com

ISBN 978-89-7646-380-7   93150
ⓒ 南冥學研究院 *2017 Printed in Seoul, Korea*

YEMOONSEOWON 13, Anam-ro 9-gil, Seongbuk-Gu Seoul KOREA 136-074
Tel) 02-925-5913~4, Fax) 02-929-2285

값 32,000원

남명학연구총서 10

개암 강익

남명학연구원 엮음

예문서원

서 문

　남명학연구원에서는 남명학과 남명학파 연구의 대표적인 업적을 엄선해 총서를 출간하고 있다. 그동안의 연구 성과를 정리해 남명학의 정체성을 확립하고 남명의 학문과 사상이 그 제자들에게 어떤 영향을 미쳤는가를 알아보며, 나아가 남명학에 대한 새로운 전망을 모색하기 위해서이다.

　남명학연구총서는 2006년 이후『남명사상의 재조명』(총서 1권),『남명학파 연구의 신지평』(총서 2권),『덕계 오건과 수우당 최영경』(총서 3권),『내암 정인홍』(총서 4권),『한강 정구』(총서 5권),『동강 김우옹』(총서 6권),『망우당 곽재우』(총서 7권),『부사 성여신』(총서 8권),『약포 정탁』(총서 9권) 등을 간행했다. 그리고 이를 통해 남명과 남명학파의 학문과 사상의 계승과 전개, 남명학파 개개인의 학문과 사상에 대해 집중적으로 조명해 오고 있다.

　이번 총서 제10권의 주제는『개암介庵 강익姜翼』이다. 개암 강익은 남명 선생의 문인으로 출사보다는 학문과 수신에 진력하여 곧은 선비로 이름이 높았고, 남계서원藍溪書院 건립을 주도하는 등 유풍의

5

진작과 강학활동에 매진한 분이다. 개암은 선현을 존숭하는 교육적
가치를 절실하게 깨달아서, 남계서원을 창건하여 강우江右의 학풍
을 진작하고 선비들을 곧고 바른길로 인도하기 위해 부심하였다.
존현사업尊賢事業의 본질을 누구보다도 잘 통찰하고 있었던 것이다.
또한 그의 삶과 학문은 효제孝悌와 의리義理라는 시대적 가치를
벗어나지 않았다. 그는 실로 도와 덕의 온축과 행함에 치열했던
선비이자 학자였다. 그렇지만 개암의 학문과 향촌교화 등에 대한
연구는 극히 미미한 실정이다. 그것은 그가 45세에 생을 마쳤고,
남긴 문집이 많지 않기 때문이기도 할 것이다.

　이번에 출간하는 총서 제10권 『개암 강익』을 계기로, 그동안
남명학파에서 차지하는 위상에 비해 상대적으로 연구가 미흡했던
개암에 대한 연구가 활성화될 것을 기대한다. 이 책에는 개암 강익의
학문과 사상에 관련된 연구논문 중에서 연구의 새로운 지평을
열었다고 생각되는 것들을 엄선하여 실었다. 그리고 혹 미비한
점이 있는 것은 필자들이 이번 기회에 보완했다. 옥고를 보내 주신

6

필자들과 토론에 참가해 주신 남명학연구원의 상임연구위원 여러
분들께 감사의 말씀을 드린다. 아울러 정성들여 책으로 엮어 주신
도서출판 예문서원에도 아울러 감사의 말씀을 드린다.

2017년 12월
남명학연구원 원장 박병련 삼가 씀

제1장 개암 강익의 가계와 생애

김 학 수

1. 머리말

이 글은 16세기 함양의 사유師儒로서 남계서원을 건립하여 지역의 학풍을 진작시킨 개암介庵 강익姜翼의 가계와 생애를 분석하는 데 주안점이 있다. 고려 말 조선 초에 명벌로 도약한 진주강씨는 남이의 옥사에 연루되어 혹독한 가화를 거쳤지만 금재琴齋 강한姜漢의 함양 이거와 학문적 성장은 문호의 재정립에 계기가 되었고, 여기에 강익과 같은 석학이 배출되면서 진주강씨는 강우 명가로서의 위상을 확고하게 다지게 된다.

강익은 시대가 행도行道의 기회를 부여하지 않자 입언立言으로서 식자의 도리를 다했고, 그 학문과 식견은 정여창 이래 숙성된 함양의 학풍에 남명학을 수렴하고, 임훈·노진·오건·김우옹 등 석학과의 탁마를 통해 더욱 정련함으로써 편벽되지 않는 질실함을 유지할 수 있었다. 또한 그의 시는 성정性情에 근본을 둠으로써 전아미典雅美를 가지되 어떤 속기俗氣도 찾아볼 수 없었다고 한다. 강익의 학과 행은 상도常道와 원칙에 바탕함으로써 문구 하나도 법칙을 잃지 않았고, 문사는 간약하면서도 정미했다. 무엇보다 그의 삶과 학문은 효제孝悌와 의리義理라는 시대적 가치를 벗어나지 않았고 도와 덕의 온축과 행함에 치열했던바, 그는 동시대에도 흔치 않았던 순유醇儒였음에 분명했다. 아울러 그는 기림의 교육적 가치를 누구보다 절실하게 깨닫고 남계서원灆溪書院을 창건하여 강우江右의 학풍을 진작하고 선비들을 곧고 바른길로 인도하기 위해 부심하였는데, 이는 그가 존현사업尊賢事業의 본질이 무엇인지를 통찰하고 있었음을 의미한다.

결국 강익은 '위기지학爲己之學'에 힘쓰며 위인지업爲人之業에 절실했던 학인으로 평가할 수 있는데, 이 글은 그러한 인간상을 만들어 낸 집안의 전통, 그가 추구했던 삶의 궤적을 추적한 것이다.

2. 가계: 사회·학문적 활동의 기반

1) 친계

(1) 명문 도약과 정치적 시련: 강이경의 '남이옥사' 연루와 가문의 해체

강익姜翼의 자는 중보仲輔, 호는 개암介庵, 본관은 진주이다. 시조 강이식姜以式은 599년 수나라 군대를 대파한 고구려의 명장으로 집안에서는 원수공元帥公으로 일컬어진다.[1] 강이식 이후 상당한 기간 동안 그 자손들의 세계는 명확하지 않다. 이러한 상대 세계의 불완전성은 비단 진주강씨에 국한되는 것이 아니라 대부분의 집안에서 흔히 찾아볼 수 있는 일반성이다.

---

1) 허권수, 「晉陽姜氏 恭穆公派 家門의 형성과 전개」, 『남명학연구』 51(경상대학교 남명학연구소, 2016).

계보상 강이식의 자손들이 역사의 전면에 등장하는 것은 13세기 중후반에 활동한 강계용姜啓庸·위용渭庸 형제 대부터이다.[2] 강이식과의 계대를 확정할 수 없어 족보에는 '후손後孫'으로 표기되어 있지만, 이들의 등장은 강씨 일문의 역사적 전개와 관련하여 중요한 의미를 지닌다. 특히 강계용은 문과에 합격하여 국자박사를 지냈고, 1274년에는 통신사 서장관으로서 정사 김방경金方慶을 보좌하여 일본 정벌에 참여한 공으로 진산부원군에 봉해지는 등 매우 현달했다.[3] 그의 현달은 '강씨문호姜氏門戶' 확충의 디딤돌이 되어 자손들 또한 대대로 사환을 유지하며 고려 사회의 상층부에 존재하게 된다.

이런 흐름 속에서 진주강씨는 강계용의 현손 강군보姜君寶 대에 이르러 비약적인 성장을 구가하게 된다. 강군보는 충숙왕 때 문과에 합격하여 정당문학·첨의평리·예문관대제학을 거쳐 문하시중에 오르고 봉산군에 봉해졌으며, 1380년에는 문경文敬의 시호까지 받았다. 특히 그는 이색·권근 등 당대 석학들과의 친교 또한 깊었는데, 이는 그의 영달이 사환적 측면을 넘어 학술·문화적 영역까지 포괄하고 있었음을 뜻한다. 이로써 진주강씨는 14세기 중후반 고려 사대부 사회의 주류로서의 위치를 더욱 확고히 할 수 있었고, 그 전통은 아들 강시姜蓍와 손자 강회백姜淮伯·회중淮仲 대를 거치면서 확대, 강화되어 갔다.[4] 문과 출신으로 고려 말에 재추의 지위에 올랐고 신왕조에서도 동북면도순문사에 임명된 회백은 정몽주鄭夢周·이숭인李崇仁과 함께 호족의 혁파를 주장했던 친명파 관료로 구분할 수 있다.[5] 역시 문과를 거쳐 보문각대제학을 지내고 최영과

---

2) 한충희, 「朝鮮前期 晉州姜氏 啓庸派 家系硏究」, 『조선사연구』 12(조선사연구회, 2003).
3) 김방경이 1283년 관직에서 물러날 당시 보유했던 食邑은 1,000戶였음에 미루어 볼 때 강계용 또한 국가로부터 상당한 경제적 지원을 받았을 것으로 짐작된다.
4) 강제훈, 「조선 초기 家系繼承 논의를 통해 본 姜希孟家의 정치적 성장」, 『조선시대사학보』 42(조선시대사학회, 2007).

함께 탐라정벌에도 참여하여 문무겸전의 역량을 인정받은 회중은 조선 왕조의 개창에 반대하지는 않았지만 출사에 신중했던 온건한 '절의파'로 규정할 수 있는데, 강익에게는 5대조가 된다.

15세기까지 서울 및 경기에 기반을 두고 문벌을 형성했던 진주강씨 '강회중(通溪) 가문'6)의 한 지파가 경상도 함양에 정착한 것은 정치적

---

5) 서울 및 경기 일원에 기반을 둔 진주강씨 '通亭家門'은 범훈구세력을 이루며 15세기 관계의 주역으로 등장하는데, 佐翼功臣에 녹훈되고 세조 때 영의정을 지낸 姜孟卿(1410~1461), 영의정 沈溫의 외손자(세종의 姨姪)로서 감사를 지내고 시시화에 뛰어나 세종~성종조의 문단과 예단을 이끌었던 姜希顔, 靖難·翊戴·佐理功臣에 녹훈되고 벼슬이 좌찬성에 이른 姜希孟은 모두 그의 손자이다. 특히, 姜希孟은 『國朝五禮儀』, 『經國大典』, 『東文選』, 『世祖實錄』, 『睿宗實錄』의 편찬에 참여하는 등 국초 문물제도의 정비에 기여했으며, 姜淮伯(祖父)·姜碩德(父)·姜希顔(兄) 3대의 시문을 모은 『晉山世藁』의 편찬은 일가의 문한적 秀越性을 천명한 것으로서 조선시대 世稿 편찬의 모델이 되었다. 강회백의 자손 가운데 영남지역과 관련하여 주목되는 가계는 강맹경의 아우 叔卿 계통인데, 중종조 사림파에서 중망이 있었던 姜渾과 文翰으로 명성이 높았던 고성 출신의 魚得江은 숙경의 손자와 손서였다.

6) 姜淮仲은 2자(安壽·安福) 12손(徽·胤·俊 / 利纘·利仁·利誠·利敬·利順·利行·利興·利溫·利恭)을 두었는데, 분산의 소재에 미루어 볼 때 장자 계열은 경기도 高陽, 차자 계열은 楊州·坡州 일대에 지역적 기반을 두고 있었던 것으로 파악된다. 두 아들 가운데 상대적으로 현달했던 것은 安壽 → 徽 → 子平·子正·子順으로 이어지는 장자 계열이었다. 姜子平과 강자정은 각각 전라감사(문과)와 목사를 지냈고, 강자순은 문종의 딸 敬淑翁主와 혼인하여 班城尉에 봉해졌으며, 강자평은 중종비 단경왕후(신수근의 딸) 숙부 신수겸을 사위로 맞는 등 당대 문벌가문과 척연을 맺고 있었다. 또한 이 가계는 훈구에 속하면서도 사림파의 학풍을 수용하는 양상을 보였는데, 이런 정황은 강자평의 아들 姜詗과 강자정의 아들 姜謙이 佔畢齋門下를 출입하고, 姜詗의 아들 姜文叔이 김굉필의 女壻이자 문인이란 점, 강자정의 아들 姜謙이 무오사화에 피화된 사실 등에서 확인할 수 있다. 참고로 李弘宇가 姜詗의 손서가 된 것도 척연의 확대 과정으로 파악된다. 이홍우는 한강학파의 종사 정구의 처남이었는데, 정구의 조부 鄭應祥과 姜文叔은 金左弼家의 同壻였다. 강자평 가계는 현손 姜士安·士翰·士翼·士尙·士弼·士孚 대에 문호가 크게 팽창했고, 특히 우의정을 지낸 강사상의 아들 姜紳(出)·姜緒·姜統 계통과 아우 姜士弼의 아들 姜綖 계통은 17세기 이후 남인의 중추를 형성하게 된다. 1619년 심하전투에 참전했던 강홍립은 姜紳의 아들이고, 李元翼 → 許穆으로 이어지는 근기남인의 학통을 계승하며 吳光運과 함께 영조대 남인의 영수로 활동했던 姜樸(1690~1742)은 강신의 현손이었다. 이외 姜綖의 현손 姜楷는 숙종조 남인의 영수 李聃命의 사위가 되는 등 寒岡學派와도 굳건한 유대를 지속했다.

파란과 혼인관계의 복합적 작용의 결과였다.

강회중의 차자 강안복姜安福은 부인 인천이씨와의 사이에서 모두 9자(利纘[正郎]・利仁[司直]・利誠[別坐]・利敬[縣監]・利順[主簿]・利行[副司猛]・利興[生員]・利溫[察訪]・利恭[判官])를 두었다. 크게 현달한 인물은 없었지만 이들의 대부분을 관력을 지니고 있었고, 강시姜蓍 → 강회중姜淮仲으로 혁혁한 가통에 더해 태종조의 정치적 실력자의 한 사람으로서 세조 비 정희왕후貞熹王后의 외조부가 되는 이문화李文和의 외손 계열[7]이라는 점에서 사회적 기반은 매우 견고했다.

하지만 1468년 4자 강이경姜利敬이 '남이옥사南怡獄事'에 연루됨으로써 극심한 가화를 수반하게 된다. 유자광의 고변에 의해 비롯된 이 옥사에서 강이경은 남인의 동당同黨으로 지목되었다. 심문 결과 남이와 강이경의 친교가 두터운 것은 사실이었지만 강이경이 역모에 가담한 근거는 분명하지 않았다.

남이에게 물으니 대답하기를, "신은 무인武人이므로 활힘(弓力)이 장차 줄어질까 두려워하여 김창손金昌孫・박자하朴自河・이중순李仲淳의 무리들과 더불어 활을 쏘았고, 또 조영달趙穎達・강이경姜利敬과 더불어 활을 쏘았습니다" 하였다.[8]

강이경姜利敬에게 물으니 대답하기를 "신은 남이와 계契를 만들었을 뿐입니다" 하였다. 임금이 묻기를 "네가 남이와 서로 만난 것이 며칠이 되었느냐" 하니, 대답하기를 "이제 겨우 5, 6일 되었습니다" 하였다. 무슨 말을 하였느냐고 물으니 대답하기를,

---

7) 1380년(우왕 6)에 문과에 장원한 李文和는 조선왕조에서도 경상도도관찰출척사・참찬의정부사・예문관대제학・예조판서・호조판서를 등을 지냈고, 명나라에 두 번이나 사행하였으며, 사후에는 영의정에 추증되고 恭度의 시호가 내렸다. 그는 1남(孝禮) 2녀(尹璠・趙憐)를 두었는데, 李孝禮의 사위가 姜安福이고, 尹璠의 딸이 세조비 貞熹王后이다. 강안복의 9자는 정희왕후와 5촌의 척분을 지니게 되며, 이 관계는 정치적 시련 속에서 회생을 도모하는 결정적 돌파구로 기능하게 된다.
8) 『예종실록』, 즉위년 10월 24일(경술).

"남이가 말하기를 '네가 임소任所에 어느 날 가느냐?' 하기에 신이 근일에 간다고 대답하였더니, 남이가 '그때에 서로 보지 못하는 것이 애석하다' 하였습니다"라고 하였다.9)

그럼에도 옥사는 신속하게 진행되어 동년 10월 28일 강이경은 역률을 적용받아 참형에 처해지고 가산이 적몰됨은 물론 부자父子·처첩妻妾·손자孫子·형제兄弟·숙질叔姪까지 안치됨으로써10) 강안복姜安福 일가는 사실상 해체되는 수난을 겪었던 것이다.11)

그러나 혹심한 화란도 성종의 즉위와 함께 완화의 조짐이 일었다. 1470년(성종 1) 4월 15일 성종이 의금부에 전지하여 노비로 삼거나 충군·안치한 죄인을 방면할 것을 명함으로써 강안복의 자손들도 죄적을 벗어날 수 있었던 것이다.12)

……좌승지左承旨 윤계겸尹繼謙에게 내려 준 강이경의 아내 말비末非, 말비가 보수한 아들 강금정康今丁, 딸 강알금姜謁今·강세금姜世今, 신씨愼氏가 보수한 강이경의 딸 강종금姜終今, 해남海南에 안치한 강이찬姜利讚·강이온姜利溫, 김효진金孝震이 보수한 강명중姜命重, 영암靈巖에 안치한 강이인姜利仁·강이순姜利順, 순천順天에 안치한 강이성姜利誠, 사천泗川에 안치한 강이흥姜利興·강이공姜利恭·강이행姜利行을 놓아 보내도록 하라.……13)

---

9) 『예종실록』, 즉위년 10월 25일(신해).
10) 『예종실록』, 즉위년 10월 28일(갑인).
11) 강이경의 집은 判官 韓懁에게, 소실 末非는 尹繼謙에게 하사되었으며, 강이경의 형제 8인 모두 연좌되어 각지에 안치되는 등 가족구성원 전원이 罪籍에 올랐다. (『예종실록』, 1년 1월 13일[무진]; 1년 2월 3일[무자])
12) 연좌율은 사위에게까지 적용되어 강이경의 차녀서 李繼義 또한 금고에 처해졌으니 정희왕후의 조처로 반전의 분위기가 조성되자 1475년(성종 6) 이계의는 通淸을 청원하게 된다. 이 사안은 鄭麟趾·韓明澮 등 권력의 실세들의 논의를 거쳐 청원을 수락하는 쪽으로 가닥이 잡혔다.(『성종실록』, 6년 6월 27일[갑진])
13) 『성종실록』, 1년 4월 15일(계해).

명분이 뚜렷하지 않았던 이 사면 조처에 양사는 즉각적으로 반발하여
환수를 강력하게 요구했다. 이런 상황에서 수렴청정을 하며 성종 초기
정국을 주도하던 대비 정희왕후가 전면에 등장함으로써 사면령의 배경
이 선명하게 밝혀지게 된다.

> 강이경이 큰 죄를 범하여 베어 죽였는데 지금 갑자기 동산同産 형제를 석방하니,
> 모두 "불가합니다" 하였다. 대비가 전지하기를, "강이경의 동산同産들은 나의 족친族
> 親이므로 석방한 것이다. 이것은 예전 예가 있다" 하였다.[14]

즉, 정희왕후는 강이경의 형제들이 자신의 족친이라는 이유에서 사면
대상에 포함시켰음을 공식적으로 표명한 것이었다. 전술한 바와 같이
진주강씨와 파평윤씨는 인천이씨 이문화 집안과의 혼인을 매개로 척분
이 형성되었는데, 이를 도식하면 <그림 1>과 같다.

<그림 1> 인천이씨 이문화 내외자손도(略) [—: 直系 / ···: 壻系]

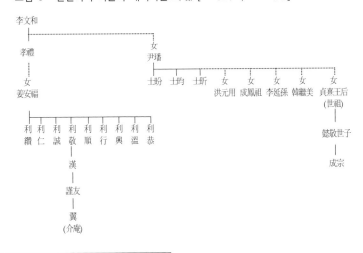

---

14) 『성종실록』, 1년 4월 22일(경오).

<그림 1>에 따르면, 강이경의 형제들은 정희왕후와 5촌의 척분이라는 근친관계에 있었음을 확인할 수 있다. 후술하겠지만, 이런 관계는 *성종* 연간 강한이 정희왕후와 '6촌친'이라는 연고에 바탕하여 허통許通을 요청하는 단계로까지 확장성을 갖게 된다.

(2) 함양 이거와 문호의 재정립: 강한의 학행과 사림명가로의 성장

'자손연좌子孫緣坐'의 엄형에도 불구하고 강이경의 아들 강한姜漢(1454~미상)이 화란의 직격탄을 피할 수 있었던 것은 외가 거창신씨의 완충적 역할과 관련이 깊어 보인다. 옥사 직후 강한은 어머니 거창신씨와 함께 함양에 유배되었는데, 함양은 곧 그의 외향이었다. 함양은 거창신씨의 친정이라는 점에서 두 모자의 함양 유배의 이면에 정치적 고려가 작용했음을 짐작하기 어렵지 않다. '남이옥사' 직전 강한의 외조 신후갑愼後甲은 대사간의 직임을 수행하고 세조의 신임 속에서 '승지 후보군'에 들 만큼 정치적 위상이 높았기 때문이다. 물론 신후갑은 '남이옥사' 직후 관계에서 물러나지만 딸과 외손자의 조처에 간여할 수 있는 영향력을 갖고 있었다고 보는 것이 합리적인 추정일 것 같다.

성종의 즉위와 정희왕후의 특별한 배려 속에 강이경 일가는 '형刑'에서는 벗어났지만, 그것이 출사권의 획득이라는 정치적 사면을 담보하는 것은 아니었다. "죄인의 자식이 공부를 해서 무엇하느냐?"[15]는 어머니 거창신씨의 자조 섞인 언급은 강한의 성장 환경과 관련하여 많은 것을 시사하고 있다.

아버지의 참화 이후 출사권을 박탈당한 강한은 생애의 대부분을

---

15) 柳疇睦, 『溪堂集』, 권12, 「琴齋姜先生遺墟碑」, "幼志學, 母言罪孤何學, 答朝聞夕死可, 自此學日進."

금고 상태로 보내다 40세 되던 1493년 허통許通을 청원하는 상서를 올리게 된다. 이 상서에서 그가 특별히 강조했던 것은 '정희왕후의 6촌친'이라는 것이었다. 인정에 호소한 그의 상서는 성종의 마음을 움직였고, 곧바로 대신회의가 소집되어 이 사안에 대한 심의에 들어갔다.

> 난신 강이경의 아들 강한이 정희왕후의 육촌친으로서 상서上書하여 벼슬길에 통하는 것을 허가하여 주기를 청하니, 영돈녕領敦寧 이상과 의정부議政府에 의논하라고 명하였다. 윤필상尹弼商이 의논하기를, "강한은 난신의 친아들이므로 가벼이 논할 수 없습니다마는, 강이경의 죄명을 살펴보는 것이 어떠하겠습니까?" 하고, 이극배李克培 · 이철견李鐵堅 · 유지柳輊가 의논하기를, "강한은 난신의 친아들로서 목숨을 보전하여 용서받아 놓아 보내지게 될 수 있었던 것도 성은이 지극히 중한데, 벼슬길에 통하는 것을 허락하는 것은 미안할 듯합니다" 하고, 허종許琮 · 윤호尹壕 · 정문형鄭文炯이 의논하기를, "의금부에 내려 전례前例를 살펴서 아뢰게 한 뒤에 다시 의논하소서" 하니, 허종 등의 의논을 따랐다.

대신들의 의견이 ① '강이경 죄명 검토 후 판단론', ② '허통불가론', ③ '전례참작론'으로 정립鼎立하자 성종은 ③안을 채택했고, 가부의 논란 속에 그의 치세에 '허통'은 되지 못했다.

성종이 강한의 청원에 귀를 기울였던 것은 인척적 친연성을 넘어 자질과 재능에 대한 기대가 컸기 때문이었다. 필법에 탁월한 조예가 있었던 강한은 16세 때 다른 사람의 소본을 서사한 바 있었고, 이것이 계기가 되어 성종을 면대하게 된다. 이 자리에서 강한은 어명에 따라 각체를 쓰는 가운데 눈물을 흘렸고, 성종이 그 까닭은 묻자 '남이옥사'에서 파생된 집안의 억울한 사정을 토로하였다. 이에 성종은 그의 학식과 예모를 가상히 여겨 유생의 신분임에도 사신 접반의 공무를 맡길 만큼 깊이 신임하게 된다.16) 이런 정황을 고려할 때, 강한의 '허통청원'은 군신 간 사전 조율의 결과로 보는 것이 맞을 것 같다.

허통을 위한 강한의 노력은 연산군 대에도 부단하게 전개되었고, 연산군 또한 매우 호의적인 입장을 보였다. 1495년 4월 9일 '허통불가론'을 고집하는 정언 이자견李自堅에 대해 연산군이 "강한이 실로 난신의 자식이라면 그때에 어찌 죄를 받지 않았는가?"17)라고 하며 강한 불만감을 드러낸 이유도 여기에 있었다. 강한의 허통에 대한 연산군의 관심은 예상보다 커서,18) 마침내 동년 4월 12일 사간원의 반대론을 일축하고 허통을 허락하게 된다.19) 이로써 출사권을 획득한 강한은 이듬해인 1496년(연산군 2)에 사마시에 입격한 다음 지례·고산현감을 역임함으로써 단절되었던 집안의 사환 전통의 명맥을 잇게 되었다.

한편 강한은 사환 과정에서 개인적 재능(筆法)의 공적 자산화를 이루게 되는데,20) 1517년 『동몽수지童蒙須知』의 간행과 보급이 바로 그것이다. 당시 경상감사였던 김안국金安國은 문교진흥을 위해 산음현에서 『동몽수지』를 간행하였는데, 이때 그 대본 글씨를 쓴 사람이 강한이었다.21)

---

16) 柳疇睦, 『溪堂集』, 권12, 「琴齋姜先生遺墟碑」, "筆法早就, 年十六爲人書疏本, 其書大被, 成廟賞, 馹名對便殿, 承命書各體進淚落, 上怛問故原之, 考公寃始白, 時使命相續, 接伴難其人, 上嘉先生學識禮貌, 遂命先生白衣從事."

17) 『연산군일기』, 1년 4월 9일(임술).

18) 강한에 대한 연산군의 관심은 성종의 유지일 가능성도 배제할 수 없지만 거창 신씨 집안과의 척연도 일정하게 작용했을 것이다. 연산군은 愼守勤의 여동생을 후궁으로 들였는데, 신수근과 강한의 외조 愼後甲은 재종형제간이었다.

19) 『연산군일기』, 1년 4월 12일(을축).

20) 姜漢은 金絿와 당대의 명필로 이름이 높았는데, 세간에서는 "金絿는 위엄은 있으나 굳세지 않고, 姜漢은 굳세지만 위엄이 없다"는 평이 있었지만 尹根壽는 이런 세평을 흠을 잡는 조잡한 언설로 일갈한 바 있다.(尹根壽, 『月汀集』, 권4, 「題自庵詩帖」)

21) 柳疇睦, 『溪堂集』, 권12, 「琴齋姜先生遺墟碑」, "手書朱子童蒙須知刊出, 使童冠誦習焉, 嘗見國朝寶鑑, 慕齋按本道, 鋟童蒙須知於山陰縣, 以廣其敎壽其傳, 中廟命元子講是書, 慕爺與先生道義篤, 意者先生爲慕爺而書之耶."

『동몽수지』는 중종의 명으로 원자 교육의 교재로 쓰일 만큼 중요한 서적이었던 것이다.[22] 이 과정에서 강한은 김안국과 도의지교를 맺게 되었는데,[23] 중중조의 관계 및 한국교육사에서 상당한 위상을 점하고 있는 김안국이 강한을 '벗'(友)이 아닌 '스승'(師)으로 대했다는 기록은[24] 당시 사림사회에서의 '금재琴齋 인식'을 가늠하는 척도가 된다.

강한의 생애에서 관료적 삶은 부분에 지나지 않았다. 그는 초야에 은거하여 학자로서의 '자기계발'에 더욱 전념했다. 동향의 벗인 동시에 김굉필과 함께 15세기 학계의 유종으로 일컬어졌던 정여창과의 교유는 그의 학자적 성장에 큰 영향을 미쳤다.[25] 그의 학문은 '천리를 보존하고 인욕을 막는다'(存天理遏人慾)는 주자학의 가르침에 근본을 두고 있었고, 이것은 육경六經을 바탕으로 백가百家를 수렴했던 학업, 효제를 바탕으로 경의를 체화했던 행行과 함께 그의 학자적 지향의 단면으로 남았다. 여기에 궁행과 심득의 묘리를 강조했던 조존操存의 수양론, 기미를 내다볼 수 있는 식견 등이 더해지면서 강한은 학자의 귀감으로 인식될 수 있었는데, 김굉필 사후 그가 함양 등 강우지역을 대표하는 유학자로 대두될 수 있었던 이유도 여기에 있었다. 그의 문하에서는 정옥견·권오복·정사룡 등 경향의 석학들이 배출되었으며, 그 여맥은 강익姜翼(손

---

22) 『童蒙須知』는 초간된 지 약 60년 뒤인 1574년에 중간되었는데, 柳希春의 『眉巖日記』에는 대본 글씨를 쓴 사람이 姜漢임을 분명하게 밝히고 있다.(柳希春, 『眉巖集』, 권12, 「日記」, 甲戌下, "元公以姜漢所書童蒙須知開刊次贈我, 我敬受而退.")

23) 아쉽게도 두 사람의 교계를 확인할 수 있는 문자는 많지 않고 김안국의 문집에 실린 시문을 통해 그 대략을 가늠할 수 있다.(金安國, 『慕齋集』, 권1, 「次姜漢宗予韻」, "客醉臥明月, 三更夢自寒, 風輕簾半捲, 人散燭猶殘, 世事何時了, 生涯到處安, 只愁春易暮, 衰謝入朱顔, 羸馬踏殘月, 霜華滿客衣, 川光增曉氣, 峯雪眩朝暉, 鳥度開盦面, 人行展障圍, 山陰千古地, 才盡又閑歸.")

24) 柳疇睦, 『溪堂集』, 권12, 「琴齋姜先生遺墟碑」, "慕齋有言曰公非安國之友也, 乃安國之師也."

25) 柳疇睦, 『溪堂集』, 권12, 「琴齋姜先生遺墟碑」, "先生從蠹爺淵源沿襲."

자) → 강린姜繗(현손) → 강명세姜命世(7세손)로 이어지며 '금재가학琴齋家學'
을 형성하게 된다.[26]

강한의 학자적 성장은 '남이옥사'의 와중에서 추락한 집안의 위상을
회복시키는 수준을 넘어 진주강씨 일파가 강우지역의 핵심 가문으로
부상하는 결정적 계기가 되었다. 문호의 신장은 혼맥에도 영향을 미쳐,
강한의 자손들은 장흥임씨(任漢亮 家門), 나주박씨(朴孟智 家門), 풍천노씨(盧友明
家門), 초계정씨(鄭玉堅 家門), 진양하씨(河孟寶 家門) 등 함양을 비롯한 강우의
명가들과 통혼하게 된다. 이런 과정을 통해 구축된 인적연계망은 손자
강익이 16세기 함양지역 학풍을 주도하는 중요한 토대가 되었다.

이덕무李德懋는 원향에 바탕하여 '함양명현咸陽名賢'을 입론한 바 있는
데, 위에서 언급한 대부분의 집안 또는 인물이 여기에 거론되어 있다.

함양에는 명현들이 한 세대 동안 성대했었는데 지금은 명현들이 유풍이 없어졌다.
그곳에는 서원이 다섯 곳이나 있는데, 남계서원藍溪書院과 당주서원灃洲書院은 바로
임금이 편액을 내린 서원이다. 남계서원은 문헌공文獻公 정일두鄭一蠹, 동계桐溪 정온
鄭蘊, 개암介菴 강익姜翼을 배향하고 뇌계瀋溪 유호인兪好仁은 서원 안에 별사別祠를
지어 향사하였다. 당주서원에는 옥계玉溪 노진盧禛이 배향되었고, 백연서원柏淵書院은
고운孤雲 최치원崔致遠, 점필재佔畢齋 김종직金宗直을 명환名宦으로 배향하였다. 도곡
서원道谷書院은 덕곡德谷 조효동趙孝仝, 죽당竹堂 정육乙鄭六乙, 송재松齋 노숙동盧叔仝
을 배향하였는데, 죽당은 일두一蠹의 아버지이며 송재는 옥계玉溪의 증조부이다. 구천
서원龜川書院은 남계藍溪 표연말表沿沫, 춘당春塘 박맹지朴孟智, 구졸九拙 양희梁喜, 일

---

26) 柳疇睦, 『溪堂集』, 권12, 「琴齋姜先生遺墟碑」, "平生對案, 惟研究經傳性理書曁東賢遺
文, 一時聞人如鄭蠓溪玉堅·權睡軒五福·鄭湖陰士龍多出其門, 後孫如介庵翼·灆蔭繗
·笑癡齋命世, 亦皆以儒者著名云." 柳疇睦는 정사룡을 금재문인으로 기록하고 있
지만 정사룡의 문집에 의거할 때 士友關係로 보는 것이 실상에 가까울 것으로
파악된다.(鄭士龍, 『湖陰雜稿』, 권2, 省齋錄, 「山陰道中」, "應接神忘倦, 冥搜力返微, 買
山憐計在, 持祿愧心違, 狠石衝難起, 驚梟勞霧飛, 懷哉聽琴子, 堂是惜人非, 亡友姜宗于築
堂於斯, 名以聽琴故云.")

로일로老 양관梁灌, 우계愚溪 하맹보河孟寶, 금재琴齋 강한姜漢을 배향하였다.[27]

이 논설은 15~16세기 함양지역의 학문적 수월성을 강조하는 데 주안점이 있다는 점에서 학술·문화적 의의가 컸다. 또한 그 핵심 인물로서 정여창·강익·정온[28]의 존재가 부각된 것에서는 진주강씨의 학문적 성장의 보폭을 가늠할 수 있다. 물론 강익은 '일두후학론一蠹後學論'에 바탕하여 남계서원을 건립하고 함양 학풍을 주도하는 과정에서 16세기 강우 학인을 대표하는 석학으로 성장할 수 있었지만, 실제로 그를 육성했던 자양분은 귀천서원 원향 인물이 대변하는 '5가家'의 학문·혈연적 상호 관계에서 비롯된다는 사실도 간과할 수 없을 것 같다.

2) 외계 남원양씨: 혈연에 바탕한 사회·학문적 공동체

강한은 부인 함양박씨와의 사이에서 신우·근우 두 아들을 두었고, 차자 근우는 초취 양성이씨에게서 1자(參), 재취 남원양씨에게서 2남(翼·紾) 1녀(鄭惟明)를 두었다. 당시의 관념상 강익은 두 외가를 둔 셈이지만 그의 사회적 활동과 학자적 성장에 절대적인 영향을 미친 것은 친외가

---

27) 李德懋, 『靑莊館全書』, 권68, 「寒竹堂涉筆」上, 咸陽名賢.
28) 정온은 『童蒙須知』의 발문을 지을 만큼 외선조 姜漢에 대한 존현 및 계승의식이 강했던 것으로 파악할 수 있다. 정온이 지었다고 하는 발문은 『桐溪集』에서 확인할 수는 없지만 "외증조 姜琴齋가 손수 쓴 童蒙須知에 발문을 썼다"고 한 연보의 기록을 통해 계승의식을 확인할 수 있다. 정온은 1627년 6월부터 8월까지 『學記類編』(조식)의 跋文, 『童蒙須知』(강한)의 跋文, 강익의 「介庵行狀」을 연이어 탈고했는데, 모두 '淵源文字'라는 특성이 있다. 정온의 학맥은 鄭仁弘을 매개로 한 '南冥繼承論', 趙穆을 매개로 한 '退溪繼承論', '悟里門人論'으로 정리할 수 있는데, 정온의 아버지 鄭惟明이 姜漢의 손서라는 점을 고려할 때 가학의 줄기는 '姜漢 → 姜翼·鄭惟明 → 鄭蘊'으로 이어지는 구조 속에서 파악할 수 있는 여지가 크다. 정온의 학맥에 대해서는 김학수, 「桐溪 鄭蘊의 學脈」, 『南冥學報』4(남명학회, 2005) 참조.

인 남원양씨였다.

강익의 어머니 양씨 부인은 이른바 '함양명현'의 한 사람으로서 숙종 연간 구천서원에 배향된 양관梁灌의 손녀였다. 양관은 어려서부터 학문에 전념하여 경사에 박통했지만 여러 차례 문과에 낙방한 뒤 1460년 무과를 통해 관계에 입문했다. 비록 무신이었지만 유학적 소양이 깊었던 그는 청렴함과 근신함으로 신망을 얻었는데,[29] 1493년에는 평안감사 이칙李則이 그를 '염정·근직하며 마음을 다해 공무를 수행하는 관료'로 평가하며 포장을 건의함으로써[30] 승진의 특전이 주어지기도 했다.[31]

이처럼 양관은 성리학에 대한 조예가 깊을 뿐만 아니라 관료로서의 처신 또한 청렴·방정하여 당대에는 모범이 되고 후세에는 귀감이 되었다. 이긍익이 『연려실기술』에서 양관을 성종조의 명신으로 입전한 배경도 여기에 있었다.

> 양관은 자는 옥지沃之이며, 본관은 남원南原이다. 세조 경진년에 무과에 올랐다. 젊을 때 학문에 뜻을 두어 경서와 사서를 널리 통달했으나 과거에 세 번 실패하고는 드디어 문필을 던져 버리고 무과에 올라 벼슬이 동돈녕同敦寧에 이르렀다. 함양咸陽 귀천龜川에 사당이 있으니 공이 살던 유지遺址이다.…… 공은 비록 무과로 벼슬길에 나왔으나 원래 유학을 숭상하고 문장이 풍부하였다. 만년에는 산수에 물러와 늙으면서 성리性理의 학문에 잠심하여 스스로 터득하고 즐거워하였다.[32]

'학學'과 '행行'을 겸비했던 양관의 삶은 함양의 유풍을 진작시키는 한편으로 남원양씨 일문이 강우의 사림사회에서 가격을 고양하는 계기

---

29) 『성종실록』, 17년 9월 3일(을사).
30) 『성종실록』, 24년 11월 18일(기유).
31) 『성종실록』, 24년 12월 24일(갑신).
32) 李肯翊, 『燃藜室記述』, 권6, 「成宗朝名臣」.

가 되었다. 1701년에 건립된 구천서원龜川書院의 터가 양관의 만년 독서처인 '일로당逸老堂'의 유지遺址였다는 사실은 구천서원의 건립 및 운영의 주체가 '남원양씨 일로당 가문'이었음을 대변한다.

양관은 응기應麒(참봉)·응곤應鯤(첨정) 등 두 아들을 두었는데, 장자 응기의 사위가 강익의 아버지 강근우姜謹友이다. 강근우의 양씨가문 취처娶妻는 '금재·일로당' 양문이 혈연적 연대에 바탕하여 사회·학문적 세의를 다지는 계기가 되었다. 양응기의 조카 양희梁喜(1515~1580)와 강익(1523~1567)의 교유가 그 단적인 예이다. 두 사람은 5촌의 척분이 있었고 나이 또한 8살의 터울이 있었지만 '당곡문하唐谷門下' 동문으로서의 학문적 교계는 매우 돈독했다. 노진盧禛·이후백李後白과 함께 세칭 '천령삼걸天嶺三傑'로 인식되었던 양희는 문과에 합격하여 승지·대사간·이조참판을 지냈을 만큼 현달한 인물로서, 「금재행장」을 찬술하여 세의를 강화하는 한편 남계서원의 건립과 운영으로 상징되는 강익의 '사문사업斯文事業'의 중요한 후원자로 역할하게 된다. 무엇보다 양희의 사위가 남명 고제 정인홍鄭仁弘(1535~1623)이란 점은 강익의 남명학파에서의 위상 정립과 관련하여 시사하는 바가 크다. 『개암집』에서 정인홍과의 관계를 보여 주는 어떤 언급도 확인할 수 없는 것은 인조반정 이후의 사회상을 반영하는 것일 뿐이다. 강익의 입장에서 볼 때 정인홍은 외가 쪽 근친이었고, 그런 관계는 강익의 졸년인 1567년을 종점으로 설정하더라도 최소한 10년 이상 유지되었다고 할 수 있다. 이 과정에서 두 사람이 빈번하게 교유하였음은 짐작하기 어렵지 않지만 기록은 이에 대해 함구하고 있을 뿐이다.33)

---

33) 鄭蘊의 來庵門下 출입도 이러한 인척적 관계망이 양성한 매우 자연스런 과정으로 해석할 수 있다.

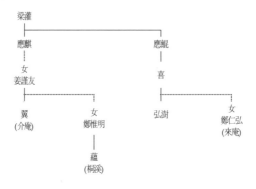

<그림 2> 남원양씨 양관 내외자손도(略) [—: 直系 / ⋯: 壻系]

 한편 강익은 자신의 외가 일로당 가문의 가도 또는 가풍을 어떻게 인식하고 있었고, 또 그것에 대한 계승의식은 어떠하였을까? 이와 관련하여 『개암집』에는 두 편의 시가 수록되어 있는데, 모두 외증조 양관에 대한 것이다. 강익에게 있어 양관의 만년 독서처 '일로당'은 매우 익숙한 공간이었다.[34] 성장기 그가 찾았던 일로당이 학업의 공간이었다면 중년 이후의 일로당은 계승의식을 단련하는 기림의 공간이었던 것 같다. 즉, 강익에 있어 양관은 빙옥氷玉과 같은 절조와 품행을 지닌 현인賢人이자 절실하게 본받고 싶은 외선조였는데, 이런 정서는 일로당의 대나무를 노래한 두 작품에서 분명하게 확인할 수 있다.[35]

---

34) 남원양씨 일로당가문의 세거지는 牛鳴인데, 이 마을은 姜謹友가 양응기의 딸을 재취로 맞는 것을 계기로 梁氏・姜氏 합거촌이 되었다. 강근우는 남귀여가혼의 풍습에 따라 우명에 거주했고, 아들(參・翼・參) 중에서도 양씨 외손인 姜翼・姜參과 그 자손들이 이곳에 세거하게 된 것이다. 따라서 강익에게 있어 우명마을은 本鄕에 다름없는 外鄕이었고, 일로당은 생애 전반을 관통하는 日常의 공간이었다.

35) 姜翼, 『介庵集』, 上卷, 「詠竹 題逸老堂 逸老堂梁公諱灌 字沃之 咸陽人 卽先生外曾祖也 成廟朝淸白吏」, "凜凜千竿玉, 昭昭一輪氷, 遺風留不泯, 餘韻痛難承"; 「逸老堂詠竹」, "主人能解事, 窓外玉成林, 凜凜霜侵骨, 蕭蕭雪蘸心, 楚雲秋已晚, 湘雨夜將深, 歲晏遺風遠, 空敎費短吟, 一云, 薄暮多愁思, 搔頭不耐吟."

3. 생애

1) 수학기: 당곡·남명 문하에서의 수학과 문로의 정립

역사에 크고 작은 자취를 남긴 인물 뒤에는 항상 신비한 태몽이나 특별한 일화가 따라 다닌다. 이 점에서는 강익도 예외가 아니었다. 『개암연보』에 따르면, 강익은 두각이 우뚝하고, 눈동자가 형형炯炯하여 여느 아이들과는 구별되는 외모를 지녔다고 한다. 특히 관상에 밝은 중국 사람으로부터 '사문斯文을 크게 빛내고, 학계의 표준標準이 될 만한 인물'이란 평을 들었으니,[36] 그를 향한 집안의 기대 또한 자못 각별했을 것이다. 그런 조짐은 책을 읽을 때도 몸을 굽히지 않는 호일豪逸한 기상,[37] 또래 아이들과 놀이를 할 때도 윗자리에 꼿꼿하게 앉아 지휘봉을 놓지 않는 '위엄'[38]에서 그대로 드러났다.

하지만 강익은 소년시절에 병마에 시달리느라 학업에 전념하지 못한 채 어깨너머로 남의 논설論說을 듣는 데 그쳤다. 이런 생활은 11세에서 14세까지 3년이나 지속되었고, 15세가 되어 건강을 회복하고서야 진학進學하게 되었는데, 이때 그가 섬긴 외부外傳가 정희보鄭希輔(미상~1547)였다.

해읍海邑 남해 출신인 정희보는 17세 때 함양 모간리毛看里로 이주하여 후학 양성에 전념했고[39] 성리학과 주역에 정심하여 일시의 명유名儒이

---

36) 姜翼, 『介庵集』, 「年譜」, '癸未'(1523), "生有異質, 頭角嶄然, 雙瞳炯然, 見者知其爲非常兒, 一日, 漢人善相者過之曰, 他日大明斯文, 爲吾道表的者, 必此人也."

37) 姜翼, 『介庵集』, 「年譜」, '庚寅', "先生年八歲, 豪逸不羈, 不肯折節讀書, 而承仕公愛其超悟, 不嚴其教督焉."

38) 姜翼, 『介庵集』, 「年譜」, '壬辰', "日與羣童, 角觝爲戲, 而常危坐高處, 指揮兒童而已."

39) 鄭希輔의 함양이거 이후 진양정씨는 학행을 중심으로 문호를 신장해 갔는데, 네 아들(業·乘·栗·棄) 가운데 장자 業과 3자 栗은 學行(孝行)이 뛰어나 孝烈錄에 立傳되었다.(朴汝樑, 『感樹齋集』, 권5, 「天嶺孝烈錄」, "鄭業字世興, 居毛看里, 事父母孝, 母年八十五, 病在床者三十餘歲, 君時在別家, 晨起而問寢, 至食罷乃退, 雖大雨大暑不替,

자 사표師表로 인식되었다. 정희보의 사승은 뚜렷하지 않지만 교유를 즐기지 않고 담박하면서도 강과했던 성정과 기질[40]을 고려할 때 '처사풍' 의 학인으로 평가할 수 있을 것 같다. 물론 당대 그의 학자적 등위는 '일향지선사一鄕之善士'를 넘어서지 못했지만 노진盧禛・오건吳健・이후 백李後白 등 16세기 사림의 준재를 다수 배출했다는 점에서[41] 그의 학자적 존재성은 재평가가 필요하다. 특히, "호령간 절반의 선비들이 그의 문인" 이라 했던 노진의 언명은 정희보의 학자적 비중과 관련하여 시사하는 바가 매우 크다.[42]

강익이 당곡문하에 입문한 것은 15세였는데, 만학으로 치부되어 일부 선진들로부터 약간의 조롱을 받았던 것 같다. 당시 당곡문하에는 노진・ 이후백・양희 등 문사가 출중한 준재들이 즐비했고, 학문적 분위기 또한 매우 고조되어 있었다. 비록 입문은 늦었지만 강익은 특출한 재능으 로 정희보로부터 '대유大儒'의 자질과 기국을 인정받아 애중함을 입었고, 16세부터는 '시문時文'을 탈피하여 위기지학爲己之學에 뜻을 두고 숙야로 정진하게 된다. 그 결과 20세 이전에 이미 동정動靜과 어묵語默이 숙유宿儒

年六十丁憂, 老病備至, 而能盡禮終喪……鄭栗字彦收, 業之弟也, 初居毛看村, 奉父母移 居席卜, 早喪父, 三年終不梳髮食肉, 淚不自收而終服, 事偏母, 母多子而獨隨君以居, 蓋其 安心也, 母多病, 常在寢褥, 起居飮食, 暫不離側, 保之如嬰兒, 可口之物, 盡力必致, 母患痢 半年, 蜜藥竭力求用, 忽家後古木中有蜂盛蜜, 調藥給足而病蘇, 汚穢之服, 身自澣濯, 夏雨 冬雪, 煤以爇火, 合於病母之意, 平生慕一蠹晦齋諸先生, 渾和之德行, 口不言人過, 而常稱 古人之善良, 公子德裕德顥, 皆君子人也") 특히, 栗의 아들 慶雲은 來庵門下에서 수학 하여 灆溪書院의 운영주체로 활동하는 등 17세기 南冥學派에서 위상이 높았다. 그 는『孤臺日錄』의 저자로도 잘 알려져 있는데, 이에 대해서는 후술키로 한다.

40) 盧禛,『玉溪集』, 권3,「處士鄭公墓誌銘」, "性不與人苟合, 不喜交遊, 杜門端居, 淡泊自 守, 然遇事剛果, 不以人言有所屈撓."

41) 鄭希輔,『唐谷鄭先生實記』,「門人錄」에 따르면, 鄭希輔의 門人은 盧禛・李後白・梁 喜・姜翼・吳健・蘇世讓・鄭復顯・曺湜・林希茂・盧祼・都希齡・梁弘澤・禹績・ 鄭摯・邊士貞 등 총 15명에 이른다.

42) 盧禛,『玉溪集』, 권3,「處士鄭公墓誌銘」, "維彼唐谷, 人儼白鹿, 蹌蹌蹌蹌, 靑衿滿堂, 湖 嶺之濱, 半是門人, 功存啓後, 萬古不朽."

의 단계에 이르면서 진유로 탈바꿈해 갔고, 그 과정을 유심히 지켜보던 정희보는 '용봉龍鳳'에 비유하며 극찬을 아끼지 않았다. 결국 강익이 당곡문하에서 배운 것은 '위학지방'으로 요약되는 '본원공부本源工夫'였고, 이것은 후일 그가 '천령사유天嶺師儒'로 자리매김할 수 있는 학문적 밑거름이 되었다.[43]

한편 강익은 20세 되던 1542년 조식의 학풍에 심동心動하여 보다 친절한 가르침을 받기 위해 입문코자 했으나 아버지 강근우의 병환으로 인해 뜻을 이루지 못했다. 남명문하 최선진에 해당하는 오건의 입문이 1551년이란 점을 감안할 때, 강익의 입문 의지는 조식의 '사도표방師道標榜'과 '문도규합門徒糾合'의 촉매적 성격을 띠고 있다.

강익과 조식의 만남은 이로부터 9년이 지난 1551년에 이루어졌다. 노진·오건을 대동하고 함양 화림동花林洞 유람에 나선 조식이 강익을 방문한 것이다. 조식에게 있어 이 걸음은 문인을 대동한 첫 번째 유람이었고, 연로에 강익을 찾은 것은 선비에 대한 예우를 넘어 사실상 자신의

---

43) 정희보와 강익 사이의 사승관계는 정씨·강씨 양문의 사회·학문적 연대의식으로 발전하며 하나의 세력을 형성하게 된다. 이런 추이는 정희보의 손자 정경운 대에 남계서원 원향론과 관련하여 구체화되었다. 정경운은 39세 되던 1594년에 유사가 되어 남계서원 운영에 깊이 관여하는 한편 1597년 정유재란으로 남계서원이 소실되자 가사를 건립하여 정여창·노진·강익의 위패를 봉안했고(朴汝樑, 『感樹齋集』, 권5, 「天嶺孝烈錄」, "丁酉之變, 灆溪書院盡爲灰燼, 賊退之後, 奉一蠹玉溪介庵三先生位板于埋置中, 立假祠而安之, 收拾餘燼, 改卜羅村, 立兩祠宇, 再恢前規, 皆君之力."), 50세 이후로는 원사에만 힘을 쏟을 만큼 尊賢意識이 각별했다. 여기서 주목할 것은 '尊賢路線'이다. 당시 남계서원은 '鄭汝昌-盧禛 系統'을 중시하는 선진그룹과 '鄭汝昌-姜翼 系統'을 중시하는 후진그룹으로 양분되어 노진과 강익의 위차 문제를 두고 팽팽히 맞서고 있었는데, 후자의 주론자적 위치에 있었던 사람이 바로 정경운이었다. 양측의 갈등은 분쟁으로 비화되었고, 정경운의 경우 '永久損徒'라는 유벌에 처해지게 된다. 정경운이 이런 곡절을 감수할 수 있었던 것은 '唐谷-介庵學統'의 천양 또는 수호의식으로 해석할 수 있다. 정경운과 남계서원에 대해서는 『역주 고대일록』(남명학연구원 옮김, 태학사, 2009) 및 이 책의 해제인 정우락, 「어느 시골 선비의 전쟁체험과 위기의 일상에 대한 기록」에 자세하게 분석되어 있다.

문하 입문을 권유하는 학문적 손길로 해석할 수 있는 여지가 컸다.[44] 조식의 방문은 화림동 동유同遊로 이어졌고, 물론 이 과정에서 그가 조식에 대해 제자의 예를 갖추었다는 기록은 없지만 '화림동유花林同遊'는 남명문하 입문의 단초였음에 분명하다.

이런 흐름 속에서 강익은 1554년 수개월 동안 덕천동에 머물며 조식과 도의를 강론하면서 남명학의 본령을 접하게 된다. 강익의 순정純正·질실 質實했던 학자적 면모는 조식에게 강렬하게 각인되었던 것 같다. 이런 정황은 좀처럼 남을 인정하지 않았던 조식이 강익을 유일한 '상신相信'의 대상으로 극찬한 것에서 확인할 수 있다.[45] 이후 강익이 1558년(명종 13)에 다시 조식에게 수개월 동안 『주역』을 수학함으로써[46] 학문적 관계성은 더욱 돈독해졌다.

사제관계는 수업과 문답을 넘어 정치·사회적 영역으로까지 확대되었다. 1555년 10월 11일 단성현감에 임명된 조식은 이로부터 한 달여가 지난 동년 11월 19일 이를 사직하는 상소를 올렸는데, 「을묘사직소乙卯辭職疏」가[47] 바로 이것이다. 용인·외교·국방 등 시정의 득실을 예리한 논조로 비판한 이 상소에서 조식은 문정왕후를 '과부寡婦', 명종을 '고아'(孤嗣)로 칭하는 과단성을 보였다. 이것이 문제가 되어 명종은 비답을 내리지 않았을 뿐만 아니라 조식을 군신의 의리를 모르는 자로 치부하며 처벌론

---

44) 姜翼,『介庵集』,「年譜」, '辛亥'(1551), "先生年二十九歲, 南冥曹先生, 遊花林洞, 聞先生之賢, 歷訪同遊於花林洞, 盧玉溪吳德溪而先生, 亦與俱焉, 有詩一扁."
45) 鄭蘊,『桐溪集』, 권3,「介庵姜先生行狀」, "南冥嘗與先生論學, 語及鮮克有終, 深歎今之學者不克有終, 因曰, 吾平生見欺於人多矣, 的然相信, 而保無可疑者, 惟吾子一人而已"; 朴世采,『南溪集』, 권74,「昭格署參奉介菴姜公墓碣銘」, "南冥謂公曰, 吾嘗見欺於人, 然今的然不疑者, 唯子耳."
46) 姜翼,『介庵集』,「年譜」, '戊午'(1558), "嘉靖三十七年戊午, 先生年三十六歲, 學易于南冥先生, 留數月而歸, 歷訪吳德溪."
47) 曺植,『南冥集』, 권2,「乙卯辭職疏」.

을 언급하게 된다.[48] 사직소의 파장이 예상보다 커지자 남명문인들은
그 대응책을 마련하기에 부심했던 것 같다. 아래는 조식이 자신의 구호에
힘쓰는 강익 등 문인들에게 보낸 서간인데, 이를 통해 그 중심에 강익이
있었음을 확인할 수 있다.

> 윗사람을 속인 죄가 바로 나에게서 나왔으니, 여러분이 힘써 구제하더라도 소용이
> 없을 것입니다.[49]

물론 문인들의 우려와는 달리 조식에 대한 처벌은 이루어지지 않았지
만 위기상황에서 '사문구호론師門救護論'에 앞장섰던 강익의 열성적 행위
가 사제관계의 끈을 더욱 단단하게 하는 것이었음은 재론의 여지가
없다.

그렇다면 조식은 강익을 어떻게 인식하고 있었을까? 그 실마리는
1567년 10월 2일 향년 45세로 생을 마감한 강익을 애도하는 만시에서
찾을 수 있다. 조식의 '개암 인식'은 간명했다. 조식이 훈도하며 지켜보았
던 강익은 50년간 의례 연구에 매진한 '예학자禮學者', 학행을 겸비하여
때 아닌 비가悲歌를 부르기에는 너무도 애석한 '군자유君子儒'였다.[50]
양천익梁天翼이 「개암집발」에서 강익을 남명학을 계승한 한 시대의 유종
으로 평가한 배경도 여기에 있었다.

남명선생의 문하에 종유하여 실천이 독실篤實하고, 학문의 조예가 전일하고 깊어

---

48) 『명종실록』, 10년 11월 19일(경술).
49) 曹植, 『南冥集』, 권2, 「答仲輔等書姜翼字」, "植雖今生寄, 恒負重尤, 日俟明罰, 朝夕剝
　　床, 常欲裸身逃走, 而荏苒過了, 如僉公自在平地上, 寧不坦然耶, 罔上之罪, 正自我出,
　　雖使諸公濟出力, 亦無所施矣."
50) 曹植, 『南冥集』, 권1, 「姜參奉挽詞 名翼字仲輔」, "儀禮三千錄, 尋究五十年, 棘薪看燠重,
　　萱草又霜顚, 夜盡啼商鳥, 春深叫杜鵑, 上天呼不得, 君子果何愆."

우뚝하게 한 시대의 유종이 되었다.[51)

2) 교화기: 존현 및 교학 기반의 조성과 함양학풍의 진작

(1) 남계서원의 건립: 존현尊賢 및 양사養士 기반의 조성

강익의 학자적 삶과 행적에 있어 가장 큰 역사성을 갖는 것은 교육사업
이었다. 그가 추구했던 교육사업은 존현사업과 긴밀한 상관성을 지니고
있었으며, 이를 위해 그는 남계서원을 건립했다. 전후 10년에 걸쳐 완성한
남계서원은 장수藏修와 유식遊息으로 집약되는 사림교학의 핵심 공간으
로서 이황의 '서원보급운동'에도 탄력을 준 주목할 만한 학술·문화사업
이었다.

그가 서원 건립에 착수한 1552년은 1542년 주세붕이 백운동서원白雲洞書
院을 건립한 지 10년, 1550년 이황에 의해 백운동서원이 소수서원紹修書院
으로 사액된 지 2년째 되던 이른바 '서원의 출현기'였다. 따라서 이
시기만 하더라도 서원의 취지에는 공감하면서도 그 지속성에 대해서는
우려의 목소리가 컸던 것이 사실이다. 심지어 1566년 6월 15일 남계서원을
사액 관련 기사에 붙인 사관의 의문스런 논평은 당시 조신朝臣들의
'서원 인식'과 관련하여 많은 것을 시사하고 있다.

사신은 논한다. 서원 설립은 예로부터 있어 온 일이 아니다. 남쪽지방에서 특히 많이
설립하고 있는데, 학자들이 거기에 기거하면서 공부할 수 있도록 제공하는 장소이니
사회의 교육을 위하는 면에서 어찌 적게 보탬이 되겠는가. 정여창과 김굉필은 한때의
사우師友였다. 학문은 비록 전한 것이 없으나 중종이 추증한 일로 보아 역시 근대의
큰 선비였을 것이니, 서원을 세워 제사 지내는 것이 뭐 불가할 게 있겠는가. 다만

---

51) 姜翼, 『介庵集』, 「跋」(梁天翼), "又遊於南冥之門, 踐履篤實, 造詣純深, 卓然爲一世之
儒宗."

문제는 이때 소위 선비라는 자들이 양심은 돌보지 않고 분분하게 설립하여 새로운 뜻을 창출하기에 급급하니, 오래갈 수 없을 것 같다.[52]

이런 정황을 참작할 때, 강익의 남계건원론에는 선각성과 시론성이 병존하고 있었다. 도학의 영수 정여창을 배출한 '함양자존론咸陽自尊論'에 바탕한 건원 제안은 박승임朴承任·노관盧祼·정복현鄭復顯·임희무林希茂의 적극적 협찬 속에 명분이 갖추어졌고, 일각에서 제기되는 부정론에 대해서는 단호하게 대처하여 공론을 집결시켜 나갔다.[53] 이에 함양은 물론 인근 고을에서까지 물력을 지원함으로써 건원의 실마리를 확보하게 되었다.

이런 상황에서 함양군수로 부임한 서구연이 강익의 학덕과 존현의식에 공감하여 적극 지원함으로써 건원은 탄력적으로 진행될 수 있었다. 서구연은 1537년(중종 32) 문과에 합격하여 함양·밀양 등 5개 고을의 수령을 지낸 것 외에는 행적이 크게 알려진 것이 없다. 하지만 조식의 지우 이항李恒과 시문을 주고받고[54] 임억령林億齡에게 꿀을 증정한 사실[55] 등을 고려할 때 사림계에 매우 우호적인 입장의 인물로 파악된다.

---

52) 『명종실록』, 21년 6월 15일(갑술).

53) 姜翼, 『介庵集』, 「年譜」, '壬子'(1552), "以興起斯文, 倡明儒敎爲己任, 一日, 與朴君承任盧徙庵祼鄭梅村復顯林君希茂, 議曰, 吾鄕乃文獻公之鄕, 而文獻公之歿, 已至五十年, 尙無建院立祠之擧, 實吾鄕之羞, 諸君曰然, 乃創立文獻公書院, 是時也, 我東方書院, 惟周茂陵設竹溪之外, 無有焉, 見聞未熟, 異議橫生, 先生毅然不動, 決意擧役." 남계서원의 건립 취지 및 과정은 강익이 지은 書院記에 자세하게 서술되어 있다.(姜翼, 『介庵集』 上, 「灆溪書院記」)

54) 李恒, 『一齋集』, 「寄徐君九淵」, "江東與渭北, 阻闊兩衰顔, 剛川風景好, 新月欲同看."

55) 林億齡, 『石川集』, 권5, 「養靜先生徐九淵 餉蜜一桶 此百藥之最良者 作詩拜謝」, "嗟予腸癖氣羸虛, 手閱扁鵲倉公書, 書云惟蜜可以除, 欲服不得增欷歔, 先生殷勤遠寄予, 予驚催入舌久呿, 置諸眼前防蟾蜍, 出入採花勤拮据, 君臣令嚴其敢徐, 懶者誅如斧以斯, 開而視之架層廬, 天漿溜如零露湑, 嚥以刀圭不敢餘, 童顔皎皎如芙蕖, 吾聞秦時人姓徐, 求不死藥騎龍魚, 道人無柰斯人歟, 不然何以善藥居, 剛泉山深可同車, 松花四月飄人裾, 和以

그는 이황과도 일정한 관계를 맺고 있었는데, 그런 정황은 퇴계문인 황준량黃俊良이 이황에게 보낸 편지에서 확인할 수 있다.

> 서밀양徐密陽(徐九淵)은 머리를 돌림이 비록 늦었지만, 독실하게 믿고 힘써 행하다가 갑자기 세상을 떠났으니, 참으로 애석합니다.56)

위 인용문은 정통 관료 출신인 서구연이 중년 이후 이황의 영향 속에 도학으로 전향했음을 암시하고 있는데,『도산급문록陶山及門錄』에 그의 이름이 실려 있지 않는 것으로 보아 급문까지는 이루어지지 않았던 것 같다. 서구연의 지원은 강당의 낙성으로 이어졌지만, 친상에 따른 그의 체직은 공역의 일시적 중단을 의미했다.57) 새로 부임한 군수가 경제적 협조에 부정적이었기 때문이다. 이에 강익은 향중은 물론 인근 열읍을 대상으로 모금운동에 나서 자체적인 물력 조달에 부심하게 된다. 그 결과 안음·거창·단성 등의 유생들이 적극 호응함으로써 큰 힘이 되었다. 이른바 '안거양읍安居兩邑'의 호응은 이 지역의 학문적 구심점이었던 임훈林薰의 협찬이 주효하게 작용했다. 임훈은 남계서원 건립에 따른 물력 지원을 요청하는 통문을 직접 기초하여 열읍에 발통하는 성의를 보였고,58) 이러한 유림 영수의 호소에 사림들이 대대적으로

此蜜桐子如, 洗濯五內屛鮮眠, 森森毛髮綠映梳, 逃脫人之間臭䐑, 騎二白鼺凌崑墟, 莫以吾言爲闊疎, 肘後良方豈欺余."

56) 黃俊良,『錦溪集』外集, 권7,「答退溪先生書」.

57) 姜翼,『介庵集』,「年譜」, '壬子'(1552), "郡守徐侯雅敬先生, 向其所爲, 盡心以助, 旣立講堂, 而徐侯遞去, 繼之者不肯出力相助, 時又不稔, 故堂未再而遂停其役, 殖餘財以待贍, 而期訖功焉."

58) 林薰,『葛川集』, 권3,「天嶺書院收穀通文」. 임훈의 경우 14세기 초반 별장을 지낸 고조 林滉이 錦山에서 함양으로 이거했고, 의령현감을 지낸 증조 林千年 대에 함양에서 안음현 葛川으로 이거했다. 따라서 그는 초년 시절에 함양 竹館에서 살았던바, 함양과의 연고가 매우 깊었다.

호응했던 것이다.59)

이런 흐름 속에서 1559년 윤확尹確의 함양군수 부임은 서원 건립을 재점화하는 결정적 계기가 되었다. 7년에 걸친 줄기찬 모금운동에 따른 자체적 자산의 확충 또한 한몫이 되었음은 두말할 나위가 없다. 윤확은 1504년 갑자사화 때 피화되어 선산에 유배된 이자건李自健(1455~1524)의 외손자(봉사손)였기에 정여창에 대한 경모의 마음이 매우 컸는데, 그가 외조의 묘갈을 강익과는 당곡문하의 동문인 소세양蘇世讓에게 청탁한 것에서도60) 강익과의 친연성을 확인할 수 있다. 그가 부임 직후 강익의 양진재를 찾아 향중 원로에 대한 예의를 갖춘 것도 같은 맥락에서 이해할 필요가 있다.

강익은 수령의 예방을 받은 자리에서 원역에 따른 고충을 피력하여 윤확의 흔쾌한 협력을 이끌어 냈다. 이에 원역 또한 순조로운 진행을 보여 기존의 강당을 더욱 웅장하게 손질함은 물론 원장垣墻의 축조, 묘우廟宇의 조성으로까지 진척을 이루게 되었다.61)

강당과 묘우의 낙성은 자연스럽게 봉안례로 이어져, 1561년 중춘 강익은

---

59) 『古文書集成 24－灆溪書院篇』, 「袞寶錄」에 따르면, 1555년의 경우 鄕中扶助로 租 29석 16두 9승, 미 11두, 太 3석 13두 6승이 수합되었고, 1556년 향중을 대상으로 추가 모금을 실시하여 租 34석 9두 4승, 太 1석 6승을 수합했다. 이때부터 열읍 유생 및 지방관의 부조가 증가하여 1556년에는 安陰儒生 林薰(租 16두)·權汝訥(租 13두)·金德年(租 10두)이 조 39두, 1557년에는 군수 金應祥이 租 11석, 1558년에는 거창유생 18명이 租 22석 13두, 군수 曹又臣이 租 7석 10두, 安陰儒生이 租 7석 12두를 보내왔다. 이로써 1558년 기준으로 총 224石 4斗 7升 7合 5卜의 자산을 확보할 수 있었다.

60) 蘇世讓, 『陽谷集』, 권13, 「議政府左參贊李公神道碑銘」, "議政府左參贊李公, 卒三十有八年, 而其外孫咸陽郡守尹確, 以公之行狀來示余, 仍徵銘墓之文, 余嘗望公於鵷班, 風神夷曠, 及侍, 經席, 言論侃侃, 知其爲愷悌君子, 今尹之請, 又懇懇, 安敢以老病辭……公不立後, 迺以郡守主其祀, 郡守三年服素, 治葬祭一如考妣."

61) 姜翼, 『介庵集』, 「年譜」, '己未'(1559), "尹侯確來守, 雅聞先生之賢, 旣下車, 趨拜於養眞齋, 因語及院役, 尹侯曰, 敢不盡力於斯文上事乎, 始克完役, 光大其堂, 繚繞以墻, 面庫庾庖湢, 無不就成, 又度廟宇於堂之東丘."

향중 원로 16명과 함께 향유들을 소집하여 '일두봉안례一蠹奉安禮'를 거행함으로써 존현尊賢과 양사養士를 향한 숙원을 이루었다.[62] 이때부터 그는 초대 원장에 추대되어 원사를 주관하며 재정 확충과 서책 구비 및 학규院規의 제정을 통한 운영의 활성화에 주력하게 된다. 이해 경상감사 이감李戡에게 청하여 4읍邑의 식염食鹽과 2군郡의 어염魚鹽 및 3처의 어기漁基를 서원에 영속시킨 것은[63] 재정 확충 의지의 단적인 표현이었는데, 재정 및 서적의 확충에 있어 강익이 가장 의지했던 인물은 양홍택(典衰實之責)과 노관(掌備書之任)이었다. 이에 대해서는 후술키로 한다.

봉안례가 원향론의 귀결을 의미하는 것은 아니었다. 아직도 동서재가 건립되지 않아 유생들의 거접居接이 어려워서 강학활동에 지장을 초래했을 뿐만 아니라 사생이 강당에 함께 기거함으로써 예의禮儀가 엄수되지 못했기 때문이다. 이 난제는 1564년 김우홍金宇弘의 함양군수 부임과 관자官資의 지원으로 인해 말끔하게 해결될 수 있었다.[64] 그리하여 강당·묘우·동서재의 낙성으로 서원으로서의 제도를 완비하게 되면서 각 건물에 대한 명호名號를 부여하는 절차가 진행되었다. 당은 '명성明誠', 당의 좌우 협실은 '거경居敬'·'집의集義', 동서재는 '양정養正'·'보인輔仁', 각 재의 헌軒은 '애련愛蓮'·'영매詠梅', 대문은 '준도遵道'로 정해졌다.[65] 강익의 주관 하에 이 의절을 진행한 사람은 3대 원장 정지鄭摯였고, 명호의 명명자는 노진盧禛이었다.[66] 동서재의 낙성과 원우 각 건물에

---

62) 『古文書集成 24-灆溪書院篇』, 「經任案」, '姜翼條', "仲春仲春, 十六公大會鄉儒, 奉一蠹先生位版而安焉以相慶, 是日, 鄉議推公爲院長."
63) 『古文書集成 24-灆溪書院篇』, 「經任案」, '姜翼條'.
64) 姜翼, 『介庵集』, 「年譜」, '甲子'(1564), "是年, 金侯宇弘爲郡侯, 乃東岡金先生之兄也, 侯亦律已有度, 雅景仰先生, 始至, 先訪先生, 相與契許最深, 常以爲院宇旣成, 而東西齋舍, 猶未營建, 生師一堂, 禮儀不嚴, 乃與金保相議, 更建東西齋舍."
65) 姜翼, 『介庵集』, 「年譜」, '甲子'(1564), "扁其堂曰明誠, 扁其左右夾室曰居敬·集義, 扁其東西齋曰養正·輔仁, 其齋軒曰愛蓮·詠梅, 其大門曰遵道."

대한 제호 작업은 사액이라는 국가적 공인화를 모색하는 추동력이 되었고, 함양군수 김우홍, 경상감사 박계현朴啓賢의 적극적 지원 속에 1566년 6월 강익은 30여 명의 사우들과 연명하여 청액을 요청하는 장고狀告를 올리게 된다.

> 신은 삼가 생각하건대, 정여창의 학행은 한 고을의 의표儀表가 될 뿐만 아니라 학사學士의 모범이 될 만합니다. 그런 까닭에 포증褒贈의 은전은 선조에서 특별히 높았고 사자士子의 추모는 오늘날에 성하게 일어났으니, 실은 인심이 다 함께 좋아해서 하는 일로 말 수 없는 것입니다. 만일 위로 조정에 주달하여 사액숭장賜額崇奬케 아니한다면 끝내는 한 고을 선비들이 사사로이 설립한 서원이 될 것이니, 사리로 볼 때 도리어 미안하고 영구히 유지되기도 어려울 것입니다. 지금 계술의 효도를 극진히 하시는 날에 혹 정액旌額을 하사하여 널리 은전을 펴신다면 위로는 선왕의 아름다운 뜻을 이루고 아래로는 풍화의 고무를 도울 수 있을 것입니다.[67]

정여창은 학과 행에 있어 백세의 사표이므로 그에 대한 기림은 국가적 풍화 치원에서도 절실한 사안임을 강조한 강익의 호소는 명종의 마음을 움직여 마침내 '남계서원灆溪書院'으로 사액되는 결실을 맺게 된다.[68] 건원의 발론 단계에서 사액에 이르는 14년 동안 강익이 쏟았던 열정은 함양 사림들에게 강하게 각인되었고, 이것은 후일 남계서원 '개암추배론介庵追配論'의 주된 명분이 되었다.

한편 남계서원의 동서재가 건립되고 건물의 명호가 확정되던 1565년 이황은 「서원십영書院十詠」(竹溪[풍기: 紹修] · 臨皐[영천] · 文憲[해주] · 迎鳳[성주: 川

---

66) 『古文書集成 24 - 灆溪書院篇』, 「經任案」, '鄭摯傑'.
67) 『명종실록』, 21년 6월 15일(갑술).
68) 『古文書集成 24 - 灆溪書院篇』, 「經任案」, '姜翼傑'에 따르면, "李靑蓮實有力焉"이라 하여 청액 과정에서의 李後白(唐谷門人)의 역할이 특서되어 있다.

谷]·丘山[강릉: 五峯]·灆溪[함양]·伊山[영천]·西岳[경주]·畫巖[대구: 硏經])을 지어 출범기 제諸 서원의 의의와 기대를 특서한 바 있다. 총 9개 서원 가운데 6번째에 해당하는 남계서원에 대해서는 이런 기대를 담았다.

우뚝한 천령은 일두공을 배출한 땅　　　　　　　　　　堂堂天嶺鄭公鄕
백세토록 전할 풍화를 남김에 그 덕행을 길이 사모했네.　　百世風傳永慕芳
사당 지어 존숭함은 참으로 마땅한 일　　　　　　　　　廟院尊崇眞不忝
문왕 이을 호걸들 어찌 다시없으리오　　　　　　　　　豈無豪傑應文王[69]

　이황은 우탁·정몽주·김굉필·정여창·이언적을 도학자로 인식하고 있었으니, 정몽주 → 길재 → 김종직 → 김굉필·정여창 → 조광조 → 이언적으로 이어지는 도통은 사실상 그가 설정한 것이었다.

우리 동방에 도학을 한 선비가 없지 않으나 문헌에서 찾아볼 길이 없으니, 그 조예의 깊이를 찾아볼 수가 없다. 우좨주禹祭酒·정포은鄭圃隱은 시대가 멀고, 한훤寒喧·일두一蠹 같은 여러 선비들은 전해들을 수 있는 가까운 사람이지만 또 찾을 수 없으니, 한스러운 일이다. 찾을 수 있는 사람으로 말하면 근대의 회재晦齋인데, 그 학문이 매우 바르다.[70]

우리나라 예로부터 추로라 부르나니　　　　　　　　　吾東號鄒魯
선비들이 모두들 육경을 읽는다네.　　　　　　　　　儒者誦六經
그것이 좋은 줄 모르는 이 없건마는　　　　　　　　　豈無知好之
어느 누가 이를 과연 성취해 내었는가.　　　　　　　何人是有成
높이 뛰어났어라, 정오천이여　　　　　　　　　　　矯矯鄭烏川
목숨 바쳐 지키며 끝내 변치 않았네.　　　　　　　　守死終不更
뒤를 이은 점필재는 쇠한 사문斯文 일으켜　　　　　　佔畢文起衰

69) 李滉, 『退溪集』, 권4, 「書院十詠」.
70) 『退溪言行錄』, 권5, 類編, 「人物論評」.

도 구하는 선비들 그 문정에 가득했네.	求道盈其庭
쪽빛에서 나온 청색 쪽빛보다 더 푸르니	有能靑出藍
김한훤과 정일두가 서로 이어 울렸네.	金鄭相繼鳴
그들의 문하에서 섬겨 보지 못했으니	莫逮門下役
이내 몸 돌아보며 마음 상해하노라.	撫躬傷幽情71)

「도연명집에 실린 음주에 화운하다」

이런 맥락에서 볼 때 이황의 '서원보급운동'은 '도통론'과 맥락을 같이하고 있었던바, 강익의 남계서원 건립은 그에게 있어서도 초미의 관심사일 수밖에 없었다. 짐작건대 이황은 문인들을 통해 남계서원의 건립 과정을 자세하게 알고 있었다고 할 수 있는데, 남계 건원 발기인의 한 사람인 박승임朴承任, 1552년 함양군수로서 남계 건원의 마중물 역할을 했던 서구연, 1564년의 동서재 건립과 1566년 청액을 지원했던 김우홍이 메신저 역할을 할 수 있는 위치에 있었던 인물들이다. 이 대목에서 또 한 가지 주목할 것은 이황과 강익과의 관계성이다.『개암연보』정사년 丁巳年(1557)조에는 강익이 퇴계문하 입문을 계획한 기사가 실려 있다.

퇴계선생의 도덕이 순수하다는 것을 알고 늘 친히 훈도를 받아 교화를 입고자 했으나, 백형 진사공의 병환으로 인해 뜻을 이루지 못했다.72)

이것이 사실이라면 남계서원의 건립 또한 이황의 '서원보급운동'73)의 구도 속에서 진행한 측면이 있고, 서구연·김우홍의 지원 또한 이런 맥락에서 해석할 여지가 크다.

---

71) 李滉,『退溪集』, 권1,「和陶集飮酒二十首」.
72) 姜翼,『介庵集』,「年譜」, '丁巳'(1557).
73) 이황의 서원보급운동에 대해서는 鄭萬祚,『朝鮮時代 書院硏究』(集文堂, 1997) 참조.

(2) 운영: 원임院任 및 물적 · 지적 자산을 중심으로

강익은 학자인 동시에 경영자였다. 남계서원의 건립과 운영에 나타난 그의 치밀한 구상은 조선시대 '서원 경영'의 모범으로서의 의미가 충분했다. 우선 서원의 건립과 운영에 있어 그는 사림의 공론을 중시했다. 박승임 · 노관 · 정복현 · 임희무 등 중망을 지닌 향중 원로의 의견을 수렴하여 건원론을 발론한 점, '일두봉안례—蠹奉安禮' 때 향중 원로 16인을 예빙한 점, 원우院宇의 명호名號 부여 권한을 노진盧禛에게 일임한 점은 사론의 귀일을 중시했던 처사의 중요한 장면이 된다.

무엇보다 그는 원임院任 구성에 있어 직무적 적합성을 중시하되 가문적 안배에 철저를 기했는데, 이런 원칙은 자신의 당대는 물론 사후에까지 준용되었다. 남계서원 원임 구성에 있어 한 가지 특징적인 것은 원장 · 유사 체제를 원칙으로 하되 전곡유사典穀有司를 별설했다는 데 있다. 재정을 관리하는 전곡유사를 따로 둔 것은 매우 이례적인 현상으로서 양질의 교육은 충실한 재정 위에서 가능하다는 그만의 교육운영론의 적용으로 해석할 수 있다.

원임의 경우, 원임직이 최초 설정된 1561년부터 남계서원에서 『개암집』 초간본을 발간하던 1686년까지 약 125년에 한정하면, 진주강씨(姜漢 家門), 풍천노씨(盧友明 家門), 남원양씨(梁灉 家門), 진주정씨(鄭希輔 家門), 나주임씨(林希茂 家門), 삼척박씨(朴汝樑 家門), 진양하씨(河孟寶 家門)의 비중이 압도적이다. 그 중에서도 풍천노씨(盧祼 · 盧士訓 · 盧士豫 · 盧士尙 · 盧士俶[이상 院長] · 盧士价 · 盧士溫가 · 盧士齊 · 盧士誨 · 盧胤 · 盧胄)가 가장 많은 원임을 배출했고, 진주강씨(姜翼[院長] · 姜渭老 · 姜渭璜 · 姜繡 · 姜碩徽), 남원양씨(梁弘澤 · 梁弘瀣 · 梁桂), 나주임씨(林希秀 · 林希榮 · 林濟民 · 林澤民), 진주정씨(鄭棄 · 鄭慶雲), 진양하씨(河孟寶[院長] · 河季實), 삼척박씨(朴汝樑) 순으로 그 뒤를 잇고 있다. 원임을 배출한 집안은

뚜렷한 공통점을 지니고 있는데, 당곡 연원으로서 귀천서원 제향 인물(表 沿沫·朴孟智·梁灌·河孟寶·姜漢·梁喜)의 후손이 주류를 이루고 있다.[74]

한편 강익은 서원의 자산을 '물적物的 자산'과 '지적知的 자산'으로 구분하였는데, 전자가 서원의 재정적 운영에 초점을 두었다면 후자는 '교육인프라'의 구축에 주안점이 있었다. 등가성을 지닌 두 요소의 확충을 위해 그는 당곡문하의 후배인 양홍택(典裘寶之責)과 노관(掌備書之任)을 차정하여 임무를 맡겼는데,[75] 노진의 아우였던 노관은 강익에 이어 2대 원장이 되어 방침을 이어 가게 된다.

물적 자산의 확충에 있어 강익이 취했던 원칙은 먼저 함양 사림을 대상으로 모금을 진행한 다음 부족분은 열읍에 요청하는 '선향중후열읍 先鄕中後列邑'이었다. 1555년과 1556년 두 차례에 걸친 '향중모금'은 안음· 거창·단성 사림의 호응으로 이어졌다는 점에서 그의 경영원칙은 사론에 부합했다. '향중모금'에 있어서도 1555년의 모금이 자신을 비롯하여 노진·양희·정복현 등 당곡문인이 중심이 되어 진주강씨·풍천노씨· 남원양씨·진주정씨·나주임씨·서산정씨 등 주로 '당곡연원가'를 대상으로 진행되었다면, 1556년에는 일향으로 확대하는 방법으로 진행되었다.[76] 1555년 모금에 참여한 집안(참여인)이 11가(26인)이었음에 비해 1556년에는 17가(58인)로 늘어난 배경도 여기에 있었다.[77] 두 차례에 걸친

---

74) 함양 사림, 넓게는 강우 사림을 중심으로 구성되었던 남계서원 원임 체계는 18세기 이후 정치적 지형 변화 속에서 큰 변화를 수반하게 된다. 이른바 '노론 유력자'로 구성된 '경원장'의 존재가 그것인데, 대표적인 인사로는 金致仁·金履安·李敏輔·宋煥箕·南公轍·趙寅永을 들 수 있다. 『古文書集成 24-灆溪書院篇』,「經任案」(2)(3)(4) 참조.

75) 『古文書集成 24-灆溪書院篇』,「經任案」(1), '梁弘澤條'·'盧裸條'; 姜翼, 『介庵集』,「年譜」, '乙丑'(1565), "院中學徒, 交集講業, 而書籍無存, 財穀不多, 先生大懼無以養育人材, 以盧徒庵裸, 掌備書之任, 以梁竹庵弘澤, 典裘寶之責, 終始executed心, 克有成就."

76) 『古文書集成 24-灆溪書院篇』,「裘寶錄」; 「乙卯年書院裘寶錄」, '丙辰年加裘錄'.

77) 두 차례에 걸친 鄕中募金에서 주목할 사람은 남명문인 盧欽이다. 노흠은 三嘉 大

모금액의 총액은 조 63석 16두 3승, 미 11두, 태 4석 14두 2승이다. 이 가운데 노진이 헌납한 조 5석 13두, 태 13두는 전체 모금액의 10%에 육박하고 있다.

재정 확충을 위해 강익이 모색했던 또 하나의 방안은 감사·수령 등 관인층을 대상으로 한 수증受贈이었다. 경상감사, 경상도사, 함양군수 그리고 본향 출신 사환자의 경우 수증을 항례화했던 것 같고, 인근 고을 수령을 비롯한 여타 관인들로부터의 수증도 적극 권장하는 입장이 었다. 시간이 지나면서 이 '기증 및 수증'은 하나의 관행 또는 문화로 자리 잡혀 1552년부터 1913년까지 500년간 지속되었다.

수증은 노비奴婢·전답田畓·우마牛馬, 조租·미米·태太 등의 곡식류가 많았지만, 기름(油), 종이(紙), 자물쇠(鎖鑰), 벼루(硯), 놋그릇(鍮器), 기와(蓋瓦), 등燈, 제복(黑團領), 병풍屛風, 방석方席 등 원중 상비품에 해당하는 물품도 적지 않았다. 이들 물품은 서원 운영의 핵심 자산으로 활용되었던바, 남계서원에서는 기증자와 기증물품을 기록한 문서를 '비망록備忘錄'78)이 라 하여 적어 두고 사은의 마음을 담았다. 서원 건립에 착수하던 1552년부터 강익의 영향력이 어느 정도 작용한 것으로 파악되는 선조 대(~1608)까지의 관인 기증자를 제시하면 <표 1>과 같다.

<표 1>에 따르면, 군수·감사·도사의 인적 구성은 정파·학파를

平 출신임에도 모금에 참여하여 1555년에는 租 2석, 1556년에는 租 1석을 헌납했 다. 노흠은 조식으로부터 "敬義를 궁구하여 道를 깨친 사람"으로 일컬어질 만큼 남명문하에서 학자적 위상이 높았고, 1576년에는 삼가의 晦峴에 曺植를 제향하 는 晦山書院(龍巖書院 전신) 건립을 주도했다. 그의 부조 참여는 재물 헌납을 넘 어 건원의 학습 효과의 의미를 지녔다고 할 수 있다. 17세기 南冥學派에서 중요 한 역할을 담당한 林眞怤는 외손자이자 문인이다.(김학수, 「林谷 林眞怤의 현실인 식과 17세기 영남학계에서의 위상—南冥·退溪學을 접목한 17세기 嶺南學界의 새로운 모색」, 『남명학연구』 54, 경상대학교 남명학연구소, 2017.)

78) 『古文書集成 24—灆溪書院篇』, 「裒寶錄」(1), '備忘錄'.

<표 1> 남계서원 관인층 기증자(1552~1607)

구분	성명	비고
咸陽郡守	徐九淵・金應祥・曹又新・尹確・金霽・金宇弘・郭趪・李長榮・鄭姬龍・鄭姬蓍・李軸・金潤國・趙宗道・安大塤・洪德元・李天樞・柳舜懋・高尙顔・尹認	
慶尙監司	李戡・洪曇・朴大立・任說・盧禛・金繼輝・尹根壽・朴謹元・李遴・崔顒・鄭芝衍・洪聖民・柳珺・權克禮・李山甫・權克智・金眸・韓致謙・柳永詢	
慶尙都事	崔滉・宋廷筍・魚雲海・李惟誠・權縉・南復圭	
官人層 (함양 출신)	盧禛(知禮縣監/潭陽府使/晉州牧使)・梁喜(扶安縣監)・鄭宗懋(僉正)	
官人層 (일반 관료)	徐九淵(淳昌郡守)・田亂武(山陰縣監)・朴永漢(安陰縣監)・鄭復始(丹城縣監)・陳賓(雲峯縣監)・曹應彦(居昌縣監)・李求仁(全羅都事)・朴汝忻(忠義衛)・金淸(宜寧縣監)・禹世臣(淳昌郡守)・李元常(山陰縣監)・崔稀壽(知禮縣監)・鄭大民(雲峯縣監/谷城縣監)・吳長(鎭安縣監)・鄭起龍(兵使)・李光庭(督餉使)・金弘遠(金山郡守)・鄭逑(安東府使)	

초월하고 있으며, 노진・양관 등 함양 출신 관인 중에서는 노진의 역할이 단연 두드러진다. 조종도趙宗道・오장吳長・정구鄭逑는 대표적인 남명학파 계열의 인물인데, 오장은 강익과 당곡・남명문하의 동문으로서 교계가 막역했던 오건의 아들이며 정구는 강익과 남명문하의 동문이었을 뿐만 아니라 강익의 종손자 강린姜繗을 사위로 맞았다는 점에서 척연 또한 깊었다.[79]

관인층의 기증은 본질적으로 정여창이 지니는 도학적 위상에서 기인하는 것이지만, 이것을 시스템화하여 재정 확충의 계제로 삼은 것은 강익이 분명하다. 이 점에서 강익에 대해서는 서원의 건립뿐만 아니라 운영기반의 조성이라는 측면에서도 그 의의를 부여할 필요가 있다.[80]

---

79) '備忘錄'에 따르면, 정구는 1607년 안동부사 재직 시 벼루(題祝硯一面/俱匣)를 증정하였는데, 공교롭게도 이해에 영천 臨皐書院과 현풍 道東書院에도 벼루를 증정한 바 있다.(『臨皐書院誌』, 「考往錄」, '丁末', "寒岡先生時爲安東府使, 送祝硯具匣一坐"; 『道東書院誌』, 「道東重刱事蹟」) 예물에 있어서도 등위를 매기지 않는 정구의 尊賢意識의 일단을 살필 수 있는 대목이다.

80) 灆溪書院 재정 규모에 대해서는 『古文書集成 24－灆溪書院篇』에 수록된 각종 「田

한편 노관을 통해 진행한 '비서사업' 또한 예상 외의 성과를 보이게 된다. 이른바 '남계장서'는 '수증受贈'·'내사內賜'·'원비院備' 등 3가지 방식을 통해 축적되었는데, 향중 유림 및 관인층을 대상으로 한 '수증'은 장서 구축의 중요한 축을 이루었다. 결론부터 언급하면, 남계장서는 강익 당대에 100여 질이었다가[81] 정유재란으로 소실될 당시 약 1,000질에 달했다고 하는데,[82] 32년(1565~1597)이란 기간에 비추어 볼 때 그 규모가 매우 방대했다고 할 수 있다. 1565년부터 1597년까지의 도서 기증자는 강익을 비롯하여 서원건립을 지원한 3군수(徐九淵·尹確·金宇弘) 등 총 50명이다. 기증자는 함양군수·경상도사, 인근 고을의 수령, 함양 및 강우 출신의 관인층이 중심을 이루지만 유생층도 적지 않다. 재정 확충 때와 마찬가지로 서적 또한 향중에서는 진주강씨(姜翼 등), 풍천노씨(盧禛 등), 진주정씨(鄭業 등), 서산정씨(鄭復顯 등), 나주임씨(林希茂 등)의 기증이 중심을 이루고 있다. 노진의 경우 진주목사 재임 시에『의려집醫閭集』(3권),『성리자의性理字義』(1권), 충청감사 재직 시에『의절儀節』(4권),『위흥시威興詩』(1권),『연평답문延平答問』(2권), 경상감사 재직 시에『성리자의性理字義』(1권)를 증정함으로써 최다 기증자가 되었다. 기증자 중에는 조식과 관련이 깊은 인물도 더러 보인다. 조식이 애중했던 생질이자 문인인 이준민李俊民은 나주목사 재임 시에『주자시집朱子詩集』(4권),『송감宋鑑』(12권)을, 조식의 지우였던 이정李楨은 두 차례에 걸쳐서『통감通鑑』(17권)과『정씨유서程氏

畓案」과「秋收記」를 통해 추산할 수 있는데, 이 부분에 대해서는 관련 연구자의 정밀한 분석이 요망된다.

81) 姜翼,『介庵集』,「年譜」, '乙丑'(1565), "院中學徒, 交集講業, 而書籍無存, 財穀不多, 先生大懼無以養育人材, 以盧徒庵裸, 掌備書之任, 以梁竹庵弘澤, 典哀寶之責, 終始協心, 克有成就, 書秩凡百餘卷."

82)『古文書集成 24－灆溪書院篇』,「哀寶錄」(2), 281쪽, "已上千秩, 萬曆丁酉, 爲倭奴所焚."

遺書』(8권)를, 조식의 지우인 이준경의 아들 이덕열李德悅은 유학 신분으로
『성리군서性理群書』(12권)를 기증하였으며, 이러한 사실은 「부보록裒寶錄」
(2)에서 확인할 수 있다. 도서기증은 임진왜란 이후에도 지속되어 '남계장
서蘫溪藏書' 유지 및 확충의 원동력으로 작동하였는데,[83] 이런 체계를
설계한 사람이 바로 강익이었던 것이다. 그를 학자와 경영자의 두 틀에서
바라보아야 하는 이유도 여기에 있다.

4. 맺음말

조선 초기 문벌가문으로 도약한 진양강씨는 강이경의 '남이옥사'
연루 과정에서 멸문에 가까운 가화를 입었지만 함양 이거 이후 강한의
학행을 바탕으로 문호를 정비하고 사림명가로 성장하게 된다. 특히
남원양씨와의 혈연을 매개로 한 학문·사회적 연대는 강익의 학자적
성장의 자양분이 되었다는 점에서 중요성이 컸다.

강익은 유년 시절 당복 정희보로부터 학문의 근기를 배웠고, 성장해서
는 남명문하를 출입하여 의리학을 전수받음으로써 16세기 유학자가
지녀야 할 학자적 본체를 갖추게 된다. 특히 그가 이황의 퇴계문하
출입을 계획한 것은 16세기 영남의 사림사회를 소통적 구조 속에서
바라볼 수 있는 작지만 선명한 근거가 된다.

강익의 학술문화적 활동의 정수는 남계서원의 건립 및 운영에서
찾아볼 수 있다. 16세기 서원건립론은 이황 등 퇴계학파의 전유물처럼

---

83) 관인층으로는 좌의정 奇自獻, 경상감사 李晏이, 院儒 중에서는 강익의 아들 姜渭
明과 재종손 姜繡(鄭逑 女壻) 등이 주요 기증자로 확인된다.(『古文書集成 24 - 蘫溪
書院篇』,「裒寶錄」 2, 282~283쪽)

인식되어 왔지만 강익의 남계건원론은 이 시기 서원건립운동의 외연을 보다 광범위하게 바라보게 한다. 아울러 건원 과정에서 퇴계학파 계열 지방관의 지원을 받은 사실에서는 상호 공조성의 실마리를 발견할 수 있다는 점에서 또 다른 중요성이 있다.

강익은 서원의 건립뿐만 아니라 그 운영에 있어서도 탁월한 경영능력을 보여 주고 있다. 서책으로 대변되는 지적 자산, 곡식으로 대표되는 물적 자산의 확충과 치밀한 관리는 양사의 안정성을 담보하는 조처였고, 남계서원의 이러한 경영방식은 다른 서원의 운영에까지 일정한 영향을 미쳤을 것으로 파악된다. 무엇보다 남계서원의 경영인프라는 당대는 물론 후대까지 장기적으로 지속되는 특성을 보였는데, 이는 원우의 안정적 운영이라는 관점에서 매우 주목할 한만 대목이라 하겠다.

강익은 평소에 온축한 학문 및 경세관을 펼칠 수 있는 지위를 획득하지는 못했지만, 함양을 비롯한 강우지역의 학술인프라의 구축에 결정적 영향을 미친 인물이라는 점에서 역사적 존재 의의가 매우 컸다. 추가적인 연구를 통해 그가 구상했던 16세기 사림사회의 전모가 규명되기를 기대해 본다.

제2장 『개암집』의 편찬 과정과 내용

강 문 식

1. 머리말

『개암집介庵集』은 16세기 전반의 문인 개암介庵 강익姜翼(1523~1567)의 문집이다. 『개암집』은 현재 3종의 판본이 전하고 있는데, 2종은 1686년(숙종 12) 초간본의 후쇄본이고, 1종은 중간본이다.

『개암집』 초간본의 후쇄본 2종은 모두 2권 1책으로 편집되었다. 상권에는 강익의 저술이 실려 있고, 하권에는 강익 사후에 동료 학자들이 지은 만장과 제문, 연보와 행장, 그리고 강익의 남계서원藍溪書院 배향配享과 관련된 문자 등이 수록되어 있다. 그런데 현전 후쇄본 2종은 내용에서 약간의 차이를 보이고 있다. 즉 한국학중앙연구원 장서각에 소장되어 있는 판본(D3B-379A)은 박세채朴世采가 지은 「묘갈명墓碣銘」 및 「묘갈명」의 수록 경위를 설명한 지문誌文이 빠져 있는 반면[1] 서울대학교 규장각한국

---

1) 윤상기, 「경남 함양군의 서원판본에 대한 연구」, 『서지학연구』 32(2005), 247~249쪽. 경인문화사에서 발간한 '한국역대문집총서'에 수록된 『개암선생문집』은 영인 저본을 밝히지 않아 그 소장처를 확인할 수 없지만, 내용 중에 박세채의 묘갈명 및 관련 지문이 빠져 있는 것을 볼 때 장서각 소장본과 동일한 판본으로 생각된다.

학연구원에 소장된 판본(奎12647)에는 박세채의 묘갈명과 관련 지문이 수록되어 있다.[2] 이를 통해 두 후쇄본의 간행 시기 및 내용이 다른 것을 확인할 수 있다.

『개암집』 중간본은 1938년에 간행된 것으로 3권 1책으로 편집되었다. 권1은 강익의 저술이고, 권2·3은 부록으로서 다른 사람들이 강익과 관련하여 지은 글들이 정리되어 있다.[3]

본고에서는 현전하는 『개암집』 판본들 및 문집에 수록된 편찬 관련 문자들의 내용을 바탕으로 『개암집』의 편찬 과정을 검토한 다음, 1846년 에 간행된 후쇄본을 기준으로 문집의 주요 내용들을 개괄하도록 하겠다.

2. 『개암집』의 편찬 과정

1) 초간본의 편찬 과정

『개암집』 초간본이 최초로 간행된 것은 1686년(숙종 12)이다. 현전하는 초간본의 후쇄본들은 1686년 간본 이후 뒤늦게 발견되거나 작성된 몇 편의 글을 추각追刻하여 간행한 것이다. 후쇄본에 1686년 초간 당시의 간기刊記가 그대로 실려 있는 것을 볼 때, 추각 과정에서 책판 전체를 새로 제작한 것이 아니라 기존 초간본 책판의 여백에다 추가할 내용들을

---

2) 고전번역원에서 발간한 '한국문집총간' 제38책에 수록된 『개암집』은 규장각한 국학연구원 소장본을 저본으로 하였다. 한편, '한국문집총간'의 『개암집』 해제 에 따르면, 고려대학교 중앙도서관(D1-A831]과 국립중앙도서관한46-가1024)에 도 규장각한국학연구원 소장본과 동일 판본의 『개암집』 후쇄본이 소장되어 있 다고 한다.
3) 『개암집』 중간본은 2010년에 함양문화원에서 번역본을 발간하였으며, 번역본 뒤에 원문 영인본도 함께 수록하였다.(함양문화원 편, 『介庵文集』, 2010)

판각하여 사용하거나 추가 내용이 수록된 책판 몇 장만 새로 제작해서 기존 책판에 삽입했던 것을 알 수 있다. 따라서 이 판본들은 비록 몇몇 새로운 글이 추가되었더라도 중간본이 아니라 초간본의 후쇄본으로 보는 것이 타당하다.

『개암집』 초간본의 편찬 과정은 『개암집』 하권의 말미에 수록된 2편의 발문 및 1846년에 박세채의 「묘갈명」이 추록된 경위를 기록한 글, 그리고 현전하는 후쇄본들의 내용 등을 통해 유추해 볼 수 있다. 이들의 내용을 종합하면 『개암집』 초간본과 후쇄본은 크게 네 단계를 거쳐 편찬·간행 된 것으로 볼 수 있다.

『개암집』의 제1단계 편찬이 완료된 것은 1662년(현종 3)으로, 강익의 유고 정리가 마무리되고 정광연(鄭光淵)의 발문이 작성되었다. 정광연의 발문 내용을 볼 때, 강익의 유고를 처음 수습하여 문집으로 정리한 것은 1650년대 후반으로 추정된다. 발문에서 정광연은 강익의 손자 강전 姜絟이 강익의 유고를 정리해서 자신에게 보여 주며 발문을 요청했는데, 차마 사양하지 못하고 수락했지만 쉽게 글을 짓지 못했다고 하였다. 그러다가 강전이 서거하고 2년 후에 그의 아들 강대징姜大徵이 다시 찾아와 글을 청하므로 이에 발문을 지었다고 한다.[4] 정광연이 『개암집』 의 발문을 지은 것이 1662년(현종 3)이고 강대징이 정광연을 찾아와 발문을 청한 것은 강전이 서거하고 2년이 지난 후이므로, 강전이 정광연에게 발문을 청한 것은 1660년 이전이 된다. 따라서 강전이 강익의 유고를 정리한 것은 1650년대 후반임을 알 수 있다.

---

4) 姜翼, 『介庵集』, 卷下, 「跋文」(鄭光淵 作), "先生之孫文叔氏, 與余族而隣. 嘗袖先生遺稿 示余, 余讀之卒業, 仰而歎, 俯而悲. 文叔氏汪然出涕, 勗余以其欲傳世而未能之意, 作數行 文字, 余不敢辭, 而亦不敢辛爾焉也. 文叔氏歿有二年, 其胤子大徵, 累然服喪, 請副先志, 余旣已言於逝者乎, 遂書顚末以歸之云."

강익의 유고 정리가 언제부터 시작됐는지는 분명하지 않다. 하지만 강익의 종손從孫 강위수姜渭琇가 강익의 행장을 지은 것이 1596년(선조 29)이고 강익의 생질 정온鄭蘊이 행장을 지은 것이 1627년(인조 5)인 것을 볼 때, 1590년대 후반부터 자손들을 중심으로 강익의 문집을 편찬하려는 움직임이 시작되었던 것으로 추정된다. 그리고 1650년대 후반에 이르러 유고의 정리가 마무리되었고, 1662년에 정광연의 발문을 받음으로써 문집 편찬이 일단락되었다.

1662년에 1차 편집된 『개암집』의 두 번째 편찬이 이루어진 것은 1686년 으로, 이는 같은 해에 양천익梁天翼이 지은 발문을 통해 확인된다. 양천익 은 발문에서 강전이 정리한 『개암집』의 편차가 정밀하지 못하고 일부 누락된 시문도 있으므로, 자신이 이를 보완하고 「연보年譜」를 작성하여 문집을 다시 정리했다고 하였다.[5] 양천익이 이 발문을 지은 것이 1686년이 고, 또 발문 다음에 "숭정갑신후병인중춘일崇禎甲申後丙寅仲春日 함양남계 서원개간咸陽藍溪書院開刊"이라는 간기가 있다. 이를 통해 양천익의 『개암 집』 정리가 1686년에 마무리되고, 같은 해에 함양의 남계서원에서 『개암 집』 초간이 이루어졌다는 사실을 알 수 있다.

세 번째 단계는 1689년부터 1846년 사이의 『개암집』 추록·추각 및 후쇄로, 이 상황을 보여 주는 것이 바로 장서각 소장본 『개암집』이다. 이 판본에는 1689년에 강익이 남계서원에 배향되는 과정에서 작성된 「승배소升配疏」와 「예조관문禮曹關文」, 남계서원 배향 시의 고유문告由文과 축문祝文, 그리고 1706년에 정기윤鄭岐胤이 쓴 「개암선생문집서」 등이 수록되어 있다. 또, 「연보」에도 남계서원 배향에 관한 내용이 추가되어 있다. 「승배소」를

---

5) 姜翼, 『介庵集』, 卷下, 「跋文」(梁天翼 作), "先生之孫絟氏曾有編輯, 而纂次頗未精, 詩文 或有漏, 天翼不揆愚陋, 謹復彙編, 而又譜其年, 以寓夫高山景行之忱, 僭踰之誅, 顧所難 逃, 其何敢妄擬於後世之子雲哉."

비롯한 위의 글들은 1686년 초간 이후에 작성된 것으로, 이를 통해 1686년 초간 이후『개암집』의 추록이 이루어진 정황을 확인할 수 있다.

네 번째 단계는 1846년의『개암집』추록 및 후쇄로, 그 결과물이 바로 규장각한국학연구원에 소장된『개암집』이다. 당시의 문집 추록 과정은 박세채朴世采가 지은「묘갈명墓碣銘」의 뒤에 실린, 강익의 8대손 강연조姜延祚의 글을 통해 확인된다. 1846년에 지어진 이 글은 박세채의「묘갈명」이 문집에 수록된 경위를 설명한 것으로, 강익의 후손 강석징姜碩徵이 박세채에게 묘갈명을 받은 후 비석을 준비했지만 일을 마치지 못하고 있다가 1830년에 이르러서야 비석을 세웠고, 또 이제 그 비문을 문집에 추록하게 되었다고 적고 있다.[6] 이를 통해 1846년에 박세채의「묘갈명」이『개암집』에 추록되어 후쇄가 이루어졌음을 알 수 있다. 그리고『개암집』초간본에 수록된 글 중에서 이보다 나중에 지어진 것이 없으므로, 1846년의 추록·후쇄가『개암집』초간본의 마지막 간행이었음을 알 수 있다.

그렇다면 1662년과 1686년, 1689년~1846년, 1846년 이후 등, 각 단계에서 정리된『개암집』의 내용에는 어떤 차이가 있을까? 현재는 후쇄본들만 전해지고 있기 때문에 1686년 초간본 및 그 이전 단계의 모습을 정확히 알 수는 없지만, 글의 수록 방식이나 작성 연대를 통해 어느 정도 유추해 볼 수는 있다.

우선 권상卷上에 실린 강익 본인의 저술 중에서 시詩(23편)와 서書(6편), 기記(2편) 등은 1686년 단계까지 정리된 것으로 보인다. 하지만 1662년 단계와 1686년 단계의 차이를 확인하는 것은 근거 자료가 없어서 현재로서

---

6) 姜翼,『介庵集』, 卷下,「(介庵姜公墓碣銘)後誌」(姜延祚 作), "粤我高王考諱碩徵, 慨然謁銘於玄石朴先生, 退而竭心瘁規, 爲繫牲之石, 是伐是琢, 未卒業而仍不淑, 石埋于灆溪書院, 遵道門內以待後, 世故多端, 因循未遑. 蕆不肖夙夜惴惴, 惟懼先志之是隳, 博謀屛宗, 近去庚寅, 始乃鑱諸石, 立于隧道, 今又翻謄碣銘, 補入遺集, 以爲廣布計.……崇禎四丙午重陽日, 八代孫延祚, 再拜謹書."

는 불가능하다. 그리고 '추록追錄'으로 구분된 「방정매촌불우訪鄭梅村不遇」
와 「단가삼결短歌三闋」은 1686년 간행 이후에 추각된 내용이 아닐까 생각된
다. 그 이유는 시가詩歌인 이 글들이 다른 시들과 함께 정리되지 않고
서書와 기記 다음에 실려 있기 때문이다. 만약 이 글들이 1686년에 추가된
것이라면 당시는 간행이 이루어지기 전이었으므로 뒤에 별도로 싣지
않고 다른 시들과 함께 앞부분에서 재정리하는 것이 일반적인 방식일
것이다. 따라서 서와 기 뒤에 별도로 시가 2편을 추록한 것은 문집 책판의
판각이 이미 이루어진 후에 이 시가들이 추가로 발견되어 뒷부분에 추각할
수밖에 없었다고 보는 것이 타당하다고 생각된다.

다음으로 권하卷下에 실려 있는, 강익 사후에 지어진 글들의 작성
시기를 통해 단계별 수록 내용을 추정해 볼 수 있다. 우선 1662년 이전에
작성된 글들은 1662년 편집 단계에 수록되었다고 보아도 무방하다고
생각된다. 구체적으로는 강익 사후에 조식曺植·노진盧禛·노관盧祼·오
건吳健·김우옹金宇顒·양흔梁忻 등이 그의 죽음을 애도하여 지은 만장挽
章 7편과 노진·김우옹·양희梁喜·노사훈盧士訓이 지은 제문祭文 4편,
1596년에 강위수가 지은 강익의 행장行狀, 1637년에 강익의 사묘祠廟를
남계서원으로 옮기고 위패를 봉안할 때 정홍서鄭弘緖가 지은 고문告文과
춘추향사春秋享祀의 축문祝文, 그리고 1662년에 정광연이 지은 발문 등이
이에 해당한다.

여기에서 하나 문제가 되는 것은 정온이 지은 「행장」이다. 『동계집』에
실린 정온의 「연보」에는 그가 1627년에 강익의 행장을 지었다고 기록되어
있다.[7] 따라서 이 글은 작성 시기만 보자면 1662년 단계에서 문집에
수록되는 것이 정상이다. 그런데 『개암집』에 실린 「행장」의 말미에는

---

7) 鄭蘊, 『桐溪集』, 「文間公桐溪先生年譜」.

편찬자의 주석이 부기되어 있다. 이에 따르면 정온이 지은 행장은 2가지가 있는데 내용에 약간 차이가 있기 때문에, 정온의 문집 간본에 실린 행장을 수록하고 이본異本의 내용은 주석으로 보충하여 참고하도록 했다고 한다.[8]

정온의 『동계집』 간행본에 수록된 행장 내용을 실었다는 것은 결국 이 행장이 『동계집』 초간 이후에 『개암집』에 포함되었음을 보여 준다. 『동계집』 초간이 이루어진 것은 1660년이므로, 간행 시기로만 본다면 『동계집』 간본에 실린 행장이 1662년 단계에 『개암집』에 수록될 가능성은 충분하다. 그런데 앞서 검토한 바와 같이 정광연이 『개암집』 발문을 쓴 것은 1662년이지만, 강전이 그에게 발문을 청하면서 보여 준 유고는 1650년대 후반에 정리된 것이었다. 그리고 강전 사후 강대징이 다시 발문을 청했을 때 유고를 새로 정리했다는 내용은 확인되지 않는다. 따라서 1662년 정광연이 발문을 쓸 당시의 『개암집』 원고는 1650년대 후반에 정리된 유고였을 것이고, 여기에는 정온이 지은 「행장」이 빠졌을 가능성이 높다고 생각된다. 이러한 추정이 맞다면, 정온이 지은 강익의 행장은 1686년 단계에서 문집에 포함되었을 가능성도 배제할 수 없다. 따라서 정온의 「행장」이 『개암집』에 포함된 시기는 현재로서는 확언하기 어렵다고 판단된다.

1686년 초간본 간행 단계에서 새로 추가된 것이 확실한 원고로는 양천익이 1686년에 지은 「발문跋文」 및 이보다 조금 앞서 지었을 것으로 보이는 「연보年譜」와 「묘표문墓表文」 등이 있다. 그리고 권하卷下의 첫머리에 수록된 「세계世系」도 강익의 고손대高孫代까지 기록된 것을 볼 때,

---

8) 姜翼, 『介庵集』, 卷下, 「又行狀」(鄭蘊 作), "(註)謹按, 桐溪鄭先生所撰行狀有二本, 而小有詳略, 故玆錄其本集刊行之本, 而添註一本於其間, 以備參考."

확언하기는 어렵지만 아마도 1686년 단계에 추가된 것이 아닐까 생각된다. 여기서 한 가지 검토할 것은 「연보」 중에 1686년 이후의 내용이 실려 있는 점이다. 즉, 「연보」의 마지막 기사에는 1689년에 강익이 남계서원에 배향된 사실이 기록되어 있다. 양천익의 「발문」에는 그가 강익의 「연보」를 지은 사실이 명시되어 있으므로, 이 「연보」가 1686년 이전에 작성된 것은 분명하다. 따라서 「연보」에 1689년 기사가 수록된 것은 1686년 『개암집』이 간행된 이후 1689년에 강익이 남계서원이 배향되자 이 사실을 추록했기 때문이라고 할 수 있다.

다음으로 후쇄본 단계에서 추록된 글을 살펴보도록 하겠다. 먼저 1686년 초간본 간행 이후로 1846년 후쇄본 간행 사이에 추가된 글로는 위에서 검토한 「연보」의 1689년 기사, 1689년 강익이 남계서원에 배향되는 과정에서 작성된 「승배소升配疏」와 「예조관문禮曹關文」, 강익을 남계서원에 배향할 때의 고유문告由文과 축문祝文, 1706년(숙종 32)에 정기윤이 지은 「개암선생문집서介庵先生文集序」 등이 있다. 그리고 초간본의 마지막 후쇄본인 1846년 간본에서 추록된 문자는 박세채의 「개암강공묘갈명介庵姜公墓碣銘」과 강연조의 「후지後誌」 등으로, 당시의 추록 경위는 앞서 소개한 바와 같이 강연조의 「후지」를 통해 확인된다.[9]

후쇄본에서 추록된 글들은 정기윤의 서문과 박세채의 묘갈명을 제외하면 모두 강익의 남계서원 배향에 관한 내용이라는 공통점이 있다. 이 중에서 「연보」의 추가 내용은 숙종을 '금상今上'으로 표현한 것을 볼 때 숙종 재위 기간 중에 추각된 것임을 알 수 있다. 그리고 강익의 남계서원 배향 추진을 주도했던 강명세姜命世·양태제梁泰濟 등이 지은 「승배시고문升配時告文」·「승배시고문헌공문升配時告文獻公文」·「승배시

9) 본고의 각주 6) 참조.

고문간공문升配時告文簡公文」・「승배후고문헌공문升配後告文獻公文」・「승배소升配疏」와 이에 관한 예조의 관문關文 등도 모두 1689년에 지어진 것들이다. 이 글들이 강익의 현창과 관련하여 매우 중요한 내용을 담고 있다는 점을 고려한다면 1689년 강익의 남계서원 배향이 이루어진 직후 정리되어 문집에 추록되었을 가능성이 높다고 생각된다.

한편, 정기윤의 서문은 1706년에 지어진 것이므로 그 이후에나 문집에 추록될 수밖에 없다. 따라서 만약 1689년 강익의 남계서원 배향과 관련된 문자들이 배향 직후에 정리・추록되었다고 한다면, 1689~1846년 사이의 『개암집』추록은 한 차례가 아니라 1689년경과 1706년 이후 등 두 차례에 걸쳐 이루어졌다고 볼 수도 있다.

이상에서 검토한 『개암집』 초간본 및 후쇄본들의 편찬 단계별 내용 구성을 정리하면 아래의 <표 1>과 같다.

<표 1> 『개암집』 초간본 및 후쇄본의 단계별 구성

권차	항목	제목 (저자/시기)	문집 수록 시기			
			1662년	1686년	1686년 이후	1846년
권수	서문	介庵先生文集序(鄭岐胤/1706)	-	-	○	⇒
	목록	介庵先生文集目錄上	-	○	⇒	⇒
		目錄下	-	○	⇒	⇒
권상	詩	夙夜齋讀易 등 17수	○	⇒	⇒	⇒
		「西溪唱酬」 5수 ※ 唱酬錄序(金宇顒)	○	⇒	⇒	⇒
	書	上曹南冥先生書 ― 附曹先生謝帖	○	⇒	⇒	⇒
		答盧玉溪子膺書 ― 附玉溪原帖	○	⇒	⇒	⇒
		答吳德溪子強書	○	⇒	⇒	⇒
		與金東岡肅夫書	○	⇒	⇒	⇒
		答河覺齋浩瀷書	○	⇒	⇒	⇒
		答鄭梅村遂初書	○	⇒	⇒	⇒
	記	養眞齋記	○	⇒	⇒	⇒
		籃溪書院記	○	⇒	⇒	⇒
	追錄	訪鄭梅村不遇	-	○	⇒	⇒
		短歌三関	-	○	⇒	⇒

권하	세계	世系	–	○	⇒	⇒
	연보	年譜(梁天翼/1686)	–	○	⇒ (일부 추록)	⇒
	행장	行狀(姜渭琇/1596)	○	⇒	⇒	⇒
		行狀(鄭蘊/1627)	–	○	⇒	⇒
	묘표	墓表文(梁天翼)	–	○	⇒	⇒
	만장	7편: 曹植, 盧禛, 盧祼, 吳健, 金宇顒, 梁忻 등	○	⇒	⇒	⇒
	제문	4편: 盧禛, 金宇顒, 梁喜, 盧士訓	○	⇒	⇒	⇒
	기타	藍溪書院奉安時告文(鄭弘緒/1637)	○	⇒	⇒	⇒
		奉安時告文獻公文(鄭弘緒)	○	⇒	⇒	⇒
		春秋享祝文	○	⇒	⇒	⇒
		升配時告文(姜命世)	–	–	○	⇒
		升配時告文獻公文(梁泰濟)	–	–	○	⇒
		升配時告文簡公文(姜命世)	–	–	○	⇒
		升配後享祀時告文獻公文(梁泰濟)	–	–	○	⇒
		升配疏(姜命世)	–	–	○	⇒
		該曹關文	–	–	○	⇒
	묘갈명	介庵姜公墓碣銘(朴世采/1683~84) ※ 추록 경위 설명(姜延祚/1846)	–	–	–	○
	발문	跋文(鄭光淵/1662)	○	⇒	⇒	⇒
		跋文(梁天翼/1686)	–	○	⇒	⇒
	간기	崇禎甲申後丙寅仲春日咸陽藍溪書院開刊	–	○	⇒	⇒

2) 1938년 중간본의 간행

『개암집』의 중간은 1938년에 이루어졌다. 중간 당시 정재경鄭在璟이 지은 발문에 따르면, 초간 책판이 오래되어 닳아 없어졌고 또 초간본의 편집이 잘 정리되지 못했기 때문에 이전부터 다시 판각하자는 의견이 있었다가, 1938년에 이르러 서원의 선비들이 중심이 되어 중간했다고 한다. 여기서의 서원은 아마도 강익이 배향된 남계서원으로 생각된다.

1938년 중간본은 이전의 초간본과 체재 상 몇 가지 차이를 보인다. 우선 초간본이 상·하 2권으로 편집된 것과 달리 중간본은 권수卷首와 권1~3으로 나뉘어 있다. 먼저 권수卷首에는 1706년 정기윤의 서문과

「범례凡例」, 「목록目錄」이 실려 있다. 이 중 「범례」와 「목록」은 1938년 중간 시에 작성된 것으로, 「범례」는 중간본의 편집 원칙이며, 「목록」은 「범례」의 원칙에 따라 새로 정리된 중간본의 목차이다. 「범례」의 중요 내용을 요약하면 다음과 같다.

① 원문은 구본舊本(초간본)을 따르되 시의 제목은 약간 산정刪定했고 추록追錄에 있던 시도 편입하여 정리하였다.
② 「서계창수西溪唱酬」 및 서書에서 선생(강익)의 글과 다른 사람들의 글이 섞여 있는 것을 분리하여 원집原集과 부록附錄으로 구분하였다.
③ 선생(강익)의 글을 원집(권1)으로, 제현諸賢들의 창수唱酬와 만사·제문·행장·묘갈은 부록 상편(권2)으로, 세계원류와 연보·관문·고유문·축문 등은 부록 하편(권3)으로 편집하였다.
④ (정온의) 행장 중에 있는 주석과 (박세채의) 묘갈명 뒤에 있는 지문誌文은 번잡스러워 삭제하였다.[10]

권1은 위의 「범례」 ②·③의 내용에 따라 강익 본인이 지은 저술들만 모아 정리한 것이다. 시詩, 서書, 기記, 잡저雜著의 순으로 편집되어 있으며, 초간본의 '추록追錄'이 '잡저雜著'로 바뀌어 있다. 시詩에는 초간본에 실린 22수 외에 2수가 추가되어 있는데, 그 중 「방정매촌불우訪鄭梅村不遇」는 초간본에서 '추록追錄' 부분에 실려 있던 것을 앞쪽으로 옮겨온 것이다. 그리고 「지군사 오유자 서구연이 안음에서 돌아와 함께 대고대에 오르기로 약속했으나 날이 저물도록 이르지 않으므로 집으로 돌아가 삼가 부침」(知郡徐烏有子[九淵]自安陰還期與同登大孤臺日暮不至還家奉寄)은 초간본에 없던 것으로 중간본에서 새로 추가된 시이다. 또 초간본에 실린 시들도 대부분 제목이 수정되었으며, 편집 순서도 초간본과는 달라져 있다. 한편 초간본

10) 함양문화원 편, 『介庵文集』(2010), 卷首, 「凡例」.

에서는 「서계창수西溪唱酬」에 강익의 시와 당시 함께했던 동료들의 시, 김우옹의 서문 등이 같이 실려 있었지만, 중간본에서는 위 「범례」 ②의 규정에 따라 다른 사람들의 시와 김우옹의 서문을 따로 분리해서 권2(부록 상편)로 옮겨 수록하였다.

서書에는 강익이 조식·노진·오건 등에게 보낸 편지 6편이 실려 있는데, 역시 제목이 조금씩 수정되어 있다. 또, 초간본에서는 조식과 노진에게 보낸 편지 다음에 각각 조식·노진이 강익에게 보낸 편지가 함께 실려 있지만, 중간본에서는 이것이 분리되어 권2(부록 상편)에 따로 수록되어 있다. 기記는 「양진재기養眞齋記」와 「남계서원기灆溪書院記」 등 2편으로, 초간본과 차이가 없다. 잡저雜著에는 초간본에서 '추록'으로 분류되었던 「단가삼결短歌三関」이 실려 있으며, 내용은 초간본과 동일하다.

권2와 3은 부록으로, 강익과 관련되어 다른 사람들이 지은 글들이 정리되어 있다. 먼저 권2는 '부록 상편'으로, 시詩, 서書, 만장挽章, 제문祭文, 행장行狀, 묘표墓表, 묘갈명墓碣銘의 순으로 편집되어 있다. 시詩에는 「서계 창수西溪唱酬」 가운데 강익 외의 다른 사람들이 지은 시와 김우옹의 「창수록서唱酬錄序」가 실려 있다. 서書는 조식과 노진이 강익에게 보낸 편지로, 앞서 언급했던 것처럼 초간본에는 강익의 편지와 함께 실려 있었으나 중간본에서 부록으로 분리되었다. 만장挽章(7편), 제문祭文(4편), 가상家狀(姜渭秀 作), 행장行狀(鄭蘊 作), 묘표墓表(梁天翼 作), 묘갈명墓碣銘(朴世采 作) 등은 기본적으로 초간본의 내용과 동일하다. 다만, 강위수의 「행장」이 중간본에서는 '가장家狀'으로 표시되어 있고, 초간본에서 정온의 「행장」 에 첨가되어 있던 주석들과 박세채의 「묘갈명」 뒤에 부록되어 있던, 「묘갈명」의 추록 경위를 밝힌 강연조姜延祚의 글 등이 중간본에서는 삭제되어 있다.(앞의 「범례」 ④ 참조)

권3은 '부록 하편'으로, 「세계원류世系原流」와 「연보年譜」, 1689년에 강익을 남계서원에 배향하는 과정에서 작성된 「승배소升配疏」와 「예조관문禮曹關文」, 각종 제사의 고유문과 축문, 그리고 정광연과 양천익이 지은 『개암집』 발문 2편이 실려 있다. 글의 내용은 「연보」 등에서 문구가 일부 수정된 것을 제외하면 초간본과 동일하며, 「승배소」와 고유문·축문의 일부는 제목이 약간 수정되었다. 발문 다음에는 「양진재중건기養眞齋重建記」 2편과 「양진재이건기養眞齋移建記」 1편, 그리고 1938년 정재경이 지은 「중간발重刊跋」 등 1938년 중간 과정에서 새로 추가된 글 4편이 실려 있다.

이상 1938년 중간된 『개암집』의 체재를 검토해 보았는데, 이를 정리하면 <표 2>와 같다.

<표 2> 1938년 중간본 『개암집』의 구성

권차	분류	제목	비고
卷首	서문	介庵先生文集序	鄭岐胤 작(1706)
	범례	凡例	중간본에서 새로 추가
	목록	介庵先生文集目錄	중간본 체재에 맞게 조정된 목록
卷一	詩	夙夜齋讀易 등 24수	• 「西溪唱酬」 5수와 '추록'의 1수를 통합하여 편집 • 「西溪唱酬」 중 강익 이외의 인물이 지은 시는 제외(부록에 별도 수록) • 초간본에 없는 시 1수 추가 • 제목이 일부 변경되었고 수록 순서도 초간본과 차이가 있음
	書	上南冥曺先生	• 초간본 제목: 上曺南冥先生書 • 초간본에는 조식이 보낸 「曺先生謝帖」이 부록되어 있음
		答盧子膺禛	• 초간본 제목: 答盧玉溪子膺書 • 초간본에는 노진이 보낸 「玉溪原帖」이 부록되어 있음
		答吳子强健	초간본 제목: 答吳德溪子强書
		與金肅夫宇顒	초간본 제목: 與金東岡肅夫書
		答河浩源沆	초간본 제목: 答河覺齋浩源書
		答鄭逢初復顯	초간본 제목: 答鄭梅村逢初書
	記	養眞齋記	
		灆溪書院記	
	雜著	短歌三関	초간본에서는 '추록'으로 분류

卷二 (附錄 上)	(詩)	諸賢西溪唱酬 ※ 唱酬錄序(金宇顒)	초간본에서 강익의 시와 함께 수록되어 있던 것을 분리하여 부록으로 정리
	(書)	答先生書[南冥曺先生]	초간본에서는 강익의 「上曺南冥先生書」 뒤에 「曺先生謝帖」이라는 제목으로 부록
		與先生書[玉溪盧禛]	초간본에서는 강익의 「答盧玉溪子膺書」 뒤에 「玉溪原帖」이라는 제목으로 부록
	挽章	7편: 曺植, 盧禛, 盧祼, 吳健, 金宇顒, 梁析 등	
	祭文	4편: 盧禛, 金宇顒, 梁喜, 盧士訓	
	(행장)	家狀(강위수)	초간본 제목: 行狀
		行狀(정온)	
	(묘비문)	墓表(양천익)	
		墓碣銘(박세채)	• 초간본 제목: 介庵姜公墓碣銘 • 1846년에 묘갈명을 문집에 추록한 경위를 기록한 지문(姜延祚 작)은 제외
卷三 (附錄 下)	(세계)	世系原流	
	연보	年譜	
	기타	請藍溪書院升配疏	姜命世 作, 초간본 제목: 升配疏
		該曹關文	
		藍溪書院別廟奉安時告先生文	• 鄭弘緖 作 • 초간본 제목: 藍溪書院奉安時告文
		奉安時告文獻公文	
		春秋享祝文	
		藍溪書院升配時告先生文	姜命世 作, 초간본 제목: 升配時告文
		升配時告文獻公文	梁泰濟 作
		升配時告文簡公文	姜命世 作
		享祀時告文獻公文	• 梁泰濟 作 • 초간본 제목: 升配後享祀時告文獻公文
	발문	文集跋 (2편)	鄭光淵(1662), 梁天翼(1686)
	(추록)	養眞齋重建記	
		養眞齋移建記	1938년 중간 시 추록된 글
		重刊跋	

『개암집』 중간본은 초간본에서 '추록'으로 별도 편집되었던 시를 다른 시들과 함께 정리·편집하거나 저술의 성격에 따라 권차卷次를 구분하는 등 이전보다 체계적인 모습을 갖추고 있다. 또 초간본에서 누락된 시 1편이 추가된 점은 자료 발굴의 측면에서 중요한 의미를 갖는다고 할 수 있다.

하지만 강익의 글과 타인의 글을 분리한다는 「범례」 규정에 따라

「서계창수西溪唱酬」에서 강익 이외의 사람들이 지은 시와 서문, 서書에서 조식·노진이 강익에게 보낸 편지 등을 부록으로 분리한 점은 아쉬움이 남는다. 이 글들은 강익의 교유관계를 파악하는 데 있어 매우 중요한 자료들로, 강익의 글과 함께 편집되어 있을 때 그 자료적 가치가 분명하게 드러나기 때문이다. 예를 들어 강익과 노진이 주고받은 편지의 경우, 강익의 편지만으로는 정확한 내용을 파악하기 어렵고 노진의 편지와 함께 읽어야만 당시 두 사람이 주고받은 내용을 확인할 수 있다.[11] 그런데 중간본은 두 편지가 별도로 편집되어 있어 독자들이 두 편지의 연관성을 파악하는 것이 매우 어려운 상태이다.

정온「행장」의 주석과 박세채「묘갈명」뒤에 부록된 지문을 삭제한 것도 큰 문제라고 할 수 있다. 이 글들은 정온의「행장」과 박세채의 「묘갈명」이 작성되고『개암집』에 수록된 경위를 파악하는 데 있어 매우 중요한 근거가 되기 때문이다. 그런데 이 글들을「가장」에 동일한 내용이 있으므로 남겨 둘 필요가 없다거나 번잡하다는 이유로 삭제한 것은 잘못된 판단이라고 할 수 있다. 이런 점에서 글의 내용이나 성격에 대한 종합적인 고려 없이「범례」의 규정을 일률적으로 적용한 중간본의 편집 방식은 그리 바람직하다고 보기 어려우며, 중간본의 연구 자료로서 의 가치 역시 초간본에 비해 상대적으로 떨어진다고 생각된다.

3.『개암집』의 주요 내용

『개암집』은 체계적 정리라는 측면에서는 중간본이 좀 더 진일보했다고

---

11) 자세한 내용은 뒤에 나오는 본고의 제3절 참조.

할 수 있지만, 앞서 언급한 바와 같이 강익의 교유관계나 문집의 편찬 과정을 확인시켜 주는 자료적 측면에서는 초간본의 가치가 더 크다고 할 수 있다. 이에 본 절에서는 현전하는 초간본(1846년 후쇄본)을 기준으로 『개암집』에 수록된 글들의 주요 내용을 개관해 보도록 하겠다.

『개암집』은 상·하 2권(1책)으로 구성되어 있다. 상권에는 강익 본인의 저술이, 하권에는 강익의 동료와 문인, 후손들이 지은 글이 수록되어 있다. 그리고 본문에 앞서 권수卷首에는 정기윤이 지은 「개암선생문집서」가 실려 있다.

1) 권수卷首 ― 개암선생문집서介庵先生文集序

정기윤은 강익의 행장을 지은 정온의 손자로, 그가 「서문」을 지은 때는 1706년이다.[12] 「서문」에서 정기윤은, 강익은 타고난 자품資品을 바탕으로 정여창鄭汝昌의 학문을 계승하고 또 조식曺植으로부터 『주역周易』을 배운 후 도학道學의 창도를 자신의 임무로 생각했으며, 그 결과 원근의 학자들이 강익의 문하에 모여 수업을 받았고, 임훈林薰·오건吳健·김우옹金宇顒 등 당대의 명사들이 강익과 교유했다고 하였다. 이어 강익이 친구들의 추천을 받아 세상에서 도道를 펼칠 수 있는 기회를 만났지만 생각지 못하게 갑자기 세상을 떠남으로써 기회를 잃게 되었다고 아쉬워하였다. 또, 그의 저술이 대부분 산실되어 열에 한둘도 전해지지 않고 있지만

---

12) 정기윤의 「서문」에는 작성 시기가 "隆慶丁卯後八百有四十甲子丙戌之陽月下浣"이라고 기록되어 있다. 여기서 '隆慶丁卯'는 1567년(명종 22)으로, 강익이 사망한 해이다. 기존 연구에 따르면, '八百有四十甲子'는 日子를 간지로 표시한 것으로 840 갑자는 50,400일(840×60일)이 된다고 한다.(윤상기, 「경남 함양군의 서원판본에 대한 연구」, 『서지학연구』 32, 2005, 248쪽) 음력 기준으로 1년을 360일로 계산했을 때 50,400일은 140년이며, 따라서 서문 작성 시기는 강익이 사망한 때로부터 140년째가 되는 丙戌年, 즉 1706년이 된다.

남아 있는 시문들은 경전의 글에 비견될 만큼 높은 수준이라고 칭송한 다음, "말을 세우고 책을 저술하여 후세에 전하는 것은 많음에 달려 있는 것이 아니다"라고 하여 비록 남아 있는 저술의 수는 많지 않지만 강익의 학문과 도덕을 후세에 전하기에는 부족함이 없다고 하였다.

2) 권상卷上

권상卷上에 수록된 강익의 저술은 문체에 따라 시詩·서書·기記로 구분되어 있으며, 말미에는 초간본의 책판이 판각된 이후에 추가된 것으로 보이는 시가들이 '추록追錄'이라는 항목으로 실려 있다.

(1) 시詩

『개암집』에 수록된 시는 크게 두 부분으로 나누어진다. 앞부분에는 총 17편의 시가 오언절구·칠언절구·오언율시·칠언율시의 순으로 실려 있다. 조식曺植·노진盧禛·오건吳健 등 스승·동료들과의 교유를 노래한 시들과 숙야재夙夜齋·양진재養眞齋·남계서원藍溪書院·일로당 逸老堂 등에서의 일상을 읊은 시들이 큰 비중을 차지하고 있어, 강익의 활동과 교유를 파악하는 데 중요한 자료적 가치를 갖는다.

뒷부분은 「서계창수西溪唱酬」라는 제목이 붙은 시 모음으로, 1566년에 강익이 김우옹金宇顒·노관盧祼·정복현鄭復顯 등과 함께 지리산의 서계西 溪 지역을 돌아보면서 지은 시 5편과 당시 함께했던 동료들이 지은 원운시 原韻詩·차운시次韻詩들이 실려 있다. 또 말미에는 김우옹이 지은 「창수록 서唱酬錄序」가 수록되어 있다. 이에 따르면 강익·김우옹·노진·정복현 등은 1566년 5월 13일에 남계서원에서 모임을 가졌으며, 이때 3일 후에

서계西溪에서 다시 만나기로 약속했다고 한다. 또 서문에는 이들이 5월 16일에 다시 만나 서계 지역의 산수를 감상하면서 시를 주고받으며 즐긴 일들이 기록되어 있어서 당시의 교유 상황을 파악하는 데 많은 도움이 된다.

『개암집』에 수록된 시들을 정리하면 다음과 같다.

<표 3> 『개암집』에 수록된 시(초간본 기준)

구분	제목
오언절구(4편)	夙夜齋讀易, 詠竹題逸老堂, 月夜玩溪有感, 山天齋侍南冥先生賞月
칠언절구(10편)	秋夜坐夙夜齋, 贈盧玉溪, 贈林士秀, 次林士秀, 梅下玩月得一絶寄吳德溪, 龜谷初結養眞齋手植梅菊有感, 初建藍溪書院得一絶示諸生, 謝林葛川吳德溪諸兄雪中見訪, 靜夜吟
오언율시(2편)	逸老堂詠竹, 遊花林洞
칠언율시(2편)	龜谷俚吟, 同吳德溪盧玉溪梁思庵讀書山寺
西溪唱酬	次鄭梅村遂初韻, 暮投溪上小庵是夜雲陰不見月吟, 翌朝至石上次金開巖敬夫韻, 日欲斜朋欲散臨酒相屬發散煙霞之興醉裡吟(2편), 唱酬錄序

(2) 서書

「상조남명선생서上曹南冥先生書」·「답노옥계자응서答盧玉溪子膺書」·「답오덕계[자강]서答吳德溪[子强]書」·「여김동강[숙부]서與金東岡[肅夫]書」·「답하각재[호원]서答河覺齋[浩源]書」·「답정매촌[수초]서答鄭梅村[遂初]書」 등 6편의 편지가 수록되어 있다. 그리고 「상조남명선생서」와 「답노옥계자응서」에는 각각 조식과 노진이 강익에게 보낸 편지가 부록되어 있다. 편지의 수신자는 조식曹植과 노진盧禛·오건吳健·김우옹金宇顒·하항河沆·정복현鄭復顯 등 조식의 문인들이다. 이는 남명문인 그룹이 강익의 교유 범위에서 중심을 이루고 있었음을 잘 보여 준다.

「상조남명선생서」에서 강익은 먼저 지난달 조식에게 하직하고 돌아온 이후의 안부를 전한 다음, 조식에게 벼슬이 내려진 것을 축하하며 조식이 조정에 나아가 사문斯文의 도道를 펼쳐 주기를 희망하였다. 이어 자신의 학문이 퇴보하고 있음을 한탄한 후 최근 친구들과 『의례儀禮』를 공부하고 있는데 조만간 의심스러운 부분들을 추려서 가르침을 청하겠다는 뜻을 전달하였다.

「답노옥계자응서」는 이 편지만으로는 정확히 어떤 내용인지를 파악하기 어렵다. 하지만 이 편지 다음에 부록된 노진의 편지(『附玉溪原帖』)를 보면, 당시 두 사람이 『논어論語』의 "비례물시非禮勿視, 비례물청非禮勿聽, 비례물언非禮勿言, 비례물동非禮勿動"에 대해 토론하고 있었고, 강익의 편지는 자신의 견해를 노진에게 전달하기 위해 쓴 것임을 알 수 있다.

「답오덕계[자강]서」에서 강익은 지난번에 오건이 자신을 방문해 준 것에 대해 감사의 뜻을 전달한 다음, 오건이 질문한 『연평문답延平問答』에 대해 부족하나마 자신의 의견을 적어서 보낸다고 하였다. 또, 도산陶山을 찾아가는 오건에게 학문적으로 큰 성취가 있기를 바란다는 내용도 실려 있다. 이 편지에는 『연평답문』의 구체적인 내용은 기록되어 있지 않은데, 이를 볼 때 아마도 오건의 질문에 대한 답변은 별지로 정리해서 함께 보냈을 것으로 추정된다.

「여김동강[숙부]서」에서 강익은 김우옹이 이전에 보여 준 심의深衣 제도에 관한 선유先儒의 논변 중에서는 주사준朱士俊의 견해가 가장 요령을 얻었다고 평가한 다음, 김우옹이 이에 대해 더 깊이 연구하여 자신에게 가르침을 줄 것을 요청하였다.

「답하각재[호원]서」에는 강익과 하항이 조식의 문하에서 함께 수업을 들었던 일을 회고한 내용과 『의례儀禮』에 관한 하항의 질문에 대해 얕은 소견이나마 몇 가지를 적어서 보낸다는 내용이 실려 있다. 여기서도 「답오덕계[자강]서」와 마찬가지로 『의례』의 구체적인 내용은 빠져 있어서, 강익의 답변을 정리한 별지가 따로 있었을 것으로 생각된다.

「답정매촌[수초]서」에서 강익은 먼저 정복현이 편지를 보내 준 것에 대해 감사 인사를 전했다. 이어 자신의 학문은 점점 퇴보하고 있고 질병까지 겹쳐 마음이 괴롭다며 자신의 처지를 한탄한 다음, 정복현이 좋은 시를 보내 주어 흔들리는 자신의 마음을 풀어 주기를 청하였다.

이상의 편지 내용을 보면, 일상적인 안부 인사를 제외하면 학문 수련과 관련된 것들이 중심을 이루고 있음을 알 수 있다. 이는 학문 수련이 강익의 가장 큰 관심사 중 하나였음을 잘 보여 준다.

(3) 기記

「양진재기養眞齋記」와 「남계서원기灆溪書院記」 등 2편이 실려 있다.

「양진재기」는 강익이 31세 때인 1553년에 지리산 북쪽 자락의 구곡龜谷에 조성한 서재인 양진재養眞齋의 기문이다. 구곡龜谷 지역 산수의 아름다움을 소개한 후, 이곳이 성진性眞을 기를 만한 곳이라고 판단하여 여기에 작은 집을 하나 짓게 되었다며 양진재養眞齋의 조성 경위를 설명하였다. 이어 이 집에서 아침저녁으로 독서하고 자연을 읊조리며 세속의 욕심에서 벗어나 성정性情의 바름을 함양하고자 하는 마음에서 집의 이름을 '양진재養眞齋'라고 짓게 되었다고 하였다.

「남계서원기」는 1566년에 정여창鄭汝昌을 제향하는 남계서원을 완공한 후 이를 기념하여 쓴 기문이다. 정여창이 우리나라에 태어나서 정주程朱의 도맥道脈을 잇고 궁행지실窮行之實을 얻었으니 '천세千世의 진유眞儒'이자 '백세百世의 사표師表'라고 찬양하였다. 이어 정여창이 죽은 지 50여 년이 지났음에도 그를 제사하는 사우祠宇가 없음을 안타까이 여기다가 전후 10년 동안 여러 선비들이 힘을 모아서 이제야 사우를 마련하게 되었다고 하면서 서원 조성의 전말을 기록하였다. 또, 강익 자신이 서원 내 건물들의 이름을 짓게 된 경위와 명명命名의 전거, 우리나라 서원의 유례 등을 밝힌 다음, 여러 선비들이 정여창의 도道를 배워 실천할 것을 촉구하였다. 그리고 마지막에 함양에 부임하여 남계서원 창건에 공을 세운 세 명의 군수 서구연徐九淵, 윤확尹確, 김우홍金宇弘의 이름을 밝혀 놓았다.

(4) 추록追錄

1686년 『개암집』 초간본의 책판이 제작된 이후에 새로 발견되어 추각追刻된 내용이 보인다. 「방정매촌불우訪鄭梅村不遇」는 친구 정복현을 찾아갔다가 만나지 못하고 돌아온 안타까움을 노래한 시이다. 「단가삼결短歌三闋」은 전원생활의 감흥을 표현한 시가인데, 국한문 혼용으로 되어 있다.

3) 권하卷下

(1) 세계世系

강익의 집안 계보를 정리한 것으로 저자는 미상이다. 선조는 시조始祖 강이식姜以式부터 부친 강근우姜謹友에 이르기까지 그 이름과 시호諡號, 관직 등을 간단히 열거하였고, 후손은 강익의 3남 3녀와 그 후손들의 이름을 고손대高孫代까지 기록하였다.

(2) 연보年譜

양천익이 지은 강익의 연보이다. 양천익은 숙종 대에 강익의 남계서원 배향 추진을 주도했던 양태제의 아들이다. 강익의 출생부터 사망까지의 일생을 상세히 기록하였다. 유년 시절 효성이 지극했으며 나이에 비해 조숙하여 칭찬을 받았다는 내용, 15세에 처음으로 당곡唐谷 정희보鄭希輔의 문하에 나아가 수학했는데 남보다 늦은 나이에 취학就學하였지만 정희보는 그가 대유大儒가 될 것이라고 예언했다는 일화, 노진·오건 등과의 교유관계, 남명 조식과의 사제 관계, 과거와 관직 진출을 단념하고 '위기지학爲己之學'에 몰두하게 된 과정, 남계서원藍溪書院 건립 과정, 양진 재 조성, 덕천동으로 조식을 찾아가 학문을 전수받은 일, 남계서원의 선비들에게 서책을 마련해 주려고 애썼던 일, 오건의 추천으로 소격서昭格署 참봉參奉을 제수받은 일, 사후에 지방 사대부들이 그를 추모하여 향사를 조성한 일 등이 기록되어 있다. 마지막에 1689년 강익이 남계서원에 배향된 사실이 기록되어 있는데, 이는 1686년 초간본 간행 이후에 추록된 내용이다.

(3) 행장行狀

1596년(선조 29) 강익의 종자從子 강위수가 지은 행장과 1627년(인조 4)에 강익의 생질 정온이 지은 행장 등 2편이 수록되어 있다. 전체적인 내용은 연보와 대동소이한데, 강위수 행장의 분량이 더 많다. 정온의 행장은 앞서 살펴본 바와 같이 『동계집』 간본에 실린 것을 수록한 뒤 이본異本의 내용은 주석으로 보충해서 참고할 수 있도록 하였다.

(4) 묘표문墓表文

양천익이 편찬한 강익의 묘표문墓表文이다. 강익 집안의 선계先系와 그의 사우師友 관계, 남계서원 건립 등의 주요 행적, 사망 이후 향사에서의 배향 등이 간략히 정리되어 있다.

(5) 만장挽章

강익 사후에 그의 죽음을 애도하며 지은 만장 7편이 실려 있다. 만장의 저자는 조식曺植, 노진盧禛, 노관盧祼, 오건吳健, 김우옹金宇顒, 양흔梁忻 등이다.

(6) 제문祭文

강익 사후에 그의 동료와 문인들이 지은 제문 4편이 실려 있다. 제문의 저자는 노진盧禛, 김우옹金宇顒, 양희梁喜, 노사훈盧士訓이다. 4편의 제문 모두 강익의 뛰어난 학문과 인품을 높이 평가했으며, 저자들 자신과 강익의 교유관계를 회고하며 그를 추모하였다.

(7) 남계서원봉안시고문藍溪書院奉安時告文 · 봉안시고문헌공문奉安時告文 獻公文 · 춘추향축문春秋享祝文

강익의 사묘祀廟를 남계서원으로 옮기고 신주를 봉안할 때에 후학後學 정홍서鄭弘緖가 지은 고문告文과 춘추향사春秋享祀에서 사용된 축문의 내용을 기록한 것이다. 정홍서는 1662년에 『개암집』 발문을 지은 정광연의 부친이다. 「연보」에서는 1634년(인조 12)에 강익의 사묘를 남계서원으로 옮겼다고 했으나, 여기에 실린 정홍서의 고문告文들은 1637년에 지어진 것으로 기록되어 있다.

(8) 승배시고문升配時告文 · 승배시고문헌공문升配時告文獻公文 · 승배시고 문간공문升配時告文簡公文 · 승배후향사시고문헌공문升配後享祀時告文 獻公文 · 승배소升配疏

1689년에 강익을 남계서원에 배향할 때 배향 추진을 주도했던 강명세姜命世 · 양태제梁泰濟 등이 지은 글이다. 「승배시고문升配時告文」 · 「승배시고문헌공문升配時告文獻公文」·「승배시고문간공문升配時告文簡公文」·「승배후고문헌공문升配後告文獻公文」 등은 강익의 남계서원 배향이 확정된 후 그 내용을 고하는 제사에서 사용된 고문告文이다.

「승배소升配疏」는 양천익 등이 강익을 남계서원에 배향해 줄 것을 요청한 상소문으로 강명세姜命世가 지었다. 강익의 뛰어난 학문과 인품, 명종 대에 오건이 강익을 천거했던 사실 등을 열거한 다음, 정온鄭蘊이 이미 남계서원에 배향되었음에도 정작 남계서원을 직접 창건한 강익이 배향되지 못한 것은 잘못된 일이라고 지적하였다. 또, 정여창과 강익·정온의 관계를 공자孔子와 증자曾子·자사子思의 관계에 비견하면서 강익이 배향되어야 하는 당위성을 역설하였다.

(9) 해조관문該曹關文

1689년(숙종 15)에 예조에서 숙종에게 강익의 남계서원 배향을 요청한 글이다. 양천익 등이 올린 상소 내용을 개괄한 다음 남계서원은 본래 강익이 창건한 것이므로 그를 배향하는 것이 사리에 부합하는 것이라고 하였다. 숙종이 예조의 건의를 윤허한 내용도 기록되어 있다.

(10) 개암강공묘갈명介庵姜公墓碣銘

박세채朴世采가 지은 강익의 묘갈명이다. 박세채의 관직이 '가선대부嘉善大夫 행성균관좨주行成均館祭酒'로 기록된 것을 볼 때 1683~84년경에 지어진 것으로 추정된다. 전체적인 내용은 행장과 비슷하다. 뒷부분에는 1846년에 강익의 후손 강연조가 묘갈명을 문집에 추록하게 된 과정을 정리한 글이 수록되어 있다.

(11) 발문跋文

『개암집』의 발문으로, 1662년에 정광연이 지은 발문과 1686년에 양천익이 지은 발문 등 2편이 실려 있다. 정광연은 문집에 수록되어 전하는 강익의 시가 수십 편에 지나지 않지만 모두 '유연자득悠然自得'의 경지에 이르렀다고 찬양하였다. 또, 양천익은 우리나라의 도학道學이 정몽주鄭夢周에게서 시작되어 정여창鄭汝昌에게 이어졌는데 강익은 정여창을 사숙하여 그 맥을 계승했다고 한 다음, 강익이 궁리실천窮理實踐에 힘쓴 결과 그의 사후 100년이 지난 지금도 그 유풍이 여전하다고 높이 평가하였다.

4. 맺음말

이상에서 강익의 문집 『개암집』의 편찬 과정과 주요 내용을 살펴보았다. 강익은 비록 일생을 포의布衣로 살았지만, 같은 함양 출신의 선배 학자 정여창鄭汝昌의 학맥을 계승하였고 조식曺植 문하에서도 수업을 받으면서 학문적으로 높은 수준에 올랐다. 또 그는 남명문인南冥門人을 중심으로 여러 명사들과 폭넓게 교유했으며, 남계서원 창건을 주도하는 등 함양 지역의 학문과 문화 발전에 상당히 큰 공헌을 한 인물로 평가되고 있다.

『개암집』은 바로 강익의 생애와 학문, 교유관계, 지역에서의 영향력 등이 오롯이 담겨 있는 저술이라고 할 수 있다. 비록 그의 학문 세계를 직접적으로 보여 주는 학술적 저술은 남아 있지 않지만, 그가 지은 시와 편지, 기문 등은 그의 학문적 편력과 교유관계를 파악하는 데 중요한 단서를 제공해 준다. 또, 「연보」와 「행장」, 각종 묘도문자墓道文字에는 그의 생애가 잘 정리되어 있으며, 그가 남계서원에 배향되는 과정에서 작성된 「승배소」는 후배 학자들과 지역사회에 끼친 그의 영향력이 어띠 했는지를 생생하게 보여 준다. 또 『개암집』 초간본과 후쇄본, 중간본의 편찬·간행 과정을 통해 우리는 강익의 학문적 영향이 그 당대뿐만 아니라 이후에도 상당히 오랜 기간 지속되고 있었음을 확인할 수 있다.

이처럼 『개암집』은 비록 짧은 분량의 문집이지만 강익의 생애와 학문, 그의 활동이 갖는 역사적 의의, 그리고 강익을 중심으로 형성된 함양 지역의 학맥과 학풍 등을 연구하는 데 있어 필수적인 자료라는 점에서 중요한 가치를 갖는다고 할 수 있다.

제3장 개암 강익의 학문과 사상

손 병 욱

1. 들어가면서

개암介庵 강익姜翼(1523~1567)은 사화士禍와 당쟁黨爭이 교차하는 시대를 살았던 인물이다. 이 시대는 결코 태평성대가 아니었다. 문정왕후文定王后의 치맛바람이 거세었고, 윤원형尹元衡(1509~1565)의 전횡으로 부정부패가 만연된 시기였다. 남명南冥 조식曹植(1501~1572)이 「을묘사직소乙卯辭職疏」(1555)를 올려서 잘못된 정치의 광정匡正을 강하게 요구하였으나 전혀 시정되지 않았고, 그 결과 민심의 이반으로 집권세력에 대한 백성들의 불평불만이 고조되었는데, 이러한 불평불만이 표면화된 대표적인 사건이 바로 임꺽정의 난(1559~1562)이었다고 할 수 있다. 이 시대는 사회를 주도해야 할 사림士林이 주도권을 상실하였고, 민생은 도탄에 빠져 있는 상황이었다. 강익의 사후 25년 만에 임진왜란이 발발하게 되는데, 그의 생전에 벌써 이런 비극의 조짐이 태동되고 있었고, 따라서 그는 매우 어수선한 시대를 살았다고 할 수 있다.

무엇보다도 우리가 주목해야 할 것은, 강익의 시대는 4대사화의 여파로 사림의 사기가 완전히 추락하여 선비들이 제대로 기를 펴지 못하고 전전긍긍하는 악몽과 같은 침체의 시기였다는 사실이다. 그가 태어난 해는 일두一蠹 정여창鄭汝昌(1450~1504), 한훤당寒暄堂 김굉필金宏弼(1454~1504)이 화를 입은 갑자사화(1504)가 있은 지 19년이 지나고, 정암靜庵 조광조趙光祖(1482~1519)가 개혁정치를 시도하다가 역시 화를 입은 기묘사화(1519)가 있은 지 4년이 지난 시점이었다. 그러나 이것이 모두 다가 아니었다. 그의 나이 23세 때인 을사년(1545)에는 다시 한 번 참혹한 사화가 유림을 강타하였다. 이로 인해서 대윤大尹의 윤임 일파가 소윤小尹의 윤원형 일파에 의해 도륙 당하였다. 이대로 가면 유림은 침체 상태에서 벗어나기가 매우 요원해 보였다.

이런 시기에 경상우도의 함양 땅에서 태어나고 성장한 전형적인 지방사족의 한 사람이었던 강익은 시대의 분위기를 호흡하면서, 지향할 곳을 잃어버리고 우왕좌왕하는 유림儒林에게 명확한 방향을 부여하는 역할을 해야 한다고 여겼다. 그리하여 자기가 할 수 있는 범위 내에서 목표를 설정하고 이 목표를 이루기 위해서 나름대로 치열한 삶을 살았다. 그가 필생의 과제로 삼은 목표는 '사문흥기斯文興起와 유교창명儒敎倡明'이었다. 그는 이 목표를 이루기 위해서 혼신의 노력을 경주하여 드디어 그 목표를 달성하기 위한 기반을 마련함으로써 성공적인 삶을 살 수 있었다. 이는 그가 처한 여러 가지 상황을 놓고 볼 때, 결코 쉬운 일이 아니었다.

시대상황이 옛날과 많이 달라진 현대에 와서도 많은 사람들이 그를 기억하고 존숭하는 이유는 그가 남긴 삶의 궤적이 현대 한국인들에게 여전히 많은 여운과 감동을 주기 때문이라고 하겠다. 그렇다면 그의 삶이 어떠했으며, 이러한 삶을 가능하게 했던 학문과 사상이 무엇이었고,

그의 삶은 현실적으로 우리들에게 어떤 교훈을 주고 있는가? 본고에서는 이런 물음에 대한 답을 찾기 위해서 다음과 같은 문제들을 고찰해 보고자 한다.

제2절에서는 그의 학문과 사상이 무엇인지 알아보기 위한 일환으로 '정통유학의 흥기와 창명'이라는 주제 하에 1) 공맹유학의 계승, 2) 정주사상과 학문의 계승, 3) 정여창을 사숙하고 조식을 종유하다의 순으로 살펴보고자 한다.

제3절에서는 그의 개략적인 삶이 어떠했으며 그가 구축한 정신세계가 무엇인지 살펴보기 위해서 '강익의 생애 개관과 정신세계 탐구'라는 주제 하에 1) 강익의 생애 구분과 공·사적인 시설물 건립, 2) 남계서원의 시설물 명명命名을 통해서 본 강익의 정신세계 탐구 순으로 살펴보고자 한다.

제4절에서는 '강익의 학문과 사상이 갖는 인성교육적 함의'라는 주제 하에 1) 인성교육이란 무엇인가?, 2) 강익의 학문과 사상에 대한 인성교육적 진단, 3) 강익의 삶이 주는 인성교육적인 교훈 순으로 살펴볼 것이다.

2. 정통유학의 흥기와 창명

1) 공맹유학의 계승

(1) 강익의 삶에 나타난 공자의 영향

유학의 개조開祖인 공자孔子(BC 552~479)는 『논어論語』 「위정爲政」편에서 자기의 평생을 다음과 같이 술회하였다.

나는 15세에 학문에 뜻을 두었고, 30세에 섰고, 40세에 미혹당하지 않게 되었다. 이후 50세에 천명을 알았고, 60세에 남이 무슨 소리를 해도 그 말이 귀에 거슬리지 않게 되었고, 70세에는 내 마음이 하고자 하는 바를 그대로 행하더라도 천지와 세상의 법도에 어긋나지 않게 되었다.[1]

일반적으로 "삼십이립三十而立"에서 이립而立은 평생토록 추구해야 할 삶의 궁극적인 목표인 지향처를 확고하게 정립하는 것으로 이해할 수 있다. "사십이불혹四十而不惑"에서 불혹不惑은 30세 때 자기가 세운 지향처를 향해 나아가는 데 있어서 그동안 많은 유혹에 걸려서 허우적거렸으나 드디어 어떤 내외적인 유혹에도 걸리지 않고 그 일에 오롯이 전념할 수 있는 심리상태가 되었음을 의미한다.

"오십이지천명五十而知天命"에서 지천명知天命이란 "사십이불혹"을 바탕으로 지속적으로 노력한 결과, 일종의 깨달음에 도달한 상태라고 할 수 있다. 『중용』의 "천명지위성天命之謂性"을 보더라도 지천명은 곧 지성知性이고, 이것은 불교적 견성見性의 유교적 표현이라고 할 수 있겠기 때문이다. 천지자연의 이법(天道)이 무엇인지를 확실하게 인식하게 되었다는 것이다. 다만 이 깨달음은 이지적이고 이성적인 성격이 강한 대신 아직 감각기관과 욕구에까지 적용될 수 있는 것은 아니다.

이제 공자는 천명을 알았지만 이것을 몸의 감각작용, 나아가 욕구에까지 적용되도록 해야 한다고 여겼다. 이러한 노력의 결실이 곧 "육십이이순六十而耳順"이고 "칠십이종심소욕七十而從心所欲, 불유구호不踰矩乎"인 것이다. 이순耳順이란 50세에 깨달은 천명天命, 천도天道의 자리에 입각하여 살려고 노력하다가 보니까 이제 모든 사람과 소통하고 모든 사람을

---

1) 『論語』, 「爲政」, "吾十有五而志于學, 三十而立, 四十而不惑, 五十而知天命, 六十而耳順, 七十而從心所欲 不踰矩."

포용할 수 있게 되었음을 말한다. 남의 말을 경청할 수 있으며, 그 말을 수용하되 말한 의도를 정확하게 파악하여 수긍할 수 있는 경지이다. 특히 그가 70세에 도달한 "종심소욕從心所欲, 불유구호不踰矩乎"의 경지야말로 내 몸과 마음이 천명, 천도와 완전히 부합된 천인합일의 경지이며, '해야 하고, 하고 싶고, 할 수 있음'이 완벽하게 하나가 된 성인聖人의 경지이기도 하다. 지인용智仁勇 삼달덕三達德의 구비, 지정의知情意의 완벽한 조화 내지 지성知性과 야성野性과 감성感性의 삼위일체가 이루어진 상태를 가리킨다고 하겠다.

공자가 이런 성인의 경지에 도달하는 데는 거의 평생이 소요되었다. 왜냐하면 그는 하학이상달下學而上達의 길을 걸었기 때문이다.[2] 곧 15세에 배움을 시작한 이후 차츰차츰 그 정신경지를 높여서 드디어 가장 완벽하고 높은 성인에 이를 수 있었던 것이다.

개암介庵 강익姜翼의 「연보」를 살펴보면 그의 삶의 역정은 공자의 삶과 상당히 유사한 궤적을 그리고 있음을 알 수 있다. 이는 강익이 공자의 삶을 염두에 두고 자기도 공자를 롤 모델(role model)로 삼아서 본받고자 하는 의지를 강하게 지니고 있었음을 말해 준다. 좀 더 구체적으로 살펴보기로 하자.

강익은 1537년, 당시로서는 늦은 나이인 15세가 되어서야 같은 마을에 거주하는 당곡唐谷 정희보鄭希輔의 문하에 나아가 학문을 시작하였다. 이때 정희보는 역사(史)를 가르쳐 보고 단박 그가 앞으로 크게 될 인물임을 직감하였다. 이러한 정희보의 호의와 관심에 힘입어 강익은 평생 동안 밀접한 인간관계를 맺고 큰 도움을 줄 여러 명의 벗들을 사귀는 소중한 기회를 갖게 되었다. 옥계玉溪 노진盧禛, 후백後白 이청련李靑蓮, 구졸九拙

---

2) 『論語』, 「憲問」, "子曰, 不怨天, 不尤人, 下學而上達. 知我者, 其天乎."

양희梁喜 등이 그들이다. 이들과의 만남은 몇 년 뒤 강익의 나이 19세 때 도의의 사귐(道義之交)으로까지 발전하게 된다. 강익은 16세가 되면서 자하子夏가 말한 위기지학爲己之學을 하기로 마음을 굳힌다.

1552년, 이립而立의 나이인 30세 때의 「연보」를 보면 그가 세워서 지향코자 한 평생의 목표, 곧 지향처가 무엇인지 잘 드러난다. 강익은 사문斯文을 흥기시켜서 유교儒敎를 창명하는 것을 자기의 임무로 삼았다.[3] 하루는 박승임朴承任, 노관盧祼, 정복현鄭復顯, 임희무林希茂 등과 함께 문헌공文獻公 정여창鄭汝昌의 서원을 건립하기로 하였다. 이는 그의 입지立志가 사문을 흥기시켜서 유교를 창명하기 위한 방편으로 선현, 그 가운데서도 강익이 흠모해 마지않았던 동향의 도학자 문헌공 정여창을 현창하는 사업을 하는 것으로 정해졌음을 알 수 있다.

강익이 이처럼 30세에 입지를 제대로 할 수 있었던 것은 결코 우연이 아니었다. 「연보」에 따르면 그는 27세 때 소과 진사시에 합격한 뒤 28세 때에 두어 번 과거에 형식적으로 응시했을 뿐, 문득 싫증을 느껴서 포기한 뒤에는 "오로지 독서하여 구지求志하는 것을 일로 삼았다"[4]고 하였다. 그가 지향처를 제대로 정하는 일에 얼마나 심력을 쏟았는지를 알 수 있게 한다.

이처럼 '삼십이립三十而立'의 입지立志를 확고하게 한 뒤 강익은 사십이불혹四十而不惑의 정신경지를 확보하기 위해서 일로매진해 나갔고, 그 결과 그는 38세에 벌써 '불혹不惑'의 경지에 도달할 수 있었다. 「연보」에서는 여기에 대하여 다음과 같이 기록하고 있다.

실천궁행이 독실하고 충실하게 배양함이 더욱 깊어서, 바깥경계(外物)에 마음이 얽매

---

3) 『介庵先生文集』 下, 附錄, 「年譜」, "先生年三十歲, 以興起斯文, 倡明儒敎爲己任."
4) 『介庵先生文集』 下, 附錄, 「年譜」, "先生年二十八歲,……專以讀書求志爲事."

이지 않고 오로지 덕의德義로써 귀의처를 삼았다. 그리고 방 하나를 고요하고 정갈하게 하여 좌우에 경전과 사서를 채우고 의관을 정제한 뒤에 엄숙하고 단정하게 앉아서, 입으로는 글 읽거나 읊는 소리(伊吾之聲)를 내지 않고 시선을 창밖으로 두지 않으니, 마치 그림 속의 사람인 것 같았다. 일찍이 추석날 달밤에 양진재養眞齋에서 여러 학생들과 도道를 논하다가 홀연히 장탄식하여 말하길, "맑은 밤(清夜)이 이와 같으니, 어찌 다시 티끌 하나라도 오염시킬 수 있겠느냐? 마땅히 마음을 씻고 고요히 생각하여, 정히 이 밤과 같아야 가히 사람이라고 할 수 있을 것이다"라고 하면서 소강절邵康節의 청야음清夜吟 일절을 읊었다.5)

이러한 정신경지에 대한 그의 강렬한 지향은 그가 1553년, 31세 때 지리산 북쪽 기슭인 등구동登龜洞에 양진재養眞齋라는 작은 재실을 지은 뒤에 기록한 「양진재기養眞齋記」에서 이미 분명하게 잘 드러나고 있다.

> 대저 마음이란 신명의 집(神明舍)인데, 이 집(養眞齋)과 더불어 다 같이 텅 비어 빽빽하되 고요하여(空洞森靜), 처음에는 한 점의 먼지나 한 티끌의 사사로움도 없었으나, 이 마음을 기르는 것을 잊게 되면 다른 것에 붙잡히고 어지럽혀짐에 맡겨져서 마침내 파도가 일고 물이 끓으며 먼지가 일어나 어두워지는 상황에 이르는 것이다.6)

여기서 강익은 양진재養眞齋를 신명사神明舍와 동일시하고 있음을 알 수 있다. 그가 38세에 도달한 일체의 외물에 끌려 다니지 않고 내면의 유혹에도 구애받지 않는 그런 불혹의 경지를 확보하기 위해서는 이처럼 신명이 깃드는 집인 본연의 마음(本然之心)을 잘 길러 나가는 일을 잊어버려

---

5) 『介庵先生文集』 下, 附錄, 「年譜」, "先生年三十八歲, 踐履篤實, 充養益深, 不以外物嬰心, 專以德義爲歸, 而靜掃一室, 左右經史, 深衣大帶. 儼然端拱, 口不作伊吾之聲, 目不及臆隔之外, 疑然若畫中人. 嘗於仲秋月夜, 與諸生論道于養眞齋, 忽發興長歎曰, 淸夜如此, 豈復有一塵之汚耶. 人當洗心靜慮, 政如此夜, 而後可以爲人. 因吟邵康節淸夜吟一絶."
6) 『介庵先生文集』 上, 記, 「養眞齋記」, "夫心是神明舍, 與是心均是空洞森靜. 初無一點塵一毫私, 而是心之或失其養, 任他撈攘, 終至於波蕩塵晦."

서는 안 되며, 이 양진재가 바로 이런 마음을 배양하는 용도로 활용될 것임을 말하고 있는 것이다.[7]

만약 본연지심 기르기를 잊어버리면 어떻게 되는가? 31세 때 쓴 「양진재기」에서는 위의 말에 이어 다음과 같은 내용이 나온다.

> 아아, 심은 활물活物이다. 시도 때도 없이 달려가 작용한다. 만일 나로 하여금 이 집의 그윽하고 고요함에 처하도록 하는데도 사사로운 허물의 침범을 면하지 못하고 본연의 하늘(本然之天)을 보존하지 못하여 위태로이 산속 집에 사는 한 노인이 된다면, 어찌 이 집에 부끄럽지 않으리오[28]

본연의 하늘(本然之天)이란 본연지심本然之心=본연지성本然之性을 말한다. 여기서 본연지심은 곧 도심道心이다. 본연지천은 그 성질이 그윽하고 고요하며, 사사로운 허물이 침범하여 더럽힐 수 없다. 이 본연지천을 보존하고 함양해야만 불혹의 경지에 도달할 수 있다는 것이다.

강익은 분명히 공자를 의식하고 있었다. 이미 공자의 평생을 알고 그 궤적을 따르려고 하였던 것이다. 이런 측면에서 그는 선지후행先知後行의 길을 제대로 걸어갔다고 하겠다. 이는 공자라는 뚜렷한 표본이 존재하였기에 가능한 일이었지만, 이런 기회를 제대로 살리지 못하는 유자들이 매우 많음을 볼 때 그의 길은 결코 범상치 않았다고 하겠다. 만약 그가 좀 더 오래 살았더라면 우리는 그의 생애에서 지천명知天命, 이순耳順을 거쳐서 종심소욕불유구호從心所欲不踰矩乎의 경지에 다다른 그의 성인으로서의 모습을 보다 생생하게 목격할 수 있었을 것이다.

---

7) 「養眞齋記」를 접하면 南冥 曺植이 만년에 지었다고 하는 「神明舍圖・銘」이 연상된다. 이에 대해서는 뒤에서 다시 언급하겠다.
8) 『介庵先生文集』上, 記, 「養眞齋記」, "吁, 心是活物, 走作無時. 倘使余雖處是齋之幽靜, 而未免私累之侵, 未保本然之天, 兀然爲山齋之一老夫, 寧不愧於是齋乎."

강익은 유자답게 고인古人을 배우고 본받으려는 의식이 매우 강하였다. 그가 염두에 두고 닮고자 했던 고인으로는 누구를 꼽을 수 있을까? 공자와 연관된 중국의 인물들로서는 안회顔回(BC 514~483), 증삼曾參, 민자건閔子騫 등을 꼽을 수 있다. 강익을 누구보다도 깊이 알았던 평생 동지 노진盧禛이 그에 대해서 한 말을 살펴보기로 하자.

> 공은 은거하여 뜻을 구하되 옛사람(古人)같이 되기를 희망하였다. 힘써 법도를 실천하여 생각은 그윽하고 은미한 경지에 다다랐으며, 한 표주박의 밥과 물로써도 그 지키는 바가 더욱 확고했다. 화합하면서도 절개가 곧았고 외물에 마음을 빼앗기지 않았다.9)

여기 나오는 고인古人은 바로 공자가 아꼈던 제자인 안회를 가리킨다. 그는 출처에 있어서 특히 '처즉유수處則有守'의 상징적인 인물이었으니, 강익이 본받고 싶었던 것은 안회의 '안빈낙도安貧樂道'하는 자세, 나아가 '불천노不遷怒, 불이과不貳過'의 자세가 아니었을까 한다.10) 이는 지킬 가치가 있는 것을 지키는 사람에게만 가능한 법이다. 『맹자』의 대장부론大丈夫論에서 말한 "……행천하지대도行天下之大道……, 부득지不得志, 독행기도獨行其道"하는 사람이 바로 안회였고, 출사를 포기한 강익의 입장에서는 이러한 안회의 삶이 깊이 가슴에 와 닿았을 것이다.

(2)『맹자』가 강익의 사상 형성에 끼친 영향

『맹자』가 강익의 사상 형성에 끼친 영향은 매우 직접적이고 또한 뚜렷하다. 공자 사상의 영향이 명시적으로 잘 드러나지 않고 숨겨져

---

9) 『介庵先生文集』上, 記,「養眞齋記」, "玉溪誅曰, 惟公屏居求志, 古人是希. 力踐繩約, 思徹幽微, 一簞一瓢, 其守愈確. 和而實介, 物莫之奪."
10) 안회의 "一簞食一瓢飮"하는 安貧樂道의 자세와 "不遷怒, 不貳過"의 자세는 『論語』「雍也」편에 나온다.

있는 것과는 대조적이다. 이는 그만큼 강익의 사상이 의義를 중시하면서도 실천적이라는 반증이기도 하다. 특히 『맹자』의 호연지기장浩然之氣章과 대장부론大丈夫論이 끼친 영향이 매우 컸다고 하겠다. 좀 더 구체적으로 살펴보기로 하자.

강익의 「양진재기養眞齋記」에는 다음과 같은 말이 나온다.

> 이미 왕래의 번다함을 끊었고 또한 경영의 생각이 없으며, 새벽부터 저녁까지 부지런히 힘쓰는 것은 다만 책 보고 꽃에 물 주며 자연(風月)을 읊조리고 노래하는 것일 뿐이다. 무릇 지금 세상의 득실 및 성색과 이로움을 기뻐하고 근심함 같은 것이 일찍이 가슴속 나의 본연한 마음(天君)을 어지럽히지 않는다면 스스로 나의 뜻과 나의 기를 길러서(養吾志養吾氣) 바깥경계에 끌려 다니지 않을 것이고, 안으로 성정의 참됨(性情之眞)을 지켜서 어지럽히지 않는다면 이에 거의 함양涵養을 바랄 수 있을 것이다. 그래서 재齋를 편액하여 양진養眞이라고 하였다.11)

그가 지어서 명명한 양진재는 '진리를 배양하는 집'이라는 의미인데, 이때 진리란 무엇인가? 곧 성정의 참됨(性情之眞)이다. 성리학적으로 말하면 도심道心 계열의 심성이다. 도심-본연지성-사단四端이 그것이다. 이것을 확보하면 천인합일天人合一의 성인聖人의 경지에 도달하게 된다. 이러한 성정의 참됨을 확보하자면 이것을 배양해야 하겠는데, 그 배양 방법은 무엇인가?

강익은 나의 지志와 나의 기氣를 잘 배양해야 한다(養吾志養吾氣)고 보았다. 특히 나의 기를 배양하여 호연지기를 확보할 때 바로 일체의 유혹을 물리치는 부동심 내지 불혹의 경지에 도달할 수 있다. 아울러 대장부의

---

11) 『介庵先生文集』 上, 記, 「養眞齋記」, "旣絶往來之煩, 且無經營之念, 昕晡之孜孜者, 只是看書灌花, 吟風詠月而已. 凡當世之得失, 聲利之欣悴, 曾不向方寸中撓我天君, 則自可以養吾志養吾氣, 而不牽於外緣, 不汨其內守, 性情之眞, 其庶幾涵養於斯矣. 故扁是齋曰養眞."

정신경지 역시 확보된다. 이것을 성리학적으로 말한다면, 나의 지志와 기氣를 배양하기 위해서는 먼저 거경함양居敬涵養이 되어야 한다. 그러면 다음 단계인 거경성찰 단계에서 호연지기를 배양하여 대장부의 정신경지로 나아가게 되는 것이다. 그리하여 도심-본연지성-사단이 확보되는 삶을 영위할 수 있게 된다. 그리고 보면 양진재養眞齋에서 양진이란 거경함양을 바탕으로 거경성찰 하여 호연지기를 배양함으로써 도심계열의 심성을 확보한 대장부가 되자는 의미라고 하겠다.

여기서 '나의 지와 기를 기른다'는 말의 의미를 제대로 이해하기 위해서 우리는 『맹자』의 호연지기장을 살펴볼 필요가 있을 것이다.

"대저 하고자 함의 의미를 갖는 '지志'라는 것은 기氣를 거느리는 위치에 있는바, 기란 몸(體)에 채워져 있는 것이네. 그래서 지가 지극한 것이라면 기는 지에 비해서 부차적인 것이네. 그러므로 말하길 그 지를 잘 유지할 것이요, 그 기를 함부로 하지 말라고 하였네."

"이미 지가 지극한 것이요 기는 부차적인 것이라고 하고서, 또 그 지를 잘 유지하고 그 기를 함부로 하지 말라고 말하니 어째서 입니까?"

(맹자) 말하길, "지가 한결같으면 기를 움직이고 기가 한결같으면 지를 움직이나니, 예컨대 지금 엎어지거나 달려 나가거나 하는 것은 기가 하는 것이지만 이것이 도리어 그 마음(의 지)을 움직이는 것과 같은 이치네"라고 하였다.

"감히 묻노니 선생님은 무엇을 잘하십니까?"

"나는 다른 사람의 말을 잘 분간하네. (그리고) 호연지기浩然之氣를 잘 기르네."

"무엇을 호연지기라고 합니까?"

말하길, "참 말하기 어렵네. 그 기됨은 지극히 크고 굳세니, 곧음으로써 배양하여 해치지 않으면 천지 사이에 가득 차게 되지. 그 기됨은 의義에 짝하고 도道와 동행하는 바(配義與道), 이것이 없으면 사람이 주리게 되지. 이것은 의를 모아서 생겨나는 것(集義所生)이지 의가 밖에서 엄습해 들어와서 그것을 잡아내는 것이 아닐세. 행동하는 것이 마음에 통쾌하지 못하면 주리게 되는 법이지."……

"반드시 일삼음이 있되 기필하시 말고, 마음으로 잇지도 말고, 자라는 것을 억지로 도와주려고 하지도 말아서(勿忘勿助長), 송나라 사람처럼 하지 말게나."12)

이상은 맹자와 그의 제자 공손추公孫丑 사이의 대화이다. 이 대화에서 맹자는 마음에 속하는 지志와 몸에 속하는 기氣의 상호작용 관계를 설명하고 있다. 지도 중요하지만 도리어 맹자는 기를 잘 길러서 지를 유지하라고 권유한다. 이때의 기란 의와 짝하고 도와 더불어 함께하는 호연지기이다. 즉 호연지기를 기르면 도의道義의 지志가 유지될 수 있다는 것이다. 호연지기가 천지에 가득 찬 기운이라고 한 것으로 보아서는 이것이 만물을 생성하는 우주의 본원자임을 알 수 있다. 앞에서 강익이 말한 본연지천本然之天으로서의 '본연지성本然之性, 본연지심本然之心(=道心)'과 동일한 것이다. 본래 없다가 생겨난 것이 아니라 본디부터 인간에게 내재되어 있는 것이다.

호연지기를 어떻게 기를 것인가? 맹자는 "곧음으로써 기르라"(以直養氣)라고 하였고, 또 "의를 모아서 생겨난다"(集義所生)라고 하였다. 그리고 이 '집의集義'를 주희朱熹는 그의 주註에서 '적선積善'의 의미라고 보았다. 즉, 선한 행동이 쌓여서 호연지기가 형성된다는 것이다. 그리고 이러한 곧음, 집의, 적선을 위해서 맹자는 물망물조장勿忘勿助長의 자세를 강조한다. 위의 인용문에 뒤이어서 맹자는 이 물망물조장의 자세에 대비되는

---

12) 『孟子』, 「公孫丑上」, 浩然之氣章, "志氣之帥也 氣體之充也. 夫志至焉, 氣次焉. 故曰, 持其志, 無暴其氣. 旣曰, 志至焉, 氣次焉, 又曰, 持其志, 無暴其氣者, 何也? 曰, 志壹則動氣, 氣壹則動志也. 今夫蹶者趨者, 是氣也, 而反動其心. 敢問, 夫子惡乎長. 曰, 我知言. 我善養吾浩然之氣. 敢問, 何謂浩然之氣. 曰, 難言也. 其爲氣也, 至大至剛, 以直養而無害, 則塞于天地之間. 其爲氣也, 配義與道, 無是, 餒也. 是集義所生者, 非義襲而取之也, 行有不慊於心, 則餒矣……必有事焉, 而勿正, 心勿忘, 勿助長也, 無若宋人然."

송나라 사람의 농사짓는 자세인 알묘조장揠苗助長(벼이삭을 억지로 뽑아 올리는 것)의 방법을 비판적으로 소개한다. 그렇다면 물망물조장은 긴장이 너무 풀어져서 해이한 상태가 되어서도 안 되고(勿忘), 긴장이 너무 지나쳐서 조바심하는 상태가 되어서도 안 됨(勿助長)을 의미한다. 이는 적당하게 긴장되고 각성된 마음의 상태, 경건한 마음 상태를 가리킨다. 이것이 곧 거경居敬의 자세이다.[13]

호연지기는 물망물조장勿忘勿助長하는 거경성찰의 자세를 바탕으로 곧음과 의로움, 그리고 선함을 실천함으로써 배양되는 것이다.[14] 이렇게 호연지기를 배양하면 대의大義와 대도大道의 지志를 품고 그 길을 걷는 대장부가 될 수 있는 것이다. 대장부는 어떤 인간상인가?

천하라는 넓은 집에 살면서 천하의 바른 위치에 서서 천하의 대도大道를 실천한다. 그리하여 나의 포부를 펼칠 기회를 얻으면 일반 백성들로 하여금 나와 함께 천하의 대도를 실천하도록 하겠지만, 만약 그러한 기회를 얻지 못하면 나 혼자서라도 그 도를 실천하는 것을 포기하지 않는다. 그런데 이처럼 대도를 실천하는 데 있어서 장애가 되는 것이라면 그것은 음탕함과 굳건하지 못함과 비굴함이라고 하겠지만, 사실 이 어떤 것도 나에게는 장애물이 될 수 없다. 왜냐하면 부귀하게 되더라도 음탕해질 수 없으며, 가난하고 비천해지더라도 마음이 흔들리지 않으며, 위협을 가하는 외부의 힘에 대해서도 비굴하지 않기 때문이다. 이런 사람을 일컬어서 대장부大丈夫라고 하는 것이다.[15]

---

13) 이것을 가능하게 하는 것이 居敬涵養으로 배양된 집중력(의지력)이다. 따라서 물망물조장은 거경성찰에 속한다. 위의 인용문에서 나온 "必有事焉, 而勿正, 心勿忘, 勿助長也"에서 물망물조장이 거경성찰 시에 성성한 마음상태를 유지하는 것임을 알 수 있다.

14) 손병욱, 「선비의 수양과 삶」, 『남명학』 제17집(사단법인 남명학연구원, 2012. 3), 53~55쪽에서 재인용함.

15) 『孟子』, 「滕文公下」, 제2장, "居天下之廣居, 立天下之正位, 行天下之大道, 得志, 與民由之, 不得志, 獨行其道, 富貴不能淫, 貧賤不能移, 威武不能屈, 此之謂大丈夫."

호연지기를 배양하여 지닌 대장부는 거대한 인격이다. 부귀富貴와 빈천貧賤, 나아가 위무威武까지도 그에게 어떤 영향도 줄 수 없다. 그야말로 태산교악泰山喬嶽과 같은 인격을 지니고 대도大道의 실천에 모든 것을 바치는 삶을 사는 사람이다. 이 대장부야말로 공자가 말한 "종심소욕불유구호從心所欲不踰矩乎"의 경지에 이른 성인聖人의 또 다른 표현이라고 할 것이다.

2) 정주사상과 학문의 계승

강익의 조카(從子)인 강위수姜渭璓는 강익의 「행장行狀」에서 그의 학문에 대해 "자나 깨나 정주程朱의 학문을 하여 성명의 근원性命之原을 깊이 배양하였다"라고 하였다.[16] 성명의 근원이란 도심道心의 바탕이 되는 천리天理를 가리킨다. 이것을 탐구하여 배양하면 도심 계열의 심성인 본연지성—사단—도심을 확보함으로써 성인의 경지에 도달할 수 있다. 물론 이때의 정자란 명도明道 정호程顥(1032~1085)가 아닌 이천伊川 정이程頤(1033~1107)를 가리킨다. 정이의 가르침이 회암晦庵 주희朱熹(1130~1200)에게 계승되었기 때문이다. 강익이 1544년 22세의 나이에 부친상을 당했을 때 철저하게 『주자가례朱子家禮』에 따라서 상례喪禮를 치른 데서도 정이를 잇는 주희를 유학의 정통으로 간주하는 그의 입장을 확인할 수 있다.

여기서 강익이 계승했다는 정주사상이란 무엇을 말하는 것일까? 특히 주희의 경우, 그와 다른 견해를 보이는 명도 정호 계열의 상산象山 육구연陸九淵(1139~1193)과의 변별성을 염두에 둔다면, 그 특징은 선지후행설先知後行說과 존양성찰存養省察의 공부라고 할 수 있을 것이다. 정호—육구연의

---

16) 『介庵先生文集』 下, 附錄, 「行狀」(姜渭璓), "寤寐伊洛之學, 探賾性命之原."

경우, 지행합일知行合一을 추구하고 나아가 주경존심主敬存心하여 상달천리上達天理함으로써 불교와 매우 유사한 특징을 드러내는데, 이렇게 되면 존양의 단계에서 성찰의 단계를 거치지 않고 바로 궁극적인 경지로 나아가려는 특징을 지니므로 확실히 정이-주희와는 다르게 된다. 왜냐하면 정주의 경우 존양 단계에서는 주경존심을 강조하지만 성찰 단계에서 하학이상달下學而上達하고자 하기 때문이다.

강익의 학문이 선지후행, 존양성찰에 바탕을 두고 있었고 이로 말미암아 커다란 득력得力을 하였음은 다음에서 잘 드러난다.

> 선생의 위인 됨은, 타고난 바탕이 순수하고 아름다울 뿐만이 아니라, 본분에 의지하여 지어 나감에 힘써 배우고 행하였으며 정밀하게 생각하고 밝게 변별하였다. 격물-치지의 방향으로 종사하였고, 성의-정심의 공에 힘을 쏟았다. 그윽하게 홀로 있어서 은미한 가운데서도 마음가짐操存이 해이하지 않았고, 동작하여 남을 상대할 때에도 성찰省察하는 바가 더욱 치밀하였다. 대개 이처럼 중후했기에 배움이 굳건하였고, 꿋꿋하고 의연했기에 그 행실이 돈독하여 내외가 완벽하였다.17)

격물-치지가 지知라면 성의-정심은 행行이다. 정주학은 격물-치지를 바탕으로 성의-정심으로 나아가서 도심을 확보함으로써 수기修己가 완성된 내성內聖에 이르려고 한다. 격물-치지가 안 되면 성의-정심이 제대로 될 수 없다. 이러한 격물-치지를 제대로 하기 위한 방법으로 제시되는 것이 존양성찰存養省察이다. 이때 존양이란 거경함양居敬涵養을 가리키고 성찰이란 거경성찰居敬省察을 가리킨다. 정시靜時의 공부인 거경함양 단계에서 우리의 성성惺惺한 의식을 확보하면 동시動時의 공부인 거경성찰 단계에서 격물-치지가 제대로 될 수 있다. 격물-치지가

---

17) 『介庵先生文集』下, 附錄, 「行狀」(鄭蘊), "從事於格致之方, 用力於誠正之功. 幽獨隱微之中, 而所以操存者不懈, 動作酬應之際, 而所以省察者益密."

제대로 되면 성의-정심 역시 그만큼 용이해진다. 때로는 거경성찰 단계에서 격물-치지를 거쳐서 성의-정심까지 나아가기도 한다.

위의 인용문에 나온 조존操存은 거경함양을, 성찰은 거경성찰을 가리 킨다고 하겠다. 조존이란 성성惺惺한 마음을 보존하여 유지하는 것이고 성찰이란 궁리와 행의行義 시에 주일무적主一無適하여 인욕人欲이 내면에 침투해 들어오지 못하게 하는 것으로, 모두 성학聖學의 핵심이라고 할 수 있다. 현석玄石 박세채朴世采(1631~1695)는 「개암강공묘갈명介庵姜公墓碣 銘」에서 강익의 이런 면모를 다음과 같이 묘사하고 있다.

> 그래서 몸과 마음에서 그를 본다면, 동정動靜 운운할 때 정시靜時에는 성성한 마음가짐이 해이해지지 않고 은미하게 발용發用할 때는 성찰함이 더욱 치밀하여 내외가 완전히 순수하였다. 그래서 그를 바라보면 두려워할 만했고, 마주 대하면 사랑할 만했다. 학문이 성취되고 행실이 존귀해서 한때의 제현들이 미칠 수 있는 바가 아니었다.[18]

이상을 통해서 강익이 정주학의 요체를 제대로 파악하고 있었음을 알 수 있다.

이제 강익이 앞에서 언급한 안회는 말할 것도 없고 또 다른 공자의 문인들인 증삼, 민자건뿐만 아니라 송대의 정이, 주희까지도 고인古人의 범주에 넣고 있었음을 알려 주는 노진盧禛의 글을 소개하기로 하자.

> 내가 우러른 평생의 벗이었던 이 사람은 고인古人같이 되기를 마음으로 기약하였다. 책을 읽음에 지향처志向處를 구했고, 도를 맛보아 정신을 길렀다. 효도와 믿음은 증삼 曾參과 민자건閔子騫을 우두머리로 삼았고, 학문의 연원은 정주程朱를 향하여 나아가 더니, 지금에 와서 다 이루어졌다. 풍모와 도량이 참되고 순수하였다.[19]

---

18) 『介庵先生文集』 下, 「介庵姜公墓碣銘」(朴世采), "是故, 見其諸身心者, 動靜云爲之際, 操存不懈, 隱微發用之頃, 省察益密, 內外完粹."

강익의 정이—주희를 생각하는 정성이 대단하다. 그가 흠모하여 마지
않았던 고인의 연장선상에서 정주를 거론하기 때문이다. 정주를 자기
학문의 연원으로 삼고 있는 데서, 학문과 사상은 정주를 본받으려고
하는 그의 입장이 잘 드러난다.

3) 정여창을 사숙하고 조식을 종유하다

(1) 강익의 정여창 현창

박세채는 「개암강공묘갈명」에서 강익이 "문헌공을 사숙私淑하고 남
명을 종유從遊하였다. 또한 옥계 노진, 동강 김우옹과 더불어 강마하였
다"[20]라고 하였다. 이는 강익의 사우관계 중 특히 사승師承관계를 잘
피력한 말이라고 할 수 있다. 여기서는 그의 사상 형성에 큰 영향을
미친 인물로서 그가 평생 사숙하였던 일두一蠹 정여창鄭汝昌과 종유하였
던 남명南冥 조식曺植이 미친 영향이 무엇인지를 차례로 살펴보기로
하겠다.

문헌공 정여창을 제대로 현창顯彰하는 일은 강익의 지향처인 '사문을
흥기하고 유학을 창명하는 일'과 긴밀하게 연계된 것으로서, 그는 이것을
필생의 사업으로 인식하고 추진하여 성사시켰다. 정여창을 제대로 현창
하여 그를 조선 유림의 표본으로 삼아 본받는다면 사문이 흥기하고
유학이 창명되는 일은 매우 용이할 것이라고 보았던 것이다.

강익이 특히 입지立志의 중요성을 강조하는 이면에는 바로 정여창의

---

19) 『介庵先生文集』 下, 附錄, 「輓章」(盧禛), "仰止平生友, 心期到古人. 讀書求志意, 味道養
精神. 孝友帥曾閔, 淵源泝洛閩, 卽今俱已矣. 風度緬眞醇."
20) 『介庵先生文集』 下, 「介庵姜公墓碣銘」(朴世采), "盖公生文獻公之邦, 旣已興慕私淑矣.
及從南冥曺先生遊, 有師友之義. 又與玉溪盧公禛, 東岡金公宇顒講劘."

영향이 있었다. 정여창은 학문을 함에 있어서 특히 입지를 중요시하여 「입지론立志論」을 지은 바 있었다.[21]

정여창에 대한 학계의 평가는 어떠한가?

그는 김종직의 문인으로 김굉필과 함께 실천유학에 힘썼고, 특히 조광조 등 지치주의至治主義 도학자들에게 많은 영향을 주었으며, 평생 스스로를 속이지 않고 독실篤實을 근본으로 하는 도학적 삶을 살았다. 『용학주소庸學註疏』,『주객문답主客問答』,『진수잡저進修雜著』등의 저술이 있었으나 전하지는 않는데,『일두선생속집』에「입지론立志論」외에도 「리기설理氣說」,「선악천리론善惡天理論」등이 남아 있어 학문적 경향을 다소나마 살필 수 있다. 그가 지은「입지론立志論」은 주돈이의『통서通書』 「성가학장聖可學章」에 자신의 입장을 부여한 것으로서, 이 글에서 학문의 유일무이한 목표는 성인聖人이 되는 것이며, 그러려면 입지가 가장 중요 하다고 역설하였다. 그리고 물욕의 절제와 성誠과 경敬으로서의 책선責善 을 통한 명선공부明善工夫를 특히 강조하였다. 도학의 본령을 꿰뚫은 그의 삶과 도학사상은 비록 현실적으로 사리사욕에 눈먼 사람들에 의해 희생되고 거부되었지만, 그의 공명정대한 정신과 기상은 조선조 사림의 정기正氣로서 도덕적 정치를 꿈꾸는 사대부들의 표본으로 작용하 였다.[22]

그렇다면 강익이 본 정여창은 어떤 사람인가? 그는 정여창을 기리는 사액서원인 남계서원이 앞으로 어떻게 활용되어야 한다고 보았는가? 1566년 44세 때, 강익은 조정으로부터 '남계서원'이라는 사액을 받은 후 직접 지은「남계서원기」에서 이들 문제에 대해 설파한 바 있다.

---

21) 『一蠹先生續集』, 권1, 雜著, 「立志論」을 참고 바람.
22) 한국철학사연구회, 『한국철학사상사』(심산, 2005), 158~159쪽에서 인용함.

이해는 그가 작고하기 바로 앞 해로서, 이 기록이야말로 그의 만년의 생각을 가장 잘 드러내고 있다고 보며, 그만큼 그의 사상을 살피는 데 있어 그 의미가 크다고 할 수 있다. 강익은 정여창을 다음과 같이 파악하였다.

아아, 이 도(斯道)가 멈춘 지 오래되었도다. 우리 문헌공께서는 정주程朱를 뒤이어 동국에서 탄생하시어 전해지지 못한 학문을 전하시고 오랫동안 희미했던 도를 밝히셨으며, 진실로 실천함에 힘써 행하는 바가 돈독하였고 그 조예造詣가 정밀하고 깊음에 온몸으로 인식(體認)한 바가 지극하였다. 화순함이 심중에 쌓임에 어둑어둑하면서도 날로 밝아지셨고, 아름다운 성정이 밖으로 드러남에 순수하여 (마음이 넓어서) 몸이 풍요로웠다. 그 오랫동안 참됨을 쌓아 온 힘의 공력과 마음으로 얻어서 몸소 행한 결실은 천년 만에 나타난 진유眞儒요 백세百世의 사표師表였다.23)

강익이 본 정여창은 그동안 끊어졌던 정주의 도통을 계승한 인물로서 '천년 만에 나타난 진유요 백세의 사표'였다. 그의 지극한 존숭의 마음을 이보다 더 잘 표현할 수는 없을 만큼 정여창에 대해서 최상의 표현을 아끼지 않았다.

왜 이런 최상의 표현을 써 가면서까지 그는 정여창을 현창하려고 했을까? 1552년, 30세 때 강익이 정여창 서원을 건립하기로 처음 결심했던 당시는 무오戊午(1498), 갑자甲子(1504), 기묘己卯(1519)의 사화에 이은 23세 때의 을사사화乙巳士禍(1945)를 겪으면서 '국가의 원기元氣'라고 하는 사림의 사기士氣가 완전히 땅에 떨어져 침체해 있을 때였다. 정여창과 김굉필

---

23) 『介庵先生文集』 上, 記, 「灆溪書院記」(姜翼), "噫. 斯道之熄久矣. 惟我文獻公, 後程朱而 挺生於東國, 傳不傳之學, 明久晦之道, 允蹈實踐, 而所以力行者篤, 精詣深造, 而所以體認 者至. 和順積中而闇然日章, 英華發外而粹然體胖. 其眞積力久之功, 心得躬行之實, 寔千 載之眞儒也, 百世之師表也."

이 갑자사화에서 화를 입은 지 48년, 조광조가 기묘사화에서 희생된 지 33년, 윤임尹任 일파의 대윤大尹이 주륙당한 을사사화 후 7년이 각각 지난 시점이었다. 이들 사화에서 화를 입은 대부분은 사림파의 올곧은 선비로 이름 높았던 사람들이었다. 강익은 땅에 떨어진 사림의 사기를 다시 살려서 고취시키고 싶었다. 그래야만 사문이 흥기하고 유교가 창명될 것이며, 나아가 종묘사직이 올바른 방향을 잡아서 제대로 나아갈 것이라고 보았던 것이다.

그러자면 어떻게 해야 하는가? 바로 사화에서 억울하게 희생된 선현들을 제대로 추숭하고 현창하는 일이 급선무였다. 그러나 강익의 입장에서 희생된 선현들 모두를 다 현창할 수는 없었다. 강익은 이 가운데 자기가 잘 알고 있고 또 동향의 선배 유현儒賢이었던 정여창을 최우선적인 현창의 대상으로 삼았다. 마침 정여창은 이미 신원伸寃되었고, 그 학문과 조행操行이 매우 훌륭하여 인근의 유자라면 누구나 다 존경하고 있었기에, 제대로 현창하면 우선 함양 사림의 사기를 고취시킬 수 있고 나아가 이것이 전국 사림의 사기를 고취시키는 좋은 계기를 마련하게 될 것이라고 생각하였던 것이다.[24]

강익은 자기의 선현현창사업이 하나의 계기를 마련하기를 바랐다. 이를 계기로 다른 사람들이 선현들을 현창하는 데 자신처럼 발 벗고 나서게 된다면 결국 선비들의 사기진작士氣振作에 긍정적으로 기여할 것이기 때문이었다. 그렇게 하자면 가장 가깝고 쉬운 일부터 먼저 하지 않으면 안 된다. 그러면 멀고 어려운 일도 해낼 수 있을 것이다. 마치 『중용』에서 "멀리 가려면 반드시 가까운 데서부터 시작해야 하고, 높이

---

24) 무오─갑자사화의 희생자였던 정여창이 신원된 것은 중종 2년(1507)이었다. 『국역 문헌공실기』에 따르면, 이해 여름 6월, 그는 승정원 도승지에 추증되었다.

오르려면 반드시 낮은 데서부터 시작해야 한다"라고 말했듯이, 강익이 생각하는 가장 가깝고 쉬운 일은 바로 정여창의 현창이었던 것이다.[25] 그러면 다른 지역의 다른 선비들이 자기를 본받아서 억울하게 화를 입은 다른 선현들을 현창하는 일에 나서게 될 것으로 생각하였을 것이다. 직접 다른 선현들을 현창하는 일은 강익에게는 멀고 어려운 일이었지만, 정여창 현창이라는 좋은 선례를 만들면 그 일도 결국 이루어질 수 있으리라고 보았던 것이다.

그렇다면 강익은 남계서원이 앞으로 어떻게 활용될 수 있기를 바랐을까? 이 부분은 그가 필생의 노력을 경주하여 남계서원을 세운 목적이 무엇인지를 알려 주기에 매우 중요하다고 하겠다. 여기에 대해서 그는 다음과 같은 생각을 피력하고 있다.

> 오직 바라건대 이 서원에 머무르는 제군들은 삼후三侯[26]의 어진이를 숭상하는 정성을 느끼고 선생(夫子)이 도를 일으킨 유풍을 사모하되, 비단 사모할 뿐만 아니라 그 도를 배울 것을 생각하며, 비단 그것을 배울 뿐만 아니라 그 도를 다할 것을 생각해야 할 것입니다. 선생께서 침잠하여 정밀하게 하였던 공부를 체득하고, 그 독실하고 꿋꿋한 뜻을 힘써서 이곳에서 학문을 정과正課로서 수습修習하며, 여기에서 함양해야 합니다. 동정 간에 존양성찰(存省)하는 때를 살펴서 그 기질을 변화시키며, 성정性情이 은미한 사이를 살펴서 그 덕성德性을 익히고 도야한다면, 선생의 도가 이에 힘입어 추락하지 않고 무성하게(蔚然) 여러 선비들을 흥기시킴이 있을 것입니다.[27]

---

25) 『中庸章句』, 15장, "君子之道, 辟如行遠必自邇, 登高必自卑."
26) 「남계서원기」의 말미에 소개된 三侯란 곧 서원 건립을 적극적으로 도운 3명의 함양군수로서, 부임 순서에 따라 적어 보면 그들은 徐九淵, 尹確, 金宇弘이었다. 이 가운데 김우홍은 그의 平生知己였던 東岡 金宇顒의 親兄이기도 하였다.
27) 『介庵先生文集』上, 記, 「灆溪書院記」(姜翼), "惟願諸君之居是院者, 感三侯尙賢之誠, 慕夫子倡道之風, 不徒慕之, 而思所以學其道, 不徒學之, 而思所以盡其道. 體夫子沈潛精密之功, 勵夫子篤實剛毅之志, 而藏修於斯, 涵養於斯. 于以審動靜存省之際, 而變化其氣質, 于以察情性隱微之間, 而薰陶其德性, 則庶幾夫子之道, 賴以不墜, 而蔚然多士之有興矣."

여기서 강익이 생각하는 공부는 문헌공이 창명한 도를 본받아 배워서 그것을 삶 속에서 실천해 나가는 경지까지 이르는 데 있다. 이른바 도학공부이다. 그러자면 정과正課로서 수습修習하는 장수藏修가 불가피하다. 그 장수란 곧 함양涵養공부를 가리킨다. 함양이 되어야만 동정動靜 간의 존양성찰이 가능하다. 존양성찰이란 함양성찰인데, 함양=존양을 바탕으로 성찰해야만 궁리에 따른 집의集義=적선積善으로 호연지기를 기를 수 있다. 호연지기가 배양되면 편색탁박偏塞濁駁한 기운이 정통청수正通淸粹한 기운으로 바뀌어 변화기질變化氣質이 가능해진다. 그러면 은미한 사이에 작용하는 우리의 심성 중 도심 계열의 심성인 본연지성-사단-도심이 확보되는 쪽으로 방향을 잡아 나가게 될 것이다. 이때 확보된 본연지성은 달리 말하여 덕성德性이라고 하겠다. 곧 변화기질에 의거해서 덕성을 익히고 도야하면 곧 천인합일 하는 성인의 경지에 도달하는 것이다. 이런 측면에서 강익은 『중용』에 나오는 존덕성尊德性과 도문학道問學의 공부 중 존덕성의 공부를 더욱 중시하였다.[28] 앞으로 이곳 남계서원에 와서 배우는 후학들은 이렇게 하는 것이 문헌공의 도를 계승하는 공부임을 알아서 그런 공부를 해 달라고 간곡히 당부하고 있는 것이다.

(2) 강익의 사상 형성에 미친 조식의 영향

강익은 조식의 종유인從遊人으로서 직접적인 훈도를 받았다. 그 자취는 「연보」에 잘 나와 있다.

1551년, 29세 때 조식이 화림동花林洞 유람 차 방문하였을 때 노진盧禛, 오건吳健과 함께 놀며 「유화림동遊花林洞」이라는 시를 지었다. 「행장」에

---

28) 『中庸章句』, 제27장, "故, 君子, 尊德性而道問學, 致廣大而盡精微, 極高明而道中庸, 溫故而知新, 敦厚以崇禮."

따르면 이해에 조식이 화림동에 유람 왔다가 강익의 현명함을 듣고 방문하여 노진, 오건과 함께 화림동에서 노닐었다고 하였다.[29]

1554년, 32세 때 직접 조식을 찾아뵙고 도의를 강론하며 수개월을 지냈다. 이때 조식은 강익의 학문하는 자세와 사람됨을 보고 다음과 같은 평가를 한 바 있다.

> 조 선생이 학문을 논함에 선극유종鮮克有終(제대로 마칠 수 있음이 드묾)에 말이 미치자, 지금의 학자가 '다 마치지 못함'(不克終)을 깊이 탄식하였다. 이로 말미암아 말하길, "내가 평생토록 남에게 속임을 당한 적이 많았는데, 이제 뚜렷이 서로 신뢰하여 보증함에 의심할 바 없는 이는 오직 그대 한 사람일 따름이다"라고 하였다.[30]

1558년, 36세 때는 다시 조식을 찾아가서 『주역周易』을 배우면서 수개월 간 머물렀다.

「연보」에는 이처럼 3차례 조식을 종유한 것으로 기록되어 있지만 다른 기록에는 두 사람의 또 다른 교류에 대해서 언급하고 있다.

『남명선생문집』「편년」에 따르면, 1563년, 강익의 나이 41세 되던 해 3월에 조식은 하항河沆, 하응도河應道, 유종지柳宗智, 진극경陳克敬과 함께 함양에 왔다. 이때는 문헌공 정여창을 현창할 서원이 완공되어 정여창의 위판位版을 봉안한 39세(1561)의 다음다음 해였다. 조식은 정여창 사당을 방문하여 분향한 뒤 강익을 포함하여 정유명鄭惟命, 정복현鄭復顯, 임희무林希茂 등 원근에서 모여 든 많은 선비와 더불어 강학講學하였다. 그리고

---

29) 『介庵先生文集』 下, 附錄, 「行狀」(姜渭璜), "辛亥, 南冥先生遊花林洞, 聞先生之賢, 歷訪 仍與同遊於花林. 是時, 盧玉溪, 吳德溪, 亦與俱焉."

30) 『介庵先生文集』 下, 附錄, 「年譜」, "先生年三十二歲……曺先生論學, 語及鮮克有終, 心歎今之學者不克終. 因曰, 吾平生見欺於人多矣, 的然相信, 而保無可疑者, 惟吾子一 人而已."

조식은 강익과 함께 당시 부친상을 당하여 여막에 있던 임훈林薰을 찾아가 위문하였다.[31]

1566년, 죽기 1년 전인 44세 되던 해 1월에 강익은 산음의 지곡사에 들른 조식을 노진, 오건과 함께 찾았고, 또 3월에는 노진과 함께 조식을 모시고 임훈을 방문한 뒤에 함께 옥산동을 유람하였다.[32]

이처럼 강익은 당시 영남우도 학파의 종장으로 명망이 높았던 조식과 비교적 가까운 곳에 거주하면서 여러 차례의 종유를 통하여 많은 가르침을 받았는데, 이것이 그의 정신세계를 형성하는 데 커다란 영향을 미쳤을 것임은 당연하다. 그와 평생토록 사귀면서 그를 알아주고 조정에 적극 추천해서 소격서 참봉을 제수 받도록 해 주었던 덕계德溪 오건吳健(1521~ 1574)은 「만장」에서 강익을 다음과 같이 기리고 있다.

> 하늘이 우리의 동도東道가 아직 밝지 못한 것을 두려워하여 문헌공과 선생을 연이어 태어나게 하였다. 경의敬義를 전공하니 그 연원이 심원하였고, 학문은 천인天人을 꿰뚫어 덕업을 성취하였다.[33]

강익이 남명사상의 요체인 경의敬義를 전공했다고 묘사하고 있다. 그렇다면 그 구체적인 영향은 어떤 것이었을까?

「행장」에 나왔듯이 그는 저술을 좋아하지 않았다고 한다.[34] 이 역시 조식의 영향이라고 하겠다. 조식은 평생 '정주이후불필저술程朱以後不必 著述'의 입장을 견지하였다. 대신 실천에 힘썼다. 「연보」에 따르면 1556년

---

31) 이익성 역, 『남명선생문집』, 「편년」(덕천서원・두류문화연구소, 1980), 395쪽.
32) 문범두, 「개암 강익의 학문과 문학」, 『한국민족어문학』 제56집(2010), 281쪽.
33) 『介庵先生文集』 下, 「介庵姜公墓碣銘」(朴世采), "天懼吾東道不明, 旣生文獻又先生. 功專敬義淵源遠, 學貫天人德業成."
34) 『介庵先生文集』 下, 附錄, 「行狀」(姜渭琇), "先生不喜著述."

34세 되던 해 겨울, 오건과 임훈이 눈을 무릅쓰고 그를 찾아와서 자득自得, 면강勉强 등에 논의가 미치자 강익이 말하길 "배움은 자득을 귀하게 여기니 자득하지 못하면 곧 차질이 생길 것이다. 그리고 일은 힘써 노력함(勉强)에 있으니 힘써 노력하지 않으면 성공하지 못한다" 하니, 두 사람은 강익이 그 도를 얻은 것에 감복하였다고 한다.[35]

　이것은 결국 실천의 중요성을 강조한 말로 이해된다. 그리고 이러한 실천 중시의 입장을 확고히 하는 데는 32세 때 조식을 찾은 그에게 수개월간 도의道義를 강론한 바 있는 조식의 영향이 컸을 것으로 여겨진다. 강익이 얻은 도란 바로 조식의 도가 아니었을까? 오건과 임훈 모두 조식의 종유인으로서 조식의 도를 잘 알고 있었기 때문이다. 바로 이런 정신을 바탕으로 그가 문헌공의 서원을 건립할 수 있었다고 하겠다. 이는 당시 유학이 비현실적이고 형이상학적인 이상론과 명분에 치우치고 너무 형식을 중시하는 경향을 띠는 것에 대한 그의 경고였다고 할 수 있다.

　강익은『소학小學』적 실천궁행實踐躬行을 중요시하였고, 아울러 평소 정좌수련靜坐修練을 한 것으로 여겨진다. 이 둘은 정시의 공부인 거경함양居敬涵養을 위한 가장 중요한 두 가지 공부법이다. 정시靜時 / 이발시已發時 / 무사시無事時의 공부인『소학』적 실천은 덕성의 근본 배양을 위해서 중요하다. 그리하여 성성惺惺한 의식을 확보함으로써 동시動時 / 이발시已發時 / 유사시有事時의 공부인 거경성찰, 곧 궁리와 행의를 제대로 할 수 있다. 그리고 이 거경성찰을 통해서 우리는 도심 계열의 심성을 확보함으로써 성인의 경지에 이를 수 있다. 이에 비해 정시靜時 / 미발시未發時 / 무사시

---

35)『介庵先生文集』下, 附錄,「年譜」, "先生年三十四歲,……論學至自得勉强等語, 乃曰學貴自得, 非自得者, 易至差失. 事在勉强, 非勉强, 則無以成功. 二先生咸服其得道焉."

無事時의 공부인 정좌수련은 집중력(의지력) 배양을 위해서 중요하다. 역시 이 힘의 배양을 바탕으로 거경성찰을 통한 자기완성이 가능해진다.[36] 이 위에서 언급한 강익이 중시한 자득自得과 면강勉强이야말로 그대로 거경함양에 적용될 수 있는 말이라고 하겠다.

이 가운데 『소학』적 실천궁행과 관련해서는, 「연보」에 따르면 1548년, 26세 때 집 남쪽에 숙야재夙夜齋를 짓고 이곳을 장수처藏修處로 삼아서 독행직궁篤行飭躬에 더욱 힘썼다고 하는데, 이는 곧 『소학』적 실천에 철저하고자 했음을 가리킨다. 숙야재의 숙야夙夜란 '숙흥야매夙興夜寐'의 준말로, '아침 일찍 일어나고 밤늦게 잠자리에 든다'는 의미이다. 아침 일찍부터 밤늦게까지 끊임없이 『소학』적인 실천을 해 나감으로써 그것이 완전히 몸에 배어 습관화되도록 하겠다는 의미를 담고 있다. 26세조에 나오는 "매번 닭이 울면 일어나 세수하고 빗질하였고, 이후 의관을 정제하고 먼저 가묘에 참배한 뒤, 어머니를 살폈다. 그러고 나서 서재로 나아가 위좌하여 독서했는데, 마치 진흙으로 빚어 놓은 사람 같았다"거나, 28세조에 나오는 "어머니를 봉양하는 데 있어 좌우를 가리지 않고 안색을 살펴 받들되, 가난한 중에도 어머니를 잘 섬기는 즐거움이 있었다. 매일 이부자리를 펴 드리고 아침 문안을 드릴 때는 조용히 모시고 앉아서 고금의 좋은 말과 선행을 낱낱이 사뢰어 듣고 기뻐하시기를 바랐다. 형제자매들과는 서로 기꺼워하여 이간질하는 말이 없었고, 모두 시집장가보냄으로써, 자립하도록 하였다"는 말이 바로 그것이다.[37]

---

36) 손병욱, 「퇴계 이황의 居敬窮理 사상에서 본 정좌수련의 위상」, 『퇴계학논총』 제22집(사단법인 퇴계학부산연구원, 2013. 12), 25∼26쪽을 참고하기 바람.

37) 『介庵先生文集』下, 附錄, 「年譜」, "先生年二十六歲……每雞鳴盥櫛衣冠, 先謁家廟, 次省母夫人. 出就書齋, 危坐讀書, 有若泥塑人然"; "先生年二十八歲……奉養孀母, 左右無方, 承顏以色, 菽水盡歡. 每於定省之際, 從容侍坐, 歷陳古今嘉言善行, 冀其聞而喜悅焉. 兄弟姊妹, 怡怡無間言, 而營鬐嫁娶, 咸克有立. 舅氏梁公悅居與之近朝夕必省拜而在書樓,

조선 유학자 중『소학』적 실천을 중시하는 전통은 양촌陽村 권근權近 (1352~1409)을 거쳐서 점필재佔畢齋 김종직金宗直(1431~1492) 문하에서 본격적으로 시작되었다고 할 수 있다. 그리하여 그 문도 가운데 특히 한훤당寒暄堂 김굉필金宏弼은 스스로 '소학동자小學童子'로 자처할 만큼『소학』을 중시하였다. 김굉필과 동문수학한 정여창 역시『소학』적 실천을 중시하였음은 당연하다.[38] 이러한 전통이 강우학파의 종장宗匠이었던 조식에게 계승되었고, 강익 역시 그 영향을 강하게 받을 수밖에 없었던 것이다. 특히 조식은『소학』적 실천을 중시하는 학문적 입장에서, "쇄소응대灑掃應對의 절차도 모르면서 입만 열면 천리天理 운운한다"고 하여 퇴계 이황 문하의 학문 풍조에 대해 강한 질책을 가한 바 있었다.[39]

강익의『소학』적 실천중시의 입장은 정여창을 사숙하면서 형성되어 조식을 종유하면서 확고하게 굳어지게 되었다고 할 수 있다.

강익이 위좌危坐를 했다는 기록이 「연보」의 15, 16세조에 보인다. 특히 16세조에서는 공자의 제자였던 자하子夏의 위기지학爲己之學을 하기로 했다는 말과 함께 언급되는 다음 말에 주목할 필요가 있다.

이로부터 문을 닫아걸고 위좌危坐하였다. 그리하여 좌우의 서적을 봄에 있어 아침부터 밤늦게까지 게으르지 않을 수 있었다. 고개를 들어서 책을 읽고 고개를 숙여서 생각에 잠기되, 몸과 마음의 안팎에서 정신을 깨우치고 수렴하여 삼가는 것이 이미 그 바름을 얻었다.[40]

聞其語聲, 必起敬, 認其出外, 輒下褸拱手, 以俟其過, 家素貧簞屢空, 而衣不必取完, 食不必取飽, 處之裕如, 不以爲憂焉."

38) 여기에 대한 상세한 내용은 김기현, 「일두 정여창의 도덕실천론 구조」, 『일두 정여창의 학문과 사상』(남계서원, 2004), 256~258쪽을 참고하기 바람.

39) 『南冥集』, 「與退溪書」.

40) 『介庵先生文集』下, 附錄, 「年譜」, "先生年十六歲……自是閉門危坐……喚醒斂飭於身心內外之間者, 已得其端的焉."

이상에서 그의 위좌危坐가 독서궁리를 위한 정좌수련靜坐修練이었을 가능성을 엿보게 한다. 왜냐하면 정좌수련은 몸의 수렴收斂－마음의 수렴－의식의 각성을 동시에 가능하게 하는 것이기 때문이다. 즉, 정좌수련은 정시靜時의 경인 거경함양을 위한 가장 수승殊勝한 방법으로 널리 알려져 있다. 그리고 이러한 정좌수련에서 배양된 집중력(의지력)으로 얻어진 성성한 의식은 동시動時의 경인 거경성찰 시에 독서궁리하는 데 정신을 집중하도록 해 준다. 그렇다면 그는 이 정좌수련을 누구로부터 배웠을까? 아직 조식을 만나기 전이므로 당곡 정희보에게서 배운 것일까? 여기에 대한 명시적인 언급이 없으므로 뭐라고 말하기 어렵지만, 특히 조식을 종유하였음을 염두에 둔다면 그는 이후 조식으로부터 정좌수련의 비결을 배웠을 것임에 틀림없다고 본다.

조식은 정좌수련을 즐겨하였고, 이것이 거경함양을 위한 효과가 매우 큰 방법임을 충분히 인식하고 있었다. 그는 '존덕성尊德性을 중시하는 주경행의主敬行義의 정좌관靜坐觀'을 지니고 있었다. 이 점은 역시 정좌수련을 강조하되 '도문학道問學을 중시하는 거경궁리居敬窮理의 정좌관'을 지닌 이황과는 대비된다고 하겠다.[41]

그렇다면 조식이 본 경이란 무엇인가? 그는 이것을 4가지로 파악하였다. 곧 정제엄숙整齊嚴肅, 기심수렴불용일물其心收斂不容一物, 상성성常惺惺, 주일무적主一無適이 그것이다.[42] 정제엄숙整齊嚴肅이란 '의관衣冠을 가지런히 하고 위의威儀를 엄숙하게 한다'는 의미로 몸의 수렴을 가리킨다. 기심수렴불용일물其心收斂不容一物이란 내 마음에서 일체의 선입견과 편견을 없앰으

---

41) 이 두 靜坐觀의 비교에 대해서는 孫炳旭, 「韓國儒學之靜坐法」, 『東亞的靜坐傳統』(臺灣: 臺大出版中心, 2012), 119~120쪽 참조 바람.
42) 『남명집』에 따르면 曺植은 그가 손수 그린 『學記圖』 24圖 가운데 그가 자작한 17도 중의 하나인 '敬圖'에서 경의 내용을 이와 같이 넷으로 소개하고 있다.

로써 허심탄회하게 하는 것으로서 마음의 수렴을 가리킨다. 상성성常惺惺이란 우리의 의식을 또랑또랑하게 깨어 있도록 하는 의식의 각성을 가리킨다. 주일무적主一無適이란 의식이 발동한 이발시已發時에 어떤 하나의 대상에 정신을 집중하여 의식을 분산시키지 않음을 말한다.

이 넷은 경의 중요한 내용이기도 하지만, 경의 순서이기도 하다. 따라서 이것은 ① 몸의 수렴 → ② 마음의 수렴 → ③ 의식의 각성 → ④ 정신집중으로 설명될 수 있다. 이 가운데 ①, ②, ③이 정시인 거경함양 단계에서의 경이라면 ④는 동시인 거경성찰 단계에서의 경이라고 할 수 있을 것이다. 정좌수련을 하면 ①, ②, ③이 동시에 가능해지면서 집중력(의지력)이 배양된다. 이처럼 거경함양 단계에서 배양된 집중력(의지력)을 바탕으로 거경성찰 단계에서 독서궁리와, 나아가 의의 실천(行義)에 정신을 오롯이 집중함으로써 궁극적으로 도심-본연지성-사단을 확보하여 성인의 경지에 이르고자 하는 것이다.

강익은 평소 『소학』적 실천궁행을 통하여 근본을 배양하고 나아가 위좌 곧 정좌수련을 통하여 집중력(의지력)을 배양하고 있었기에 거경함양을 위한 두 가지 방법을 병행하였고, 바로 이것이 앞에서 언급했듯이 그로 하여금 존덕성尊德性의 길을 제대로 갈 수 있도록 해 주었다고 하겠다.

이처럼 강익은 조식을 본받아 함양성찰에 의한 주경행의에 힘쓴 결과, 그의 정신경지는 조식의 그것과 매우 흡사해졌다. 둘 다 일체의 내외적인 유혹에 더 이상 마음을 빼앗기지 않는 불혹의 경지에 도달하고자 하였던 것이다. 강익이 이런 경지에 이르렀음은 앞에서 언급한 「연보」 38세조의 '추석날 밤 양진재養眞齋에서의 소회所懷'에서 확인한 바 있다. 이 외에도 그가 이런 불혹의 정신경지를 강하게 지향하고 있음은 다음의 「월야완계유감月夜玩溪有感」이라는 시에서 잘 드러나고 있다.

하늘을 바라보니 흰 달에 부끄럽고   仰天慙白月
물을 대하니 흐르는 맑은 물에 부끄럽네.   臨水愧淸流
심신에 누적된 다소간의 이 티끌을   多少心身累
어찌 능히 다 닦아 낼 수 있으랴.   何能刮盡休[43]

이 시를 조식이 40세 무렵 지은 것으로 여겨지는 「욕천浴川」이라는
시와 비교해 보자.

온 몸에 두른 사십 년의 허물   全身四十年前累
천 섬 맑은 물로 모두 씻어 낸다.   千斛淸淵洗盡休
오장 안에 만약 티끌이 생긴다면   塵土倘能生五內
바로 지금 배를 갈라 흐르는 물에 띠우리.   直今刳腹付歸流[44]

조식은 공자의 '사십이불혹四十而不惑'을 염두에 두고 그런 경지에
도달하기 위해서 각고의 노력을 하였고, 드디어 그런 경지에 도달할
수 있었음을 위의 시에서 토로하고 있다. 강익은 조식의 종유인으로서
조식이 도달한 이러한 정신경지를 희구하였기에 위와 같은 시를 지었던
것이다.

강익의 「양진재기」를 보면 그는 양진재를 신명사神明舍와 동일시하는
데, 여기서 우리는 조식이 만년에 지었다고 하는 「신명사도神明舍圖·명銘」
을 연상하게 된다. 아마도 강익은 조식의 「신명사도·명」을 숙지하고
있는 상황에서 이를 본받아 '이목구耳目口의 감각기관을 통제하여 제어외
이양기중制於外以養其中하는', 곧 몸의 수렴-마음의 수렴-의식의 각성으

---

43) 『介庵先生文集』 上, 詩, 「月夜玩溪有感」.
44) 曺植, 『南冥集』, 권1, 「浴川」. 이에 대해서는 문범두, 「개암 강익의 학문과 문학」,
    『한국민족어문학』 제56집(2010), 285~287쪽의 내용을 참고하기 바람.

로 거경함양하여 집중력(의지력)을 배양하기 위한 용도로 양진재를 지은 것으로 추정해 볼 수 있을 것이다.[45]

앞에서 살폈듯이, 강익이 고인古人 가운데서도 공자의 수제자였던 안회顔回의 영향을 받음이 컸는데, 이는 조식이 안회를 '처즉유수處則有守'의 모범으로 인식하고 있었던 것과 맥을 같이한다. 조식과 강익은 둘 다 '출즉유위出則有爲'의 길보다는 '처즉유수處則有守'의 길을 걷고자 했다는 측면에서 공감대가 컸고, 이에 강익은 일찍부터 조식으로부터 그 길에 대한 훈도를 받고 이를 마음속에 깊이 새기고 있었다고 볼 수 있을 것이다.[46]

이렇게 본다면 강익의 정신세계 형성에 그가 종유한 조식이 미친 영향은 그가 사숙한 정여창의 영향 못지않게 매우 컸다고 할 수 있을 것이다.

3. 강익의 생애 개관과 정신세계 탐구

1) 강익의 생애 구분과 공·사적인 시설물 건립

그의 생애를 개관해 보면 15세까지의 '유소년기', 15세 이후 30세까지의 '수학-자득기', 31세 이후 만년에 이르기까지의 '수학-자득 및 후진양성

---

45) '制於外以養其中'에 대해서는 佐藤仁, 박양자 역, 「李退溪와 李延平에 대하여」,『退溪學報』제62집(大邱: 退溪學硏究院, 1989), 35쪽을 참고하기 바람.

46) 조식의 出處觀에 영향을 미친 인물은 바로 元나라 성리학자 魯齋 許衡(1209~1281)이었다. 『남명집』에 따르면 25세 때 조식이 山寺에서『성리대전』을 읽으면서 허형이 한 다음 말에 크게 감명을 받았다고 한다. 즉, "志伊尹之志, 學顔子之學, 出則有爲, 處則有守, 大丈夫當如此. 出無所爲, 處無所守, 則所志所守, 將何爲"가 그것이다.

병행기', 30세부터 44세까지의 문헌공 서원을 세우고 기반을 다지는 '선현 추모 및 현창기'로 나누어 볼 수 있을 것이다. 그랬을 때, '선현 추모 및 현창기'는 '수학−자득 및 후진양성 병행기'와 겹치는 특징을 보인다.

강익은 그의 짧은 생애 동안 많은 사업들을 추진하여 성사시켰지만, 이 가운데서도 그가 주도적으로 세운 사적 혹은 공적 공간의 건립 시기와 이들 시설물에 붙인 이름에 주목할 필요가 있을 것이다. '수학−자득기'를 대표하는 건물은 26세 때 세운 숙야재夙夜齋이다. 이는 앞에서도 언급했듯이 『소학』적 실천궁행에 힘쓰겠다는 의지를 담고 있다. 그리고 '수학−자득 및 후학양성 병행기'를 대표하는 건물은 31세 때 세운 양진재 養眞齋라고 하겠다. 양진 곧 진리를 기른다 함은 스스로 이 경지를 추구하는 한편, 남에게도 이 경지를 전파하겠다는 의미를 지니는 이름이었다고 할 것이다.(41세 때는 이 양진재 남쪽에 風詠亭을 지었다.) 그리고 선현추모 및 현창기의 대표적인 건물이 30세 때부터 추진하여 44세 때 사액을 받은 남계서원灆溪書院인 것이다.

여기서 이들 건축물 가운데 특히 그가 필생의 노력을 기울여서 완성한 남계서원에 붙인 각종 시설물에 대한 명명命名을 통해서 그가 지녔던 정신세계를 엿볼 수 있다고 생각되며, 이 부분을 좀 더 상세히 고찰해 보고자 한다.

2) 남계서원의 시설물 명명을 통해서 본 강익의 정신세계 탐구

(1) 강익은 1566년, 그의 나이 44세 되던 해 조정으로부터 '남계서원'의 사액을 받은 뒤에 「남계서원기」를 지어서 각 시설물의 이름을 다음과 같이 명명하였다.

그 강당을 명성明誠이라고 이름하였으니, 『중용』에 나오는 "명즉성明則誠"의 뜻을 취하였다. 강당의 협실의 경우, 좌측을 거경居敬, 우측을 집의集義라고 하였으니, 각각 정이천程伊川의 "거경궁리居敬窮理", 『맹자』의 "집의소생集義所生"의 뜻을 취하였다. 재실의 경우 동쪽을 양정養正이라고 했는데, "몽이양정蒙以養正"에서 뜻을 취하였다. 서쪽은 보인輔仁이라고 했는데, "이우보인以友輔仁"에서 뜻을 취하였다. 재의 두 헌(齋軒)은 애련愛蓮과 영매咏梅라고 하였다. 그리고 앞대문 이름을 도를 따른다는 의미의 준도遵道라고 하였다.[47)]

② 일단 좀 정리해 보자. 우리가 남계서원에 가면 제일 먼저 앞대문을 통과하기 마련이다. 이 대문의 이름이 '준도遵道'였던 것이다.[48)] 이는 『중용』에 나오는 "군자는 도를 따라서 나아간다. 그런데 반쯤 가다가 그만두는 그런 일을 나는 할 수 없다"라는 말에서 인용한 것이다.[49)] 이 이름은 이곳 남계서원이 도를 추구하는 장소라는 선언적 의미를 갖는다. 도를 따른다는 것은 곧 유교적인 진리를 추구하겠다는 말과 동의어이다.[50)]

그리하여 들어가면 제일 먼저 눈에 띄는 본채 건물의 대청마루인 강당에 '명성明誠'이라는 편액이 달려 있음을 발견하게 된다. 이는 『중용』의 명즉성明則誠에서 따왔다고 하였다. 강당의 좌우에는 방이 있는데,

---

47) 『介庵先生文集』上, 記, 「灆溪書院記」(姜翼), "遂名其講堂曰明誠, 取中庸明則誠之意也. 堂之夾室, 左曰居敬, 右曰集義, 取程訓之居敬窮理, 鄒經之集義以生之旨也. 齋之室, 東曰養正, 取義於蒙以養正也. 西曰輔仁, 取義於以友輔仁也. 齋之二軒, 曰愛蓮, 曰咏梅. 前之大門曰遵道. 名各有義, 而宣額曰灆溪書院."
48) 현재 남계서원의 배치도를 보면 본래의 앞대문 자리에는 2층으로 된 風咏樓가 서 있고, 遵道門은 강당 뒤편 사당 출입문의 이름으로 쓰이고 있다. 본래와는 다르게 이렇게 재배치된 연유가 무엇인지는 알 수 없다.
49) 『中庸章句』, 제11장, "君子遵道而行, 半塗而廢, 吾弗能已矣."
50) 왜 강익이 이 글귀에서 나온 '遵道'를 대문의 이름으로 명명했을까? 우리는 앞에서 언급된 「연보」32세조에서 강익이 조식을 만났을 때, 강익에게 조식이 "지금의 학자가 '다 마치지 못함'(不克終)을 깊이 탄식하였다"는 구절을 기억할 것이다. 강익은 바로 이 점을 염두에 두었던 것으로 여겨진다.

이 방의 방문 위에도 방 이름이 편액으로 걸려 있다. 좌측은 거경居敬인데, 이는 회암晦庵 주희朱熹가 사숙한 이천伊川 정이程頤의 "거경궁리居敬窮理"에서 따왔다고 하였다. 우측은 집의集義인데, 이는 『맹자』의 "집의소생集義所生"의 뜻을 취하였다고 하였다.

그리고 강당 앞 양옆으로는 좌우로 재실 건물이 있다. 좌측 곧 동쪽 건물에는 양정養正이라는 편액이 걸려 있는데, 이는 『주역』 몽괘蒙卦의 괘사인 '몽이양정蒙以養正'에서 그 뜻을 취하였다고 하였다. 서쪽 건물에는 보인輔仁이라는 편액이 걸려 있는데, 이는 『논어』의 '이우보인以友輔仁'에서 그 뜻을 취하였다고 하였다. 동재와 서재에는 재헌齋軒이 있어, 각각 애련愛蓮과 영매咏梅로 명명되었다고 하였다. 애련은 '연꽃을 사랑한다'는 의미이고, 영매란 '매화를 읊는다'는 의미이다.

(3) 먼저, 대문 이름인 준도遵道에서 말하는 도란 무엇인지에 대하여 강익은 「남계서원기」의 첫머리에서 다음과 같이 묘사하고 있다.

대저 도가 천하에 있어 혼륜하여 충만하되, 오랜 세월 동안 쉬지 않는다. 그 옴에는 시작이 없으며, 그 감에는 마침이 없다. 크도다. 도의 도 됨이여! 위로는 하늘이 되고 아래로는 땅이 되며, 해와 달이 갈마들어 밝히도록 하고, 더위와 추위가 갈마들어 운행하도록 하며, 산을 웅장하게 하고, 물을 흐르도록 하며, 금수가 하늘을 날고 땅을 달리게 하며, 초목이 무성하다가 시들게 한다. 넓고 가늘며 높고 낮은 모든 존재가 각각 바른 성명性命을 갖도록 하는 것은 이 도일 따름이다. 사람이 천지간에서 태어나 이 도를 얻어서 사람이 되고, 천지인天地人 삼재三才에 참여하여 한가운데 서서 일심에 만물을 구비하였도다. 하늘이 나에게 부여한 바가 이처럼 두터우니, 도가 시행되도록 하는 것은 또한 사람일 따름이다.[51]

---

51) 『介庵先生文集』上, 記, 「灆溪書院記」(姜翼), "夫道之在天下, 渾淪磅礴, 悠久不息. 其來也無始, 其往也無終, 大哉. 道之爲道也. 上而天, 下而地, 日月之代明, 寒暑之錯行, 山之

도에 대한 이러한 견해는 도의 항구불변성恒久不變性·초시공성超時空性·보편편만성普遍徧滿性·무소부재성無所不在性을 잘 드러낸다고 하겠다. 유교에서 도란 어떤 것으로 묘사되는가?『중용』에서는 "도란 잠시도 떨어질 수 없는 것이다. 만약 떨어질 수 있다면 도가 아니다. 그러므로 군자는 남이 보지 않는 곳에서도 경계하여 삼가며, 남이 듣지 않는 곳에서도 두려워하고 조심한다"라고 하였다.52) 그러면서 "은밀한 곳보다 잘 드러나는 곳이 없고, 희미한 곳보다 잘 나타나는 곳도 없다. 그러므로 군자는 홀로 있을 때를 몹시 삼간다"라고도 하였다.53)

강익이 이처럼 도의 성격을 거론한 이유는, 이러한 도를 체득하기 위해서는 계신공구戒愼恐懼 내지 신독愼獨의 자기 공부와 수양이 필요함을 말하고자 하는 것이다.

(4-1) 계신공구戒愼恐懼 내지 신독愼獨의 자세로 도를 따르겠다는 결의를 다지면서 대문을 들어섰을 때, 처음 눈에 띄는 강당 청마루 위의 편액 명성明誠이 의미하는 바는 무엇일까?

『중용장구』 21장에는 다음과 같은 말이 나온다. "정성됨으로부터 밝아지는 것을 성性이라고 하고, 밝음으로부터 정성되는 것을 교敎라고 한다. 정성되면 밝아지기 마련이고, 밝아지면 정성되기 마련이다(明則誠)."54) 따라서 명성明誠은 명즉성明則誠에서 나왔고, 이는 또 "밝음으로부터

所以壯, 河之所以流, 禽獸之飛走也, 草木之榮枯也. 洪纖高下, 各正性命者, 是道而已. 人生於天地間, 得是道而爲人, 參三才而中立, 備萬物於一心. 天之所以與我者厚, 而道之所以行者亦人而已."

52) 『中庸章句』, 第1章, "道也者, 不可須臾離也. 可離, 非道也. 是故, 君子戒愼乎其所不睹, 恐懼乎其所不聞."

53) 『中庸章句』, 第1章, "莫見乎隱, 莫顯乎微. 故, 君子必愼其獨也."

54) 『中庸章句』, 第21章, "自誠明謂之性, 自明誠謂之敎. 誠則明矣, 明則誠矣."

정성되는 것을 일컬어 가르침이라고 한다"(自明誠謂之敎)에서 그 뜻을 취했음을 알 수 있다. 이때의 정성됨이란 역시 『중용』에서 말하는 "정성된 것은 하늘의 도요, 정성되고자 하는 것은 사람의 도이다"에서 말하는 하늘의 도(天道)를 가리킨다. 정성되고자 하는 학문사변행(學問思辨行)의 택선고집지(擇善固執之)하는 노력을 통해서 선을 밝히는 명선(明善)에 이르면 드디어 저절로 천도에 부합하는 천인합일(天人合一)의 성인(聖人)의 경지에 도달하게 된다.[55] 따라서 명성(明誠)은 이곳 남계서원이 도를 추구하여 선을 밝힘으로써 스스로 정성된 성인의 경지에 가고자 하는 교육의 장소임을 드러내고 있는 것이다.

(4-2) 도를 추구하여 도와 부합하는 천인합일의 성인의 경지에 가기 위해서는 어떤 공부가 필요한가? 바로 거경함양(居敬涵養)·거경성찰(居敬省察)의 존양성찰(存養省察)=거경성찰(居敬省察) 공부가 필수적이다. 송대 성리학자들이 가장 강조한 공부가 바로 이것이었다. 강익이 이 공부와 연관하여 명명한 이름이 각각 좌우측 방문 위에 붙인 편액 '거경(居敬)'과 '집의(集義)'인 것이다. 이들의 함의를 좀 더 자세히 살펴보기로 하자.

강익이 이천 정이의 거경궁리에서 따왔다고 하는 거경은 거경함양을 의미하는 데 비해, 궁리는 거경성찰을 가리킨다. 거경함양·거경성찰을 줄여서 존양성찰=거경성찰이라고 하는데, 강익이 거경을 가져온 것은 거경함양을 중시하겠다는 의지를 반영한 것이다. 그리고 이러한 거경함양의 가장 효과적인 두 가지 방법이 앞에서 거론한 바 있는 『소학』 공부와 정좌수련이다. 『소학』 공부가 덕성의 근본을 배양하는 공부라면, 정좌수련은 집중력(의지력)을 배양하는 공부이다. 이렇게 하여 거경함양

---

55) 『中庸章句』, 제20장, "誠者, 天之道也, 誠之者, 人之道也. 誠者, 不勉而中, 不思而得, 從容中道, 聖人也. 誠之者, 擇善而固執之者也. 博學之, 審問之, 愼思之, 明辨之, 篤行之."

이 되면 우리는 언제나 성성惺惺한 의식을 확보함으로써 제자리에 있을 수 있게 된다. 제자리에 있고자 하는 이유는 '제 할 일 제대로 하기 위해서'이다. 그렇다면 제자리가 어디이며, 제 할 일이란 무엇인가? 여기에 대해서는 뒤에서 다시 거론하겠다.

여기서 우리는 강익이 거경궁리 가운데서도 궁리가 아닌 거경을 왼쪽 협실 이름으로 선택했다는 사실에 주목할 필요가 있다. 이는 거경함 양을 중시하되, 거경성찰에 해당하는 궁리를 무시하지 않겠다는 의미이 다. 만약 궁리를 협실 이름으로 선택하면 이는 이론적 탐구를 중시하는 도문학道問學으로 흘러서 실천이 경시되기 쉽다. 이것은 이황의 입장에는 맞을지언정 조식으로 대변되는 강우학파의 실천적이고 존덕성적尊德性 的인 경향과는 맞지 않기에 선택하지 않고, 다만 거경 속에 그 의미가 들어 있음을 지적하여 궁리를 무시하지 않음을 보인 것이다.

왼쪽 협실명으로 택한 집의는 『맹자』의 호연지기장에서 말한 집의소 생集義所生에서 따왔지만, 이것은 조식이 강조한 주경행의의 행의와 상통 한다. 곧 집의=행의인 것이다. 그리고 보면 집의는 거경성찰에 속한다고 할 수 있다. 거경궁리에서의 궁리도 거경성찰에 속하는데, 강익은 거경성 찰 단계에서 궁리가 아닌 행의를 선택하겠다는 생각을 분명히 드러내고 있는 것이다. 다만 행의=집의에 있어서도 궁리는 필요하다. 왜냐하면 '의'란 순리이행順理而行이기 때문'이다.56) 그러나 이때의 궁리는 이황의 궁리가 함의하는 형이상학적이고 사변적인 그런 것이 아니라, 그냥 성현의 글을 읽어서 이해하는 독서궁리의 궁리일 뿐이다. 중요한 것은 이처럼 궁리하여 이해한 것을 실천하는 '행의'에 있는 것이다.

(4-3) 이처럼 거경과 집의의 거경성찰=존양성찰에 의해서 성학聖學은

---

56) 『近思綠』, 권2, 「爲學之要 61」, "順理而行, 是爲義也."

완성되기 마련이다. 이러한 강익의 견해에 대해서는 앞의 '강익의 정여창 현창' 부분에서 언급한 바 있지만, 특히 우리는 그가 「남계서원기」에서 말한, "동정 간에 존양성찰存省하는 때를 살펴서 그 기질을 변화시키며, 성정性情이 은미한 사이를 살펴서 그 덕성을 익히고 도야한다면, 선생의 도가 이에 힘입어 추락하지 않고 무성하게 여러 선비들을 흥기시킴이 있을 것입니다"(于以審動靜存省之際, 而變化其氣質, 于以察情性隱微之間, 而薰陶其德性, 則庶幾夫子之道, 賴以不墜, 而蔚然多士之有興矣)라는 구절에 주목할 필요가 있다.

이는 집의=적선에 의한 호연지기 배양으로 나의 기질을 바람직스럽게 변화시켜서 도심 계열의 심성에 속하는 본연지성 곧 덕성을 익히고 도야함으로써 천인합일의 성인의 경지, 대장부의 정신경지에 도달하자는 것이다. 특히 대장부란 『맹자』 대장부론에서 언급되었듯이, 어떠한 외적 상황에도 흔들리지 않는 확고부동한 정신경지를 확보한 사람이다. 그리하여 천하라는 넓은 집에 살면서, 천하의 바른 위치에 서서, 천하의 대도를 실천하는 사람이다. 강익은 거경과 집의라는 이름을 통해서 앞으로 남계서원에서 이런 대장부가 무수히 배출될 수 있기를 바라는 강렬한 염원을 표출하였다고 하겠다.

(5) 그가 동·서재의 이름으로 택한 양정養正과 보인輔仁에 대해서 살펴보자.

양정은 『주역』의 64괘 중 4번째 괘인 산수몽괘山水蒙卦의 괘사卦辭에 나오는 "몽이양정蒙以養正, 성공야聖功也"에서 그 뜻을 취하였다. '교육함으로써 바르게 기르는 것은 성인聖人의 공덕이다'라는 의미이다. 서쪽은 보인輔仁이라고 했는데, 『논어』 「안연」편에서 증자曾子가 말한 "군자君子, 이문회우以文會友, 이우보인以友輔仁"에서 뜻을 취하였다. 양정과 보인 역시 교육을 통한 학문의 완성을 함의한다. 양정이란 '바름을 길러서 성인의 공덕을 성취하자'는 의미이고, 보인이란 '성인의 가르침을 배우는 과정에서 벗을 사귄 뒤에 내 어짊(仁)을 이루는 데 상호 자극이 되고 도움이 되도록 하자'는 의미이기 때문이다. 성인이란 곧 인의 덕을 성취한 사람이기에 양정과 보인은 서로 그 의미가 연결됨을 알 수 있다.

(6-1) 이제 마지막으로 주목해 보아야 하는 것은 동·서재의 재헌齋軒으로 명명한 애련愛蓮과 영매咏梅라는 말의 의미이다. 동재에는 양정養正과 애련愛蓮이 편액되어 있고, 서재에는 보인輔仁과 영매咏梅가 편액되어 있다.

우선, 애련에 대해 살펴보자.

이 말은 북송시대 유학자 염계濂溪 주돈이周敦頤(1017~1073)의 「애련설愛蓮說」이라는 글에서 유래하였다. 그 내용을 소개하면 다음과 같다.

> 물과 육지에 나는 꽃 가운데 사랑할 만한 것이 매우 많다. 진晉의 도연명은 유독 국화를 사랑했고, 당唐 이래로 사람들은 모란을 매우 좋아했다. 나는 유독, 진흙에서 나왔으나 더러움에 물들지 않고, 출렁이는 맑은 물에 씻겼으나 요염하지 않고, 속은 막히지 않고 통하였고 밖은 곧으며, 덩굴이 뻗지 않고 가지를 치지 아니하며, 향기는 멀수록 더욱 맑고, 꼿꼿하고 깨끗하게 서 있어 멀리서 바라볼 수는 있으되 함부로 가지고 놀 수 없는 연꽃을 사랑한다. 내가 말하건대, 국화는 꽃 중에 속세를 피해 사는 자요, 모란은 꽃 중에 부귀한 자요, 연꽃은 꽃 중에서도 군자다운 자라고 할 수 있다. 아! 국화를 사랑하는 이는 도연명 이후로 들어 본 일이 드물고, 연꽃을 사랑하는 이는 나와 함께할 자가 몇이나 되는가? 모란을 사랑하는 이는 마땅히 많을 것이다.57)

---

57) 周敦頤, 「愛蓮說」, "水陸草木之花, 可愛者甚蕃. 晋陶淵明獨愛菊, 自李唐來世人甚愛牧丹, 予獨愛蓮之出於泥而不染, 濯淸漣而不妖, 中通外直, 不蔓不枝, 香遠益淸, 亭亭淨植可

주돈이가 찬양한 연의 첫 번째 덕목은 '바깥의 대상에 의해서 오염되지 않음'에 있다고 하겠다. 강익이 31세 이후 기회 있을 때마다 강조헌 것이 '내 마음이 외물에 유혹당하지 않도록 하자'는 것이었다. 곧 공자가 말한 사십이불혹四十而不惑이다. 이런 정신경지를 확보하지 못하면 결코 성인공부를 제대로 할 수 없다고 보았기 때문이다. 거경성찰=존양성찰에서 거경함양존양을 통해 성성한 의식을 확보하고자 한 것 역시 마찬가지이다. 실지로 강익 자신은 38세에 이런 정신경지에 도달할 수 있었던 것으로 여겨진다.

강익이 양정養正과 애련愛蓮을 연결시킨 부분에 대해서도 주목할 필요가 있다. 양정이 '바름을 길러서 성인의 공덕을 성취하자'는 의미라고 할 때, 이렇게 양정하기 위해서는 바로 일체에 오염되지 않는 연의 덕목을 자득하지 않으면 안 된다는 것이다.[58] 강익은 주돈이가 지은 「애련설」의 내용에 완전히 공감한 듯하다. 주돈이는 연꽃을 군자답다고 하였다. 그렇다면 그가 연꽃에서 찾은 군자다움은 무엇이었던가? 그것은 일체의 외물에 미혹당하지 않는 불혹의 정신경지 외에도, 곧은 절개를 지니되 남과 두루 소통할 줄 알며, 자기 세력을 부식하는 일에는 일절 관심을 갖지 않고, 남으로부터 우러름의 대상이 될지언정 남이 쉽게 범접할 수 없는 개결한 인품을 지니고 있음이라고 할 수 있다. 강익은

遠觀, 而不可褻玩焉. 予謂菊花之隱逸者也, 牧丹, 花之富貴者也, 蓮花之君子者也, 噫菊之愛陶後鮮有聞, 蓮之愛, 同予者何人. 牧丹之愛, 宜乎衆矣."

58) 참고로 불교에서도 蓮花 곧 연꽃은 無染, 無碍의 상징이다. 깨달음을 얻은 이는 일체의 대상경계에 물들지 않는 淸淨意識을 확보한 사람이다. '淸淨法身毘盧遮那佛'이 그 예이다. 『원각경도량수증의』에서는 이러한 정신경지에 대하여 "處世界, 如虛空, 如蓮花不着水, 心淸淨, 超於彼, 稽首禮, 無上尊"이라고 하였다. 일체의 대상에 걸림 없는 허공처럼, 물이 묻지 않는 연꽃처럼, 청정한 마음으로 사는 이가 곧 부처라는 의미이다. 유교와 불교가 다 같이 연꽃을 같은 의미로 긍정하는 드문 경우가 아닌가 한다.

스스로가 이러한 정신경지에 도달하였다고 자부하였고, 나아가 이곳 남계서원에서 이처럼 성인의 공덕을 성취한 군자다운 인물이 많이 배출되기를 바랐던 것이다.

다음으로, 영매咏梅에 대해서 살펴보자.

매화는 매란국죽梅蘭菊竹의 사군자四君子에 속하는 식물이다. 그 가운데서도 가장 먼저 거론된다. 그렇다면 강익이 생각한 매화의 덕은 무엇일까? 매화는 추위를 이기고 눈 속에서 피는 강인하면서도 고귀한 운치를 그 특성으로 한다. 살을 에는 추위를 뚫고 풍기는 매화의 향기는 맑고 깨끗한 인품으로, 눈 속에서도 아름다운 자태는 봄을 알려 주는 선구자적인 뜻으로 표현되고 있으며, 늦겨울이나 이른 봄의 추위 속에서 피는 강건한 특성은 훌륭한 덕성을 지닌 군자의 강인한 절개와 지조 및 세속을 초월한 은일로 상징되고 있다. 그래서 이러한 매화를 가리켜 설중군자雪中君子, 청향淸香, 옥골玉骨, 화어사花御史, 청객淸客, 세외가인世外佳人 등으로 부르기도 하였다. 특히 '매화는 아무리 추위도 향기를 팔지 않는다'(梅一生寒不賣香)라고 하여 절개와 지조의 상징으로 강조된다. 강익이 개암介庵이라는 호를 가지게 된 것도 그가 평소에 이러한 매화의 개결介潔한 절개와 지조를 중시하여 실천한 것과 깊은 관련성이 있다고 해야 할 것이다.

강익은 보인輔仁과 영매咏梅를 같은 건물인 서재西齋에 편액함으로써 다음과 같은 메시지를 주려고 했을 것이다. 곧 '이곳에서 사문斯文에 들어와 도학道學을 공부하는 사람들은 서로 간에 책선責善의 도리를 다해 인仁의 성취를 도우는 벗으로 사귀어야 하며, 그러자면 매화의 덕을 배워서 절개와 신의를 지켜야 한다.'

(6-2) 그런데 여기서 한 가지 주목해서 보아야 할 부분이 있다. 바로 시설물에 붙여진 집의集義와 보인輔仁에 관한 것이다. 유교에서 인仁은

모든 덕목을 총괄하는 위치에 있다. 오상을 인의예지신仁義禮智信이라고 하지만, 이 오상을 총괄하면 그것은 인仁이 된다. 의義란 이러한 인의 한 속성으로 간주될 뿐이다. 그런데 집의와 보인을 놓고 볼 때, 시설물의 구조상 집의가 보인보다 더 비중이 높다고 할 수 있다. 인과 의가 종속관계가 아닐 뿐더러 대등한 관계도 아니며, 도리어 의가 인보다 더 강조되는 듯한 이 상황을 어떻게 설명해야 할까?

그것은 아마도 인보다 의를 강조하는 강우학풍의 특색에서 설명되어야 하리라고 본다. 사실 이곳 강우지역은 과거 가야문화권에 속해 있던 곳으로서, 그때부터 의義의 가치를 높이 평가하여 온 전통이 있다. 이러한 가야문화권의 숭의崇義정신은 그대로 신라 화랑도花郞徒의 정신세계를 형성하는 데 커다란 역할을 하였다. 특히 화랑의 계율이자 덕목인 세속오계世俗五戒를 한마디로 요약하면 의義라고 하겠는데, 이는 신라문화권보다는 가야문화권의 영향을 더 크게 받았다고 보아야 할 것이며, 여기에 대해서는 바로 『화랑세기』에서 그 근거를 찾을 수 있을 것이다.[59)]

(7) 강익은 이러한 시설물 명명을 통해서 이곳 남계서원을 방문하는 방문객과 이곳에서 공부하는 학인들에게 어떤 메시지를 주려고 했을까? 바로 문헌공 정여창을 롤 모델로 삼아서 스스로 유교적인 도를 추구하여 체득함으로써 호연지기를 배양하여 지닌 대장부로 우뚝 서기를 바라는 마음을 담았다고 해야 할 것이다. 이와 함께 이런 명명命名을 통해 남계서원이 앞으로 도학道學을 창명倡明하는 중심 센터 역할을 해 주기를 염원하였던 것이다.

---

59) 여기에 대한 상세한 내용은 김대문, 『화랑세기』(이종욱 역, 소나무, 2009)를 참고하기 바람.

강익이 이처럼 시설물 하나하나의 이름 짓기에 세심한 배려를 함으로써 자기의 정신세계를 드러내고 있다는 측면에서, 앞으로 이곳을 활용함에 있어 이 점을 늘 염두에 두어야 할 것임을 강조하고자 한다.

4. 강익의 학문과 사상이 갖는 인성교육적 함의

1) 인성교육이란 무엇인가?

2015년 7월 21일을 기하여 인성교육진흥법이 발효되었다. 전 세계적으로 유례가 없는 이러한 법의 시행은 현재 우리나라가 처해 있는 교육적인 위기상황이 제대로 된 인성교육의 부재에서 유래되었음을 잘 드러낸다. 인성교육의 중요성, 시급성에 대한 자각을 바탕으로 마련된 이 법은 대략 8가지 덕목으로 이루어져 있다. 그것은 개인 차원의 정직과 책임, 부모에 대한 효도, 연장자에 대한 예절, 타인에 대한 배려와 존중, 그리고 일을 함에 있어서의 소통과 협동을 그 골자로 하고 있다. 이는 나와 너, 우리의 공동체와 자연계가 어울려 사는 세상이 인간다운 삶, 행복하고 보람 있는 삶을 영위하는 장이 되도록 하기 위해서 익혀야 할 기본적인 덕목을 망라하여 제시하고 있다고 하겠다.

그런데 이러한 덕목의 이해와 실천보다 더 중요한 것이 있다. 그것은 인성이 단순히 도덕·윤리적인 덕목만으로 형성되는 것이 아니라 우리의 모든 삶과 연계될 수밖에 없는 전방위적全方位的인 것이라는 사실과 연계된다. 따라서 인성이란 인간이라면 누구나가 다 간절히 희구하는 성공적인 삶을 위한 가장 핵심적인 요소이므로 어떤 인성이 이러한 삶을 보장하는가 하는 물음이 제기된다.

인성교육이 인생의 성공과 무관하다면, 아무리 좋은 인성을 갖추는 것이 중요함을 강조하더라도 그것은 그다지 설득력이 강하지 못할 것이다. 따라서 인생을 성공적으로 사는 것과 좋은 인성을 갖추는 것이 이른바 두 길(two tracks)이 아니라 선택의 여지가 없는 한 길(one track, 一道)임을 제대로 인식하도록 하는 것이 매우 중요하다.

나아가 이들 인성을 갖추는 것과 8대 덕목의 구현이 어떤 연관성을 지니는지를 구명해야 할 것이다. 그렇지 않고 8대 덕목만 익히면 인성을 제대로 갖춘 사람이 된다는 발상은 아무리 이런 덕목을 실천하는 인성을 갖추더라도 그것이 그대로 성공적인 삶을 보장해 줄 수는 없다는 측면에서 회의적이다.

이처럼 성공적인 삶을 영위한 결과가 8대 덕목으로 나타나도록 하는 것이 바람직스럽다고 본다면, 8대 덕목을 강조하기 전에 '성공적인 삶이란 무엇인가'에 대한 검토가 선행되지 않을 수 없다.

이상의 인성에 대한 필자의 견해를 바탕으로 인성교육을 그 시작(始)과 마침(終)으로 나누어 살펴보면 다음과 같이 말할 수 있을 것이다.

첫째, 인성교육의 시작이란 무엇인가? 그것은 피교육자의 '가슴속에 한 가닥 푸른 꿈을 품도록 하는 것'이다.

둘째, 인성교육의 마침이란 무엇인가? 그것은 피교육자로 하여금 '언제나 제자리에서 제 할 일을 할 줄 알도록 하는 것'이다.

어째서 이것이 시작과 마침인가? 이것은 한 인간이 자기의 삶을 성공적으로 살았느냐 실패했느냐를 재단하는 두 가지 평가기준과 관련된다. 바람직한 인성을 갖추었다는 것은 성공적인 삶을 살았다는 것이고, 이때 그 평가기준은 다음의 두 가지이다.

첫째, 그가 무슨 일을 하려고 했던가?

둘째, 그가 실제로 그 일을 했는가, 하지 못했는가?

따라서 인성교육의 시작인 '피교육자로 하여금 그 가슴속에 한 가닥 푸른 꿈을 품도록 하는 것'은 그가 무슨 일을 하려고 했던가 라는 평가기준과 연관된다. 또한 인성교육의 마침인 '피교육자로 하여금 언제나 제자리에서 제 할 일을 할 줄 알도록 하는 것'은 그가 실제로 그 일을 이루었던가 하는 평가기준과 연관된다. 하고자 하는 어떤 일을 이루었다는 것은 그가 제자리에서 제 할 일을 할 줄 아는 삶을 살았다는 말과 동의어이기 때문이다.[60]

아울러 인성교육이 겨냥하는 이상적인 인간상이 있다면 그는 '창의적 리더'이다. 그는 달리 말하면 '성공한 리더'이기도 하다.

2) 강익의 학문과 사상에 대한 인성교육적 진단

⑴ 이러한 인성교육에 대한 이해를 바탕으로 살펴볼 때, 강익은 인성교육에서 배양하고자 하는 가장 이상적인 인간상인 '성공한 리더' 혹은 '창의적 리더'로서의 자격을 두루 갖추고 있으며, 따라서 그의 학문과 사상이 주는 인성교육적 함의는 대단히 크다고 할 수 있을 것이다. 이제 그 구체적인 실상에 대해 살펴보기로 하자.

⑵ 강익을 성공한 리더로 보는 이유는 그가 후세 사람들의 평가기준인 '하고자 하는 어떤 일'을 분명히 정립하고 있었고, 나아가 '이 일을 실지로 성취'하였기 때문이다. 이 말은 그가 인성교육의 시작(始)과 마침(終)의

---

60) 손병욱, 「실천적인 선비문화 계승과 확산을 위한 인성교육 프로그램 試案―그 지침과 방향의 제시를 중심으로」, 『남명학』 제21집(남명학연구원, 2016. 3), 149~152쪽에서 재인용함.

조건을 완전히 충족시키는 삶을 살았음을 말해 준다. 즉, 그는 인성교육의 시작에 해당하는 '가슴속에 한 가닥 푸른 꿈을 품고' 있었고, 나아가 인성교육의 마침에 해당하는 '제자리에서 제 할 일을 할 줄 아는 삶을 살았다.

(3) 강익이 '가슴속에 품은 한 가닥 푸른 꿈'이란 곧 인생의 궁극적인 목표인 지향처를 가리킨다. 여기서 '푸른 꿈'이란 실현가능한 꿈이다. 그는 앞에서 확인했듯이 30세에 자기의 지향처를 정립하는 입지立志를 분명히 하였다. 그것은 사문斯文을 흥기興起시키고 유교를 창명倡明하기 위한 방편으로 선현先賢, 그 가운데서도 자신이 흠모해 마지않았던 동향의 도학자 문헌공 정여창을 현창하는 사업을 하는 것이었다.

그런데 그의 이러한 지향처가 바람직한 것인지 아닌지를 검토해 볼 필요가 있다. 만약 입지를 했지만 그것이 바람직하지 못하다면 설사 그 지향처를 달성했다 하더라도 그를 성공한 인물로 보기는 어렵다. 지향처가 4가지 조건을 구비할 때 비로소 바람직한 지향처라고 할 수 있을 것이다. 그것은 시대성時代性, 공공성公共性, 전문성專門性, 과업지향성課業志向性의 조건이다.[61]

시대성의 조건이란, 이 지향처가 당시 강익의 시대가 안고 있는 문제 해결에 도움이 되는 지향처인가 하는 것이다. 그의 나이 30세 때인 1552년(명종 7) 당시는 연이은 4대사화의 여파로 사림이 위축될 대로 위축되어 있는 상황이었다. 국가의 원기元氣인 선비의 사기士氣를 진작시키는 일이 무엇보다도 급선무였고, 이 일은 강익과 같은 지기지사志氣之士

---

61) 손병욱, 「실천적인 선비문화 계승과 확산을 위한 인성교육 프로그램 試案―그 지침과 방향의 제시를 중심으로」, 『남명학』 제21집, 152~154쪽을 참고하기 바람.

가 할 수밖에 없었다.[62]

공공성의 조건이란, 이 일이 공익을 위한 것이냐 아니면 사익을 추구하기 위한 것이냐의 여부이다. 강익의 지향처는 이 땅에 유교의 이상향인 요순지치堯舜之治를 실현하기 위한 기반을 다지자는 것이므로 사익추구와는 거리가 멀다고 해야 할 것이다. 강익의 삶 어디에도 사익을 추구하거나 부귀영화를 도모한 흔적은 없다. 강익에게 있어 사익을 도모하는 것은 그가 가장 타기시해야 할 더러운 티끌이었고, 이 유혹에 걸리면 그가 희구했던 불혹不惑의 경지는 불가능하다고 보았기에 철저하게 배격하였던 것이다.

전문성의 조건이란, 자기의 전공지식을 발휘하여 달성할 수 있는 지향처인가의 여부를 말한다. 자기의 전공분야와 다른 지향처를 세우면 지향처 추구에 있어 자기 전문지식을 제대로 발휘할 수 없기 때문에 그 지향처를 제대로 달성하기 어렵다. 그런데 강익의 지향처는 자기의 전문성을 충분히 발휘할 수 있는 지향처라고 할 수 있을 것이다. 그가 정말 하고 싶어하였고 또 누구보다도 자신 있게 잘할 수 있는 일을 선택했다고 하겠다.

마지막으로 과업지향성의 조건이란, 달리 말하여 일 중심주의를 말한다. 이는 지위지향적地位志向的인 조건과 대비된다. 곧 '무엇이 되겠다'가 아니라 '어떤 일을 하겠다'는 지향처를 말한다. 고관대작이 되겠다, 큰 부자가 되겠다, 무슨 스펙을 쌓겠다, 무슨 상을 받겠다, 이런 것들을 지위지향적인 목표(지향처)라고 하는데, 이런 지향처는 그 목표가 달성되는 순간 할 일이 없어지게 되므로 결코 성공할 수 없다. 얻고자 하는

---

62) 志氣之士의 사전적 의미는 '어떤 일을 하고자 하는 意志와 氣槪를 갖춘 사람'이다. 곧 자기의 지향처를 이루려는 '강렬한 의지와 집념'을 가진 사람을 가리킨다.

지위가 높을수록 자기뿐만 아니라 다른 사람들에게도 악영향을 끼친다. 멀리 볼 것도 없이 대통령 되는 것을 목표로 삼아서 대통령이 되긴 했으나 할 일이 없어져서 적당하게 지내다가 실패한 대통령이 됨으로써 결국 국민에게 큰 피해를 준 전직 대통령의 사례를 우리는 잘 기억하고 있다. 지위나 스펙은 궁극적인 어떤 일을 하기 위한 중간목표 내지 수단일 수는 있어도 궁극적인 목표일 수는 없다. 이런 측면에서 강익의 지향처는 과업지향적인 조건을 구비하였음을 알 수 있다.

이들 4가지 조건에 비추어 볼 때 강익의 지향처는 모든 조건을 두루 갖춘, 정말 추구할 만한 가치가 있는 훌륭한 지향처라고 해야 할 것이다.

⑷ 강익이 세운 지향처가 아무리 훌륭했다고 하더라도 그가 '제자리에서 제 할 일을 할 줄 아는 삶'을 살지 못했다면 그는 자신의 지향처를 달성한 성공한 리더가 될 수 없었을 것이다[63] 과연 그의 삶이 '제자리에서 제 할 일 할 줄 아는 삶이었음'을 어떻게 설명할 것인가?

제자리에 있다고 함은 무슨 의미인가? 내 몸이 있는 지금 여기에 내 마음도 같이 있되, 언제나 또랑또랑하게 깨어 있음이다.

제 할 일은 무엇인가? 내가 세운 지향처를 달성하는 것과 관련이 있는 일이 곧 제 할 일이다. 반대로, 내 지향처를 향해 나아가는 것과 무관한 일은 그것이 어떤 일이라도 제 할 일이 아니다.

그런데 제자리에 있어야 제 할 일을 제대로 할 수 있는 법이다. 그렇지만 우리가 살면서 제자리에 있기가 매우 용이한 경우도 있고, 제자리에 있기가 매우 어려운 경우도 있다. 감각적인 욕구 충족과 관련되는 일을

---

63) 손병욱, 「남명학과 인성교육의 방향」, 『남명학』 제22집(남명학연구원, 2017. 3), 21쪽 참조 바람.

할 때는 제자리에 있기가 매우 용이하다. 예컨대, 배고픈 사람이 밥 먹을 때, 도박중독에 빠진 사람이 도박할 때, 알코올중독자가 술 마실 때, 재미있는 TV프로 볼 때, 재미있는 소설책 읽을 때, 이성친구와 데이트 할 때는 언제나 제자리에 쉽게 있을 수 있다. 그러나 이성적인 판단이 요구되는 일, 고도의 머리를 써야 하는 일을 할 때는 제자리에 있기가 매우 어렵다. 예컨대, 어려운 전공서적 읽을 때, 책을 쓰거나 논문을 쓸 때, 어려운 전공강의 들을 때, 직장에서 자기의 역할을 수행할 때는 내 생각이 자꾸 내 자리에서 이탈하여 과거나 미래, 혹은 저기나 거기로 달아나기 쉽다.

그런데 제자리에 있고자 함은 제 할 일을 제대로 하기 위해서이다. 그렇다면 위의 두 경우 중 어느 경우에 제자리에 있어야 제 할 일을 제대로 할 수 있겠는가? 감각적인 욕구 충족과 관련되는 일을 할 때 제자리에 있어야 제 할 일을 제대로 할 수 있는가? 아니면 이성적인 판단이 요구되는 일을 할 때 제자리에 있어야 제 할 일을 제대로 할 수 있는가? 당연히 후자일 것이다. 왜냐하면 내가 세운 지향처가 바람직한 지향처의 조건을 갖추었다면 그것을 추진하기 위해서는 이성적인 판단이 요구되는 일을 할 때 제자리에 있을 수 있어야 하기 때문이다. 그런데 이 경우에 제자리에 있기 위해서는 어떤 힘이 필요하다. 그것은 곧 집중력(의지력)이다.

강익이 제 할 일 제대로 하는 삶을 살았다는 것은 이성적인 판단이 요구되는 일을 할 때 제자리에 있었음을 의미하고, 이는 그가 평소 집중력(의지력)을 충분히 배양하여 활용하였음을 말해 준다. 그는 어떻게 집중력(의지력)을 확보할 수 있었던가?

(5) 강익은 평소 거경함양과 거경성찰에 철저하였다. 거경함양이란 곧 우리의 의식을 성성하게 하여 제자리에 있도록 함을 의미한다. 거경성찰이란 제 할 일 제대로 하고 있는지 점검하는 것이라고 하겠다. 강익이 거경함양의 방법으로 평소 『소학』공부와 함께 정좌수련을 하였음은 앞에서 살펴본 바 있다. 그리하여 그는 평소 집중력(의지력)을 충분히 확보할 수 있었다. 그리하여 제 할 일을 제대로 할 수 있었던 것이다.

그런데 집중력(의지력)을 바탕으로 제자리에 있다고 하더라도 이것만으로 제 할 일이 가능해지는 것은 아니다. 제 할 일 제대로 하기 위해서는 제자리에 있음을 전제하되, 다시 지력知力, 기력氣力, 정감력情感力의 배양이 필요하다. 특히 이들 삼대력三大力은 '창의적 리더'로서의 삶을 위해서 필수적으로 요청된다.

(6-1) 창의적 리더란 '어두운 곳을 밝히고 막힌 곳을 뚫어서 공동체 구성원 모두와 함께 리더인 나의 지향처를 향해 부단히 나아갈 수 있는 사람'이다. 이러한 창의적 리더가 되자면 창의성과 리더십을 갖추어야 한다. 창의성은 지력知力+기력氣力에서 확보되고, 리더십은 정감력情感力에서 확보된다. 창의성을 가능하게 하는 지력+기력 가운데 지력이란 어두운 곳을 밝히는 데 활용되고, 기력은 막힌 곳을 뚫는 데 활용된다. 리더십을 가능하게 하는 정감력은 공동체 구성원으로 하여금 리더인 나의 지향처를 자기들의 지향처로 수용하도록 하는 능력이다. 일반적으로 지력은 독서궁리를 통해서 배양되고, 기력은 신체단련을 통해서 배양되며, 정감력은 공동체생활을 통해서 배양된다.

(6-2) 강익은 분명히 창의적 리더로서의 면모를 지니고 있었다. 그는 독서궁리를 통해서 충분한 지력을 확보하고 있었다. 그리고 정감력도

풍부하여서 남과 잘 어울리고, 소통하고, 친화하며, 남을 잘 포용할 수 있었다. 아마 본래 사교적인 성격인 데다가 평소 가정이나 서당 등의 공공장소에서 공동체생활에 적극 참여함으로써 정감력을 배양할 수 있었을 것이다. 다만 그가 신체단련을 했다는 기록이 없어서 기력을 어떻게 배양했는지는 알 수 없는데, 확실한 것은 그의 추진력, 말하자면 '막힌 곳을 뚫는 힘'이 대단하였다는 사실이다.

(7-1) 강익은 '성공한 리더'로서의 자질을 충분히 갖추고 있었다. 성공한 리더가 되기 위해서는 다음과 같은 3가지 조건을 갖추어야 한다.

첫째, 공동체 구성원 모두가 공감하고 공유할 수 있는 실현 가능한 지향처를 분명하게 제시할 수 있어야 한다. 이는 일종의 미래 비전(vision)이라고도 할 수 있다.

둘째, 소통능력이다. 목표에 대한 의지가 강렬할수록 다양한 사람들과 소통하여 힘을 결집하는 것이 필수적으로 요청된다.

셋째, 인재를 보는 안목이다. 목표 달성을 위해서 활발한 소통을 하다 보면 자연히 적재적소適材適所가 가능해진다.

강익은 이런 3가지 조건을 제대로 갖추었던가? 하나씩 살펴보기로 하자.

(7-2) 이미 여러 번 확인했듯이 그는 첫 번째 조건을 갖춘 리더였다. 그의 지향처는 바람직한 지향처로서의 조건을 완벽하게 갖추고 있었다. 이 지향처는 지역사회의 유림에서 추구할 만한 가치가 충분하며, 이 목표가 달성되면 향토 발전을 위해서는 물론이고 사문진작斯文振作을 위해서도 획기적인 기여를 할 수 있을 것이라는 기대감을 갖도록 해 주었다. 정말 명분이 좋은 목표를 잘 설정하였던 것이다.

(7-3) 둘째, 소통능력이다. 그의 뛰어난 소통능력은 바로 감성능력인 정감력이 충분히 배양되어 있었음을 함의한다. 그는 지역사회에 살면서 겨우 소과小科에 합격한 진사進士에 불과하였지만 당시 강우지역의 뛰어난 선비들과 두루 사귀었고, 또한 대단한 명망을 지녔던 조식으로부터도 인정을 받았으며, 중앙관계에서 감사監司 혹은 고을 원으로 내려온 사람들로부터 전폭적인 지원을 받을 수 있었다.

그의 교우관계는 궁벽한 시골의 선비라고 하기에는 믿기지 않을 정도로 매우 폭이 넓고 또 깊은 교유를 한다는 특색을 드러내고 있다. 이른바 인적 네트워크가 중앙 관계에 있는 사람과 비교해도 전혀 못하지 않을 정도로 매우 잘 구축되어 있었던 것이다.

노진盧禛, 이후백李後白, 양희梁喜는 「연보」 15세조에 등장하는 사람들이다. 당곡 정희보 문하에서 동문수학한 벗들로서 19세 때는 서로 도의지교道義之交를 맺고 우의를 돈독히 하더니, 44세 때 조정에서 남계서원으로 사액하면서 춘추로 문헌공을 제사하라고 했는데 이 과정에서 이들 세 사람이 큰 힘을 보탰다고 한다.

1549년, 27세 되던 해에는 조식의 수제자격인 덕계 오건(1521~1574)과 동강 김우옹(1540~1603)이 숙야재로 찾아와 며칠간 머무르면서 경전과 사서에 대해서 토론한 뒤에 서로 마음을 알아주는 지심지우知心之友가 되기로 약속한다. 이 두 사람과의 돈독한 관계도 평생토록 변함없이 유지되면서 강익에게 많은 도움을 주었다. 특히 오건과는 거의 동년배로서 그 관계가 더욱 막역했던 것 같다. 서로 간에 매우 활발한 교류가 있었고, 과거를 통해 중앙관계에 진출해 있던 오건은 강익을 천거하여 소격서 참봉을 제수 받도록 하였다. 김우옹의 경우는 강익과 나이 차이가 꽤 났음에도 불구하고 구애됨이 없이 깊이 사귀었고, 이 덕분에 나중에 그의 형 김우홍이 함양군수로 부임해 왔을 때 서원의 시설물을 완성하고 서원운영의 재원을 마련하는 데 큰 도움을 받게 된다.

강익은 나이에 크게 구애받지 않고 사람을 사귀었고, 일단 사귄 사람과는 평생토록 돈독한 관계를 유지해 나갔다. 김우옹이 그보다 17세 연하였다면 갈천葛川 임훈林薰(1500~1584)은 그보다 23세나 연상이었다. 그럼에도 불구하고 임훈은 1556년 강익의 나이 34세 되던 해 겨울, 눈을 무릅쓰고 오건과 함께 강익을 방문하여 학문을 논한 바 있었다.

이 외에도 그와 교유한 많은 이름난 선비들을 들 수 있는데, 주로 조식의 문인들과 교유가 활발하였다. 하항河沆, 하응도河應道, 유종지柳宗智, 진극경陳克敬, 정유명鄭惟命, 정복현鄭復顯, 임희무林希茂, 박승임朴承任, 노관盧祼, 양홍택梁弘澤 등이 그와 사귄 선비들이었다.

강익의 소통능력은 중앙에서 파견되어 부임해 온 역대 함양 군수들은 물론이고 경상감사로부터도 적극적인 지원을 받아내는 데서 잘 드러난다. 그는 30세 이후 문헌공의 사우를 건립하여 사액을 받기까지 15년간 3명의 함양군수로부터 적극적인 도움을 받았다. 30세 때 부임해 온 서구연徐九淵, 37세 때의 윤확尹確, 42세 때의 김우홍金宇弘이 그들이다. 이들은 강익이 처음 서원건립을 시작할 때부터 추진과정에서 서원건립 사업이 어려움에 봉착할 때마다 마치 구원투수처럼 나타나서 적극적인 도움을 줌으로써 그 어려움을 타개하도록 해 주었다. 또한 42세 때는 경상감사였던 이상감李相戡이 서원운영을 위한 재원으로서 4개 읍의 소금 세금, 2개 읍의 양조 세금, 그리고 3곳의 어장을 서원에 소속되도록 해 주었다. 그리고 44세 때는 경상감사 박계현朴啓賢이 사액서원이 되도록 힘을 써 주었다. 이런 경우, 강익이 다만 운이 좋았다고만 할 수 있겠는가? 이는 그가 남다른 소통 및 감화능력, 그리고 풍부한 인적 네트워크를 지니고 있었기에 가능했다고 보는 것이 더 타당할 것이다.

(7-4) 셋째, 인재를 보는 안목이다. 그는 이런 방면에서도 능력을 발휘하였다. 특히 1566년, 43세 때의 「연보」를 살펴보면 그의 지인지감知人之鑑이 남달랐음을 느끼게 된다.

이제 서원이 완성되어서 학도를 모아 강의를 시작했으나 서적이 없었다. 재원 역시 부족하였다. 이에 인재를 양육할 수 없음을 크게 두려워하여, 사암徙庵 노관盧祼으로 하여금 서적을 마련하는 책임을 맡게 하고 죽암竹庵 양홍택梁弘澤으로 하여금 재물을 모으는 책임을 맡게 하였다. 그랬더니 시종 협력하여 끝내 성취시켰다. 서책이 수백 권 마련되고 재원도 넉넉하게 마련되어 학도들에게 제공되었다. 강익은 이에 옥계玉溪 노진盧禛과 구졸九拙 양희梁喜 두 사람과 의논하여 서원의 재물을 경내의 서당 및 동리 안에 나누어 주어서 각각 결혼과 장례의 비용에 보태도록 하고, 춘추로 강신례講信禮를 거행하도록 하였다. 마침내는 이렇게 하는 것이 한 고을의 일정한 법식과 관례가 되었다.

강익은 자기가 세운 목표를 달성하기 위해서는 누구에게 어떤 일을 맡겨야 할지를 잘 알고 있었다. 그리하여 적재적소를 통해서 하고자 하는 바를 성공시켰던 것이다. 이 역시 그가 세운 목표를 이루려고 하는 의지가 강렬하였고, 그래서 활발하게 소통하였고, 그러다 보니 인재를 제대로 보고 용인用人할 수 있었다고 해야 할 것이다.

만약 당시의 임금이었던 명종이 이런 강익을 제대로 알아보고 크게 썼더라면 그는 시대를 광정匡正하는 큰일을 하였을 것이고, 그러면 아마도 그의 사후 25년 만에 닥쳐온 비극적인 임진왜란의 발발도 미연에 방지할 수 있지 않았을까? 이런 생각은 단지 필자의 과도한 확대해석에 지나지 않는 것일까? 우리는 실패한 전직 대통령의 도중하차와 구속수사를 지켜보면서 마음의 상처를 받았지만, 리더의 역할이 얼마나 중요한지를 절감할 수 있었다는 데서 작으나마 소득이 없었다고 할 수는 없을 것이다. 어쨌건 제대로 된 자격을 갖추고 '제자리에서 제 할 일을 제대로 할 줄 아는 리더'는 예나 지금이나 흔하지 않고, 따라서 매우 귀하고 소중한 법이다.

3) 강익의 삶이 주는 인성교육적인 교훈

강익은 당시의 주어진 조건 속에서 최선을 다해 살았고, 그리하여 크게 성공적인 삶을 영위할 수 있었다. 그렇다면 그는 제대로 된 인성을 구비하였던가? 앞에서 말한 8대 덕목의 차원에서 살펴보자. 개인 차원의 정직과 책임, 부모에 대한 효도, 연장자에 대한 예절, 타인에 대한 배려와 존중, 그리고 일을 함에 있어서의 소통과 협동이 그것이다.

이 시대에 인성교육에서 강조되는 이 8가지 덕목 가운데 강익에게 부족한 것이 있는가? 있다면 그것은 무엇인가? 그는 이 8가지 덕목을 완벽하게 갖춘 인물이었다고 해도 전혀 이견異見이 없을 것이다. 그러면서 그는 크게 성공하였다. 이는 무엇을 말하는가?

강익은 이들 8가지 덕목을 갖추기 위해서 의도적으로 노력하지 않았다. 다만 그는 자기의 지향처를 잘 설정하고 이 지향처를 달성하기 위해서 혼신의 힘을 다했을 뿐이다. 그랬더니 훌륭한 인성을 갖추게 된 것이다. 훌륭한 인성을 갖추어서 성공한 것이 아니라, 성공의 길을 제대로 가다가 보니까 좋은 인성을 갖추게 된 것이다.

강익의 사례는 성공적인 삶과 인성교육이 두 길이 아니라 서로 통하는 한 길임을 알려 준다는 측면에서, 앞으로 인성교육의 방향을 제대로 설정하여 시행하자면 어떻게 해야 할 것인가 하는 물음에 대해 의미

있는 메시지를 전달하고 있다는 측면에서 매우 큰 가르침을 준다. 혹시라도 누군가 "인성이 나빠도 성공만 잘 하더라", "인성 좋은 사람 치고 성공하는 사람 못 봤다"라거나 "성공과 인성은 아무 상관이 없다"라고 말하는 사람이 있다면, 그는 '참된 성공'이 무엇인지를 전혀 모르는 사람이라고 하지 않을 수 없다. 참다운 성공의 길을 제대로 걷는 사람이라면 좋은 인성이 저절로 갖추어질 수밖에 없음은 꼭 강익이 아니더라도 앞으로 얼마든지 더 많은 사례를 발굴할 수 있을 것이다.

5. 나가면서: 제언

강익의 학문과 사상형성에 가장 큰 영향을 미친 두 인물로는 그가 사숙한 문헌공 정여창과 그가 종유한 남명 조식을 들 수 있다. 이 가운데 조식에 대한 연구는 최근에 와서 매우 활발하다. 본고 역시 조식의 문인을 조명하는 일환으로 작성되었다. 뿐만 아니라 조식의 선비정신을 이 시대에 맞게 계승하고 확산하기 위한 각종 시설물도 잘 구비되어 있고, 이제 본격적으로 이들 시설물을 활용하여 조식의 정신을 널리 알리는 일을 시작하였다. 그가 만년을 보낸 산청군 시천면 사리 일대는 최근에 와서 준공된 한국선비문화연구원을 비롯하여 덕천서원, 산천재, 남명 묘소, 남명기념관 등이 밀집해 있어 가히 남명학의 메카라고 할 정도로 조식을 생생하게 느끼고 배울 수 있는 하드웨어를 비교적 골고루 갖추고 있다.

강익은 조식의 중요한 문인임에 틀림없지만, 조식보다 먼저 작고한 관계로 조식을 현창하는 일에는 전혀 관여할 수 없었다. 대신 그는 그가 사숙한 문헌공 정여창을 현창하는 일에 전력투구한 끝에 남계서원을 건립하였고, 지금도 그 터에 남계서원은 존재하고 있다. 남계서원은 강익의 혼이 깃든 곳이다. 그가 꿈꾸었던 이상세계를 이루는 데 앞장설 인재를 교육하고자 하였던 곳이다. 그렇다면 이제 이 공간을 무언가 의미 있게 활용하여야 하지 않겠는가? 그냥 와서 둘러보고 가는 그런 곳이 아니라, 정여창과 그의 정신을 배워 익혀서 귀가할 수 있는 살아 있는 공간이 되도록 할 필요가 있다고 본다. 이렇게 하는 것이 곧 강익을 이 시대에 살리는 가장 효율적인 길이라고 하겠다. 앞으로 강익을 제대로 현창하고자 한다면 이런 차원에서 접근해 볼 것을 권유한다.

또한 그가 31세 때 지어서 수학—자득 및 후진양성을 병행했던 매우 중요한 사적 시설물인 양진재養眞齋를 복원하여 활용할 것을 건의하고자 한다. 다행히 현재 함양군 마천면 창원마을에 소재하고 있는 양진재 터는 잘 보존되고 있다. 이곳에 양진재를 복원할 때는 양진재가 곧 신명사神明舍이고, 이는 조식의 「신명사도·명」을 염두에 두고 지어진 것임을 감안하여 「신명사도」를 기본 설계도로 삼는 건축물이 될 수 있도록 해 줄 것을 당부하고자 한다. 그리하여 이곳 복원된 양진재를 방문하는 이들이 「신명사도·명」의 정신을 제대로 배워 갈 수 있다면, 이것은 강익과 그의 스승 조식의 정신세계까지 아울러 공부할 수 있는 계기가 마련될 것이고, 방문자들이 현실적인 삶을 사는 데 있어서도 큰 도움이 될 수 있을 것으로 여겨진다.

특히 강익의 삶은 바람직한 인성교육의 시행에 많은 의미 있는 시사를 줄 수 있을 것으로 여겨진다. 그리하여 여러 가지 여건을 고려하여 적합한 각종 프로그램을 마련하고 운용한다면 우선 지역사회 청소년들의 인성교육에 긍정적인 기여를 할 수 있을 것이다. 이 경우 이미 문을 열어서 여러 가지 프로그램을 운영하고 있는 한국선비문화연구원과 활발하게 교류하여 그 소프트웨어를 수용한다면 더욱 좋으리리고 본다.

이렇게 한다면 이는 정여창, 조식, 강익의 유지를 제대로 받드는 길이 될 것이며, 특히 강우학파의 종장인 남명의 문인들을 모셨거나 문인들이 세운 다른 서원들, 예컨대 망우당 곽재우를 모신 대구 달성의 예연서원, 동강 김우옹을 모신 성주의 청천서원, 한강 정구를 모신 회연서원, 덕계 오건을 모신 산청의 서계서원 등을 활성화시키는 데도 큰 자극이 될 수 있을 것이다. 이는 남명학파를 다시 흥기시켜서 이 시대의 문제를 해결하는 데 기여하는 모범사례가 될 수 있으리라고 보며, 만일 선현의 혼령이 계신다면 매우 기꺼워할 일이라고 생각된다.

제4장 개암 강익의 학행과 문학

문 범 두

1. 머리말

개암介庵 강익姜翼(1523~1567)은 명종 대의 유학자이다. 경상도 함양에서 태어나 향시에 두 차례 응한 후에는 과거에 뜻을 접고 일생 향리에서 학문을 연마하고 후진을 양성하는 데 전념하였다. 45세 되던 해에 학행으로 소격서 참봉을 제수 받았으나 행장을 꾸리던 중 홀연 병이 들어 자리에 눕고는 회복하지 못하였다.

개암은 비록 큰 자취를 남긴 인물은 아니지만 그의 학행과 사업, 문학적 성취는 학문적 관심을 불러일으키기에 충분하다. 우선 그는 남명南冥 조식曺植의 문도이다. 따라서 그를 중심으로 한 인물관계를 확인해 간다면 남명 문도 상호 간 이루어졌던 교유의 양상과 그 성격을 살필 수 있을 것이다. 즉, 이는 남명을 종주로 한, 소위 강우학파江右學派가 형성하는 인적 범주의 외연을 확인시켜 줄 수 있을 뿐만 아니라, 그 사우간師友間에 보편적 토대를 이루었던 학문적·사상적 경향성을 읽어 내는 데 도움을 줄 수 있음을 의미한다. 또한, 그는 소수서원 등과

함께 우리 역사상 초기에 건립된 서원의 역사役事를 주도하였다. 정여창鄭
汝昌의 위판을 봉안하기 위한 남계서원灆溪書院의 창설이 그것이다. 실제
의 사액은 조금 늦어졌지만 그 전통이 일천한 중에 서원 창설을 주도한
점과, 그럼으로써 정여창의 유업을 진작시킨 공로는 인정될 수 있을
것이다. 그렇다면 여기서 개암이 특히 정여창의 사우祠宇를 세우고자
한 근본적 의도를 살필 수 있을 것이고, 나아가 그의 학문적 연맥 관계도
고찰할 수 있을 것으로 본다. 마지막으로 그의 문학에 대한 이해이다.
문文으로는 두 편의 기문記文이 남아 있는데, 문예적 기교가 돋보이는
작품들이다. 시詩의 경우는 대개 자연을 소재로 하고 있다. 자연의 인식
태도와 그 시적 형상화와 관련하여 그의 개성적 문학 세계를 살필
수 있을 것이다.

그러나 개암의 글이 그렇게 많이 남아 있지 않은 점은 아쉬운 일이다.
그의 문집으로는 증손인 강대징姜大徵이 남계서원에서 1686년 간행한
『개암집介庵集』이 있다. 1책 2권으로 되어 있는데, 권2는 제문 등이 실린
부록이고 권1에 그의 글이 실려 있다. 여기에는 한시 22제題 25수와
서書 6편, 기記 2편, 국문 단가 3수가 편차되어 있는데 전체적으로 보아
매우 적은 양의 작품이다.

그동안 개암과 그 문학에 대해서 몇 차례 논의가 있었다. 우선 이른
시기에 개암의 삶을 문집 내의 단가短歌와 관련지어 살핀 경우가 있어
주목된다. 김사엽金思燁은 그의 『국문학사』에서 최초로 개암에 대해
언급하였는데, 생애에 대해 간단히 기술하고 문집 소재所載의 세 편
단가 중에서 두 편을 소개하였다.[1] 단일 논문으로는 김일근金一權의
연구가 최초의 것이다.[2] 여기에서는 개암의 생애와 학문 등을 개략적으

---

1) 金思燁, 『國文學史』(正音社, 1953), 379쪽.

로 소개하고, 단가 3수의 내용상의 특성을 살펴봄과 동시에 문학적 가치 및 사적 의의까지 찾아보고자 하였다. 정밀한 분석이 이루어진 것은 아니나 개암에 대해 본격적 논의를 처음으로 시도한 것에 의의가 있다고 하겠다. 이후 단가에 대한 관심[3] 외에 이렇다 할 논의가 없다가 최근에 와서는 『개암집』의 서지 사항을 포함한 전반적인 해제가 이루어 졌고,[4] 문집에 수재된 행장과 연보의 번역 작업도 있었다.[5]

개암의 생애나 문학에 대해서는 이상과 같은 몇 차례의 연구가 있었다. 그러나 대개 평면적인 소개에 그치고 깊이 있는 논의는 아직 이루어지지 못하고 있다. 본고는 기왕의 연구를 참고로 하면서 위에서 제기한 문제를 중심으로 전기적傳記的 사항에 대한 정밀한 천착을 포함하여 그의 학행과 문학 전반에 걸친 이해를 시도하고자 한다.[6][7]

2. 생애: 학행일치의 도학자의 삶

개암 강익은 향년 45세로 비교적 짧은 삶을 살았다. 개암의 생애를

---

2) 金一根, 「介庵 姜翼先生의 生涯와 文學」, 『文湖』 Vol. 2(건국대학교, 1962).
3) 대표적으로 呂基鉉의 논문을 들 수 있다.(「江湖認識의 한 樣相」, 『비교어문연구』 Vol. 1, 비교어문학회, 1988, 146~148쪽)
4) 영남대학교 민족문화연구소 편, 『민족문화연구소자료총서』 Vol. 4(1994), 50쪽; 尹浩鎭, 「介庵集 解題」, 『南冥學研究』 第10輯(남명학연구소, 2000), 385~398쪽.
5) 崔海甲, 「介庵 姜翼의 年譜와 行狀의 飜譯」, 『진주문화』 Vol. 13(진주교대 부설 진주문화권연구소, 1994), 1~26쪽.
6) 본 논고에서 문집 소재의 단가 세 편은 거론하지 않을 것이다. 이미 시조 분야의 연구에서 많이 다루어졌기 때문이다. 그러나 이 논문의 연구 성과가 개암의 시조에 대해 보다 깊이 있는 이해를 가능하게 할 것으로 믿는다.
7) 본 연구에 이용된 텍스트는 민족문화추진회 刊 『韓國文集叢刊』(38)에 실린 『介庵集』이다. 이의 자세한 간행 및 서지 사항에 대해서는 『한국문집총간』(38)의 범례, 그리고 한국고전번역원의 고전종합DB 『介庵先生文集』에 붙인 李美實의 해제, 그리고 尹浩鎭의 앞의 논문(「介庵集 解題」)을 참조할 수 있다.

살펴볼 수 있는 자료로는 문집에 남아 있는 만장挽章과 제문祭文이 있다. 이들은 시기적으로 그의 생애에서 가장 가까운 시점에 기록된 것들이란 점에서 의의를 지닌다. 만장은 남명南冥 조식曺植을 비롯하여 옥계玉溪 노진盧禛 등 일곱 사람이 지었고, 제문은 노진, 동강東岡 김우옹金宇顒 등 네 사람이 지은 작품이 남아 있다. 그러나 이들 제문 등은 글의 성격상 삶의 소상한 부분까지 알려 주지 못하고 있다.

그가 몰한 시점에서 다소 멀어지기는 하나 일생을 보다 상세히 알 수 있는 자료는 역시 문집에 실린 「행장」과 「연보」이다.[8] 「행장」은 종자從子인 강위수姜渭琇가 지은 것과 동계桐溪 정온鄭蘊이 지은 것이 있다. 「연보」는 그 작성자를 알 수 없다.

강위수의 행장은 끝에 만력萬曆 24년 병신丙申년(선조 29, 1596) 2월 상한上澣으로 기록 시점을 밝히고 있다. 개암 사후 29년이 지난 때이다. 생애 중에서 중요 사건마다 간지를 붙여 그 시기를 밝히고, 출생부터 사후의 장례 절차까지 순차적으로 기술하고 있다. 뒷부분에는 개암의 성품과 학문을 종합하여 기술하고, 이어서 노진과 김우옹의 제문 내용을 소개한 후, 자녀의 혼인 등에 관한 이야기로 끝맺고 있다.

정온의 행장은 말미에 붙은 지誌에 따르면 상략詳略이 다른 두 본이 있다고 하였다. 문집에는 간략한 것(정온의 문집에 실려 있다)을 싣고 다른 본의 내용은 소주小注로 덧붙였다. 기록 연도가 명기되어 있지 않으나 글의 말미에 부기된 관직명이 상서원정尙瑞院正으로 되어 있어, 정온이 상서원정으로 임명된 인조 3년(1625) 즈음의 것으로 여겨진다.[9] 전체적인

---

8) 물론 문집 내의 다른 기록들이나 동시대에 그와 교유한 인물들의 문집 등에 산재한 관련된 기록 등 역시 그의 삶을 재구하는 데 참고가 될 수 있을 것이다.
9) 동계의 행장 내용 중에 개암이 몰한 지(1567) 60여 년이 되었다는 기록이 있으니 대개 이즈음이 되겠다.

내용은 강위수의 것에 비해 다소 소략하다. 간지도 중요한 일이 있었던 때 몇 군데에서만 밝히고 있다. 단지 말미의 구성은 강위수의 그것과 비교해 크게 차이가 없다. 요컨대, 그 내용의 유사성과 시기적 선후 관계로 보아 정온의 행장은 먼저 있었던 강위수의 것을 참고한 것으로 여겨지는데, 번잡한 것은 버리고 중요 사안만을 위주로 구성했다고 할 수 있다.

「연보」는 숙종 15년(1689)의 기록까지 나와 있어 그 이후에 만들어진 것이겠지만, 글의 끝에 있는 '금상원년今上元年'이라는 표현으로 미루어 숙종 당대에 지어진 것으로 볼 수 있다.[10] 정온의 행장보다도 최소한 60여 년 뒤에 작성되었다. 「연보」는 「행장」의 기록과 기본적으로 유사한데, 개암의 탄생부터 45세로 몰할 때까지의 행적이 연령순으로 한 해도 빠짐없이 편차되어 있는 것이 특징이다. 강위수의 「행장」과 비교해 볼 때 덧붙여진 내용이 구체적인 사실 정보보다는 주로 개암의 비범함을 높이는 전언, 일화 등인 것으로 보아, 그의 사후 가승家乘이나 지역의 구문口聞들을 두루 수집하여 보탠 것으로 보인다.[11]

개암의 자는 중보仲輔이고, 호는 개암 외에 송암松庵으로도 쓴다. 관향은 진주晉州이고, 시조始祖는 병마원수兵馬元帥를 지낸 강이무姜以武이다. 조부祖父는 현감을 지낸 금재琴齋 강한姜漢이고, 아버지는 승사랑承仕郎 경기 참봉을 지낸 강근우姜謹友이다.[12] 어머니는 남원양씨南原梁氏로 참판 일로

---

10) 『개암집』의 초간본은 梁天翼의 주관으로 숙종 12년(1686)에 간행되었다. 그러나 여기 숙종 15년의 기록으로 미루어 초간 이후 숙종 당년에 다시 추각이 있었던 것으로 보인다.(한국고전번역원, 고전종합DB『介庵先生文集』, 李美實 해제 참조)

11) 따라서 본고에서 전기적 사실을 밝힐 때는 시기적으로 가장 앞서 있는 강위수의 「행장」을 우선하고, 여기에 기록이 없는 경우에 한해서 정온의 「행장」과 「연보」의 기록을 참조할 것이다.

12) 『介庵集』下, 「世系」 참조.

당逸老堂 양관梁灌의 손녀이자 승사랑 양응기梁應驥의 따님이다.

개암은 1525년(중종 18) 함양군 동쪽에 있는 효우촌孝友村 본가에서 태어났다. 당시로서는 다소 늦은 나이에 공부를 시작했으나 매우 비범한 자질을 지녔던 것으로 여겨진다. 초학 입문이 늦은 이유는 매우 병약했기 때문이었다. 「연보」에서는 11세 이후 병세가 심하여 글을 읽지 못할 지경이었다고 하는데, 그래서 부친 승사랑도 공부하는 것을 그렇게 강요하지 않았다. 15세쯤에는 건강을 다소 회복한 듯 부친의 권유로 향리의 유학자인 당곡唐谷 정희보鄭希輔의 문하에 들었다. 초학의 학도로서는 나이가 자못 많았기 때문인지 처음에는 동문의 학동들이 그를 무시했던 듯하다. 그러나 스승인 당곡이 시험 삼아 사서를 가르치자 낭랑한 목소리로 글을 읽는 것이 노성한 학자와 같았다고 하였다. 당곡은 놀라 문하의 학도들에게 후일에 대유大儒가 될 것이라 하고, 이후로 그를 후진이라 생각하지 말도록 경계하였다고 기록되어 있다.[13]

개암은 이후 학문 연마에 힘썼으나 정작 관직에 나아가는 데에는 뜻을 두지 않았다. 그는 당곡의 문하에 나아간 이후부터는 학문에 전념하였는데, 종일토록 바른 자세로 앉아 침식을 잊을 정도로 글을 읽었다고 한다. 자질이 뛰어나 책 한 권으로도 문리가 통할 정도였기 때문에, 당곡이 이를 두고 "용이 날고 봉이 우는 것은 배우지 않아도 능한 것인데, 이 아이의 변화 기질이 이처럼 빠르다"[14]라고 칭찬하였다. 처음 과거에 응한 것은 그의 나이 27세 되던 해이다. 모부인의 명으로 백형과 함께 향시에 나아가 진사시 삼등 18인에 들었다. 그 이듬해 다시 한 번 응과하고

---

13) 『介庵集』, 「行狀」(강위수), "唐谷竦然曰, 爲他日大儒, 必此人也. 因語門徒曰, 勿以爲後進, 當師表諸君."
14) 『介庵集』, 「行狀」(강위수), "龍之飛, 鳳之鳴, 固不待習熟而能, 此子之變化氣質, 若是之速也."

는 곧 과시에의 뜻을 버렸다. 이후 그는 인근 승지에 재사齋舍나 누정樓亭을 조성하고 원근 선비들과 교유하며, 학문에 전념하고 내칙에 힘쓰는 전형적인 도학자로서의 삶을 이어 나갔다.

그의 재사와 누정 건축은 여러 차례에 걸쳐 이어졌다. 그는 재사 등을, 학문을 연마하고 강학하며 문사들과 교유하고 소요자적하는 장소로 삼았다. 26세 되던 해에 집의 남쪽에 숙야재凤夜齋라 명명한 서재를 지어 글을 읽고 마음을 닦았다. 매일 닭 울음소리에 일어나 몸을 씻고 의관을 갖추어 먼저 가묘에 배알하고 모부인에게 문안한 후, 서재로 가서는 글을 읽었는데 진흙으로 빚은 것 같았다고 하였다. 다음해에 이곳 숙야재로 덕계德溪 오건吳健과 김우옹이 그의 현명함을 듣고 찾아왔다. 이들은 이곳에 며칠을 머무르면서 경전과 사서를 연구하며 토론하였으며, 이로써 서로 '지심知心의 우友'를 허하였다. 31세 되던 해에는 오건과 함께 지리산을 유람하였다. 이때 그는 지리산 북쪽 기슭에 있는 등구동登龜洞이라는 마을이 그윽하고 두루 막힌 것을 보고는 이를 사랑하여 그곳 땅을 매입해서 노년을 마칠 결심을 하였다. 여기에 작은 서재를 지어 '양진재養眞齋'라 칭하였는데, 원근 학자들이 소문을 듣고 모여들어 다투어 그 배운 바를 물었다. 41세 되던 해에는 양진재의 남쪽에 친히 느티나무를 심고 『논어』에 나오는 증점曾點의 뜻을 빌려 이름 붙인 '풍영정風詠亭'이라는 정자를 지어 한가함을 누리고 시를 짓는 곳으로 삼았다. 주변 경치가 수려하여 자주 문생들을 데리고 와 그곳에서 시를 읊곤 하였다.

그는 서재에 머물며 글을 읽고 제자를 가르치는 일상 외에 종종 인근의 문인, 학사들과 교유를 가졌다. 숙야재를 찾은 오건 등과 며칠을 함께했다는 사실은 이미 말하였는데, 그 외에도 「행장」 등에서 원근의 문인, 학사들과 가졌던 크고 작은 만남을 두루 확인할 수 있다. 34세 때 오건과 갈천葛川 임훈林薰이 눈길을 무릅쓰고 그를 방분하여 학문에 대해 논한 것도 그 한 예이다. 문집의 「사임갈천오덕계제형설중견방謝林葛川吳德溪諸兄雪中見訪」은 이때 지은 시이다. 29세 되던 해에는 남명을 비롯하여 그 문도인 노진, 오건 등과 함께 화림동花林洞에서 유람하였다. 이 문유文遊에 대해서는 문집에 남아 있는 「유화림동遊花林洞」이라는 시로써 그때의 분위기를 짐작할 수 있다. 서계西溪에서 노닌 것은 개암에게 특별한 경험이었던 것으로 보인다. 그 내용의 대강은 김우옹이 지은 「창수록서唱酬錄序」에서 볼 수 있다.[15] 『개암집』에는 '서계창수'라고 하여 별도의 항목을 만들고 이때 지은 시들을 모았는데, 개암 자신이 지은 여섯 수의 시 외에 당시 수창했던 문인들의 원운 및 차운시가 수재되어 있다.

30세를 전후하여 문명이 높아지자 그를 찾는 제자들이 많았던 것으로 보인다. 31세 때 세운 양진재는 동학의 선비들과 교유하는 곳이기도 했지만 제자들을 가르치기 위한 학당으로도 이용되었던 것 같다. 34세 이후는 후학을 가르치는 일에 전념하여 자못 문전이 붐볐다고 한다. 그는 자신이 주관하여 건립을 추진한 남계서원灆溪書院의 역사役事가 어느 정도 마무리된 39세 이후에는 이 남계서원에서 직접 유생들을 가르쳤는데, 통독하는 규칙을 정해 매월 초하룻날에 문도를 모아 두고 강독을 하였다.[16]

---

15) 『介庵集』과 『東岡先生文集』에 함께 실려 있다. 『개암집』 상권에는 서계창수시 말미에 「附金東岡唱酬錄幷序」라고 하여 실려 있고, 『동강선생문집』 권1에는 「西溪唱酬三首幷小序」로 붙어 있다. 단지 『개암집』의 것은 『동강집』의 것에서 중간 내용을 줄였다.

16) 『介庵集』下, 「年譜」, "嘉靖, 四十一年, 壬戌, 先生年四十歲, 率諸生, 春秋院享之餘, 執經論辨, 或至累日, 遠方士子之有志於學者, 爭騈趨而承學焉. 先生乃定諸生通讀之規, 每

일두一蠹 정여창鄭汝昌의 위판을 봉안하기 위한 남계서원의 건립은 그의 일생 중 가장 뚜렷한 공적으로 기록된 일로서, 건립의 논의로부터 완성까지 10여 년에 걸친 긴 공역이었다. 30세 되던 해에 향리의 유생과 의기투합하여 역사를 시작한 후, 42세가 되던 해에 동서東西 재사齋舍를 세움으로써 비로소 서원으로서의 면모를 제대로 갖추게 되었다. 서원이 완공되자 개암은 원장의 직임을 맡아 제향을 주관하고, 원근 학자들과 강학을 주선하기도 하며 후학을 교육하였다.

45세 되던 해(명종 22)에 오건의 천거로 소격서 참봉을 제수 받았다. 비록 출사를 반겨하지 않았으나 마침내 나아가기로 결심하고 행장을 꾸리고자 하였다. 그러나 문득 병이 들어 일어나지 못하고 유명幽明을 달리하였다.

개암은 사림 출신으로서 도학자로서의 전형을 보였던 인물이라 할 수 있다. 다음은 강위수가 쓴 「행장」에 기술된 내용 중에서 그의 인품, 생활, 학문에 관련된 것을 대표적으로 가려 뽑은 것이다.

선생은…… 기쁨과 노여움을 얼굴에 드러내지 않고 시비를 입에 올리지 않았으며, 침잠하고 고요하였으며 행동은 고인의 법도를 따랐다. 술을 좋아하지 않고 성색聲色을 가까이하지 않았으며 일체의 세상일에 담박하였다. 몸가짐은 간명하고 진중하였으며, 사람을 대하는 것이 온화하고 엄정하였다.[17]

어버이를 섬길 때는 양지養志를 우선으로 삼았고, 터럭만큼도 의롭지 않은 것으로 마음을 거스르지 않았으며, 집을 다스릴 때는 예경禮敬을 주로 하여 천하고 비루한

月朔, 會諸生講讀, 士多有成就者."
17) 『介庵集』下, 「行狀」(강위수), "先生……喜怒不形於色, 是非不出於口, 而沈潛靜默, 動遵古人繩墨. 不喜麴蘖, 不近聲色, 而一切世味, 淡泊如也. 其守己也簡而重, 其接人也和而嚴."

것으로 의례를 어지럽히지 않았다.[18)

그 배우는 데 있어서는 스승에게 이어받은 바가 없으나 스스로 능히 분발하여 깨달았으며, 자나 깨나 성리학을 공부하여 성명의 원천을 탐구하였다.[19)

위 인용문의 첫 번째 것은 엄정하고 절제된 생활 태도를 보인 것이고, 두 번째 것은 유교적 예의와 법식에 철저한 모습을, 세 번째는 끊임없이 학문에 정진하는 모습을 나타낸 것이다. 요컨대, 개암은 출사에 크게 뜻을 두지 않고 학문에 전념하면서 후학을 가르치고, 자연 속에서 적연궁리하며 성정을 기르는 가운데 인근 문사들과 도의로 교제하는 것을 일생의 즐거움으로 삼았던 인물이라 하겠다. 개암의 이와 같은 삶의 태도는 '위기지학爲己之學'의 학문적 지향을 실천적으로 구현하고자 한 데서 연유하는 바가 큰 것으로 여겨진다. 이 점에 대해서는 다음에서 보다 자세히 살펴보고자 한다.

3. 교유를 통한 도의와 학문의 강마

조선 당대 사대부의 교유는 단순히 사회성을 유지하는 정도로 머문 것이 아니라 학문과 도의를 닦는 유효한 수단이기도 했다. 따라서 한 개인의 인적 범주는 그의 학문적 성격과 세계관을 두루 이해할 수 있게 해 준다. 개암은 함양에서 나서 여기에서 일생을 보냈다. 그리고

---

18) 『介庵集』下, 「行狀」(강위수), "事親則以養志爲先, 而不以一毫非義逆其心, 刑家則以禮敬爲務, 而不以俚近鄙野亂其儀."
19) 『介庵集』下, 「行狀」(강위수), "至其爲學, 則無所師承, 而自能奮發超悟, 寤寐伊洛之學, 探頤性命之原."

일정 기간 동안에는 남명의 문하에서 수학하였다. 따라서 향리 인근의 문사들과의 사귐도 돈독했겠지만, 남명 문하의 유생들과도 폭넓게 교유하였다. 여기서는 이러한 개암의 인적 관계를 중심으로 그 내용을 살펴보고자 한다.

개암이 처음 가르침을 청한 스승은 함양의 유학자인 당곡 정희보였다고 한다. 당곡은 인근의 유생들을 모아 가르쳤는데, 그중 다수가 과거에 급제하기도 하였다.[20] 그러나 그는 높은 학문적 경지에 이른 학자는 아닌 듯 개암의 지적 욕구를 충분히 채워 주지는 못했던 것 같다.[21] 그래서인지 어느 정도 학업을 쌓게 되자 개암은 전적으로 스승에게 의지하지 않고 난해처가 나올 때만 질정하였다고 한다. 당곡의 문하에 있었던 초년의 수학기를 제외하고는 개암은 어느 시기까지는 스승에게서보다는 오히려 독학으로 일정한 수준의 학문적 성취를 이룬 것으로 판단된다. 정온은 「행장」에서 이런 점을 지적하여, "그 학문하는 데 이르러서는 스승에게 전함을 받은 바는 없으나 스스로 능히 분발하여 깨우쳐 의리를 탐구하고 현묘한 뜻을 꿰뚫어 보았다"[22]라고 하였다.

당대 강우지역의 유종儒宗인 남명의 문하에 출입한 것은 그의 학문에 깊이를 더하고 그 방향성을 더욱 공고히 했을 뿐 아니라 동문의 문사들과 교의를 맺는 데에도 크게 기여한 것으로 판단된다. 앞서 말했듯이, 남명을

---

20) 개암의 벗 옥계 노진이 지은 「處士鄭公墓誌銘」에 따르면, 당곡은 淡泊自守한 향리의 처사로 나이 들어서는 후진 양성에 전념하였는데, 그 문하에서 배워 출사한 이가 매우 많았다고 하였다.(『玉溪集』, 卷3)

21) 「행장」, "文理通達, 凡經傳百家, 觸處豁然, 自是, 不復從師, 只拈出微奧之難曉者, 就正焉." 同門의 玉溪 盧禛의 행장에도, 당곡이 詞章에는 이름이 있으나 의리의 정밀한 곳에 대해서는 그 깊은 뜻을 궁구하지 못하여 노진이 아쉬워했다고 하였다. (『玉溪先生文集』, 卷6, 附錄, 「行狀」, "鄕有老儒鄭希輔, 有詞學之名, 公以大學韓文就質之, 鄭君雖解其文句, 而至於義理研精處, 則未能究其蘊奧, 公遂有恨然之志.")

22) 『介庵集』 下, 「行狀」(정온), "至於爲學, 無所師承, 而自能奮發超悟, 探賾義理, 貫徹玄微"

처음 만난 것은 개암 나이 29세 때(명종 6, 1551)였다. 기록에는 남명이 화림동에 왔다가 개암의 현명함을 듣고 찾아왔고, 함께 화림동에서 노닐었다고 한다.[23) 개암이 남명에게 직접 가르침을 받은 것은 두 차례를 확인할 수 있다. 첫 번째는 32세 되던 해(명종 9, 1554)로, 덕천동에 있는 남명을 배알하고 여러 달을 머문 후 돌아왔다고 했으며,[24) 두 번째는 36세 되던 해로 역시 몇 달을 머물면서 『주역』을 배웠다고 하였다.

『개암집』에는 개암이 남명에게 보낸 편지와 남명의 답신이 실려 있다. 「상남명조선생서上南冥曺先生書」로 되어 있는 이 서신에서 개암은 남명이 교지를 받은 것에 대하여 한편으로 시세의 혼탁함을 걱정하면서도 사문斯文을 위하여 출사하기를 곡진히 청하고 있다.

임금의 명이 바야흐로 이르렀다고 들었습니다. 다시 높은 지위에 오르는 것은 고답무민의 즐거움에 있어 조금도 경중을 따질 수 없을 것입니다. 그러나 하늘이 혹 크게 사문을 우리 동방에 밝히려는가 봅니다. 그런즉 저의 기뻐하는 사사로운 마음을 말로 할 겨를은 없으나, 실로 우리 도의 다행이요 이 세상의 복입니다. 단지 근래에 소란이 분분하여 숙손이 성인을 해한 것 같습니다. 그러나 파리가 비록 똥을 싸도 어찌 옥의 흰색에 해가 되겠으며, 조각구름이 비록 어둡게 하나 어찌 해의 밝음을 덜겠습니까. 바라건대 고괘蠱卦 상구上九의 뜻(不事王侯, 高尙其事: 임금을 섬기지 않는다. 자기가 하는 일을 고상하게 여긴다)을 이루지 마시고, 예괘豫卦 구사九四(由豫, 大有得 勿疑. 朋盍簪: 예정대로 하면 크게 얻음이 있을 것이다. 의심하지 말라. 친구가 모이리라)를 얻음을 의심하지 마십시오.[25)

---

23) 『介庵集』 下, 「行狀」(강위수), "南冥先生遊花林洞, 聞先生之賢, 歷訪仍與同遊於花林."
24) 그런데 이때는 남명이 삼가 토동에 있을 때이고 덕산에는 아직 산천재가 건립(1561)되기 이전이다.(宋準湜, 「南冥學派의 書院建立 運動」, 『남명학연구』 Vol. 15, 경상대학교 남명학연구소, 2003, 240쪽 각주 참조) 이 시기 개암이 남명을 찾아가 머문 것은 사실이나 뒤에 기록한 사람이 착오를 일으켰을 가능성도 있을 법하다. 그러나 그 정확한 사정은 알 수가 없다.
25) 『介庵集』 上, 「上南冥曺先生書」, "竊聞綸命鼎至. 更陞峻秩, 在高蹈無悶之樂, 固非絲毫

남명이 여러 차례 조정의 부름을 받았기 때문에 이 글이 어느 때의 것인지 알기는 어렵다. 위의 서신에서 개암은 남명이 시세의 혼란을 불식하고 유학을 진흥시킬 수 있는 적임자이니 출사함이 마땅하다고 주장하고 있다. 개암이 『주역』을 남명에게 배웠다고 했는데, 『주역』 경문의 표현을 빌려 출사를 청하는 것이 매우 인상적이다. 위 서신의 말미에 보면 당시 개암은 동문의 유생들과 함께 의례를 공부하고 있었음을 알 수 있는데, 그래서 남명의 답신은 개암을 포함하여 이들 모두를 대상으로 하였다.[26]

위 두 차례 장기간의 수학을 제외하고도 개암이 남명과 함께한 사실을 문집에서 몇 차례 더 찾을 수 있다. 개암 41세 되는 해(명종 18, 1563) 3월에 남명은 하항河沆, 유종지柳宗智, 진극경陳克敬과 함께 함양에 왔다. 이때는 남계서원의 역사가 시작된 후 10년 만에 비로소 정여창의 위판이 사당에 봉안된 그 다음해이다. 남명은 남계서원의 정여창 사당을 방문하여 분향하고 개암을 포함하여 원근에서 모여든 많은 선비와 강학하였다. 그리고 개암과 함께 당시 부친상을 당하여 여막에 있던 임훈을 찾아 위문하였다.[27] 44세 되던 해 1월에는 산음의 지곡사에 들른 남명을 개암은 노진, 오건과 함께 찾았고, 또 그해 3월에는 노진과 함께 남명을 모시고 임훈을 방문하고 함께 옥산동을 유람하였다.

개암은 남명에 앞서 생을 마쳤다. 개암의 문집에 남명의 만장이 실렸는

輕重. 而天其或者大明斯道於吾東. 則如翼欣踴感發之私、不暇言、而實吾道之幸也、斯世之福也. 但近世澆甚紛紛, 叔孫毀聖. 而顧蒼蠅雖點, 何害於玉之白、片雲雖陰, 何損於日之明. 惟望勿遂蠱九之志, 勿疑豫四之得."

26) 개암집에는 남명의 답신을 「附曹南冥謝帖」으로 하여 싣고 있으나 『남명집』에는 같은 편지가 「답중보등서」로 되어 있어 개암뿐만 아니라 함께 의례를 공부하던 사람 모두를 대상으로 보낸 것임을 알 수 있다.(尹浩鎭, 「介庵集 解題」, 『南冥學研究』 第10輯, 남명학연구소, 2000, 396쪽 각주 참조)

27) 李翼成 譯, 『南冥先生文集』(德川書院・頭流文化研究所, 1980), 「編年」, 395쪽.

데, 이는 『남명집』에 「강참봉만사姜參奉輓詞」라는 제목으로 똑같이 실려 있다. 여기서 남명은 "하늘에 호소해도 어쩔 수 없으니, 이 군자가 과연 무슨 허물 지었나"[28]라고 하여 제자를 앞세운 스승의 안타까운 마음을 표현하고 있다.

그러나, 위 내용들에도 불구하고 개암이 실제로 남명에게서 구체적으로 어떤 영향을 받았는지 추찰한 만한 기록은 남아 있지 않다. 단지, 당대의 혼란을 수습할 인물로서 출사를 청했던 만큼 그에 대한 학문적·인격적 숭모의 염念은 높았을 것으로 생각한다. 또 『주역』을 배웠던 사실에서 알 수 있듯이 일정한 범위 내에서 직접적인 학문적 도움도 받았을 것이다. 그러나 개암은 남명의 어떤 특정한 학문적 영역에 대해서보다는 오히려 그의 사유방식이나 세계관 등에 포괄적으로 공감하였을 것으로 보인다. 김우옹이나 오건 등과 같은 남명 문하의 동학과 나눈 우의가 특별히 깊었던 것도, 사우 간에 공유했던 그러한 세계관적 동질성 때문이었다고 볼 수 있을 것이다.

개암과 우의를 나눈 당대의 문사로는 옥계玉溪 노진盧禛, 덕계德溪 오건吳健, 동강東岡 김우옹金宇顒, 개암開巖 김우굉金宇宏, 매암梅庵 조식曺湜, 사암徙庵 노관盧祼, 매촌梅村 정복현鄭復顯, 사계沙溪 김우용金宇容, 사암思庵 양홍택梁弘澤 등을 들 수 있다. 이들 중 일부는 향리의 유생이고, 대개는 남명의 문인들이다. 이 중 가장 깊은 우의를 나눈 당대의 문사로는 노진, 오건, 김우옹을 들 수 있을 것 같다.

노진은 한 마을에서 당곡을 스승으로 하여 함께 배운 후 일생을 함께한 개암의 가장 절친한 벗이었다. 문집에 실려 있는 노진과 나눈 서신은 성리학의 깊은 부분까지 궁구 토의했던 그들 교의의 성격을 잘 보여

---

28) 『介庵集』下, 「祭文」(曺植), "上天呼不得, 君子果何愆."

주는 자료이다.29) 노진은 제문에서 개암과 함께 거하며 학문을 닦았던 일을 두고 "내가 집에 머물 때는, 반드시 그대와 함께 즐기고, 열흘에 몇 번을 거듭 만나도, 대하면 문득 가기를 잊었으니, 낮과 밤을 이어, 삼사일을 같이했다"30)라고 하였다. 격의 없었던 두 사람의 관계를 짐작할 수 있는 부분이다. 개암이 죽자 그는 두 편의 만장을 남겼는데, 그 중 한 곳에서 "이 생에서 길이 이별할 줄 아노니, 우주에 깊은 슬픔을 부친다"31)라고 하여 평생의 지기를 잃게 된 것을 깊이 슬퍼하였다.

개암이 오건, 김우옹 등과 교유한 사실도 문집 등을 통해 두루 찾아볼 수 있다. 개암은 이들과 함께 승경을 찾아 문유를 즐기고 여러 밤을 함께하며 경사를 탐독하고 도의를 강마하는 등, 서로 간의 정리가 특별하였다. 앞서 개암이 27세 되던 해 오건과 김우옹이 숙야재를 방문하여 며칠을 함께 묵으면서 경사를 연토했음을 보았다. 문집에 실린 「동오덕계노옥계양사암독서산사同吳德溪盧玉溪梁思庵讀書山寺」 시는 그가 오건과 노진, 양홍택과 함께 산사에서 글을 읽으며 쓴 시이다. 여기에서 "한바탕 기쁜 만남 이 좋은 인연인데, 한 달 동안 책상을 맞대었으니 어찌 우연일까"32)라고 하였으니, 한 달을 함께 지내면서 글을 읽었다는 것이다. 각각이 학문적 진전을 이루게 되었을 것이지만, 한편으로 이로써 서로 간 우의의 두터움을 짐작할 수 있겠다. 오건과 김우옹 역시 개암의 사후 만장 또는 제문을 남겼다.

<hr/>

29) 문집에는 「答盧玉溪(子膺)書」라 하여 개암이 노진에 답한 편지글이 한 편 실려 있고, 이어 노진의 원첩이 부기되어 있다. 노진은 視聽言動에 관한 자신의 견해를 피력하고 있는데, 여기에 대해 개암은 노진에게 이는 직접 대면하여 논하는 것이 좋겠다는 뜻으로 답을 하고 있다.

30) 『介庵集』 下, 「祭文」(노진), "其在家食, 必與君娛, 一旬累遇, 對輒忘趣, 留連宵晝, 曠日三四."

31) 『介庵集』 下, 「挽章」(노진), "此生知永已, 宇宙寄深悲."

32) 『介庵集』 上, 「同吳德溪盧玉溪梁思庵讀書山寺」, "一場歡會是良緣, 浹月連床豈偶然."

개암은 그 스스로의 노력 외에도, 이상과 같이 스승이나 벗들과의 교유를 통해서 자신의 학문적 깊이를 너하고 그 방향성을 확립해 갔을 것으로 믿는다. 단지 상계한 것 외에 참고할 자료가 소략하여 그 내용을 정밀하게 살필 수 없는 것은 유감이다. 그러나 초기 사림의 실천적 학문 성향이 남명을 중심한 강우지역 학풍에 이어져 그 특징을 이룬 것에 개암도 어떤 형식으로든지 참여한 것으로 믿을 수 있는 것은 이러한 인적 관계 때문이라고 하겠다. 개암의 학문 성향에 대해서는 다음에서 구체적으로 논하고자 한다.

4. '위기지학'과 도맥 계승 사업

「행장」에는 16세 되던 해에 개암이 자신의 학문 방향에 대해 언급한 내용이 있는데, 주목할 만하다.

> 선생이 말하기를, "선비의 학문이 어찌 다만 과거科擧의 글뿐이겠는가. 자하는, 옛날의 학자는 '위기爲己'의 학문을 하였으나 지금의 학자는 '위인爲人'의 학문을 한다고 말하였다. 선비로서 학문에 뜻을 두었다면 마땅히 '위기'의 학문을 할 것인가, '위인'의 학문을 할 것인가?"라고 하였다.[33]

개암 자신으로서는 '위기爲己'의 학문을 하고자 한다는 뜻을 드러낸 것이다. '위기의 학문'이란 인용문의 언급처럼 과거科擧를 위한 공부인 '위인지학爲人之學'에 반대되는 개념이다. 즉, 천리天理를 구현하고 인욕人

---

33) 『介庵集』 下, 「行狀」(강위수), "嘗曰士之爲學, 豈獨時文而已. 子夏曰, 古之學者爲己, 今之學者爲人. 士之志學者, 當爲己乎, 爲人乎."

欲을 막음으로써 인간의 본성적 바탕인 성性을 발현하고자 하는 것으로, 맹자의 존심양성에 논리를 둔 함양성찰의 공부방법을 말한다.

조선시대 사림은 이념적 성향의 측면에서도 특징적인 면모를 보였다고 할 수 있다. 왕조 개국과 함께 상층 지식인의 이념적 바탕이 되었던 것이 정주 성리학임은 주지의 사실이다. 이는 물론 통치세력의 지배이데올로기가 되기도 했지만, 정치적인 입장을 달리했던 처사적 문인들에게 있어서도 의리와 명분의 처세 철학을 제공했던 바탕이 되기도 하였다. 특히 성종 대 사림에게 있어서 주목할 것은 그들의 학풍이 실천적 경향을 띠게 되었다는 사실이다.[34] 당대의 사림이 인간 보편의 윤리적 실천을 바탕으로 한『소학』과, 생활 중의 예교와 법식을 규정하는『주자가례』나 향약을 중시한 데서 드러난다. 이는 정치적으로는 의리실천을, 또 개인의 내면 수양에 있어서는 윤리실천을 의미하는 것이었다. 전자는 관직에 진출해 주로 언관직을 수행함으로써 성리학적 이념을 현실 정치에 구현하려는 쪽으로 실현되었고, 후자는 충이나 효와 같은 실천적 윤리를 강화하는 쪽으로 실현되었다.[35]

충이나 효의 가치를 실현하고 생활 중의 자기수양을 통해 궁리진성하는 도학자적 삶을 추구하는 공부 태도가 위기지학爲己之學이다. 출사하여 성리학을 현실정치에 구현하려는 경우와 별개로 이런 위기지학의 처세관을 가치의 중심에 두는 경우는 성종 대 성리학자들에서 구체화되어

---

34) 尹絲淳, 「濯纓의 道學精神」, 『濯纓 金馹孫의 문학과 사상』(영남대학교 민족문화연구소, 1998), 230쪽.

35) 李秉烋는 사림이 기본적으로 성리학의 이념 구현이라는 공통 목표를 지니고 있었지마는 학문적인 면에서 이 둘 중에 어느 한쪽으로 경도되는 경향이 있었다고 하였다. 즉 경학 위주의 '爲己之學'에 치우친 경우와, 경학의 바탕 위에 서 있기는 하되, 사장학 쪽을 좀 더 깊이 유념하는 '治人之學'에 기울어진 경우라고 하였다.(李秉烋, 「朝鮮初期의 士林派와 濯纓의 현실인식 및 대응」, 민족문화연구소 편, 『濯纓 金馹孫의 문학과 사상』, 영남대학교출판부, 1998, 23쪽)

개암이 살았던 시기까지 하나의 견고한 흐름으로 이어져 왔다고 할
수 있다. 특히 남명 조식을 중심으로 한 강우학파의 경우는 인적·학문적
교류를 통해 위기지학의 실천적 삶의 철학을 공유하고 있었다고 하겠다.
남명의 철저한 존양성찰의 태도를 보여 주는 경우로, 다음의 시를 들고
있다.

온 몸에 두른 사십 년의 허물	全身四十年前累
천 섬 맑은 물로 모두 씻어 낸다.	千斛淸淵洗盡休
오장 안에 만약 티끌이 생긴다면	塵土倘能生五內
지금 배를 갈라 흐르는 물에 띄우리.	直今刳腹付歸流36)

"오장 안에 티끌이 생긴다"는 것은 내면에 부끄러운 마음이 일어나는
것을 말한다고 할 수 있다. "지금 배를 갈라 흐르는 물에 띄운다"는
것은 마음 속의 한 점 더러움이라도 철저하고 완벽하게 정화하겠다는
강한 의지를 표현한 것이라고 하겠다.37) 이와 같은 철저한 수기修己의
태도는 개암의 시에서도 찾아볼 수 있다.

하늘을 바라보니 흰 달에 부끄럽고	仰天慙白月
물을 대하니 맑은 흐름에 부끄럽네.	臨水愧淸流
조금이라도 심신에 쌓인 것	多少心身累
어찌 능히 다 닦아 낼 수 있으랴.	何能刮盡休38)

---

36) 曹植, 『南冥集』, 1卷, 「浴川」.
37) 李相弼은 남명의 이런 철두철미한 수행 태도를 그가 지은 「神明舍銘」의 표현을
   빌려 '廝殺的 存養省察'이라 하였다.(李相弼, 「南冥學派의 形成과 展開」, 高麗大學校
   大學院 博士學位論文, 1998, 30쪽)
38) 『介庵集』 上, 「月夜玩溪有感」.

'백월白月'과 '청류淸流'는 지극히 맑고 깨끗한 것을 대표한다. 자신의 마음을 여기에 비추어 조금이라도 부끄러운 것이 있다면 닦아 내고 싶다고 했다. 한 점 외물의 끼침도 용납하지 않겠다는 강한 수양 의지를 표현하고 있는 점은 남명과 크게 다를 것이 없다.

「연보」의 38세 때 기록에서 그의 평소 일상을 엿볼 수 있다.

> 행동이 독실하고 내면을 기름이 더욱 깊어, 외물이 마음에 들지 아니하며 오로지 덕의로써 귀착하였다. 방을 조용하고 깨끗이 하여 좌우에 경전과 사서를 두고, 의관을 갖추어 엄정한 모습으로 두 손을 마주잡고, 입으로는 소리를 내지 않고 눈은 창문 밖을 보지 않으니, 꼿꼿한 모습이 그림 속의 사람 같았다.39)

거경함양을 위한 경의 실천으로서 심신을 수렴하고, 의식의 각성을 도모하기 위한 방편으로서 정좌 수련하는 개암의 모습이다.40) 이는 내면의 수양을 일상의 삶으로 여긴 개암의 실천적 삶의 한 단면을 보여 준다 하겠다.

개암이 '위기지학'으로서 존심양성의 실천적 생활태도를 견지한 것과는 별개로, 그는 실제로 유교적 의례와 법식에 깊이 통효한 것으로 보인다. 앞서 개암이 동문 유생들과 함께 의례를 별도로 공부하고 있었음을 살필 수 있었는데41) 부친상을 당하여 상례와 제전의 절차를 『주자가례』의 법식에 따라 지킨 것을 두고 인근의 칭송이 자자했던 것도42)

---

39) 『介庵集』 下, 「年譜」, "踐履篤實, 充養益深, 不以外物嬰心, 專以德義爲歸. 而靜掃一室, 左右經史, 深衣大帶, 儼然端拱, 口不作伊吾之聲, 目不及窗牖之外, 凝然若畵中人."
40) 조선조 사림의 정좌 수련에 대해서는 손병욱의 논문(「함양성찰」, 『조선유학의 개념들』, 예문서원, 2002, 333~345쪽)을 참고할 수 있다.
41) 개암이 남명이 쓴 서신 말미에 '方與同志讀儀禮'라 하고 있는데, 이 서신에 대한 남명의 답신이 '답중보등서'로 하여 의례를 공부하는 유생 전부를 대상으로 하고 있는 점으로 미루어, 의례공부가 매우 장기적으로 이루어졌음을 짐작할 수 있다.

그가 의례를 깊이 이해하고 있었음을 보여 주는 하나의 증좌이다. 한편으로 남계서원을 건립하여 원장으로서 이를 관리하는 과정에서 원규院規를 정하고 제전祭典 절차를 관장하면서 자연히 유교적 의례에 대해 높은 식견을 갖추게 되었을 것으로 본다.[43] 남명 역시 개암 사후 그를 위한 만시에서 다음과 같이 평하고 있다.

의례 삼천의 기록을   儀禮三千錄
살피고 연구한 지 50년.   尋究五十年[44]

'의례를 연구한 지 50년'이라는 말은 '삼천'을 헤아릴 정도로 복잡하고 어려운 의례를 개암이 일생 궁구하고 천착했던 사실을 평가한 것이라 하겠다.

그는 개인적 수신과 병행하여, "사문을 흥기시키고 유교를 창명하는 것을 자기의 일로 삼았다"[45]라고 한 「연보」의 기록에서처럼 유학의 보급과 창달에 적극적으로 참여하였다. 앞서 보았듯이 개암은 진작부터 후진 양성에 적극 나서고 있다. 30세 전후해서는 제자들이 많이 늘어났는데, 이미 언급하였듯이 34세 즈음에는 문전이 붐빌 정도였다고 하였다.[46] 남계서원灆溪書院의 건립을 주도한 것은 이런 그의 의지가 구체적으로 실현된 것이라 하겠다.

개암은 30세 되던 해(명종 7, 1552)에 사암徙庵 노관盧祼, 매촌梅村 정복현鄭

---

42) 『介庵集』下, 「行狀」(강위수), "凡送終之禮, 葬祭之節, 一以朱文公爲法, 鄕隣咸服其孝."
43) 여기에 대해서는 「연보」의 39 · 40세條 참조.
44) 『介庵集』下, 「挽章」.
45) 『介庵集』下, 「年譜」, "先生三十歲, 以興起斯文, 倡明儒敎爲己任."
46) 『介庵集』下, 「行狀」(강위수), 임자 · 병진條 참조.

復顯 등과 의논하여 일두一蠹 정여창鄭汝昌의 위판을 모시는 서원을 창립하기로 하였다. 이때는 백운동서원白雲洞書院(紹修書院) 외에 서원 건립의 전통이 서 있지 않아 의론이 분분했으나 그의 강력한 의지로 역사를 결행하였다고 했다. 이 소식을 듣고 인근의 선비들이 다투어 미곡을 내어 도왔고, 이때의 함양군수인 서구연徐九淵이 적극 도와 강당을 세울 수 있었다. 그러나 서구연이 체직되어 간 후 신임 군수가 여기에 미온적인 데에다, 또 그해 흉년이 들어 강당에 기와도 얹지 못하고 역사가 중단되었다. 그러다가 37세 되던 해(명종 14, 1559) 군수로 온 윤확尹確이 개암의 서원 역사를 좋게 여김으로써 역사가 이어질 수 있었다. 강당을 완성하고 담을 쳤으며 창고, 부엌 등을 짓고, 당의 동쪽 언덕에는 정여창의 위판을 봉안하기 위한 묘우廟宇를 세우기 시작하였다. 2년 후인 39세 때(명종 16, 1561)에 비로소 서원 공역은 완성을 보게 되고, 중춘(2월) 16일에 향유鄕儒를 크게 모아 위의를 엄숙하게 하여 정여창의 위판을 봉안하였다. 이때 사람들은 모두 치하하여 말하기를 "이로부터 사문이 땅에 떨어지지 않고 오당吾黨은 돌아갈 곳을 알게 될 것이다"[47)라고 하였다. 그러나 이때에도 유생들의 기숙처인 재사齋舍가 아직 지어지지 않았는데, 개암 42세 되던 해(명종 19)에 군수로 부임한 김우옹의 백씨인 김우홍金宇弘의 조력을 받아 동서 재사를 건립하고 또 그 아래에 연못을 파고 매죽을 심는 등 서원으로서의 면모를 완전히 갖추게 되었다. 이어 각 건물의 당호를 지어 명필로 이름이 높은 매암梅庵 조식曺湜으로 글을 쓰게 해서 편액하였으며, 감사 이감李戡에게 청하여 네 읍의 식염과 두 읍의 어해, 어장을 서원에 영구 귀속시켜 필요한 것을 충당케 하였다. 그리고 그가 44세 되던 해(명종 21, 1566)에

---

47) 『介庵集』, 「行狀」(강위수), "自此, 斯文不墜, 吾黨所歸矣."

조정으로부터 남계서원이라는 액호를 하사받았다.[48]

남계서원을 창립한 이유에 대해서는 그 자신이 「남계서원기」를 지어 다음과 같이 말하고 있다.

> 아! 이 도가 그친 지 오래도다. 오직 우리 문헌공이 정주의 뒤에서 동국에 우뚝 태어나, 전하지 못한 학문을 전수하시고 오래 어두웠던 도를 밝히셨다.…… 하늘이 선생을 빼어나게 함은 우연이 아닐진대, 하늘이 선생을 화에 빠트린 것은 어찌 이에 이르렀는가. 하늘로 하여금 선생의 도를 행하게 했다면 아마도 세대로는 요순이요 사람으로는 정주에 이르렀을 것이다. 그러나 하늘이 선생의 도를 곤액에 들게 하여 다만 변방의 종鍾으로 하여금 송의 황경견과 나란히 울리게 하였음을 탄식한다. 아! 선생이 죽은 지 지금부터 오십 년이 되었으나 선생의 제사는 여전히 끊어졌으니 우리 군의 깊은 수치이다. 또한 어찌 우리 도가 깊이 통탄할 것이 아닌가. 옛날 정자와 주자가 죽으매 학자가 사모하여 한 번 시를 읊고 한 번 쉰 땅에도 서원을 일으켜 제사지내지 않은 곳이 없었다. 떳떳한 법을 지키고 덕을 좋아하는 하늘이 저절로 속임을 용납하지 않을 것인데, 하물며 선생의 향리이겠는가?[49]

개암은 위에서 정여창이 '부전지학不傳之學'을 전하고 '구회지도久晦之道'를 밝힌 공이 높은데도 오히려 환란을 당해 곤액을 겪은 사실과, 또 그의 사후 50년이 지나도록 제사가 끊어진 것을 통탄하고 있다.

---

48) 남계서원의 건립과정과 활동 및 운영에 대해서는 윤희면의 논문(「경상도 함양의 藍溪書院 연구」, 『남명학연구』 제26집, 2007, 367~383쪽), 宋準湜의 논문(「南冥學派의 書院建立 運動」, 『남명학연구』 Vol. 15, 경상대학교 남명학연구소, 2003, 235~242쪽)에 자세하다. 따라서 여기서는 『개암집』 중 「연보」와 「행장」의 기록을 중심으로 그 건립의 과정을 간단히 요약하였다.

49) 『介庵集』 上, 「藍溪書院記」, "噫. 斯道之熄久矣. 惟我文獻公, 後程朱而挺生於東國, 傳不傳之學, 明久晦之道.……天之挺夫子, 旣非偶然, 而天之禍夫子, 又何至是哉. 使天而行夫子之道, 庶幾世唐虞人程朱. 而嗟天之厄夫子之道, 法使塞之鍾, 竝聲於宋之涪, 天乎天乎, 斯道之將喪乎. 噫. 夫子之歿, 五十稔于玆, 而夫子之祠, 尚有闕焉, 顧非吾郡之深羞. 而亦豈非吾道之深恫哉. 昔程朱子歿, 而學者慕之, 一嘯詠, 一遊息之地, 無不起院而祀之. 秉彛好德之天, 自有不容誣者, 況夫子之鄉乎."

이어, 중국은 정자나 주자가 생전 사소한 인연을 둔 곳에도 그들을 추모하여 서원을 일으켰으니, 그만한 학덕을 지닌 정여창의 제사를 지낼 곳을 그의 향리에다 세우는 것은 당연한 일이라고 하였다.

정여창은 49세 되던 해(연산군 4) 무오사화에 연루되어 금성부에 유배당했다가 55세 되던 해(연산군 10)에 배소에서 졸하였다. 죽던 해에 갑자사화가 일어나 부관참시를 당하였다. 그러나 반정 후 중종 2년(1507)에 복관되어 도승지로 추증되었다가 중종 12년(1517)에는 우의정에 추증되었다. 개암이 정여창의 위판을 봉안하기 위하여 서원 건립을 논의한 때는 사후 48년, 영의정으로 추증된 지 30여 년 후가 되는 셈이다. 복관된 후에는 그의 가문에서 제사를 지내지 않은 것은 아니었겠지만, 가묘家廟 외에 별도의 사우祠宇를 지어 추모하지 않은 것을 개암이 탄식했다고 할 것이다. 특히 남계서원 건립이 처음 논의된 때는, 중종 37년(1542) 안향을 제사하기 위하여 우리나라 최초로 건립된 백운동서원이 소수서원으로 액서를 하사받은 때(명종 5, 1550)로부터 불과 2년 후이다. 학덕이 높은 유학자를 제향하고 그 유업을 이어 학문을 닦고 후학을 기르는 전통이 중국에서 비롯되어 우리나라에도 마련되었고, 또 왕이 이를 추인하는 형식인 사액이 이루어진 것이 개암으로 하여금 서원 창설을 강행하게 한 요인으로 작용했을 것으로 생각된다.[50]

그러나 개암이 스스로 앞장서서 서원 창립을 적극 추진했던 것은 무엇보다도 정여창의 학문과 덕행에 공감하는 바가 누구보다도 각별했기 때문일 것으로 생각된다. 정여창에 대한 후대 사림으로서의 평가, 즉 유학의 정통을 잇는 학문적 업적과 도덕적 순정성에 대한 개암의

---

50) 이황의 청원에 의하여 소수서원이 사액을 받은 후 서원 건립이 전국적으로 일시에 이루어졌다. 남계서원이 건립을 시작한 다음 해에 임고서원이 건립을 시작했고, 임고서원과 함께 수양서원도 남계서원에 앞서 사액을 받았다.

절대적인 신뢰와 추종에 연유한다고 볼 수 있다.[51] 어떻게 보면 개암 자신의 윤리적 실천과 위기지학의 학행 등은 정여창이 살았던 삶의 궤적을 따르려는 의도에서 나온 것같이도 보인다. 개암을 남계서원에 배향하기를 소청하는 후손 강명세의 「승배소」는 이를 잘 말해 준다 하겠다.

(강익은) 여창의 뒤 십 수 년에 여창의 마을에서 태어나 그 풍도를 사모하고 그 도를 전하였습니다. 그 순정한 학문과 실천의 돈독함은 실로 여창이 마음으로 전하고 정신으로 물려 준 정맥입니다. 사화를 당한 여파에 선비의 기상이 이미 상실되고 도학을 숨어 말함에 강익이 개연히 도로써 자임하여 사원을 개창해서 정여창을 제사 지내고 강학하며 여창을 높이니, 여창의 학문이 이미 끊어졌다 다시 이어져서 여창의 도로 하여금 이미 어두운 것을 다시 밝히고 그 몸을 옥처럼 아름답게 깎아 여러 사람에게 모범을 보여 주게 함으로써 울연히 백록서원의 유풍이 있게 되었습니다. 그런즉 강익의 학문은 정여창의 학문이 아니겠습니까? 강익의 도는 정여창의 도가 아니겠습니까.[52]

위에서, 개암의 '학문의 순정함'과 '실천의 돈독함'은 정여창이 마음으로 전하고 정신으로 물려 준 정맥이라고 하였다. 개암의 학문과 실천적 윤리의식은 정여창에게서 비롯된 것이라는 뜻이다. 즉, 정여창의 학행에 대한 개암의 이러한 개인적인 추존은 그의 삶에 방향성을 제시하는

---

51) 광해군 2년, 김굉필, 정여창, 조광조에 대한 문묘 종사에 특별한 이견이 없었던 것은 이들의 학문적 정통과 도덕적 순정성에 대하여 조야의 폭넓은 신망이 있었음을 증명한다.(이승환, 「도통」, 한국사상사연구회, 『조선유학의 개념들』, 예문서원, 2002, 483쪽 참조)

52) 『介庵集』 下, 「陞配疏」, "後汝昌十數年, 而生於汝昌之里, 慕其風而傳其道. 其醇正之學, 踐履之篤, 實汝昌心傳神授之正脉也. 時當史禍之餘, 士氣已喪, 諱言道學, 而翼慨然以道自任, 刱院而祀汝昌, 講學而尊汝昌, 使汝昌之學, 旣絶而復續, 使汝昌之道, 旣晦而復明, 以之玉琢其身, 蛾述諸人, 蔚然有白鹿遺風. 則翼之學非汝昌之學乎. 翼之道非汝昌之道乎."

지남指南으로 작용하면서 서원 창립이라는 10여 년 역사를 이끌게 한 원동력이 되었을 것으로 본다.

개암이 남계서원의 창립을 주도한 것에는 많은 이유가 있을 것이다. 서원은 기본적으로 존현 봉사, 강학과 장수藏修의 목적으로 설립된다. 실제로 남계서원은 설립 후 정여창을 제향하는 일 외에 원근 학자들의 강학의 장소로도 쓰였고, 또 개암 자신이 원장이 되어 유생들을 교육하는 등 서원 본연의 역할을 다하였다. 그러나 그 이면에 개암의 정여창에 대한 학문적·세계관적 일체감이 작용하였음을 부인할 수 없다. 이는 넓게 보아 개암이 믿는 방식으로 조선 도학의 정맥을 계승하려는 개인적 노력으로 이해할 수 있을 것이다. 나아가, 그가 이를 후대로 계승·창달시켜야 한다는 일종의 소명의식도 작용했을 것으로 본다.

이상에서 보듯이 개암의 학문 성향은 일차적으로 자신의 개인적 연찬과 그로부터 비롯된 자아의식에서 형성되었을 것이다. 그 스스로가 학문에서 가장 중요한 것이 '자득自得'이라고 했으니[53] 스스로의 정진과 독행을 통하여 나름의 학문적 독자성을 확보했을 것으로 본다. 그러나 스승인 남명의 가르침과 동문 유생들과의 교유도 그의 학문적 성숙을 이루는 데 특별한 기여를 했음에는 틀림이 없을 것이다. 그 중에서도 향리의 고명한 유학자인 정여창을 사숙私淑하면서 그의 학문과 덕행에 영향을 받은 바가 특별히 컸을 것으로 믿는다. 정여창에 대한 이런 각별한 추존의식은 남계서원의 10년 공역으로 대변되는 것이다.

---

53) 『介庵集』 下, 「行狀」(강위수), "論學至自得勉强等語, 乃曰, 學貴自得, 非自得者, 亦至差失, 事在勉强, 非勉强, 則無以成功."

5. 문학 세계

경학을 중시했던 사림 출신의 선비가 대개 그렇듯이 개암 역시 저술을 좋아하지 않았다. 그러나 "감흥을 만나면 시를 읊고, 일을 따라 글을 짓기도 했다"라는 「행장」의 기록[54]처럼 이런 저런 동기로 지은 글이 꽤 되었으리라 생각된다. 다만 전란 등의 이유로 대부분 흩어지고 문집에는 「양진재기」를 포함한 두 편의 기문과 남명 등에게 쓴 여섯 편의 편지글, 25수의 한시, 그리고 국문 단가 3수가 남았다. 개암의 시문詩文에 대해서는 정기윤鄭岐胤이 「개암선생문집서介庵先生文集序」에서 다음과 같이 평하고 있다.

선생의 시詩를 가만히 보면, 성정에서 흘러나와 엄정하나 고아하고 화락하나 음탕하지 않아서 한 점 진애가 없으며, 기상이 높아 사람의 착한 마음을 감발시키며 사람들의 안일한 뜻을 꾸짖어 일깨우니, 즉 『시경』 삼백 편의 유풍이다. 가만히 선생의 문文을 보니, 글자마다 자법字法이 있고 구절마다 구법句法이 있으며 효제에 근본하고 의리에 밝으며, 그 말은 간략하고 그 뜻은 미묘하여 겸손의 덕이 장구章句 사이에 가득하니, 그런즉 백성의 도리와 만물의 법칙이 이에서 벗어나지 않는다. 지금 백세의 뒤에 선생의 시를 외고 선생의 문을 읽는 자는 반드시 선생의 도를 아는 자이다. 그런즉 소위 입언저서立言著書가 후세에 전할 것은 그 많은 데 있는가, 역시 많은 데 있지 않을 것인제![55]

개암의 시詩와 문文의 장처를 개략하여 말한 것이다. 남아 있는 작품으

---

54) 『介庵集』 下, 「行狀」(강위수), "而其或遇興而吟, 因事而纂."
55) 『介庵集』, 「介庵先生文集序」(정기윤), "竊觀先生之詩, 流出於性情, 典而雅, 和而不淫, 無一點塵埃, 應氣颯颯乎, 感發人之善心, 懲創人之逸志, 則其三百篇之遺也歟. 竊觀先生之文, 字有字法, 句有句法, 本乎孝悌, 明於義理, 其辭約, 其旨微, 撝謙之德, 藹然於章句之間, 則民彛物則, 不外是矣. 自今百世之下, 誦先生之詩, 讀先生之文者, 必有知先生之道者矣. 然則倘所謂立言著書, 傳于後者, 其在多乎, 亦不在多矣."

로도 개암의 뜻이 충분히 드러나고 있으므로 군이 그 수를 따질 것이 못 된다고 하였다. 본 항에서는 이를 바탕으로 현전 문집 소재의 작품이 개암 문학의 정수를 보여 주고 있다고 판단하고, 그 특성에 대해 살펴보도록 하겠다.

그러나 이미 말했듯이 개암의 문文에서 격식을 갖춘 것이라곤 「양진재기養眞齋記」와 「남계서원기灆溪書院記」 두 편에 불과하다. 여섯 편의 편지글이 있으나 형식에 얽매이지 않고 주고받은 것이라 문예적 특성을 찾기에는 어려움이 있다. 단지, 두 편의 기문은 '기記' 양식이긴 하지만 단순한 보고문 형식의 사실 기록을 위주로 한 것이 아니라 치밀한 구성과 유려한 표현미, 주제를 구현하는 방식 등이 돋보이는 작품들이다.

「양진재기養眞齋記」는 앞서 보아 온 바와 같이 지리산 자락의 구곡이라는 곳에 지은 재사齋舍인 양진재에 부친 기문이다. 전체적으로는 전서사前敍事 후의론後議論이라는 '기記' 양식의 일반적 구성 방식을 따르고 있다. 전반부는 누정기樓亭記와 같이 건물 주변 경관과 내부의 모습 등을 묘사하고 있는데, '양진養眞'이라는 명의를 해석하는 의론부의 내용과 연결시키기 위해 지나친 기교에 치우치지 않고 은근하고 곡진한 느낌을 갖도록 하였다.

서재는 몇 개의 서까래를 써서 바위에 의지했는데, 깊은 골짜기를 굽어볼 수 있다. 띠풀로 덮고 대로 얽어서 산뜻하고 깨끗하여 흙먼지가 일지 않으니, 역시 족히 지친 다리를 펴고 노년을 즐길 수 있을 것 같았다. 하물며 또 푸른 산과 짙은 그늘에 흐르는 물이 서늘함을 뿜고, 한가한 구름 가운데 개인 달이 서안書案 사이로 빛을 뿌리며 흩어졌다. 그리고 책상 위에는 고금의 경전 사서와, 시부 등이 있고, 뜰아래에는 매화, 대, 국화, 오동과 난초 등속을 줄지어 심었다. 그 기르는 바가 남보다 가난하지도 않고 또 남보다 사치하지도 않았다. 호화로운 누림은 기대하지 않으나 한가한 중의 생활을 꾸릴 수 있으니, 진실로 가히 넉넉함으로 삶을 마칠 수 있을 것 같다.[56]

전반부 서사에 해당되는 부분으로, 재사 밖의 풍경과 재사 안의 물상을 함께 아우르면서 그 가운데 거하는 주인의 모습을 그렸다. 주변 경관은 화려하지 않고 소박하게 그려지고 있는데, 서책이 있는 방안 그리고 주인의 한가로운 일상과 더불어 서로 조화를 이루고 있다. 후반부의 액호에 대한 명의 해석은 '양진'이 서책 사이에서뿐만 아니라 자연 속에서도 가능하다는 내용이 중심이 된다. 이는 재사 내외의 풍정風情을 묘사한 위 서두 부분과 내용상 관련성을 맺게 됨으로써 구성상 일관성을 이루고 있다.

「남계서원기」는 기문 형식으로는 다소 파격이라 할 만하다. 전서사 후의론의 형식에서 탈피하여 글 전체가 의론議論으로만 이루어져 있으면서, '기' 양식의 형식적 특성상 글의 전반부에 위치하는 사실 기록이 오히려 글의 중반부 이후 의론 속에 일정한 내용으로 자리하고 있다.

무릇 도道는 천하에 혼융하고 가득 차서 길이 쉬지 않는다. 그 오는 것은 처음이 없고 그 가는 것은 마침이 없다. 크도다, 도의 도 됨이여! 위로는 하늘이고, 아래로는 땅이다. 일월이 밝음을 이어 가고, 추위와 더위가 교대로 행하며, 산은 장중하며 물은 흐르고, 금수가 날고 달리며, 초목이 번성하고 마른다. 크든 작든, 높든 낮든 각각 성명性命을 바르게 하는 것은 이 도일 따름이다. 사람이 천지간에 태어나 이 도를 얻으면 사람이 되고, 삼재에 참예하여 그 가운데 서고 만물을 한 마음에 갖춘다. 하늘이 나에게 준 것은 두텁다. 그러나 도를 행하게 하는 것은 역시 사람일 따름이다.[57]

---

56)『介庵集』上,「養眞齋記」, "齋數椽而依古巖, 俯幽澗. 覆以茆, 編以竹, 蕭然灑然, 塵土不起, 亦足以容倦膝而將老焉. 況又靑山落陰, 流永響寒, 閑雲霽月, 霏微婆娑於几案間. 而案上, 更有古今經史, 若詩賦之篇, 庭下, 列植梅竹菊梧, 及芝蘭之屬. 其所蓄不貧於人, 而亦不侈於人. 不待鍾鼎之享, 而閑中計活, 誠可以飽飫餘齒."

'도道'에 관한 일반론적 진술이다. 도는 천지만물에 작용하는 바른 도리라는 것과, 궁극적으로 이를 행하는 것은 사람이라는 것을 말하였다. 글 모두冒頭의 바로 이 내용이 논리적 전제前提가 되면서 전체의 구성을 견인하도록 한 것이 이 글의 특징이다. 다음 이어지는 내용을 의미 단락으로 보면, '① 문헌공이 도를 밝혔다, ② 그러나 그의 사후 도가 이어지지 못하고 끊어졌다, ③ 도를 회복하기 위해 서원을 창건하였다, ④ 후학은 문헌공의 도를 창도하고 사모하며 배워야 한다'로 구성되어 있다. 즉 전체적으로는 '도의 개념―도의 성립―도의 상실―도의 회복―도의 지속'의 형태로 이어지는 구성 방식이다. 글의 첫머리에 일반론적 전제를 설정하고 이를 중심으로 논의를 이어 감으로써 구성상의 일관성과 논리적 정합성을 확보해 가는 방식은 매우 주목할 만하다.

개암의 문文은 단지 이 두 편에 불과하지만 그 내용으로 보아 개암의 학문태도와 사업의 공을 각각 대표적으로 보여 준다는 점에서 특기할 만하다. 「양진재기」에서 '양진'이라는 당호의 의미를 풀어 가면서 기술하는 내용은 개암의 학문적 지향인 '위기지학爲己之學'의 한 방식을 구체적으로 보여 주는 것이다. 또 「남계서원기」는 그의 필생의 사업인 남계서원 창설이 유학의 도를 회복하고 계승함으로써 세교에 도움을 주고 백성을 이끌어 가는 방책임을 명백히 하고 있다. 여기에서, 한편으로는 문예적 기교와 표현미를 충분히 향유하면서도 그를 통해서도 유학의 도를 드러내려고 하는 개암의 산문정신을 엿볼 수 있다.

위 문집 서문에서 정기윤이 개암의 문을 평하여 "글자마다 자법이

57) 『介庵集』 上, 「灆溪書院記」, "夫道之在天下, 渾淪磅礴, 悠久不息. 其來也無始, 其往也無終. 大哉, 道之爲道也. 上而天, 下而地. 日月之代明, 寒暑之錯行, 山之所以壯, 河之所以流, 禽獸之飛走也, 草木之榮枯也. 洪纖高下, 各正性命者, 是道而已. 人生於天地間, 得是道而爲人, 參三才而中立, 備萬物於一心. 天之所以與我者厚. 而道之所以行者亦人而已."

있고 구절마다 구법이 있다"라고 한 것이나 "그 말이 간략하고 그 뜻은 미묘하다"라고 한 것은 구성과 표현의 측면에서 말한 것일 터이다. 그리고 "효제에 근본하고 의리에 밝다"라고 한 것이나 '백성의 도리와 만물의 법칙'을 아울렀다고 한 것은 그 주제가 담고 있는 교훈적 공효를 말한 것이라고 할 수 있다. 위의 논의를 통해 볼 때, 정기윤의 그와 같은 평언이 결코 개암에 대한 추숭의 염念이 지나쳐 실정實情을 과장한 것은 아닌 듯하다.

개암의 시는 자연을 소재로 읊은 것이 대부분이다. 관직에 나서지 않고 향리에서 일생을 마친 것이 그 하나의 이유일 수 있다. 중요한 것은 그가 자연을 어떻게 인식하고 이를 어떤 방식으로 시 형식 속에 담아냈는가 하는 점일 것이다. 따라서 여기에서는 개암의 자연 인식의 태도와 그 시적 형상화 양상에 대해 주로 살펴보기로 하겠다.

그의 자연에 대한 인식 태도와 관련해서는 다음 글이 실마리를 제공해 준다.

내가 이에 벗을 물리치고 오건과 죽장으로 그 사이에서 즐기며 거니니 이미 왕래하는 번거로움을 끊었다. 또 살림살이의 염려나 종일의 수고가 없고, 단지 책 읽고 꽃에 물 주며 음풍농월뿐이었다. 무릇 세상의 득실과 명성과 이익의 유무가 일찍이 방촌 중의 내 마음을 흔들지 않았다. 그런즉 저절로 가히 나의 뜻을 기르고, 내 기氣를 기를 수 있으니, 바깥 인연에 얽매이지 않고, 안을 지키는 데 골몰하지 않았다. 성정의 참됨이 이에서 함양될 수 있기를 바랐다. 고로 이 서재에 편액하여 '양진'이라 하였다.58)

---

58) 『介庵集』上, 「養眞齋記」, "余於是, 謝友朋, 烏巾竹杖, 優游偃仰於其中, 旣絶往來之煩. 且無經營之念, 昕晡之孜孜者, 只是看書灌花, 吟風月而已. 凡當世之得失, 聲利之欣悴, 曾不向方寸中撓我天君. 則自可以養吾志養吾氣, 而不牽於外緣, 不汨其內守. 性情之眞, 其庶幾涵養於斯矣. 故扁是齋曰, 養眞."

위는 역시 「양진재기」의 부분이다. 여기에서 개암이 자연을 대하는 태도를 두 방향에서 살펴볼 수가 있다. 하나는 '살림살이의 염려나 종일의 수고가 없고 단지 책 보며 꽃에 물 대며 음풍농월뿐'이라고 한 것에서 찾을 수 있다. 즉, 세사를 잊고 자연 속에서 한적閑寂을 즐기는 태도이다. 다른 하나는 재사의 편액을 '양진'이라 하고, '성정의 참됨이 이에서 함양될 수 있기를 바란다'라고 한 것에서 미루어 짐작할 수 있다. 즉, 자연 속에서 뜻과 기氣를 길러 본성을 함양성찰하고자 하는 태도이다.[59]

자연을 도의 수행공간으로 여길 뿐만 아니라, 나아가서는 천지만물의 조화 속에서 도의 본체를 궁구하려 한 것은 조선 사림이 초기부터 지녔던 자연 인식의 태도였다. 말하자면 자연이라는 외물에 마음을 뺏겨 도의 실체를 놓치는, 소위 '완물상지玩物喪志'를 범하지 않으려는 것이다. 이런 태도는 문학 역시 도를 구현하는 수단이어야 한다는 소위 '재도지기載道之器'의 공효론적 문학 인식과 관련되어 있다.

흰 달빛은 맑은 가을 비단 같고	素月明秋練
맑은 시내는 고요히 물결도 일지 않는다.	澄流靜不波
봄바람에 밤새껏 앉았으니	春風坐一夜
진정한 맛을 정말 어찌하겠는가.	眞味正如何[60]

이 시는 개암이 산천재山天齋에서 남명을 모시고 달을 감상하면서 지은 시라고 하였다. 이 시의 이해에 중요한 것은 자연 외물과, 이를 대하는

---

59) 실상, 자연에 대한 이러한 관점들은 중세 사대부의 일반적인 사유 방식이라고 할 수 있다.
60) 『介庵集』 上, 「山天齋 侍南冥先生賞月」.

서정적 자아를 어떤 방식으로 이해할 것인가 하는 것이다. 표면적으로는 어느 봄날 아름다운 밤풍경을 보면서 그 그윽한 느낌을 표현한 것으로 볼 수 있다. 그러나 실상 그 내면의 정조는 단순하지가 않다.

우선, 위에서 소재로 동원된 '가을 비단 같은 흰 달'이나 '물결도 일지 않은 맑은 시내'는 만물 속에서 발견할 수 있는 청정함과 고요함의 극치라고 할 수 있다. 한 점의 티끌도 끼지 않고 조금의 흔들림도 없는 순수 자연의 본질 그대로를 나타낸다. 그런데 그저 단순한 외물이 아닌 이런 본연적 실체로서의 사물에 대한 인식은 누구에게나 가능한 것은 아니다. 한 점의 삿된 기운도 깃들지 않도록 수행함으로써 본성의 바탕을 체현한 사람이라야 가능한 것이다. 다른 말로 하면, '소월素月'과 '징류澄流'로 대변되는 자연은 함양성찰을 통하여 본성적 도를 구현하였을 때 얻을 수 있는 인간 내면의 외면적 실체라고 할 수 있다.

이를 좀 더 잘 이해하기 위해서는 「행장」의 다음 기록이 도움이 될 수 있다.

> 경신년 여러 유생들과 함께 양진재에서 도를 논하였다. 때는 중추절로 달빛이 비단을 펼친 듯하였는데 문득 흥취를 내어 길게 탄식하여 말하기를 "맑은 밤이 이와 같으니, 어찌 또한 한 점 티끌의 더러움이 있겠는가. 사람이 마땅히 마음을 씻고 생각을 고요히 함이 정녕 이 밤과 같은 후에야 사람이 될 수 있을 것이다"라고 하고는 소강절의 「청야음」 한 수를 읊었다.[61]

위에서 개암은 유생들에게 '마음을 씻고 생각을 고요히' 하는 함양성찰을 통해 '티끌 한 점 없는 맑은 밤과 같이 되기를 요구하고 있다. 즉, 본연의

---

61) 『介庵集』 下, 「行狀」(강위수), "庚申, 嘗與諸生, 論道於養眞齋. 時當仲秋, 月色如練, 忽發興長歎曰, 淸夜如此, 豈復有一塵之汚耶. 人當洗心靜慮, 政如此夜而後, 可以爲人, 因咏邵堯夫淸夜吟一絶."

자연과 본성적 내면과의 일체를 이룰 것을 강조하고 있다고 할 수 있다. 여기서 「청야음」을 읊었다는 것은 중요한 의미를 지닌다. 소강절의 「청야음」은 그렇게 자연과 마음이 궁극에서 일체가 되는 희열을 읊은 시이기 때문이다. 『성리대전』에 실린 「청야음淸夜吟」[62]의 말미에는 소주小注로 "이 시를 빌려 성인의 본체가 맑고 밝으며 사람의 욕망이 모두 정화된 것을 형용하였다. 달이 하늘 가운데 와 있을 때란 곧 가렸던 구름이 다 가신 것이고, 바람이 수면에 불어 올 때란 곧 파도가 일지 않는 것이다. 이것이 바로 사람의 욕망이 모두 정화되어 천리가 유행하는 때인 것이다"[63]라고 적고 있다. 그렇다면 위에 인용된 시는 충분히 이해가 가능하다. 즉, 소강절이 인욕의 정화와 천리의 유행을 경험함으로써 "이러한 청신한 맛, 아는 사람 적을 것"이라고 했듯이, 위 개암의 시는 함양성찰을 통하여 맑고 고요한 상태가 된 시인 자신의 내면이 자연의 물상과 일체감을 느낌으로써 얻게 되는 기쁨을 표현하고 있다고 할 수 있을 것이다.

한 점 인욕의 삿됨이 없는 내면의 상태와 천리가 유행하는 조화된 만물 사이의 일체감을 드러내려는 시작詩作 의도로 해서 개암의 시에 표현된 자연은 특징적인 면을 보인다. 즉, 시간으로는 밤이면서 움직임을 멈춘 상태, 소리도 잦아들고 바람도 일지 않는 정적의 사위四圍, 그러면서 푸른 것은 원래의 색으로 푸르고 밝은 것은 원래의 밝음을 그대로 지니는 만물 등이 그것이다.

푸른 가을 하늘 멀리 강으로 이어지고   碧落秋晴響遠江
시비는 굳게 닫혀 개 짖는 소리도 그쳤다.   柴扉撑掩息村厖

---

62) 「淸夜吟」의 全文은 다음과 같다. "月到天心處, 風來水面時. 一般淸意味, 料得少人知."
63) 『性理大全』, 卷70, 「淸夜吟」 小注, "此篇借物形容聖人本體淸明人慾淨盡, 蓋月到天心, 則雲霧盡掃, 風來水面, 則波淸不興. 此正人慾淨盡天理流行時也."

대나무 바람도 일지 않고 작은 뜰은 고요하니	竹風不動小園靜
하늘에는 밝은 달, 창에 기댄 사람.	明月在天人倚窓64)

본성의 함양은 고요함을 좇을 때 더하여지고	養性偏從靜裡多
밤중에 온전히 깨달으니 즐거움이 어떠한고	夜中全覺樂如何
하늘 가운데 달은 희고 산문은 닫혔으니	天心月素山門掩
누가 인간세상 인연을 따라 내 집에 들겠는가.	誰把塵緣入我家65)

첫 번째 시의 '벽락碧落'과 '원강遠江', 시비를 닫고 있는 집과 개 소리도 멈춘 마을, 그리고 하늘 위에 맑은 달은 자연을 이루는 요소들이다. 그러나 자연의 물상이지만 그 무엇에 의해 본질적 가치를 훼손당하지 않은 상태 그 자체를 보여 주고 있다. 그러면서 이 모두는 마지막 구 '창에 기댄 시인'(……人倚窓)을 표상한다. 시인은 그저 자연의 물상을 즐기려는 것이 아니다. 오히려 감각으로 포착되는 이러한 절대적 본체인 자연의 물상과 일체를 이루려는 의지적인 노력을 여기에서 읽어 낼 수 있다.

두 번째 시는 시인의 의지적인 노력이 더욱 뚜렷한 모습으로 드러나는 작품이다. 밤중의 정적, 흰 달과 닫힌 사립은 본성을 기르는 유효한 환경적 요소들이다. 여기서는 한밤중 정좌수련을 통하여 내면의 찌꺼기를 몰아낸 상태, 그래서 '야중전각夜中全覺'은 비로소 고요함 속에 깃든 본체적 외물과 소통을 이루어 낸 결과이다. 그럼으로써 얻는 기쁨은 큰 것이며, 세상 인연과 비교할 바가 아니라는 것이다.

이상에서 개암이 자연을, 도의를 강마하고 우주만물의 이법을 통효하고자 하는 수행의 공간으로 이해하였음을 보았다. 그러면서도 그가

---

64) 『介庵集』上, 「秋夜坐夙夜齋」.
65) 『介庵集』上, 「靜夜吟」.

시를 통해 드러내려는 유학의 도가 본체론이나 심성론과 같은 유학의 관념적 철리에 관련된 것이 아니라, 이미 본 바와 같이 함양성찰이라는 개인적 역행을 바탕으로 한 실천적 지향이 중심이었다는 것은 주목할 만한 일이다. 즉, 그의 시 세계에서도 위기지학이라는 그의 평소의 공부 방식과 사유태도가 그 기본적 바탕을 이루고 있었음을 알 수 있다. 중요한 것은 개암은 그러한 사상적 지향을 생경한 언표로 드러내지는 않았다는 점이다. 즉, 자연사물과의 은유적 대응을 이루게 하는 등의 절묘한 표현 방식을 통해 형상화해 내었다는 점이 개암 시의 중요한 특징이 될 수 있을 것이다.

조선의 사림은 자연을 유학의 도를 궁구하고 체현하는 공간으로 인식하고 있었지만, 또한 자연의 기본적인 속성을 전혀 도외시한 것은 아니었다. 자연은 말 그대로 인위적 통제와 제약을 벗어난 자유와 일탈의 의미를 지니고 있다. 그래서 자연은, 때로는 유학의 엄격한 도의와 규례에서 오는 정서적 경직을 풀기 위한 목적에서 산수락을 즐기며 한가로움을 누리고자 하는 유흥 공간으로 이해될 수도 있는 것이다. 앞서 개암은 '양진'을 목적으로 자연에 들었지만 또한 그 가운데의 한가로움을 즐기고 아름다움을 찾는 모습을 보였다. 그 스스로 도학자로서 엄정한 삶의 태도를 고수했기 때문에 역설적으로 자연을 통한 심신의 이완과 정서적 여유를 희구했을 수도 있었을 것으로 본다.

금대에서 달을 맞는 선승의 경쇠소리	金臺邀月幽禪磬
구곡에서 구름 헤치고 들 사나이는 김매고	龜谷耕雲野夫穮
영취산 단풍은 짙어 붉게 물들인 듯	靈鷲楓酣紅似染
추성의 아지랑이는 비취색으로 흐르도다.	楸城嵐陣翠如流

차가운 물 흘러나오는 용추의 바위   寒泉澂澂龍湫石
깎아지른 절벽 위 독녀암에는 가을이 드네   峭壁巖巖獨女秋
만물 밖 한가로이 행하니 참된 맛을 얻고   物外閑行眞得趣
아름다운 산 좋은 물에 기대어 길게 휴식한다.   佳山好水任長休[66]

내 서계를 감상하려 하여   我欲賞西溪
벗들을 맞아 이끄네.   友朋邀相挈
아름다운 경치는 도로 그윽하고   窈窕境轉幽
맑고 차니 마음이 살아나듯.   淸寒心欲活
바위와 나무는 푸른 장막이 되고   巖樹翠成幄
돌 사이 여울물은 눈처럼 부서지네.   石瀨白灑雪
가랑비 문득 날리니   細雨忽飛去
청산은 다시 수심을 띠네.   靑山更愁絶
경치는 넓어 끝이 없는데   景趣浩無窮
안개 속을 한 걸음 한 걸음   風烟步步別
푸른 솔이 그늘을 드리우니   蒼松蔭我坐
찬 샘은 나를 맞아 씻어 주네.   冷泉迎我濯
정다운 이야기에 세상 먼지가 가시고   笑談塵機息
낭랑한 젓대소리 발하도다.   唫哦爽籟發
잠깐 난초 떨기에 기대어   暫倚蘭蕙叢
빙옥과 같은 깨끗함을 기뻐하도다.   喜得氷玉潔
숲과 계곡은 정말로 나의 땅이니   林壑眞我土
영욕에 매일 바가 아니로다.   榮辱非所屑
이 사이에 지락이 있으니   此間有至樂
바람을 읊고 또 달을 읊조리도다.   吟風且咏月
어떻게 하면 함께 머물러   何當共樓遲

---

66) 『介庵集』 上, 「龜谷偶吟」.

그대와 서로 마음을 나눌꼬   與君相對越

다행히 구름과 물과 같은 사귐이니   幸我雲水交

좋은 언약 이로부터 맺도다.   佳期從此結[67]

첫 번째 시는 개암이 양진재를 조성한 곳인 구곡의 가을 풍경을
노래하고 있다. '선승의 경쇠소리'의 청각적 이미지와 '야부野夫의 김매는
모습'의 시각적 이미지를, 그리고 '영취산 단풍과 추성의 아지랑이'의
원경遠景과 '한천과 초벽'의 근경近景을 적절히 배치함으로써 구곡 주위의
승경을 절묘하게 묘사해 내고 있다. 자연에 내면의 의식작용을 투사하지
않고 그저 담담하게 가시적인 물상을 그려 냄으로써 심미적인 수사로
일관한다. 미련의 '물외한행物外閑行'은 몸만 세속에서 떠나는 것이 아니
라 마음마저도 일상의 규범과 법식에서 놓여남으로써 얻을 수 있는
여유이다.

두 번째 시는 서계西溪를 벗들과 유람하면서 지은 시이다. 처음부터
제10구까지는 서계의 주변 물상을 그려 내고 있다. 개암이 그리고 있는
자연은 앞에서도 보았듯이 맑고 깨끗할 뿐만 아니라 나무며 돌이며
샘 같은 자연물상이 조금도 어긋남이 없이 서로 어우러져 조화를 이루고
있다. 역시 여기서도 그러한 자연의 아름다움을 즐기고, 번거로운 세사를
벗어나 정서적 여유를 만끽하려는 의도가 뚜렷하다.

앞서, 유학적 도의 구현에 주제적 작의를 둔 시에서는 제재가 된 자연의
물상과 인간 내면을 대응시킴으로써 그것이 일정한 관념적 방향성을
지녔음을 보았다. 그러나 위에서 보듯이, 자연을 정서적 이완 공간으로
인식한 경우는 이와는 분명한 차이를 드러내고 있다. 즉, 동원된 시어가

---

67) 『介庵集』上, 「翌朝 至石上 次金開巖(敬夫)韻」.

보다 언어적 미감에 충실할 뿐 아니라, 서정적 자아의 내면에 일어나는 감성도 매우 다양하고 자유롭게 표현되고 있는 것이다.

그러나 자연을 즐김으로써 일상의 규례를 벗으려는 의도를 형상화하고 있는 시에서도 개암의 기본적인 태도는 유지된다. 즉, 자연을 즐기는 태도가 비록 자유로운 경우라 하더라도 그것이 방만한 일탈을 조장하거나 정도를 벗어난 풍류 흥취를 구가하는 것은 아님을 알 수 있다. 자연은 유가 사대부로서의 일상적 강박을 벗어날 수 있는 곳이기도 하지만, 그렇다고 해서 그것이 세속적 일탈을 의미하는 것은 아니라는 것이다. 정기윤이 서에서 "엄정하나 고아하고, 화락하나 음탕하지 않다"(典而雅, 和而不淫)라고 한 것은 개암의 시가 지니는 이러한 속성을 두고 한 말일 것이다.

이상 보았듯이 개암의 시작 태도는 두 경우로 나눌 수 있었다. 하나는 내면의 성찰을 통해 자연과의 일체를 시도함으로써 '도'에 이르고자 하는 유가적 사유를 시적 언어로 구현한 경우였다. 다른 하나는 자연의 물상을 심미적인 태도로 관조함으로써, 도학자적 일상뿐만 아니라 세상사 모든 속태나 기심을 잊는 상태에서 얻을 수 있는 시인의 자유로운 감성을 형상화한 경우였다. 그러나 실상 이 두 경우의 저변에 흐르는 개암의 시작詩作 의식이 전혀 별개의 것이라고 하기는 어렵다. 즉 세속의 한 점 진애도 없는 자연과 인간 본성을 경험함으로써 얻는 즐거움의 표현이다. 단지 전자는 그것을 함양성찰이라는 유가적 수행으로 성취함으로써 얻을 수 있는 것이고, 후자는 그러한 의도적인 노력마저도 전제하지 않음으로써 얻을 수 있는 것의 차이일 따름이다.

6. 맺음말

개암은 사림 출신으로서 도학자로서의 전형을 보였던 인물이라 할 수 있다. 엄정하고 절제된 생활 태도로 일관했고, 유교적 예의와 법식에 철저하였으며, 끊임없이 학문에 정진하였다. 요컨대, 개암은 출사에 크게 뜻을 두지 않고 학문에 전념하면서 후학을 가르치고, 자연 속에서 적연궁리하면서 성정을 기르며, 인근 문사들과 도의로 교제하는 것을 일생의 즐거움으로 삼았다.

개암은 함양에서 나서 여기에서 일생을 보내다 생을 마쳤다. 따라서 그 지역의 문사들과 교의를 나누었겠지만, 또 일정 기간 남명의 문하에서 수학하기도 하였다. 개암이 처음 가르침을 청한 스승은 향리의 유학자인 당곡 정희보이다. 그러나 당곡은 높은 학문적 경지에 이른 학자는 아니었던 듯, 개암의 지적 욕구를 충분히 채워 주지 못했다. 개암은 일정 시기까지는 오히려 독학으로 일정한 학문적 성취를 이룬 것으로 여겨진다. 그러다가 당대 강우지역의 유종儒宗인 남명의 문하에 출입한 것은 그의 학문적 깊이를 더하고 그 방향성을 더욱 공고히 했을 뿐 아니라 동문의 문사들과 교의를 맺는 데 크게 기여했던 것으로 판단된다. 그 가운데 가장 깊은 우의를 나눈 이로는 옥계玉溪 노진盧禛, 덕계德溪 오건吳健, 동강東岡 김우옹金宇翁 등을 들 수 있다. 초기 사림의 실천적 학문 성향이 남명을 중심한 강우지역 학풍에 이어져 그 특징을 이룬 것에 개암도 영향을 받았을 것으로 본다.

개암은 '위기爲己'의 학문을 하고자 하였다. 이는 천리를 구현하고 인욕을 막음으로써 인간의 본성적 바탕인 성을 발현하고자 하는 것으로, 맹자의 존심양성에 논리를 둔 함양성찰의 공부에 뜻을 둔다는 의미이다.

출사하여 성리학을 현실정치에 구현하려는 경우와 별개로 이런 위기지학의 처세관을 가치의 중심에 두는 경우가 성종 대 성리학사들에서 구체화되어 개암이 살았던 시기까지 하나의 견고한 흐름으로 이어져 왔음을 알 수 있다. 특히 남명 조식을 중심으로 한 그 문도들은 인적·학문적 교류를 통해 위기지학의 실천적 삶의 철학을 공유하고 있었다고 하겠다.

개암은 '위기지학'을 위해 존심양성의 실천적 생활태도를 견지한 것과는 별개로, 실생활에서는 또한 유교적 예교와 법식에도 깊이 통효하였다. 그는 남계서원을 건립하여 원장으로서 이를 관리하는 과정에서 원규를 정하고 제전절차를 관장하는 등의 활동을 통해 자연히 유교적 의례에 대해 높은 식견을 갖추게 되었을 것으로 본다. 남명 역시 개암 사후 그를 위한 만시에서 그의 의례 학습에 대해 언급한 바가 있어 개암이 일생 이를 궁구하고 천착했음을 짐작할 수 있다.

개암은 개인적 수신과 병행하여 유학의 보급과 창달에 적극적으로 참여하였다. 그는 진작부터 후진 양성에 적극 나섰다. 30세 전후해서는 제자들이 많이 늘어났는데, 34세 즈음에는 문전이 붐빌 정도였다고 한다. 남계서원의 건립을 주도한 것은 선현의 학덕을 후대에까지 이으려는 그의 의지가 구체적으로 실현된 것이라 하겠다. 특히, 스스로 앞장서서 서원 창립을 적극 추진하였던 것은 무엇보다도 정여창의 학문과 덕행에 공감하는 바가 누구보다도 각별했기 때문일 것으로 생각된다. 정여창에 대한 후대 사림으로서의 평가, 즉 유학의 정통을 잇는 학문적 업적과 도덕적 순정성에 대한 개암의 절대적인 신뢰와 추종에 연유하였다고 할 수 있는 것이다.

개암의 문文은 격식을 갖춘 것이라곤 「양진재기養眞齋記」와 「남계서원기「藍溪書院記」 두 편에 불과하다. 여섯 편의 편지글이 있으나 형식에 얽매이지 않고 주고받은 것이라 문예 작품으로 여기기는 어렵다. 그러나, 비록 두 편에 지나지 않지만 이 기문記文들은 단순한 보고문 형식의 사실기록이 아니라 치밀한 구성과 유려한 표현미, 주제를 구현하는 방식 등이 돋보이는 수작이다. 정기윤은 개암의 글이 구성과 표현의 측면에서나 주제가 담고 있는 교훈적 공효의 측면에서 뛰어나다고 평했다. 본문의 논의를 통해서 볼 때, 정기윤의 평언이 개암에 대한 추숭의 염이 지나쳐 실정을 과장한 것이 아님을 알 수 있다.

개암의 시는 자연을 소재로 읊은 것이 대부분이다. 관직에 나서지 않고 향리에서 일생을 마친 것이 이유가 될 것이다. 그의 자연에 대한 인식 태도는 두 방향에서 살펴볼 수가 있다. 하나는 세사를 잊고 자연 속에서 한적을 즐기는 태도이고, 다른 하나는 자연 속에서 뜻과 기를 길러 본성을 함양성찰하고자 하는 태도이다. 이는 시에서도 구분되어 나타난다.

우선, '재도지기'로서의 시작 태도이다. 개암의 시에서는 절대적 본체의 자연과 함양성찰을 통하여 사사로움을 물리친 내면을 일치시키려는 작가의식이 작용한다. 이럴 때의 그의 시는 유가적 사유의 관념적인 언표로서의 성격을 지닌다. 다음은 자연을 즐김으로써 일상의 규례를 벗으려는 의도를 드러내는 개암의 시이다. 그런데 그가 자연을 즐기는 태도는 방만한 일탈이나 풍류흥취가 아니다. 자연은 유가 사대부로서의 일상적 강박을 벗어날 수 있는 곳이기도 하지만, 그와 함께 세상의 온갖 티끌도 떨쳐 버릴 수 있는 절대적 청정을 누릴 수 있는 곳이기도 하다는 뜻이다. 이러한 자연인식에 바탕을 둔 시는 언어적 미감에 충실할 뿐 아니라 내면의 다기한 감성을 그려 내는 데도 자유롭다.

개암의 시작 태도는 이처럼 두 경우로 나눌 수 있지만, 그러나 실상 그 저변에 흐르는 시인정신은 동일하다고 할 수 있을 것이나. 즉 세속의 한 점 진애도 없는 자연과 인간 본성을 경험함으로써 얻는 즐거움이다. 단지 전자는 그것을 함양성찰이라는 유가적 수행으로 얻을 수 있는 것이고, 후자는 그러한 의도적인 노력도 전제하지 않음으로써 얻을 수 있는 것의 차이일 따름이다.

‖『한민족어문학』 제56집(한민족어문학회, 2010)에 수록된 글을 수정 게재함.

제5장 개암 강익의 학문과 문학
—기문 두 편을 중심으로

구 진 성

1. 서론

개암介庵 강익姜翼(1523~1567)은 16세기 중반 함양 지역을 중심으로 활동하던 유학자이다. 45년이라는 길지 않은 삶을 살았지만, 젊은 나이에 남계서원藍溪書院 건립을 주도하고 그 기문記文을 작성했으며, 몰후 남계서원에 제향되었을 만큼 사회적 영향력이 적지 않았던 인물이다. 당시 인근에 옥계玉溪 노진盧禛(1518~1578), 덕계德溪 오건吳健(1521~1574) 등 쟁쟁한 인물들이 다수 있었음에도 당대 함양 인근 유림 대표자로서의 위상을 지니게 된 것은 강익이 지닌 학문적 역량을 방증한다고 볼 수 있다.

이 글에서는 강익의 학문과 문학에 대해 살펴보고자 하는데, 특히 산문 문학을 중점적으로 다룰 것이다. 강익은 평소 저술을 즐기지 않았던 데다가 전란을 거치며 그마저도 일실되어 남은 시문이 많지 않은데, 그의 문집에는 「양진재기養眞齋記」와 「남계서원기藍溪書院記」이 두 편의 산문 문학 작품이 전할 뿐이다. 그렇지만 이 두 편의 산문 작품을 통해 강익이 일생 동안 추구했던 학문 지향을 파악하기에 부족함이 없다. 「양진재기」는 개인적 측면에서 학문을 실천하고자 하는 의지가 담긴 작품이고, 「남계서원기」는 학문의 정통성을 세워 그것이 사회적으로 널리 장려되기를 염원한 작품이다.

강익의 문학에 관한 연구로 2편의 논문[1])과 1편의 해제[2])가 있어 강익의 생애와 학문·문학의 일단이 소개되었으나, 산문 작품을 중점적으로 다루어 그 의미를 고찰한 연구는 현재까지 없는 실정이다. 우선 강익의 인물 성격과 학문 지향, 문학관을 예비적으로 검토하여 그의 작품이 폭넓게 이해될 수 있도록 하겠다.

2. 인물 성격과 학문 특징

1) 과단한 실천 성향과 위기지학

강익은 1523년 1월 18일 함양군 효우촌에서 태어났다. 얽매이기를 싫어하는 성격을 지닌 데다가 어릴 적부터 병약하여 부친이 글공부를 억지로 시키지는 않은 것으로 보인다.[3]) 그러다가 15세 되던 해(1537)에 부친의 명으로 당곡唐谷 정희보鄭希輔(1486~1547)의 문하에서 배우게 되었는데, 당시 동문으로 옥계玉溪 노진盧禛(1518~1578), 청련靑蓮 이후백李後白(1520~1578), 구졸九拙 양희梁喜(1515~1580) 등이 있었다.[4]) 비록 입문은 늦었지만 학력이

---

1) 문범두, 「介庵 姜翼의 學行과 文學」, 『韓民族語文學』 56집(2010); 金一根, 「介庵 姜翼 先生의 生涯와 文學」, 『文湖』 Vol.2(건국대학교, 1962).

2) 윤호진, 「『介庵集』 解題」, 『남명학연구』 제10집(1990).

3) 姜翼, 『介庵集』 下卷, 「年譜」, "嘉靖十三年甲午, 先生年十二歲, 承仕公憂其多疾, 不施 其敎."

4) 姜翼, 『介庵集』 下卷, 「年譜」, "嘉靖十六年丁酉, 先生年十五歲, 疾漸有效, 承仕公乃曰,

빠른 속도로 진보하여 정희보의 예사롭지 않은 칭찬을 자주 받았을 뿐만 아니라,5) 27세(1549)에는 진사시에 합격하는 성과를 거두었다.6) 그러나 이듬해에 과거시험 보기를 그만두었다는 기록이 있고 강익의 시문에서도 과거에 대한 미련의 뜻을 찾기 힘든 것으로 보아 과거공부는 강익의 취향이나 학적 지향에 부합하는 일은 아니었던 듯하다.

　과거 응시를 그만두었을 무렵에 모친이 생존해 있었는데, 모친은 아들의 결정에 심한 반대는 하지 않았던 것으로 보인다.7) 남명南冥 조식曹植(1501~1572)의 경우에 폐거廢擧의 뜻을 굳힌 이후에도 모친의 뜻에 따라 과거에 응시하기도 하였는데,8) 조식의 사례를 통해 볼 때 강익의 때 이른 폐거는 당시 사류들의 일반적인 양상과는 차이를 보인다고 하겠다. 게다가 정희보 문하의 선배인 양희, 노진 등은 당시 이미 문과에 급제한 상황이었고 이후 다수의 동문들이 급제한 사례9)를 통해 과거공부에 매진하던 당시의 분위기를 어렵지 않게 유추할 수 있는바, 강익의 과감한 폐거 결단을 통해 주변의 사류들과는 다른 그만의 독특한 면모를 포착할 수 있다.

　이상을 통해 확인할 수 있는 강익의 과단果斷한 인물 성격은, 학력의

　　人而不學, 無異禽獸, 奈何甘與蠢蠢者同歸, 先生瞿然執書, 就學於同閈唐谷鄭斯文希輔之門, 其門人如盧玉溪禛・李靑蓮後白・梁九拙喜, 皆以詞翰理致相高."

5) 姜翼, 『介庵集』 下卷, 「行狀」(鄭蘊), "希輔一本云唐谷], 試敎以史略初卷, 見其句讀分明, 音韻淸朗, 竦然異之曰, 爲他日大儒, 必此人也."

6) 姜翼, 『介庵集』 下卷, 「年譜」, "嘉靖二十八年己酉, 先生年二十七歲, 以母夫人命, 應鄕貢, 與伯兄參, 同占進士試三等第十八人."

7) 姜翼, 『介庵集』 下卷, 「年譜」, "嘉靖二十九年庚戌, 先生年二十八歲, 一二赴擧, 輒已厭廢, 母夫人亦不欲强之, 專以讀書求志爲事."

8) 『山海師友淵源錄』, 「年譜」, "十六年丁酉, 先生三十七歲, 請命母夫人不就東堂, 先生旣棄擧子業, 及是年, 遂請命母夫人, 更不赴擧, 謝絶世故, 蕭然自適, 潛修靜養, 而所造益以精深."

9) 鄭希輔, 『唐谷實紀』 下卷, 附錄, 「門人錄」 참조.

빠른 성취나 때 이른 과거 포기 등의 행적을 통해 구현되었다. 그러나 '과단함'은 실천의 확고함을 뜻하는 말일 뿐, 그 자체로서 강익의 학문적 성취라고 하기는 힘들다. 아무리 강한 힘을 쏟는다 할지라도 방향이 어긋난다면 제대로 된 실천을 담보하기 어렵기 때문이다. 강익에게 실천의 방향성을 최초로 제공한 인물은 정희보였다.

강익은 초기 수학 과정에서 정희보에게 위기지학爲己之學의 가르침을 듣고 이에 대한 끊임없는 독서와 사색을 병행하였다.[10] 즉 과거공부보다 더욱 본질적으로 추구해야 할 학문적 목표가 있다는 가르침을 듣고 자기 공부에 전념했던 것이다. 이후 강익은 조식의 풍모를 접하고 그를 사표로 삼아[11] 더욱 위기지학으로 힘을 기울였던 것으로 보인다. 이 과정에서 망설임이나 갈등·회의는 보이지 않고, 독서궁리하면서 자신의 지향을 가다듬고 일상에서는 효제孝悌를 실천하였다.

강익이 평생토록 독실히 위기지학을 실천했음은 스승 조식이 쓴 「만장挽章」[12]이나 「행장行狀」에 실린 다음의 언급에서 드러난다.

남명이 일찍이 선생(강익)과 더불어 학문을 논하다가 말씀이 '끝을 잘 맺는 사람이 드물다'(鮮克有終)는 부분에 이르자, 지금의 학자들이 끝을 잘 맺지 못하는 점에 대해 깊이 탄식하였다. 인하여 말하기를 "나는 평생 남들에게 많이 속았는데, 뚜렷하여 확실히 신뢰할 수 있고 의심할 수 없다고 보장할 수 있는 사람은 오직 그대(강익) 한 사람일 뿐이네"라고 하였다.[13]

---

10) 姜翼, 『介庵集』 下卷, 「年譜」, "一日, 先生曰, 士之爲學, 豈獨時文而已, 子夏曰, 古之學者爲己, 今之學者爲人, 士之志學者, 當爲己乎爲人乎, 自是閉門危坐, 左右書史, 夙夜不怠, 仰讀俯思, 而喚醒斂飭於身心內外之間者, 已得其端的焉."

11) 姜翼, 『介庵集』 上卷, 「上南冥曹先生書」, "竊聞綸鼎至, 更陞峻秩, 在高蹈無悶之樂, 固非絲毫輕重, 而天其或者大明斯道於吾東, 則如翼欣躍感發之私, 不暇言, 而實吾道之幸也, 斯世之福也."

12) 姜翼, 『介庵集』 下卷, 「挽章」(南冥曹先生), "儀禮三千錄, 尋究五十年, 棘薪看熳重, 萱草又霜顚, 夜盡啼商鳥, 春深叫杜鵑, 上天呼不得, 君子果何愆."

강익은 20세 무렵 조식의 풍모를 듣고 흠모하는 마음을 가지고 있다가 1551년 29세 때 조식 및 노진, 오건과 함께 화림동을 유람하였다. 이후 조식과 서신을 주고받았고, 1558년에는『주역』을 배우러 가서 몇 달을 머물렀으며, 1566년에는 지곡사智谷寺 모임에 참석하기도 하였다.[14] 이와 같이 강익은 평생에 걸쳐 조식과 회합하며 인근 사류들과의 유대를 쌓아 나가는 한편, 위의 인용문과 같이 조식의 깊은 인정을 받았다.

위의 '선극유종鮮克有終'이라는 말은『주역周易』「문언文言」의 건괘乾卦 구삼효九三爻에 대한 왕필王弼의 주석에서 인용된 구절로, 십삼경주소十三經注疏『주역정의周易正義』에도 채택되었다.[15]「문언」의 건괘 구삼에는 '충신忠信', '수사脩辭', '지지지지知至至之', '지종종지知終終之' 등 조식이「신명사도神明舍圖」에 인용한 단어가 다수 포함되어 있는데,「신명사도」는 조식의 학문 지향이 집약된 도식인바, 위의 인용문에서 제시된 조식의 언급도「문언」구삼효의 의리義理를 설파하며 이루어진 것으로 추측된다.

구삼효의「문언」에는 "끝을 마칠 줄 알아서 끝을 맺는지라 의를 보존한다고 인정할 수 있다"(知終終之, 可與存義也)라고 하였는데, 이에 대해 왕필은 "그러므로 '시작이 없는 사람은 없으나 끝을 잘 맺는 사람은 드물다'라고 하였으니, 의를 보존한다고 인정할 수 있는 자는 오직 끝을 아는 자일 것이다"(故'靡不有初, 鮮克有終', 夫可與存義者, 其唯知終者乎)라고『시경詩經』구절을

---

13) 姜翼,『介庵集』下卷,「行狀」(鄭蘊), "南冥嘗與先生論學, 語及鮮克有終, 深歎今之學者 不克有終. 因曰, 吾平生見欺於人多矣, 的然相信, 而保無可疑者, 惟吾子一人而已."

14) 吳健,『歷年日記』, 1566년 1월 10일조, "……是日先生來智谷……"; 13일조, "……姜 翼・姜軫・鄭惟明, 自咸陽來……."(이상필,「덕계 오건의『역년일기』소고」,『남 명학연구원보』제5호, 1997, 부록 참조)

15)『周易正義』, 卷1, 乾卦 九三의「文言」, "九三曰, 君子終日乾乾夕惕若厲无咎, 何謂也. 子曰, 君子進德脩業, 忠信所以進德也, 脩辭立其誠所以居業也, 知至至之可與幾也, 知終 終之可與存義也.[王弼注: 處一體之極, 是至也. 居一卦之盡, 是終也. 處事之至而不犯咎, 知至者也. 故可與成務矣. 處終而能全其終, 知終者也. 夫進物之速者, 義不若利, 存物之終 者, 利不及義, 故靡不有初, 鮮克有終, 夫可與存義者, 其唯知終者乎.]"

인용하며 주석을 달았다.

의義는 경敬과 더불어 남명학의 핵심 개념인데, 「문언」에서 그 끝을 안다면 의義를 잘 보존한 것으로 간주할 수 있다고 하였으니, 조식이 끝을 잘 맺을 것을 의심할 수 없는 인물로 강익을 거론한 것은 조식 본인의 학문 지향이 강익과 일치함을 말함과 동시에 강익의 치열하고도 과단한 실천성향을 깊이 인정한 것이다.

위에서 '한평생 사람에게 많이 속았다'고 한 조식의 언급에서도 드러나듯이, 입으로 표현되는 학문의 지향이 일치한다고 해서 모두 조식의 인정을 획득할 수는 없다. 이는 일생을 통해 일관되게 실천할 수 있는 가능성이 담보되어야 하는 것이다. 강익은 과거를 포기한 이후 31세 때 양진재養眞齋를 지어 성정의 참됨을 기르며 일생을 보내기를 기약하였는데, 조식은 이러한 행적을 통해 드러난 강익의 위기지학에로의 과단한 실천 의지를 두고 끝을 잘 맺을 것을 확신했던 것으로 보인다. 또한 장기간에 걸쳐 남계서원 건립을 주도하여 결실을 보게 된 일16) 또한 강익의 과단한 실천성에 바탕한 위기지학의 일관된 실천과 무관할 수 없을 것이다.

2) 자득 추구

위에서 살펴본 것과 같이 강익은 과단한 기질을 바탕으로 배운 것을 부단히 실천하려는 태도를 지니고 있었다. 이것이 그가 위기지학을 일생 동안 확고히 실천하도록 만든 동력이었다. 그러나 방향이 어긋나면 아무리 일관되게 힘을 쏟아도 제대로 된 실천을 담보하기 힘들다. 따라서

---

16) 윤희면, 「경상도 함양의 남계서원 연구」, 『남명학연구』 26집(2008). 이 논문을 통해 남계서원 건립 기획 초기에 여의치 않았던 몇몇 정황을 일별할 수 있다.

정교한 실천을 위한 학문 방법이 제시될 필요가 있는데, 강익은 '자득自得'의 방법을 통해 정확한 실천을 도모한 것으로 판단된다.

강익은 학문할 적에 스스로 터득하는 것(自得)을 중시하였다. 학문이 자득을 거치지 않으면 실천할 적에 차질이 생기거나 실수하기가 쉽다는 것이다.[17] 이는 학문을 자신의 몸에 체화하지 않고서는 제대로 된 실천을 보장할 수 없다는 지적으로 보인다. 이러한 강익의 자득 추구 경향은 그의 초기 성학 과정을 서술한 다음의 내용에서 그 단서를 확인할 수 있다.

선생은 솟아오를 듯 세차게 스스로 발분하여 하루 종일 꼿꼿이 앉아 잠자는 것도 먹는 일도 잊으면서 읽고 외기를 게을리하지 않았다. 겨우 책 한 권을 배운 뒤에는 문리가 통달하여 어떠한 경전이나 대가들의 저서도 눈에 닿는 부분마다 활연豁然히 이해되었다. 이때부터 다시는 스승에게 배우지 않고, 단지 은미하고 오묘하여 이해하기 어려운 곳만 뽑아서 나아가 스승에게 교정을 받았다.[18]

위의 내용은 정희보 문하에 입문 초기에 강익이 보였던 학문 자세를 서술한 글이다. 학문할 적에 발분망식發憤忘食하면서 용맹정진勇猛精進했다는 묘사는 강익의 과단한 실천성을 드러내기 위한 서술이고, 정희보에게서 책 한 권을 배운 뒤로 문리가 통했다는 서술은 그의 타고난 총명함을 강조하는 부분이다. 과단한 학문 자세와 타고난 총명함이 결합되어

---

17) 姜翼, 『介庵集』 下卷, 「年譜」, "嘉靖三十五年丙辰, 先生年三十四歲, 又號介庵, 口以誘掖後進爲任, 學者踵門如市, 一日, 吳德溪, 林葛川二先生, 冒雪同訪, 先生以詩謝之, 論學至自得勉强等語, 乃曰學貴自得, 非自得者, 易至差失, 事在勉强, 非勉强, 則無以成功, 二先生感服其得道焉."

18) 姜翼, 『介庵集』 下卷, 「行狀」(姜渭秀撰), "先生激昂自奮, 終日危坐, 忘寢與食, 讀誦不怠. 纔授一卷, 文理通達, 凡經傳百家, 觸處豁然. 自是, 不復從師, 只拈出微奧之難曉者就正焉."

책 한 권을 배운 뒤로는 따로 집경執經 수업이 필요 없을 정도로 문장의 이치에 통달했다는 것인데, 여기에서 강익의 자득추구적 학문 경향의 초기 형태를 감지할 수 있다. 스승의 강설에 의존하기보다 스스로 독서하고 궁리하여 터득하려는 학문 자세를 가졌기 때문에 이후로는 혼자서도 학습해 나갈 수 있었던 것이다.

위 인용문의 서술을 통해 강익이 학력에 빠른 성취를 보였던 '자득'이라는 요인을 포착할 수 있는데, '득'의 구체적인 내용(목적어)이 생략되어 있기도 하고 대다수 학생의 경우와 다르기 때문에 다소 신화화된 선현의 일화로 치부해 버리기가 쉽다. 그러나 아래에 제시하는 강익의 독서 태도와 결부지어 생각해 본다면 위의 서술은 거기에 상당하는 진실을 내포하고 있다고 판단된다.

> 글에 어찌 이해하기 어려운 부분이 있겠는가? 고인들이 글을 지을 적에는 모두 이치대로 하였으니, 이치를 거슬러 올라가 보고 뜻을 구한다면 절로 어려운 곳이 없게 될 것이다.[19]

위의 인용문은 1555년 동강東岡 김우옹金宇顒(1540~1603)이 양진재養眞齋로 찾아 왔을 적에 『대학大學』에 대해 함께 논의하던 중에 강익이 한 발언의 내용이다. 강익은 김우옹에게 옛 성현의 글을 읽다가 막히는 부분이 있을 적에는 '이치를 거슬러 올라가 보고 뜻을 궁구하라'(泝理而求之)라고 조언하였는데, 여기서 '이치를 거슬러 올라간다'는 부분은 '성현이 글을 쓴 의도를 궁리한다'는 정도로 치환될 수 있다. 깊이 있는 독서를 통해 성현이 글을 쓴 의도를 자득하지 않고서는 착간錯簡의 가능성이

---

19) 姜翼, 『介庵集』下卷, 「年譜」, "嘉靖三十四年乙卯, 先生年三十三歲, 金東岡訪于養眞齋, 共論大學曰, 書豈有難可曉者. 古人爲文, 皆有其理, 泝理而求之, 自無難處."

군데군데 도사리고 있는 옛 경전의 난해한 구절을 해석하기 힘들기 때문이다. 요컨대 독서할 적에 이해되지 않는 부분이 있을지라도 성현의 마음에 이입하여 그 의도를 득得해서 뜻을 새긴다면 해석에 차질이나 실수를 줄일 수 있다는 것이며, 궁극적으로는 성현과 같은 행위도 자연스럽게 실천할 수 있는 것이다.

강익은 저자의 본지를 자득하여 실천으로 완결하고자 하였는데, 아래의 시에서도 『주역』을 읽으며 그 저자를 떠올리고 있다.

등불 아래에서 황권을 펼치니	燈下披黃卷
분명히 옛 성현의 얼굴이네.	分明古聖顔
깊은 밤 문을 열고 내다보니	夜深開戶看
밝은 달이 빈산에 가득하네.	雪月滿空山20)

위 시의 제목은 「숙야재夙夜齋에서 『주역』을 읽다」인데, 숙야재는 강익이 26세 되던 해 공부하기 위해 지은 건물이다. 이 시는 강익이 야심한 시간까지 『주역』을 펼쳐 읽다가 성현의 본지를 체득한 감동을 읊은 시로 보인다. 이 시에서 강익은 밤늦은 시간까지 집중해서 『주역』을 보며 저자의 의도를 궁리하다가 문득 그 본지를 깨닫는 시점에 이르자, 그 저자의 얼굴을 또렷이 상상할 수 있게 되면서 형언할 수 없는 감동을 느끼게 된다. 야심한 밤에 깊은 감동을 가슴에 가득 안고 문을 열어 밖을 보니, 밝은 달이 산의 구석구석을 환히 비추어 공산空山으로 느껴질 만큼 산속의 사물이 없음을 자각하게 되었는데, 이는 성현의 본지를 말끔히 터득한 자신의 기분을 주변 경물에 비유한 것이다.

이상에서 자득을 통해 추구했던 강익의 학문 지향을 살펴보았다.

---

20) 姜翼, 『介庵集』 上卷, 「夙夜齋讀易」.

강익은 독서를 통해 성현의 글을 이해하는 데 그치지 않고, 성현의 본지를 깊이 새겨 실천에 차실差失이 없는 경지를 지향하였다. 성현이 남긴 글을 놓고 그 구조와 문법을 치밀하게 분석하여 의미를 이해하는 것도 중요하겠지만, 여기에만 치중하다 보면 경전에 남겨지지 않은 사례에 봉착할 경우 실제 대응에 차질이 발생할 수도 있을 것이다. 이를 보완할 수 있는 방법이 성현의 본지를 자득하는 것인데, 당시까지 전례가 드물었던 서원의 창설을 주도한 점이나 경전에 기록되지 않은 많은 사례들이 발생하는 예학禮學 분야에서 강익의 이름이 거론되는 점 또한 강익이 지닌 자득 추구의 학문 지향이 그 원동력이 되었던 것이다.

3. 산문 작품에서 드러난 학문 지향

1) 강익의 문학관 검토

강익의 문학관은 문학을 보는 강익의 관점이며, 강익의 문학은 강익의 인식이 언어로 형상화된 것이다. 강익의 문학관은 그의 문학 창작 경향과도 무관할 수 없기 때문에, 강익이 어떠한 시선으로 문학을 이해하고 있는지는 그의 산문 문학 작품을 분석하기에 앞서 검토해야 할 부분이다. 강익의 문학관이 체계적으로 제출된 글은 없지만, 다음의 기록에서 어떠한 문학(언어표현)을 추구했는가의 단편을 엿볼 수 있다.

(가) 편지는 마음(心)을 전하는 것이지요. 마음이 어찌 편지에 속겠습니까? 목마른 듯 그리워한 지가 오래되었던 차에 보내 주신 글을 받들어 보니, 벗의 마음속 말이

글에 얼마나 역력히 담겨 있는지 매우 감격스럽고 위안이 됩니다.……

(나) 선장仙庄에 매설梅雪이 이제 바로 토해져서 처마를 돌며 운을 뽑아 시를 짓는 그윽한 흥취가 얕지 않으리라 생각됩니다. 아름다운 시를 보내어 저의 어지러운 가슴속을 풀어 주시기를 바라니, 이 또한 벗이 해 주셔야 할 일입니다. 근간에 작은 수레를 몰고 가 볼 것이니, 바라건대 동풍에게 분부하여 꽃소식을 재촉하지 말아서 가지 끝에 빙륜氷輪이 머물러 기다리도록 해 주시면 좋겠습니다.[21]

위의 인용문은 강익이 매촌梅村 정복현鄭復顯(1521~1591)에게 보낸 편지의 일부이다. 정복현은 강익과 정희보 문하의 동문이면서 조식 문하에 함께 출입하였고, 남계서원 창건도 함께 도모한 인물이다. 또한 강익의 양진재와 가까운 마천馬川 군자사君子寺 근처에 운학정雲鶴亭을 지어 절친한 교유를 지속하였다.[22]

위의 편지는 강익이 정복현에게 보낸 답장인데, 강익은 앞서 정복현의 편지를 받아보고 진심으로 자신을 그리워하는 속마음이 잘 표현되었다고 느낀 듯하다. 그래서 답장에 '편지는 마음을 전하는 것'(書是傳心)이라고 서두를 열며 정복현의 진심 어린 편지에 사례를 하였다. 여기에서 편지라는 글이 담아야 할 주요한 가치가 마음을 전하는 것이라며 자신의 문학관을 피력하였다. 비록 이 사례가 편지(書牘類)라는 문체에 국한되는 동시에 매우 절친한 사이에서 이루어진 대화라는 측면에서 맥락상의 한계가 없을 수 없지만, 강익이 어떠한 의식을 가지고 문학 창작에 임했는지를 대체적으로는 말하고 있다고 판단된다. 한평생 성정지진性情

---

21) 姜翼, 『介庵集』 上卷, 「答鄭梅村遂初書」, "書是傳心. 心豈詑於書乎. 懸渴之久, 獲承惠書, 書中多少歷歷故人心上語, 感愳良多.……竊想尒庄梅雪政吐, 巡簷索句, 幽興不淺. 幸投惠佳什, 以解我撓攘之胸次, 亦故人之賜也. 近當策小車, 幸分付東風, 莫催花信, 留待氷輪在枝頭也."

22) 鄭復顯, 『梅村集』, 「年譜」, "馬川君子寺南三里許, 築雲鶴亭, 介菴結養眞齋于登龜, 相距不遠, 共結分華之約, 邊桃灘士貞亦築室于雲峯之桃灘上, 往來不絶."

之眞을 기르고자 했던 강익의 삶의 지향을 고려했을 때23) '마음'을 '진심眞心'으로 이해해도 큰 무리가 없을 것이다.

또한 (나)에서 강익은 정복현에게 매화가 만개한 경치를 시로 표현하여 보내 줄 것을 요청하였는데, 이를 통해 강익은 조식의 시황계詩荒戒에 구애받지 않고 시 짓는 일에 큰 거부감이 없었음을 알 수 있다. 다만 정복현은 시 짓기가 존양存養에 도움이 되지 않는다는 판단 하에 의도적으로 멀리한 것으로 보여,24) 동문 집단 내에서도 문학관이 균일하지 않았음을 짐작할 수 있다.

강익은 작문이나 작시를 의도적으로 기피하지도 의식적으로 도모하지도 않았던 것으로 보이는데, 이는 아래에 묘사된 강익의 시 짓는 방식을 통해 유추해 볼 수 있다.

> 군은 본래부터 출중하였고 탁월하게 청초하고 통창하였다. 뜻에 맞는 곳을 만날 때마다 감정과 경관이 함께 융합되어, 정신으로 만나 할 말을 잊었다가 노래하거나 읊조림으로써 발현되니, 나의 혼매함과 둔함에 비교해 보면서 감탄하고 감상하며 마음으로 흠모하였다.25)

노진이 묘사한 위의 서술을 통해 보면, 강익이 평소 시를 지으려는 의도가 있었다고는 생각되지 않는다. 본인의 의도에 맞는 상황이나 경관을 만났을 때에도 고심해서 시구를 떠올려 짓는 것이 아니라 뇌리의 직관이 모이면 자연스레 읊조리는 식으로 시를 지었던 것으로 보인다.

---

23) 姜翼, 『介庵集』 上卷, 「養眞齋記」, "自可以養吾志養吾氣, 而不牽於外緣, 不汨其內守, 性情之眞, 其庶幾涵養於斯矣."

24) 鄭復顯, 『梅村集』, 「行狀」, "先生雅性不喜作詩, 嘗曰, 程夫子猶以書札爲玩物喪志, 況如批風抹月, 何以補吾存養之實乎, 或遇境意會, 發於吟咏, 警發心神而已."

25) 姜翼, 『介庵集』 下卷, 「祭文」(玉溪 盧禛), "君本出類, 迥然淸通. 遇適意處, 情景俱融, 會神忘言, 發以謳唫, 顧我昏滯, 歎賞心欽."

강익의 시문에는 "문학 창작이 심성수양에 방해가 된다"(玩物喪志·詩荒戒)
는 등의 문학에 대한 경계심이 감지되지 않으며, "문학이 도를 담아야
한다"(文以載道)는 등의 강한 문학적 지향도 찾기 힘들다. 다만 '글은 진심을
전하는 것'이라는 소박한 의견을 절친한 벗에게 이야기하고 있는데,
즉 그에게는 문학이 추구해 나가야 할 방향에 대한 이념적 인식이
매우 약했던 것이다. 이는 문학에 대한 관심보다 심신수양에 역점을
두는 그의 학문 지향에서 기인한 것으로 보인다.

2) 「양진재기」

양진재養眞齋는 강익이 31세 되던 해인 1553년 함양의 귀곡龜谷[26]에
건립되었는데, 강익은 이곳에서 생을 마칠 때까지 머물며 공부와 수양의
공간으로 삼았다. 또한 이곳으로 갈천葛川 임훈林薰, 덕계德溪 오건吳健,
동강東岡 김우옹金宇顒 등 절친했던 명사들이 방문하여 강학 활동을
하였던 것으로 보인다. 강익은 양진재를 짓고 기문을 지어 건립한 이유를
밝히고 있는데, 「양진재기養眞齋記」의 전문은 다음과 같다.

① 함양 고을은 산수로 유명하며 두류산이 그 남쪽에 있는데 그 두류산의 기이하고
수려한 모습이 가장 잘 드러나는 곳이다. 내가 늦게 북쪽 기슭의 한 골짜기에 살
곳을 정하였는데, 이곳에 '귀곡龜谷'이라는 이름이 붙은 뜻은 상세히 알지 못하지만
아마도 이 골짜기의 입지가 깊숙하고 지세가 험하여 마치 거북이가 장육藏六한 것과
같기 때문인 듯하다.
② 세상을 외로이 살아가는 나는 그 (귀곡이라는) 이름이 사랑스러운 데다가 그 샘이
맑고 돌이 깨끗한 점도 흡족하여, 그 사이에서 성진性眞을 기르기에 충분하였다.

---

26) 현 경상남도 함양군 마천면 창원리 창원마을 지역이다. 지금은 <介庵姜先生養眞
齋遺墟碑>가 그곳에 서 있다.

이에 돈을 들여 몇 무의 땅을 사서 작은 집을 지었다.

③ 집의 서까래 몇 개는 오래된 바위에 기대었고 그윽한 시냇물을 굽어보고 있으며, 떠풀로 지붕을 덮고 대나무로 그것을 묶어 소연쇄연히 흙먼지가 일어나지 않으니, 또한 여기에서 게으른 무릎을 용납하여 노년을 보내기에 충분했다. 하물며 또한 청산에서 떨어지는 그늘, 흐르는 냇물의 소리와 서늘함, 한가로운 구름과 밝은 달이 궤안 사이에 나풀나풀 춤을 추며, 책상 위에는 또 고금의 경전經典·사서史書와 시부詩賦 등의 책이 있고, 뜰아래는 매화·대나무·국화·오동나무와 지초·난초 등을 늘어 심어 놓았다.

④ 그 쌓아 놓은 것이 남들보다 가난하지 않고 또한 남들보다 사치스럽지도 않으며, 부귀영화 누리기를 기대하지도 않아도 한가로운 가운데 살아갈 수 있으니, 진실로 남은 세월을 실컷 즐길 만하다. 나는 이에 붕우에게 사례하고 오건烏巾 쓰고 죽장竹杖 짚으며 그 속에서 여유롭게 노닐며 편안히 살아가니, 왕래하는 번거로움은 이미 끊었고 또한 경영할 마음도 없는데, 하루 종일 부지런히 힘쓰는 점은 다만 책을 보고 화초에 물 주며 음풍농월하는 일일 뿐이다.

⑤ 무릇 당세의 득실이나 명예와 이익의 향배가 일찍이 한 치 마음 속 나의 천군天君을 흔들지 못한다면, 스스로 내 의지와 내 기운을 기를 수 있으며 바깥 인연에 끌려 다니지 않고 내면의 지조에도 골몰하지 않을 수 있으니, 성정의 참됨(性情之眞)을 여기 에서 함양할 수 있을 것이다. 그래서 이 집을 '양진養眞'이라 편액한다. 아! 이 집의 이름을 지음에 또한 그 의미가 많으나 유독 양진이라는 이름을 취한 것은, 스스로 양진한다고 자랑하는 것이 아니라 실로 스스로를 경계하려 하기 때문이며, 스스로 경계할 뿐만 아니라 또한 스스로 분발하여 실천하고자 하기 때문이다.

⑥ 무릇 마음은 신명의 집으로 이 집과 똑같이 빈 골짜기요 고요한 숲이어서 애초에 한 점의 티끌이나 한 터럭의 사사로움도 없다. 그러나 이 마음이 혹 그 기름을 잃고 타물에게 구애되어 끝내 더러움과 어두움에 휩쓸려서 허우적대고 침체된다면, 이 집의 청허하고 매우 맑은 점(虛靜淸絶)을 돌아볼 것이니, 실로 명사明師·외우畏友의 가르침과 깨우쳐 줌이 매우 가까이 있는 것이다. 이 집에서 살고 이 집에 머물며 여기에서 흥취를 즐기고 여기에서 마음에 기쁨을 느끼며, 달을 대하고 구름을 보면서 내 마음을 씻을 것을 생각하고, 매화를 찾고 난초에 물 주면서 내 마음을 맑게 할

것을 생각하며, 시서를 책상에 가득 채우고 깊고 고요히 탐색하여 고인의 마음 추구하기를 생각한다면 또한 나를 계발하는 하나의 귀감龜鑑이 아니겠는가!

⑦ 아! 마음은 살아 있는 물건이라 무시로 달아나 버린다. 만약 내가 비록 이 집에 고요히 거처한다고 해도 사루私累의 침범을 면하지 못하고 본연의 천성을 보존하지 못한다면, 멍청한 산속 집의 한 노부老父에 불과할 것이니 어찌 이 집에 부끄럽지 않겠는가! 이에 기록해서 장차 이로써 스스로 경계하고 발분할 것이니, 집 이름이 어찌 한갓 이름일 뿐이겠는가!27)

이 기문은 내용 상 귀곡에 양진재 터를 잡은 이유(①·②), 양진재 건축 내용과 은거(③·④), 양진재를 지은 이유와 다짐(⑤·⑥·⑦)으로 나누어 볼 수 있다. 귀곡에 터를 잡은 이유로는 지리적 위치와 지명(①), 자연환경(②) 등이 있고, 양진재 건립 과정에서 주안을 두었던 부분은 자연환경과 인문환경의 조화(③)를 추구하면서 속세와 단절하여 은거하기를 희망(④)한 점이었다. 그리고 양진재를 지은 이유로는 성정性情의 참됨을 기르기에 용이한 환경(⑤)이라는 점과 양진재가 자기계발의 귀감으로 기능할 수

---

27) 姜翼, 『介庵集』 上卷, 「養眞齋記」, "郡以山水稱, 而頭流在其南, 最著奇秀. 余晚卜北麓之一谷, 曰龜谷, 未詳其命名之義, 而蓋以是谷, 宅幽勢阻, 如龜之藏六也. 余蹖於世, 旣愛其名, 又嘉其泉明石潔, 足以養性眞於其間. 乃捐錢買數畝, 築一小齋. 齋數椽而依古巖, 俯幽澗, 覆以茆, 編以竹, 蕭然灑然, 塵土不起, 亦足以容倦膝而將老焉. 況又靑山落陰, 流水響寒, 閑雲霽月, 霏微婆娑於几案間, 而案上更有古今經史若詩賦之篇, 庭下列植梅竹菊梧及芝蘭之屬. 其所蓄不貧於人, 而亦不侈於人, 不待鍾鼎之享, 而閑中計活, 誠可以飽飫餘齒. 余於是, 謝友朋, 烏巾竹杖, 優游偃仰於其中, 旣絶往來之煩, 且無經營之念, 昕晡之孜孜者, 只是看書灌花, 吟風詠月而已. 凡當世之得失, 聲利之欣悴, 曾不向方寸中撓我天君, 則自可以養吾志養吾氣, 而不牽於外緣, 不汩其內守, 性情之眞, 其庶幾涵養於斯矣. 故扁是齋曰養眞. 噫. 名是齋, 亦多其義, 而獨取於養眞者, 非自夸, 而實所以自警也, 非特自警, 而亦所以自發也. 夫心是神明舍, 與是齋均是空洞森靜, 初無一點塵一毫私. 而是心之或失其養, 任他撈攘, 終至於波蕩塵晦, 汨汨沈沈, 則顧是齋之虛靜淸絶者, 實明師畏友之規警親切. 而居是齋, 處是齋, 玩興於是, 賞心於是, 對月看雲, 思所以洗吾心, 訪梅滋蘭, 思所以淸吾心, 而滿案詩書, 冥探靜賾, 思所以求古人之心, 則亦豈非啓我發我一龜鑑乎. 吁. 心是活物, 走作無時. 倘使余雖處是齋之幽靜, 而未免私累之侵, 未保本然之天, 兀然爲山齋之一老夫, 寧不愧於是齋乎. 玆以識之, 將以自警而自發, 齊豈徒名也哉."

있다⑥는 점인데, 이와 같은 환경에서 스스로에게 부끄럽지 않도록 더욱 양진에 정진할 것을 다짐⑦하면서 글을 마무리하였다.

①에서 귀곡의 지리적 위치는 지리산의 북쪽에 있으면서 지리산의 경관을 잘 관망할 수 있는 특징이 있다고 하였다. 그리고 '귀곡'이라는 지명이 붙은 이유로 거북이가 장육藏六한 모습과 귀곡의 지형이 비슷한 점을 거론하며 추정하였는데, 장육은 거북이가 외부의 공격을 당하면 자신을 보호하기 위해 머리와 꼬리, 그리고 사지四肢를 몸통 껍질 속에 감춘다는 뜻이다.[28] 따라서 거북이가 장육한 지형은 외부로부터 차단되어 자신만의 공간에서 공부하고 수양하기에 적합한 공간이다. 그래서 강익은 이곳이 본성의 참됨(性眞)을 기르기에 충분한 곳이라 여겨 부지를 매입해서 양진재를 짓게 되었던 것이다②.

③에서는 강익이 양진재를 건축하면서 중요하게 고려했던 부분을 서술하였다. 강익은 양진재 건물에 대해, 한쪽이 바위에 기대어 있으면서 시냇물이 그 아래로 지나가고, 띠풀과 대나무로 지붕을 엮어서 자연과 건물이 완연히 동화된 모습으로 묘사하였다. 거기다가 양진재에서 바라보는 주변 경관은 청산에서 드리운 그늘, 흘러가는 냇물 소리, 구름, 달 등이 에워싸고 있으며, 그 자연물들이 역으로 강익이 공부하고 있는 책상에 침투한다.

이들 자연물들은 모두 강익이 택지 단계에서부터 안배하여 양진재에서 그것들을 감상할 수 있도록 의도한 것이다. 즉 양진재는 산山·수水·운雲·

---

28) 『雜阿含經』, 卷43, "過去時世, 有河中草, 有龜於中住止, 時有野干饑行覓食, 遙見龜蟲, 疾來捉取, 龜蟲見來, 即便藏六, 野干守伺, 冀出頭足, 欲取食之, 久守, 龜蟲永不出頭, 亦不出足, 野干饑乏, 瞋恚而去, 諸比丘, 汝等今日, 亦復如是"; 『漢語大詞典』, 「龜藏六」, "謂龜遇危險便將頭尾和四足縮入甲中以避害, 後因比喻人的才智不外露或深居簡出, 以免招妖惹禍."

풍風 등 자연물들과 조화를 이루며 공부방에서 그것들을 직접 느낄 수 있도록 설계된 건물이다. 강익은 여기에 그치지 않고 자연물과 인공물을 의도적으로 배치하였는데, 매梅·죽竹·국菊·오梧·지芝·난蘭 등의 식물들을 뜰아래에 심어 놓았고[29] 자신의 책상 위에는 경經·사史·시詩·부賦 등의 서적을 가져다 두었다. 이는 자연 속에서 자연을 가꾸며 독서하고자 하는 의지가 표현된 것이다.

위와 같이 자신이 조성한 환경을 기반으로 해서, ④에서는 스스로 만족하며 자기수양을 하면서 살아가고자 하는 의지를 표명하였다. 벗들과 교유하거나 어떠한 사업도 도모하지도 않고, 책 보고 화초를 가꾸며 자연물을 완상하는 일을 주업으로 삼고자 한 것이다. ③과 ④에서는 표면상 드러나는 공부 공간의 모습과 그 속에서 강익이 추구한 생활 방식이 비교적 객관적으로 묘사되어 있다면, 뒤에 이어지는 부분에서는 다소의 의론을 통해 강익이 양진재에서 추구하고자 한 삶의 지향이 구체적으로 드러난다.

⑤·⑥·⑦에는 '양진'이라는 이름을 붙인 의도와 건립의 효과 그리고 양진적 삶에 대한 다짐이 서술되어 있다. ⑤에서는 양진이라고 명명한 까닭이 성정의 참됨(性情之眞)을 함양하기 위해서라고 하였다. 성정의 참됨을 기르지 못하는 까닭은 추구하는 일의 성패나 명리名利의 향배로 인해 천군天君(마음)을 괴롭게 하기 때문이라는 것인데, 양진재는 의지와 기운을 기르기가 용이한 데다가 외물에 마음을 뺏기지 않고 자신의 아집도 부리지

---

29) 당시 매화·국화 등을 심으며 지은 다음과 같은 시가 있다. 姜翼, 『介庵集』 上卷, 「龜谷 初結養眞齋 手植梅菊有感」, "誅茅龜谷及新春, 不是貪山爲養眞. 梅菊已憐冥契宿, 故穿溪雨種慇懃."(띠풀 베어 귀곡에 집 짓고 새봄 맞았는데, 산을 탐한 것이 아니라 양진을 위해서이네. 매화·국화 너무 사랑스러워 오래도록 깊이 사귀고자, 내리는 비를 맞으며 개울가에다 은근히 심어 놓았네.)

않을 수 있는 환경적 조건이 갖추어져 있어서, 성정의 참됨을 함양하기에 최적의 입지라는 것이다. 그러면서 양진이라고 이름을 붙인 것이 혹여 타인들에게 자신의 양진함을 과시하는 것처럼 비추어질까 염려하여, 스스로 경계하고 실천하기 위한 명명임도 강조하였다.

⑤에서 양진이란 명명의 이유를 설명하였다면, ⑥에서는 총괄적으로 귀곡에 양진재를 지은 의도와 그 효과를 신명사神明舍(마음)와의 비유를 통해 서술하였다. 양진재와 그 주변 경관이 맑고 깨끗한 것처럼 마음도 애초에는 한 점 사욕이 없는데, 어쩌다가 마음이 성정의 참됨을 기르지 못하고 타락의 길로 떨어지는 상황이 생겼을 적에, 양진재가 도움을 줄 수 있다는 것이다. 양진재의 허정虛靜하고 청절淸絶한 모습이 마치 훌륭한 스승이 매우 자상히 가르치고 경계하는 모습과 같다는 것인데, 구체적으로 달과 구름을 보면서 마음을 씻고(洗吾心), 매화·난초에 가서 물을 주면서 마음을 맑게 하고(淸吾心), 책상 가득한 서적을 탐독하면서 고인의 마음을 추구할 것(求古人之心)을 생각한다는 것이다. 앞서 ③에서 양진재 건축 시에 고려했던 요소들에 대한 의도가 여기에서 드러나고 있는데, 강익이 양진재의 택지와 건축을 통해 의도적으로 배치한 자연물과 인공물들은 모두 성정의 참됨을 계발啓發하기 위한 하나의 귀감龜鑑으로서 기능하는 것이다.

⑦에서는 양진養眞하는 삶을 치열하고 일관되게 실천하기를 다짐하면서 글을 마무리 지었다. 마음은 어디에 있든 제어하기 힘든 것이므로 양진재를 짓고 거기에서 산다고 해서 쉽게 양진할 수 있는 것은 아니지만, 그럼에도 불구하고 자신을 좀 더 격려하고 분발하자는 취지에서 「양진재기」를 지었다는 것이다.

요컨대 강익은 자연물이 양진재에서 최적으로 연출될 수 있도록

터를 잡아 건축하였고, 거기다가 정원에 화초를 심고 공부방에 서적을
배치하였는데, 여기에서 자연을 본받아 자기공부의 귀감으로 삼고자
하는 강익의 의지가 드러난다. 이들은 모두 성정의 참됨(性情之眞)을 한결같
이 기르고자 하는 지향에 철저히 복무하기 위한 기획이었다. 강익은
「양진재기」를 통해 자신의 공부방을 이상적인 수양공간으로 형상화함
으로써, 한시도 어긋남이 없는 자기공부의 지속과 완결을 추구하였던
것이다.30)

3) 「남계서원기」

함양의 남계서원은 강익의 주도로 1552년 무렵부터 설립이 논의되다
가 1664년 무렵에 건물이 거의 완성되었고, 1566년 6월에 사액을 받았다.
이로부터 2달 뒤에 강익은 「남계서원기」를 지어 서원의 건립 의의와
과정 등을 기록하였는데, 전문은 아래와 같다.

① 무릇 도가 천하에 있음에 혼륜渾淪하고 방박磅礴하여 오래되어도 쉬지 않는다.
그것이 옴에 시작이 없고 그것이 감에 끝이 없으니, 크구나, 도가 도다움이여! 위로는
하늘이고 아래로는 땅이며, 해와 달이 교대로 비추고 추위와 더위가 교대로 행해진다.
산은 그 때문에 우뚝 서 있고 강은 그 때문에 흘러간다. 날짐승과 길짐승이 날고
달리는 것과 풀과 나무가 열매 맺고 시듦에, 크거나 작거나 높거나 낮거나 각각
성명性命을 바르게 하는 것은 이 도일 뿐이다. 사람이 천지 사이에 살면서 이 도를

---

30) 다음의 시는 강익이 조식의 「浴川」에 차운한 작품으로 보이는데, 두 편 사이에
는 내용 상 큰 차이가 없다. 이 시에서 드러나듯이 자연물을 보고 자기 내면의
상태를 점검하면서 어떠한 때라도 자기수양을 소홀히 하지 않으려는 자세는,
「양진재기」에서 체계적인 서술로 형상화되는 것이다. 姜翼, 『介庵集』上卷, 「月夜
玩溪有感」, "仰天慙白月, 臨水愧淸流. 多少身心累, 何能刮盡休."(하늘을 우러러 보니
깨끗한 달빛에 부끄럽고, 강물에 다가가니 맑은 물결에 부끄럽구나! 몸과 마음
에 적잖이 쌓인 허물을, 어찌하면 모조리 없앨 수 있을까?)

얻어 사람이 되고 삼재三才에 참여하여 가운데에 자리한다. 한 마음에 만물을 갖추고 있어 하늘이 나에게 준 것이 두터우니, 도를 행하는 것 또한 사람일 뿐이다. 아! 이 도가 사그라진 지 오래되었도다.

② 우리 문헌공文獻公은 정자程子·주자朱子를 이어 우리나라에서 탄생하시어 전하지 않던 학문을 전하고 오랫동안 침체되었던 도를 밝혔다. 미덥게 이행하고 충실히 실천함으로써 힘써 행한 것은 독실하였고, 정밀하고 깊은 조예로써 체인한 것은 지극하였다. 화순함이 마음에 쌓여 암연闇然히 날마다 빛났으며, 영화는 밖으로 드러나 수연粹然히 몸이 편히 펴졌다. 그 진실을 쌓아 오래도록 힘쓴 공적과 마음으로 터득하여 몸소 행한 실질은 진실로 천년의 진유眞儒요 백세의 사표師表이다.

③ 하늘이 부자夫子를 낳은 것은 이미 우연이 아닌데 하늘이 부자에게 화를 내린 것은 또한 어찌 이 지경에 이르렀는가! 하늘이 부자의 도를 실행할 수 있도록 했더라면 세상은 요순시대요 사람은 정자程子·주자朱子가 되기를 바랄 수 있었을 것인데, 한탄스럽게도 하늘이 부자의 도에 액운을 내려 한갓 변방 종성鍾城으로 유배를 보내어 송나라 정이천程伊川이 부주涪州로 귀양 간 것과 나란히 같으니, 천명이여! 이 도가 장차 없어지려는가!

④ 아! 부자가 돌아가신 지 이제 오십 년이 지났는데 부자의 사당은 아직도 갖추지 못했으니, 우리 고을의 깊은 수치일 뿐만이 아니라 어찌 우리 도의 깊은 통탄이 아니겠는가! 옛날 정자·주자가 돌아가셨을 적에 학자들이 그분들을 사모하여 한 번 노래하고 한 번 노닐며 쉬시던 땅에 서원을 세워 제사 지내지 않음이 없었던 것은, 상도常道를 잡고 덕을 좋아하는 천성을 스스로 속일 수 없음이 있어서이다. 하물며 부자의 고을임에랴.

⑤ 다행히 우리 여러 군자들이 마음을 모으고 뜻을 같이해서 임자년(1552)에 사업을 시작하여 신유년(1561)에 공역을 마쳤으니 총 10년이 걸렸다. 여러 가지 지휘하고 계획하는 일들은 실로 우리 세 사람의 고을 원(三侯)이 관장했을 뿐이다. 처음에는 부자를 위태롭게 하여 그 온축된 것을 펼 수 없도록 만들었다가, 끝내는 삼후三侯를 내려 부자를 제사 지내도록 하여 후학들에게 귀의할 곳이 있음을 알 수 있게 하였으니, 하늘의 의도가 또한 존재하는 것인가.

⑥ 나는 부자보다 뒤에 태어나 비록 부자의 문하에 나아가 배우지는 못했지만, 부자의

유풍을 듣고 부자의 유훈에 감복하였다. 적이 스스로 진려하여 부자의 도에 죄를 짓지 않을 것을 도모하여도, 망연한 말학이 미로에서 길을 잃어버린 지가 오래되었다. 이에 지금 부자의 사당을 설치하고 부자의 영령에 제사를 지내니, 뜰 가득한 장보章甫들이 오르내릴 때 차례가 있고 절하고 읍하며 나아가고 물러나는 모습이 마치 함장函丈을 늘어서서 모시고는 직접 가르침을 받드는 듯하다. 게으름을 일깨우고 공경함을 일으키는 사이에 애연히 자득의 즐거움이 있으니, 우리 후학들이 그 절조節操를 격려하고 그 성정性情을 고무하는 바가 반드시 여기에 달려 있지 않다고는 할 수가 없다. 아, 또한 다행이구나!

⑦ 사우祠宇와 강당講堂 및 동재東齋와 서재西齋에서 전문前門까지 총 30여 칸인데, 여러 군자들이 내가 일을 앞장서서 주도했다고 하여 그 전말을 기록하고, 또 그 각 건물에 이름을 붙이기를 요청하였다. 사양했으나 받아들여지지 않아 삼가 서원을 세운 뜻을 기록한다. 드디어 그 강당을 '명성明誠'이라 이름 붙이니, 『중용中庸』의 "밝게 되면 정성스럽게 된다"는 뜻을 취한 것이다. 강당의 협실夾室은 왼쪽을 '거경居敬'이라 하고 오른쪽을 '집의集義'라고 하였으니, 정자程子의 말씀인 "거경궁리居敬窮理"와 『맹자孟子』의 "(호연지기는) 의義가 축적되어 생겨난다"는 뜻을 취한 것이다. 재齋의 동쪽 실室을 '양정養正'이라 하였으니 "어려서 바른 도리로 기른다"는 것에서 뜻을 취하였고, 서쪽 실을 '보인輔仁'이라고 하였으니 "벗으로써 인을 돕는다"는 것에서 뜻을 취하였다. 재의 두 헌軒을 '애련愛蓮'이라 하고 '영매詠梅'라고 하며, 앞쪽의 대문을 '준도遵道'라고 하였으니, 명명한 것에 각각 그 뜻이 있다. '남계서원'이라고 사액賜額을 받았으니, 서원이 남계 가에 있기 때문이다.

⑧ 아, 우리나라에 서원이 설립된 것은 주무릉周武陵(周世鵬)이 죽계竹溪에 백운동서원白雲洞書院을 건립한 것이 시초인데, 이후 처음으로 이곳에 서원이 세워졌으니 우리들의 참람하고 주제넘은 잘못은 실로 피하기 어렵다. 그러나 삼후의 성의가 이미 매우 정성스럽고 조정의 은전이 또 이미 밝게 빛나니, 오도吾道를 보호하고 세교世敎를 부지해서 우리 백성을 가르쳐 인도할 것이다. 아, 또한 위대하도다.

⑨ 오직 바라건대 이 서원에 거처하는 제군諸君은 삼후가 현인을 숭상하는 정성에 감격하고 부자가 도를 창도한 풍모를 사모하라. 사모할 뿐만 아니라 그 도를 배우기를 생각하고, 배울 뿐만 아니라 그 도를 다하기를 생각하라. 그리하여 부자의 침잠沈潛하

고 정밀精密한 공부를 채득하고 부자의 독실篤實하고 강의剛毅한 뜻에 힘써서, 여기에서 장수藏修하고 여기에서 함양涵養하라. 이에 동정動靜과 존성存省 시이를 살펴 그 기질을 변화시키고, 이에 성정性情과 은미隱微 사이를 살펴서 그 덕성을 훈도薰陶하라. 그리하면 거의 부자의 도가 여기에 힘입어 실추되지 아니하여 성대하게 많은 선비가 흥기함이 있을 것이다. 이렇게 하고서야 비로소 삼후를 저버리지 않고, 우리들의 참람하고 주제넘은 잘못도 국가의 학문을 높이는 정사에 조금이나마 보탬이 될 것이니, 아, 어찌 힘쓰지 않아서야 되겠는가. 삼후는 누구인가? 서구연徐九淵 공, 윤확尹確 공, 김우홍金宇弘 공이니, 각각 유행儒行으로 당시에 드러난 사람들이다.

가정 병인년(1566) 중추 정해일에 진산 강익이 기록하다.[31]

---

31) 姜翼, 『介庵集』上卷, 「灆溪書院記」, "夫道之在天下, 渾淪磅礴, 悠久不息. 其來也無始, 其往也無終, 大哉, 道之爲道也. 上而天, 下而地, 日月之代明, 寒暑之錯行. 山之所以壯, 河之所以流, 禽獸之飛走也, 草木之榮枯也, 洪纖高下, 各正性命者, 是道而已. 人生於天地間, 得是道而爲人, 參三才而中立. 備萬物於一心, 天之所以與我者厚, 而道之所以行者亦人而已. 噫. 斯道之熄久矣. 惟我文獻公, 後程朱而挺生於東國, 傳不傳之學, 明久晦之道. 允蹈實踐, 而所以力行者篤, 精詣深造, 而所以體認者和. 和順積中而闓然日章, 英華發外而粹然體胖. 其眞積力久之功, 心得躬行之實, 寔千載之眞儒也, 百世之師表也. 天之挺夫子, 旣非偶然, 而天之禍夫子, 又何至是哉. 使天而行夫子之道, 庶幾世唐虞人程朱, 而嗟天之厄夫子之道, 徒使塞之鍾, 竝聲於宋之洛, 天乎天乎, 斯道之將喪乎, 噫. 夫子之歿. 五十稔于玆, 而夫子之祠, 尙有闕然, 顧非吾郡之深羞, 而亦豈非吾道之深恫哉. 昔程朱殁, 而學者慕之, 一嘯詠一遊息之地, 無不起院而祀之, 秉彜好德之天, 自有不容誣者, 況夫子之鄕乎. 幸我諸君子, 協心同志, 始事於壬子, 訖功於辛酉, 首尾十年. 凡指揮籌度之勤, 實我三侯之掌中耳. 始焉厄夫子, 俾不克畢其所蘊, 而終焉惠三侯而祀夫子, 使後學知有依歸, 天之意亦有在也耶. 余之生, 後於夫子, 雖未及攝衣於夫子之門, 聞夫子之遺風, 服夫子之遺訓. 竊自振勵, 圖所以不獲罪於夫子之道, 而恨恨末學, 摘埴迷途者久. 乃今設夫子之廟, 祀夫子之靈, 而盈庭章甫, 陞降有次, 拜揖進退, 怳然若列侍函丈, 親承警咳. 立懶起敬之間, 藹然有自得之樂, 則凡我後學之所以激勵其節操, 皷舞其情性者, 未必不在於斯矣, 吁. 亦幸矣哉. 祠宇與講堂曁東西齋及乎前門, 總三十餘間, 諸君子以余爲首事, 請記其顚末, 且名其齋舍. 辭不獲, 謹識其立院之意. 而遂名其講堂曰明誠, 取中庸明則誠之意也. 堂之夾室, 左曰居敬, 右曰集義, 取程訓之居敬窮理, 鄒經之集義以生之旨也. 齋之室, 東曰養正, 取義於蒙以養正也, 西曰輔仁, 取義於以友輔仁也. 齋之二軒, 曰愛蓮, 曰咏梅, 前之大門曰遵道, 名各有義. 而宣額曰灆溪書院, 院在灆溪之上也. 噫, 書院之設於吾東者, 周茂陵竹溪之後, 始興於斯, 吾儕僭踰, 固所難逃. 而三侯之誠意, 旣極繾綣, 朝家之恩典, 又已炳煥, 其衛吾道扶世敎, 而啓迪乎我民. 吁之趨矣哉. 惟願諸君子居是院者, 感三侯尙賢之誠, 慕夫子倡道之風. 不徒慕之, 而思所以學其道, 不徒學之, 而思所以盡其道. 體夫子沈潛精密之功, 勵夫子篤實剛毅之志, 而藏修於斯, 涵養於斯. 于以審動靜存省之際, 而變化其氣質, 于以察情性隱微之間, 而薰陶其德性. 則庶幾夫子之道, 賴以不墜, 而蔚然多士之有興

「남계서원기」는 내용 상 ① 도의 역할, ② 정여창의 도학자적 위상, ③ 정여창의 피화被禍와 도의 침체, ④ 정여창 서원의 건립 당위, ⑤ 남계서원 건립 경위, ⑥ 건립 후 강익의 감회, ⑦ 남계서원 각 건물의 명칭과 의미, ⑧ 우리나라 서원 건립의 의의, ⑨ 남계서원 유생에 대한 당부로 나누어 볼 수 있다. 전체 내용을 요약해 보면 다음과 같다.

천지만물의 도를 실천할 수 있는 존재는 사람밖에 없는데(①), 그 중 우리나라에서는 일두 정여창 선생이 도를 체득한 사람이었지만② 중간에 횡액을 당해 도를 실행하지 못했으니(③), 지금이라도 우리 지역에 제사를 지내 추모할 공간을 마련해야 한다④. 다행히 여러 사람이 힘을 모아 남계서원이 건립되었는데⑤, 서원에 선현을 추모하러 모인 사람들을 보니 감개무량하다⑥. 각 건물들의 명칭은 경전과 선현들의 저술에서 인용하였고, 남계 가에 있어서 '남계서원'이라 사액을 받았다⑦. 우리나라에서 두 번째로 이 서원이 세워져서 제 역할을 해야 하니⑧, 남계서원을 출입하는 유생들은 선현을 숭상하여 본받기를 바란다⑨.

「남계서원기」에는 우선 정여창이 제향된 도학적 당위가 체계적으로 서술되어 있다. 첫머리에서 도의 개념을 세우고 도와 인간의 관계를 정의하였다. 도는 어떠한 사물에도 내재되어 각자의 성명性命을 발휘하게 하는데, 인간만이 그 도를 주체적으로 행할 수 있다고 전제한다①. 그리고 도를 체득한 인물이라야 인간사회에 도를 실현시킬 수 있고 도를 체득한 사람을 양성할 수 있다는 것이다③. 따라서 인간사회에 도를 실현시키기 위해서는 도를 체득한 인물을 대우하는 일이 중요한데, 그 방법은 도를 체득한 인물의 연고지에 사당을 세워 제사지내는 것이다

矣. 於是乎始無負於三侯, 而吾儕之借踰, 亦有裨於國家右文之萬一爾. 嗚呼, 可不勉哉. 三侯爲誰. 徐公九淵·尹公確·金公宇弘也, 各以儒行著于時. 嘉靖丙寅(1566)仲秋丁亥, 晉山姜翼記."

⑭. 도를 체득했다고 알려진 정여창의 연고지가 바로 함양 남계 지역이므로 여기에 사당을 세워 추모할 필요가 있다는 것이다(⑫·⑭).

다음으로 남계서원의 교육·교화적 기능에 대해 서술하고 있다. 정여창은 함양 고을 출신의 선현으로서 사표師表가 될 만한 도학적 공적이 있는데(⑫), 이렇게 훌륭한 분을 사당에 모시고 제사를 지내는 것은 곧 직접 뵙고 가르침을 받는 것과 같이 사람을 격려하고 고무시키는 측면이 있다는 것이다⑬. 또한 정여창을 모신 서원에서 정여창의 도를 독실히 실천하는 사람이 늘어난다면 유도儒道가 성대히 부흥할 수 있다는 것이다⑲.

앞서 「양진재기」에서 묘사된 '양진재'가 개인의 학문 정진을 위해 사적 공간을 의도대로 조직한 건물이라면, '남계서원'은 유림들에게 '정여창'이라는 학문의 표본을 제시함으로써 지역사회에 유학을 널리 장려하고자 설립한 공적인 성격의 건물이다. 결과적으로 이 두 기문 모두 학문을 위한 공간을 형상화했다는 공통점이 있는데, 「양진재기」가 강익이 스스로의 수양을 위해 서술한 성격이 강하다면, 「남계서원기」는 남계서원 건립 당위와 기능을 서술함으로써 대외적으로 유학을 장려하고자 한 글이다.

4. 결론

이상에서 개암 강익의 학문적 특징과 그것이 문학 작품에서 어떻게 표출되고 있는가를 살펴보았다. 강익은 당대 함양 지역의 대표적인 유학자로 평생을 수양으로 일관하였고, 남계서원 건립을 주도하는 등

유학의 사회적 보급에도 힘을 기울인 인물이다. 이러한 강익의 학문 특징은 그가 남긴 기문記文에 집약되어 있다.

강익은 이른 나이에 과거를 포기하고 위기지학爲己之學으로 방향을 선회하여 학문에 정진하였는데, 이는 스승 당곡 정희보의 영향 외에도 자신의 과단한 실천 성향이 그 기저에 자리했다. 과단한 실천 성향이 위기지학을 확고히 실천하도록 만든 요인이며, 성현의 본지를 '자득自得' 하는 학문 방법을 통해 더욱 정교한 실천을 도모할 수 있었다. 이 때문에 남명 조식은 강익에 대해 '끝을 잘 맺을 것이 분명한 인물'이라는 평가를 하였다.

강익은 문학적 입장을 뚜렷하게 표출하지는 않았지만, 편지는 진심을 전하는 것이라는 입장을 지녔고 시 짓는 데 금기는 없었다. 그렇다고 재도론載道論과 같은 문학의 이념적 지향 또한 감지되지 않는다. 따라서 그는 문학에 대한 흥미보다 심신수양에 더 관심이 있었던 것으로 판단되는데, 이러한 그의 학문적 지향이 집약된 작품이 「양진재기」이다.

강익은 「양진재기」에서 양진재를 건립하게 된 경위와 택지의 이유 및 의도 등을 설명하였다. 이 작품에서 강익은 성정의 참됨(性情之眞)을 기르고자 외부와 격리된 곳에 택지를 하고, 주변의 자연물과 자신의 공부방이 교감할 수 있도록 안배하였으며, 수양을 돕는 물건들도 주위에 배치하였다. 즉 「양진재기」는 강익의 자기수양을 위해 자연물·인공물을 가려서 배치하고 연출한 의도와 그 속에서 성정의 참됨을 기르고자 했던 학문적 지향이 담긴 글이다.

'양진재'가 본인의 학문 정진을 위해 사적 공간을 의도대로 조직한 건물이라면 '남계서원'은 학문의 표본을 제시함으로써 지역사회에 유학을 널리 장려하고자 설립한 건물인데, 이러한 강익의 학문적 지향이 표출된 글이 「남계서원기」이다. 「남계서원기」에서는 일두 정여창을 제향해야 하는 도학적 당위와 서원의 교육·교화적 기능을 주로 설명하였다. 인간만이 도를 사회에 실천할 수 있는데 이는 도를 지닌 사람만이 가능하므로 정여창과 같은 선현을 서원에 제향하여 추모해야 한다는 것이다. 또한 선현을 서원에 모시고 제사지내는 의식이 학생들을 고무시키는 측면이 있으며, 이를 통해 정여창의 도를 실천할 수 있는 사람이 늘어난다면 유학이 부흥하게 되리라는 것이다.

강익은 두 편의 기문記文을 통해 내면으로 학문을 실천하려는 의지와 대외적으로 학문을 장려하려는 의지를 표명하였다. 16세기 초반부터 조식·이황과 같은 인물들이 등장하여 유학자로서의 표상을 정립하기 시작하였는데, 이 과정에서 일관되게 유학적 가치를 실천하고 보급한 강익과 같은 인물이 등장하여 사림의 자기정체성이 더욱 뚜렷해졌던 것이다.

제6장 개암 강익의 교육과 강학활동

사 재 명

1. 머리말

경상도 함양은 개암의 교육과 학문이 완성된 곳이다. 이 지역을 기반으로 인근의 당곡 정희보를 비롯하여, 덕산의 남명 조식과 사승관계를 맺었다. 당곡唐谷 정희보鄭希輔(1486~1547)의 문하에서는 책 한 권으로 문리에 통하게 되었고, 이는 모든 경전과 백가의 서적에 적용되어 위기지학의 자득공부를 하게 되었다. 그리고 남명南冥 조식曹植(1501~1572)의 문하에서는 자득自得의 귀함을 깨우치고, 자득의 공부와 자득을 강조하는 교육을 실천하게 되었다.

개암介庵 강익姜翼(1523~1567)[1]은 젊은 시절의 남명처럼, 시류에 구속되는 바 없이 행동하였으나, 성장해서는 기질의 변화를 통하여 도道로 들어가서 마침내 순후하게 되었다. 타고난 효성을 바탕으로 학문은 정미精微한 경지에까지 이르렀으며, 법도는 스스로 터득하게 되었다.[2]

---

1) 介庵 姜翼(1523~1567)의 자는 仲輔, 본관은 晋陽으로 安義에 거주하였으며, 唐谷과 南冥의 문인으로, 『介庵集』이 전한다.
2) 李德懋, 『靑莊館全書』, 卷69, 寒竹堂涉筆下, 「灆溪廟庭碑」.

이러한 점들은 기질적으로 남명의 모습을 연상하게 한다.

남명과의 사승배경을 살펴보면, 개암은 20세 때(중종 37, 1542) 남명의 학문과 인격의 고풍을 듣고 가르침을 받고자 하였으나, 부친의 병환으로 나아가지 못했다. 27세 때(명종 4, 1549)에는 덕계德溪 오건吳健(1521~1574)과 동강東岡 김우옹金宇顯(1540~1603)이 그의 어진 인품을 듣고 숙야재夙夜齋를 방문하였는데, 이곳에서 며칠간 경서經書와 사서史書를 연구하고 지심知心의 우友를 맺었다. 29세 때(명종 6, 1551)에는 남명이 화림동을 유람할 적에, 옥계玉溪 노진盧禛(1518~1578)과 덕계 등이 함께하는 자리에 참석하여 「유화림동遊花林洞」이라는 시를 남겼다.3) 그리고 남명의 고제자인 덕계, 남명의 외손서인 동강 등과의 교유를 통해서 개암은 남명에 대한 간접적인 영향을 받았을 것으로 보인다. 그러다가 32세 때(명종 9, 1554) 남명을 찾아가 몇 달 동안 함께 생활하며 『논어』와 『대학』을 배웠다. 그리고 이후 36세 때(명종 13, 1558) 남명으로부터 『주역周易』을 수개월간 배우고 돌아왔다.

여기서 주목해야 할 점은, 이러한 전통사회에서 개인이나 집단이 여러 날을 기숙하면서 학습한다는 것은 경제적인 면에서 어느 정도 한계가 있을 수밖에 없다는 사실이다. 그래서 거가居家나 거재居齋의 유생들이 날짜를 정해 한자리에 모여서 학습하는 강회講會의 형태가 나타난 것으로 볼 수 있다.

강회는 모여서 강학한다는 의미로서, 서원이 보급되기 이전부터 사림은 지역 인사들과의 사승師承관계를 맺고 강학하였다. 이는 통독회, 강학회라고도 하며, 개최하는 기간에 따라서 순강旬講(10일), 망강望講(15일),

---

3) 姜翼, 『介庵集』, 卷上, 「遊花林洞」, "南冥携玉溪, 喚起及吾儕, 芳草山容好, 吟鞭馬首齊, 月淵足初濯, 龍澗詩更題, 賞心隨處樂, 輪與野禽啼, 一云, 應知歸去後, 花落鳥空啼."

월강月講(1개월) 등으로 불렸다.

개암은 40세에 '통독의 규칙을 정하고', 41세에 '서재에서 제자교육과 학자들과의 교유를 가졌으며', 43세에 '인재를 기를 수 없을까를 크게 걱정하여 서원의 운영에 깊이 관여하였다'. 이러한 점들은 그가 유생교육을 담당하면서 강회규칙과 강회장소의 필요성을 깨닫고 서원의 공간확보를 통한 교육의 필요성을 절감했을 것으로 보인다.

강회에 관한 규칙으로 초기 서원의 학규學規에 해당하는 것은 퇴계退溪 이황李滉(1501~1570)의 「이산서원원규伊山書院院規」(1559)와 율곡栗谷 이이李珥(1536~1584)의 「은병정사학규隱屏精舍學規」가 대표적이다. 이들 규정은 후대의 서원이나 향교의 규정에도 영향을 미쳤다. 특히, 남계서원은 1552년(명종 7)에 경상도 함양에 세워진 대표적인 초기 서원에 해당하는 것인데, 개암은 이 서원의 설립 초기부터 관여하여 서원의 원기院記와 원규院規를 정하였다.

16세기 초기의 서원들 중에서는 대개 이와 유사한 강의안講儀案을 제정하여 사용하고 있었으므로, 당시 서원에서의 강회활동은 단순하고 임의적인 방법으로 진행된 것이 아니라 치밀하게 준비되고 계획된 규칙으로 시행되었을 것으로 보인다. 남계서원의 강의講儀 역시 당시 일반적인 서원의 강학방식講學方式을 따랐을 것으로 생각된다.

남명학파를 비롯하여 여러 문사들과의 교유를 통해 강회에 참여했던 개암은 재사齋舍와 누정樓亭, 그리고 남계서원을 강학의 무대로 삼았다. 개암의 남계서원 건립에 도움을 준 대표적인 후원자가 바로 남명의 제자이자 외손서인 동강 김우옹의 형 이계伊溪 김우홍金宇弘(1522~1590)이었고, 남명의 제자인 덕계 오건은 이곳에서 주자의 연보를 강론하였으며, 1565년(명종 20) 남명과 그 문인들은 이곳을 강우지역 남명학파의 강학과 회합의 중심 장소로 삼았다.

이제, 개암의 위기지학의 자득공부와 자득을 강조하는 교육, 그리고 강학규칙을 활용한 유생교육과 남명학파의 강회 동향에 관해 살펴보기로 한다.

2. 위기지학의 학문과 자득을 강조하는 교육

1) 위기지학의 자득공부

신유학에서 자득自得은 두 가지 의미로 사용되고 있다. 하나는 자기 자신을 위해 어떤 진리를 배우고 체험함으로써 마음의 기쁨을 얻는 것이고, 다른 하나는 자기 자신의 내부에서 찾아 얻는 것으로 보았다.[4] 학습자의 자발적 태도와 자기만족을 강조하는 원칙으로서의 자득은 위기지학爲己之學을 실현하는 공부의 원리라고 할 수 있다. 교육이 내재적 목적을 추구하는 위기지학이 실현되려면, 학습자의 자발성과 교육성과에 대한 자기만족이 반드시 필요하다. 이러한 의미에서 자득은 위기지학을 가능하게 하는 공부의 원리라고 할 수 있다.

개암에게 있어서 위기지학의 자득의 공부는 '정성스럽고 독실하며 한결같이 정밀하게 생각하고, 힘써 실천하는 것'을 위주로 삼는 것이었다.[5] 개암의 나이 34세 때(명종 11, 1556) 덕계德溪 오건吳健과 갈천葛川 임훈林薰(1500~1584)이 눈을 맞으며 개암을 방문한 적이 있었다. 서로 학문을 논하다가 문득 '자득면강自得勉强'의 말에 이르자 개암은, "학문은

---

4) 표정훈 역, 『중국의 자유 전통』(이산, 1998), 9쪽.
5) 姜翼, 『介庵集』, 卷下, 「介庵姜公墓碣銘」(朴世采), "其爲學誠而篤一以精思力踐爲主."

자득을 귀하게 여기는 것이니 자득한 것이 아니면 어긋나고 잘못되기 쉽고, 일은 힘써 노력하는 데 달렸으니 힘써 노력하지 않으면 공을 이룰 수 없다"라고 하였다. 그러자 덕계와 갈천은 도를 터득한 개암의 경지에 대해 감복하였다.[6] 개암의 학문경향성은 다음의 인용문들에서도 확인된다.

⑦ 학문은 스스로 스승을 얻어, 주자와 정자를 마주하듯이 대하였다.[7]

⑭ 강익의 학문은 실로 위기爲己에 전념하며, 각답실지脚踏實地하는 것이다.[8]

⑭ (개암은) 학문에 있어서는 사승한 바가 없었지만, 능히 스스로 분발하여 깨닫고, 의리를 탐색하고 현묘하고 은미한 것에 관통하였다.[9]

⑭ 학문은 정미하였으며, 법도를 세워서 자득自得하는 것을 중시하였고, 부지런히 노력하는 데 힘쓰는 것을 위주로 하였다.[10]

이를 정리해 보면, 개암의 학문은 스스로 스승을 얻어, 위기爲己에 전념하여 각답실지脚踏實地하였다. 비록 사승한 바는 없었지만 스스로 깨달아 관통하였고, 학문은 자득만한 것이 없으며 정미하고 부지런히 노력하는 것을 위주로 한 것으로 요약해 볼 수 있겠다.

6) 姜翼, 『介庵集』, 卷下, 「年譜」 34歲條, "一日, 吳德溪林葛川二先生, 冒雪同訪, 先生以詩謝之, 論學至自得勉强等語, 乃曰學貴自得, 非自得者, 易至差失, 事在勉强, 非勉强, 則無以成功, 二先生咸服其得道焉."; 姜翼, 『介庵集』 卷下, 「行狀」(姜渭璜) 參照.
7) 姜翼, 『介庵集』, 卷下, 祭文(盧士訓), "學自得師, 對越朱程."
8) 鄭復顯, 『梅村實紀』, 「梅村先生實紀序」, "倘所謂學專, 爲己脚踏實地者."
9) 姜翼, 『介庵集』, 卷下, 附錄, 「行狀」(鄭蘊 撰), "至其爲學, 無所師承, 而自能奮發超悟, 探賾義理, 貫徹玄微."
10) 鄭汝昌, 『一蠹續集』, 卷2, 附錄, 「灆溪書院廟庭碑」(金鍾厚), "學造精微, 立法以貴自得, 務勉强爲主."

2) 자득을 강조하는 교육

평소 개암이 탐독한 서적들은 경서經書, 사서史書, 백가서百家書, 『대학』
과 『주역』 등이었다. 동강 김우옹은 개암의 자득에 대해서 다음과 같이
언급하였다.

> 책을 읽고 이치를 궁구하며 은미하고 오묘함을 연구하기에 지극히 하며 자나 깨나
> 이락伊洛에 몰두해서 천도天道의 은미함과 인사人事의 드러남에 이르러 위아래로 서
> 로 꿰뚫고 하나로 합하여 헤아리니, 비록 나아간 경지는 그 깊고 얕음을 논하지
> 못하겠지만 나아간 방향은 바르고도 정확함을 알겠다.11)

이러한 개암의 학문은 인근의 당곡문하에서의 수학기와 여러 문인들
과의 교유기, 그리고 남명 조식 문하에서의 수학기를 통해서 더욱 두드러
졌음을 볼 수 있다.

(1) 당곡문하에서의 수학기

개암은 15세 때(중종 32, 1537) 인근의 당곡의 문하에 나아가 배웠는데,
당시 문하에는 옥계 노진, 청련 이후백, 구졸암 양희 등이 함께 배우고
있었다.

하루는 당곡이 시험 삼아 사서史書를 가르쳤는데, 개암의 구두 발음이
분명하고 읽는 소리가 낭랑하여 익히 공부한 바가 있는 것처럼 보였다.
때로는 의심스러운 의미를 강론하여 정의를 내렸는데, 당곡이 이를
보고 놀라 공경하였다고 한다. 당곡은 "훗날의 큰 유학자가 될 이는

---

11) 姜翼, 『介庵集』, 卷下, 附錄, 「祭文」(金宇顒 撰), "讀書窮理, 究極微奧, 寤寐伊洛, 以至天
　　道之微, 人事之彰, 上下交貫, 合一爲量, □造詣未議其深淺, 而所趣吾知其端的."

반드시 이 사람"이라고 하면서, 문하생들에게, "제군들은 (개암을) 후배로 여기지 마라. 이 사람은 마땅히 자네들의 사표가 될 것"이라고 말하였다.

당곡문하에서는 겨우 한 권의 책을 배웠을 뿐인데, 문리에 통달하여 모든 경전과 백가의 책에 대하여 보는 것마다 밝게 통하였다. 이때부터 개암은 다시 스승을 따르지 않고, 다만 심오하고 은미하며 이해하기 어려운 것을 당곡에게 나아가 질정하였다.

<표 1> 당곡문하 수학기[12]

나이	연도	주제	독서	장소	교유인	비고
12	중종 29, 1534	論說				
15	중종 32, 1537		史書, 經傳, 百家書	唐谷門下	唐谷 鄭希輔, 玉溪 盧禛, 靑蓮 李後白, 九拙庵 梁喜	
16	중종 33, 1538		經書, 史書	唐谷門下		
17	중종 34, 1539			唐谷門下		

(2) 여러 문인들과의 교유기

19세(중종 36, 1541)부터 31세(명종 8, 1553)까지는 구졸암 양희, 옥계 노진, 청련 이후백을 비롯하여, 남명 조식, 덕계 오건, 동강 김우옹, 박승임, 사암 노관, 매촌 정복현, 남계 임희무 등과 더불어 지리산智異山, 양진재養眞齋, 숙야재夙夜齋, 화림동花林洞 등지에서 교유하였다. 당시는 주로 경서經書와 사서史書를 읽으면서 도의道義로 사귀고 의리義理의 심오함을 탐구하는 시기였다.

한편, 개암과 교유한 이들은 개암의 연보 외에도, 남명의 문인인 매암梅庵 조식曹湜(1526~1572)[13], 매촌梅村 정복현鄭復顯(1521~1591)[14], 모촌

---

12) 姜翼, 『介庵集』, 卷下, 附錄, 「年譜」.
13) 曺湜, 『梅庵逸稿』, 卷2, 「年譜」.
14) 鄭復顯, 『梅村實記』, 卷下, 附錄, 「年譜」.

茅村 이정李瀞(1541~1613)[15] 등의 자료를 통해서도 폭넓은 교유관계를 엿볼 수 있다.

<표 2> 문인들과의 교유기[16]

나이	연도	주제	독서	장소	교유인	비고
19	중종 36, 1541	道義之交 義理之奧			九拙庵 梁喜, 玉溪 盧禛, 靑蓮 李後白	
26	명종 3, 1548			夙夜齋		松庵
27	명종 4, 1549		經書, 史書	夙夜齋	德溪 吳健, 東岡 金宇顒	
29	명종 6, 1551			花林洞	南冥 曺植, 玉溪 盧禛, 德溪 吳健	
30	명종 7, 1552				朴承任, 徒庵 盧祼, 梅村 鄭復顯, 藍溪 林希茂	書院創建
31	명종 8, 1553			智異山, 養眞齋	德溪 吳健	

(3) 남명문하에서의 수학기

개암은 남명문인과 교유하면서 남명의 영향을 간접적으로 받았었다. 그러다가 32세 때(명종 9, 1554)에 남명을 찾아가서, 수개월간 도의道義에 대한 강론을 듣고 비로소 남명의 문인이 되었다.

자득에 관한 남명의 교육을 살펴보면, 남명은 "배움에는 자득自得을 귀하게 여겨야 한다고 하여 한갓되이 서책에만 의지해서 의리義理를 강론하기만 할 뿐 실제로 체득함이 없다면 끝내 소용이 없으니, 이를 마음에 체득하여 입으로 표현하기 어려운 듯이 해야 한다. 학자는 말을 잘하는 것을 귀하게 여겨서는 결코 안 된다"[17]라고 말한 바 있다. 이는 맹자의 "군자君子가 깊이 나아가기를 도道로써 함은 자득自得하기

---

15) 李瀞, 『茅村集』, 卷3, 附錄, 「年譜」.

16) 姜翼, 『介庵集』, 卷下, 附錄, 「年譜」.

17) 曺植, 『南冥集』, 「行狀」(鄭仁弘 撰), "學必以自得爲貴曰, 徒靠冊字上講明義理, 而無實得者, 終不見受用, 得之於心, 口若難言. 學者不以能言爲貴."

위함"18)이며, 성리학은 입으로 말만 해서는 안 되고, 한가한 동안이라 할지라도 잠심潛心하여 자득自得함이 있도록 해야 하는 것19)과 다름이 아니다.

남명은 시비를 강론하거나 변론하는 것을 좋아하지 않았으며, 학도를 위하여 경서를 풀이해 준 것은 없다. 그는 제자들로 하여금 오로지 자신에게 돌이켜 구하여 스스로 터득하게 하였던 것이다. 그 정신과 기풍이 사람을 격려하고 움직이는 점이 있었기 때문에 그를 따라 배우는 자들이 더욱 계발되었다.20) 남명은 책을 설명하는 것은 반드시 옛사람들의 뜻이 아니고, 더욱이 사람을 경박하게 만든다고 하여, 배우는 사람은 반드시 마음을 기울여 생각을 계속해서 함양하여 스스로 이해해야 할 것21)을 강조하였다.

개암(32세, 1554)의 스스로 터득하는 학문에 대해 남명은, "학자들이 공부의 처음은 있으나 끝을 맺는 이가 드물다"고 깊이 탄식하며 "오늘의 학자들은 학문의 끝을 맺지 못한다"라고 지적하면서, "내 평생 사람들에게 기만을 당한 일이 많은데, 이제 분명히 서로 믿고 도와 의심할 수 없는 자는 바로 그대(개암) 한 사람뿐"이라고 하였다.22) 이는 자득의 방식으로 시종일관하는 개암의 학문의 모습을 보여 주는 것이라고 할 수 있다.

---

18) 『中宗實錄』, 卷20, 9年 3月 4日 丁卯, "孟子曰, 君子深造之以道, 欲其自得之也."
19) 『中宗實錄』, 卷26, 11年 10月 13日 辛酉, "理學, 不可徒口說而已. 潛心於淸燕之中, 使有自得."
20) 『宣祖修正實錄』, 卷6, 5年 1月 1日 戊午, "而不喜爲講論辨釋之言, 未嘗爲學徒談經說書, 只令反求而自得之, 其精神, 風力, 有竦動人處, 故從學者多所啓發."
21) 曺植, 『學記類編』, 卷下, 「敎人」, "說書必非古意, 轉使人薄, 學者必潛心積慮涵養而自得之."
22) 曺植, 『南冥先生文集』, 附錄, 「編年」, 54歲條, "姜介庵來學, 先生與公論學語及學者之鮮克有終日的, 然相信保無可疑者, 惟吾子爾."

41세 때(명종 18, 1562)에는 양진재의 남쪽에 풍영정風詠亭을 짓고 시를 짓는 장소로 삼았다. 그는 서재에 머물면서 독서나 제자교육에 전념하였으며, 숙야재를 찾아온 덕계 오건과의 며칠간의 교유를 비롯하여 원근의 문인들과 잦은 교유를 가졌다.

43세 때(명종 20, 1565) 서원의 학생들이 많이 모여 학업을 익히고 있었다. 서적은 보존된 것이 적었고 재물과 곡식 또한 많지 않았던 까닭에 개암은 이로 인해 '인재를 기를 수 없게 되지 않을까' 고민하다가, 사암徙菴 노관盧祼으로 하여금 책을 구비하게 하고 죽암竹菴 양홍택梁弘澤으로 하여금 재정을 모으게 하여 이를 넉넉하게 하였다. 그리고 서원 재산의 여유분을 고을의 동내洞內와 서당書堂에 나누어 주어 각기 혼상례婚喪禮에 도움이 되게 하고 춘추春秋로 강신례講信禮를 실시하여 한 고을의 일정한 예식禮式이 되게 함으로써 향촌교화의 지지기반을 마련하였다.

<표 3> 남명문하 수학기[23]

나이	연도	주제	독서	장소	교유인	비고
32	명종 9, 1554	道義講論		德山洞	南冥 曺植	數月
33	명종 10, 1555		大學	養眞齋	東岡 金宇顒	
34	명종 11, 1556	自得勉强			德溪 吳健, 葛川 林薫	介庵
36	명종 13, 1558		周易	德山洞	南冥 曺植, 德溪 吳健	數月
38	명종 15, 1560	論道		養眞齋	諸生	서원완성
40	명종 17, 1562	經傳論辨		灆溪書院	諸生	통독규정
41	명종 18, 1563			風詠亭		
42	명종 19, 1564				김우홍	
43	명종 20, 1565					혼례상례, 강신례

---

23) 姜翼, 『介庵集』, 卷下, 附錄, 「年譜」.

3. 개암의 강학과 남명학파의 강회

1) 개암의 강학규칙과 남명학파의 강회방식

조선시대의 서원의 학규 중에서 강회에 관한 내용이 처음 등장하는 것은 율곡栗谷 이이李珥(1536~1584)의 「은병정사학규隱屛精舍學規」(戊寅, 1578)라 할 수 있다. 강회에 관한 규정은 율곡의 「은병정사학규(약속)」의 경우처럼 초기에는 학규의 일부로 포함되어 있었으나, 점차 강회에 관한 별도의 규정이 만들어지기 시작했다.

학규 자체로는 죽계竹溪 주세붕周世鵬(1495~1554)의 「백운동서원규칙白雲洞書院規則」(1543)이나, 퇴계退溪 이황李滉(1501~1570)의 「이산서원원규伊山書院院規」(1558)가 먼저 제정되었다. 퇴계가 작성한 「이산서원원규」는 영남지역의 여러 초기 서원의 학규로 채택되었고, 그 주요 내용은 지역과 학파를 막론하고 전국의 많은 서원의 학규에 인용되었다.[24] 그러나 두 학규에는 강회에 관한 조항이 없으며, 「이산서원원규」를 바탕으로 작성된 「남계서원원규」 역시 강회와 관련된 항목은 보이지 않는다.(<표4> 남계서원원규 참조)

한편, 월삭회月朔會에 관한 내용은 율곡의 「은병정사학규」에 관련 조항이 아래와 같이 보인다.

비록 제생은 모두 모일 때가 아닐 지라도, 반드시 매달 한 번은 정사에 모인다.(반드시 매달 초하루에 모인다. 초하루에 일이 있으면 늦추어 잡되 4일을 넘지 않도록 하고, 유사는 미리 회문을 보내 두루 알린다.) 의리를 강론하고 다시 직월을 정한다.[25]

---

24) 박종배, 「학규를 통해서 본 조선시대의 서원 강회」, 『교육사학연구』 19-2(교육사학회, 2009), 62쪽; 「학규에 나타난 조선시대 서원교육의 이념과 실제」, 『한국학논총』 33(한국학연구소, 2010), 44쪽.

<표 4> 남계서원원규[26]

區分	條項	院規內容		비고
		灆溪書院(1552, 13條目)	伊山書院(1558, 12條目)	
1	院士	독서에 관한 것	左同	
2	院士	立志에 관한 것	〃	
3	院士	齋室에 거하는 것	← ③으로 합쳐짐	
4	院士	참고할 만한 좋은 글귀	← ③으로 합쳐짐	
5	防撿	학교에서 하지 말아야 할 행동들	左同	
6	有司	유사(有司)의 자격	〃	
7	勸課	諸生과 有司의 관계	〃	
8	典僕	하인에 대한 태도	〃	
9	勸課	養士에 관한 것	〃	
10	防撿	童蒙에 관한 것	〃	
11	勸課	寓生에 관한 것	〃	
12	守宇	시설에 관한 것	← 신설	
13	尋院	尋院에 관한 것	← 신설	

개암이 설립한 남계서원의 경우, 강회규칙은 이에 준하여 적용되었을 것으로 보인다. 예컨대, 개암이 40세 때(명종 17, 1562) 제생과 더불어 여러 날을 논변論辨하자 원근의 학문에 뜻을 둔 선비들이 앞을 다투어 말을 타고 달려와 배움을 청하였다. 그러자 개암이 제생의 「통독규칙通讀規則」을 정하고 매월 초하룻날 제생을 모아 강독하니, 학문을 성취하는

<hr>

25) 李珥, 『栗谷全書』, 卷15, 雜著2, 「隱屛精舍學規」(戊寅), "諸生雖非聚會之時, 每月須一會于精舍.(月朔必會, 朔日有故則退定, 不出一二四日, 有司先期出回文周告.) 講論義理, 且改定直月."

26) 이는 2005년 12월 22일부터 경상대학교 고문헌조사팀에 의해 조사된 『灆溪書院誌』(昭和十年十月三十日發行, 筆寫本, 2卷 1冊) 및 『灆溪書院誌』(壬寅九月日, 筆寫本, 2卷 1冊)에 근거한 것이다. 당시 함양에서 조사된 『講學契』(景陽齋, 丙戌四月), 『講會錄』(慕松齋, 丁巳四月), 『景陽齋學契』(甲子十二月初十日設契, 癸巳十一月二十日修整), 『巷樹壇講會文券』(丙辰七月始) 등의 講會자료들을 통해서 이 지역의 강회 분위기의 한 측면을 엿볼 수 있다.(경상대학교 경남문화연구원, 『경남 서부 지역의 고문헌 Ⅲ-함양·함안·통영·거제 지역을 중심으로』, 가람출판사, 2008 참조)

선비들이 많았다고 한다.

당시 조선시대의 모든 학교는 국초國初에 정한 학령學令의 준칙準則에 따라 교육내용의 운영이 이루어져 왔다. 학령에는 매월행사每月行事, 매일행사每日行事, 독서讀書, 제술製述, 강경성적講經成籍 및 벌칙罰則 등에 대한 자세한 학칙學則이 규정되어 있다. 비록 서원은 당시의 학령에 구속받지는 않았으나, 교육내용의 운영방식에 있어서는 학령의 규칙에 준하여 시행되었다. 특히 고과평정법考課評定法과 독서지침에 있어서는 관학과 사학의 구별이 없었던 것이다.

강講을 통한 성적평가는 대통大通, 통通, 약통略通, 조통粗通, 불통不通의 5단계로 이루어졌다. 대통大通은 제생이 경經을 강할 때, 구두가 상세하고 밝으며 의론議論이 정통하고 활달하여, 하나의 글에 강령과 의미를 모두 포괄하고 종횡으로 여러 책을 넘나들면서 융회관통融會貫通해서 완전히 다하는 경지에 이르는 것이다. 통通은 비록 완전히 다하는 경지에 이르지 못하였을지라도, 구두가 자상하고 밝으며 의논이 정통하고 활달하여 하나의 글에 강령과 의미를 모두 포괄하여 융회관통하는 것이다. 약통略通은 비록 융회관통에는 이르지 못하였을지라도, 구두가 자세하고 밝으며 해석한 뜻이 정통하고 활달해서, 위와 연결되고 아래와 접속하여 능히 한 장章의 큰 뜻을 얻은 것이다. 조통粗通은 구두가 명백하고 해석한 뜻이 분명하고 밝으며 한 장의 큰 뜻을 얻었지만, 의논이 다하지 못함이 있는 것이다.[27] 불통不通은 낙제인 경우이다. 이상은 독서한 교과의 의미와 응용에 밝고 요지를 잘 알며, 구절句節을 자세히 알고 설명과 발표에 막힘이 없는가를 평가의 기준으로 삼은 것이다.

---

27) 『太學志』, 卷5, 章甫, 第6條 참고. 성균관 학령은 『태학지』 및 『율곡전서』, 『증보문헌비고』에 실려 있는데, 내용은 대동소이한 것으로 보인다.

이러한 단계별 평가기준은 『문과강경절목』을 비롯하여 『경국대전』, 성균관의 「학령」에 3~5단계로 명문화되어 있던 것이다.

<표 5> 강경 평가의 단계

문과강경절목	경국대전	성균관 학령
大通 通 略通 粗通	通 略通 粗通	大通 通 略通 粗通 不通

이처럼 평가기준은 『문과강경절목』에서는 4단계로, 『경국대전』에서는 3단계로, 그리고 성균관 「학령」에는 5단계로 나누어 실시되었던 것을 볼 수 있다.

비록 개암의 「통독규칙通讀規則」[28]이 별도의 기록으로 남아 있지는 않지만, 「남계서원원규」가 당시 성균관이나 향교의 학령과도 공통된 내용을 공유하였던 것으로 보아 「통독규칙」 역시 대체로 이와 유사한 요소들을 포함했을 것으로 생각된다.

뿐만 아니라, 당시 남명문인 한강寒岡 정구鄭逑(1543~1620)가 안동부사安東府使로 재직하던 시절(선조 40, 1607), 고을의 유생들이 '통독회'를 조직하여 학문을 강마한 적이 있었다. 한강의 '강법講法'은 "강회는 매월 보름에 개최"(講會 以每月望日爲期)하며, 「통독회의通讀會儀」[29]로 제생을 교육하였다.

---

28) 대체로 '통독회의'는 강회의 구체적인 의식절차를 규정하는 것으로, 이는 바로 후대의 講會儀節 즉 講儀이다. 講會의 주요 會規에는 강회의 개최시기, 주관 인사, 강론 내용, 의식절차 등에 대한 내용이 담겨 있는데, 이는 '講規'에 해당한다.
29) "이날은 이른 아침에 모인다.(講長과 有司는 먼저 도착한다.) 다 모이면 유사가

이는 개암이 40세 때(명종 17, 1562) 서원에서 「통독규칙」을 정하고 강의를 하며 후진양성에 힘썼던 것과 크게 다르지 않았을 것으로 여겨진다. 왜냐하면 「남계서원원규」를 보더라도 당시 이산서원의 원규와 크게 다르지 않았을 뿐만 아니라, 대체로 초기 형태의 원규나 학규를 그대로

先聖先師(공자)의 遺像을 북쪽 벽에 설치한다. ○ 諸生을 인솔하고 마당 중앙으로 가서 북쪽을 향해 선다.(두 줄로 서되 서쪽을 上으로 한다.) ○ 再拜한다. ○ 講堂으로 올라간다. ○ 향을 올린다. ○ 내려온다. ○ 자리에 있는 자들과 다 함께 재배한다. ○ 유사가 당으로 올라가 유상을 거두어 보관한다. ○ 강당 위로 나아간다. 유사가 인솔하여 세우되 동서로 마주하여 서도록 한다. ○ 제생은 다 함께 재배한다. ○ 答拜한다.(엎드릴 때를 기다려 답배한다.) 강장 이하는 밖으로 나온다. ○ 유사가 강장을 東序로 인도하여 서쪽을 향해 서게 한다. ○ 또 약간 젊은 자(강장의 나이로 추산하여 10년이 차지 않은 자이다)를 인도하여 동쪽을 향하게 하되 북쪽을 상으로 삼고 강장에게 절한다.(재배한다.) ○ 강장은 답배한다. ○ 약간 젊은 자는 물러가 西序에 서 있되 동쪽을 향하고 북쪽을 상으로 삼는다. ○ 젊은 자(강장보다 10세 이하인 자이다)를 인도하여 동북쪽을 향하고 서쪽을 상으로 삼는다. 강장에게 절한다. 강장은 절을 받는 예를 의식대로 한다.(무릎을 꿇고 부축하면서 半拜로 답한다.) 절을 한 자는 제자리로 돌아온다. ○ 또 어린 자(강장보다 20세 이하인 자이다)를 인도하여 또한 그처럼 한다.(강장이 답배를 하면 마땅히 무릎을 꿇고 부축해야 한다.) 예를 마친다. ○ 강장은 서쪽을 향해 앉고 유사는 그 다음의 위치에 앉되 조금 물러나 서쪽을 향해 앉는다. ○ 나머지 사람도 다 동쪽을 향해 앉는다. 강장과 유사는 함께 제생이 암송하는 것을 심사한다. 만일 합격하지 못한 자가 있을 때는 그 이름을 책에 기록한다. ○ 심사가 끝나면 강장과 유사는 모두 강당으로 올라간다. ○ 차례대로 제생을 인도하여 외우고 講을 하게 하되 먼저 『小學』을 강하게 한다. 『소학』의 강이 끝나면 각자 배우는 글을 강한다. 通, 略, 粗, 不을 모두 책에 기록한다. ○ 강이 끝나면 강장 이하가 모두 밖으로 나온다. ○ 암송시험에 합격하지 못한 자와 不通한 자는 별도로 유사를 정해 楚罰을 가한다. ○ 행동을 삼가지 않은 자가 있을 때는 들어가 고하고 자리에 앉힌다. ○ 벌을 행한 뒤에 유사가 들어가 고한다. ○ 비로소 식사를 한다. ○ 식사를 마친 다음 조금 쉬었다가 다시 모인다. 강장과 유사는 각기 제생의 언어와 행동거지에 관해 물어보고, 만일 잘못이 있을 경우에는 경중을 구분하여 다 함께 그를 훈계한다. 허물을 시인하고 고치겠다고 하면 그 내용을 기록하고, 만일 버티며 불복하거나 끝내 고칠 수 없는 자가 있을 때는 들어가 고하고 조치한다. 그 정도가 가벼우면 초벌을 가하고 중하면 명부에 누런 쪽지를 붙이며 심하면 讀會에서 축출한다. ○ 강장은 제생을 거느리고 강당으로 들어와 『소학』이나 『呂氏鄕約』, 『童蒙須知』를 通讀한다. ○ 강장과 유사는 제생이 다음 달에 읽을 글을 헤아려 정한다. ○ 날이 저물 무렵에 강장과 제생은 拜辭하고 물러간다."(鄭球, 『寒岡集續集』, 卷4, 雜著, 「通讀會儀」)

수용하여 활용했을 가능성이 보이기 때문이다.

한편, 남명학파의 강회방식은 경전의 일부분을 통독한 뒤에 그 통독한 내용에 대해 강론하는 순서로 진행되었던 것으로 보인다. 강론의 주제는 대개 통독한 문헌의 대의나 요지, 함의, 서책의 의의 등으로 구성되어 있었고, 강회 내용에는 경전에 대한 강장講長 개인의 해석과 평가가 포함되기도 하였다. 대체로 강회는 주자 관련 문헌을 통독한 뒤 그 내용에 대해 논의하고 해석하는 방식으로 진행되었으며, 이것은 곧 성리학 이론에 대해 이해하고 주자학적 윤리의 실천을 다짐하는 과정이기도 했다.

이러한 강회방식은 주희의 강학관에 기반을 둔 것으로서, 퇴계가 「백록동규」를 서원의 교육이념으로 설정한 이래로 조선의 거의 모든 서원들은 주희의 「백록동규」를 강학이념으로 표방하고 있었다. 이는 「백록동규」30)에 강회의 공부원리가 함축되어 있었기 때문이라고 할 수 있다.

---

30) 「남계서원원규」 중에서 4條는 "(院士) 성균관의 明倫堂에 伊川선생의 「四勿箴」과 晦菴선생의 「白鹿洞規」 十訓과 陳茂卿의 「夙興夜寐箴」을 써서 걸었는데, 이 뜻이 매우 좋다. 院中에도 또한 이것을 벽에 게시하여 서로 타이르고 일깨우도록 한다"(『灆溪書院誌』, 卷1, 「院規」, "4條, 泮宮明倫堂, (書)揭伊川先生四勿箴, 晦菴先生白鹿洞規十訓, 陳茂卿夙興夜寐箴, 此意甚好, 院中(亦)[以]此揭諸壁上, 以相規警")라고 하여 程伊川, 朱子, 陳栢의 참고할 만한 좋은 글귀를 써서 걸었다. 그중 주자의 「백록동규」는 五敎之目(父子有親, 君臣有義, 夫婦有別, 長幼有序, 朋友有信), 爲學之要(博學之, 審問之, 愼思之, 明辯之, 篤行之), 修身之要(言忠信行篤敬, 懲忿窒慾, 遷善改過), 處事之要(正其義, 不謀其利, 明其道, 不計其功), 接物之要(己所不欲, 勿施於人, 行有不得, 反求諸己)이다. 여기서 五敎之目을 비롯한 修身之要, 處事之要, 接物之要는 유가의 기본적 윤리와 덕목을 표현한 것이지만, 爲學之要는 신유학적 강학방법을 표현하고 있다. 여기서 博學은 경전에 대한 폭넓은 독서, 審問은 사우 간의 질의와 토론, 愼思와 明辯은 치밀한 이론적 사고, 篤行은 실천을 의미한다. 이 중에서 審問, 愼思, 明辯은 이론적 사고와 토론을 통한 학습을 지칭하는 것으로서, 이는 서원강학의 방식을 규정하는 주요한 원리였던 것으로 보인다.

2) 남명학파의 강회

개암은 43세(명종 20)가 되는 1565년 10월부터 수차례에 걸친 남명학파의 회합과 강회에 참여하게 되었다. 지곡사(1565년 10월, 12월), 단속사(1565년 10월), 남계서원(1565년 10월)에서의 강회가 그것인데, 마침 덕계 오건이 남긴 『역년일기歷年日記』에 남명학파의 강회에 대해 잘 알려 주는 기록이 있어 참고가 된다. 여기서는 덕계가 지은 『역년일기』의 기록을 중심으로 당시 남명학파 강회의 동향과 장소, 주제 등을 살펴보기 한다.

(1) 지곡사에서의 1차 강회(1565년 10월)

산청의 지곡사에서는 두 차례에 걸쳐 남명학파의 강회가 시도되었는데 지곡사에서의 1차 강회(1565년 10월 5일)를 보면, 노의 · 손승경 · 한규 · 정민효가 (덕계를) 찾아왔는데, 손승경 편으로 남명선생에게 초청하는 글을 보냈다. 6일에 이난춘 형제와 정명곤이 찾아왔으며, 8일에 송업 · 도희령 · 정복현 · 정수복 · 조종도 등과 만났다. 9일에는 정수복 · 도희령 · 임무숙이 (덕계와) 함께했으며, 10일 덕계가 지곡으로 향할 때 도희령 · 정수복이 동행하였다. 선방에 머물던 남명선생이 오기로 하였으나, 풍우로 후일을 기약하였다.[31] 11일에 남명선생의 글이 도착하였는데, 질환으로 참석하지 못한다는 것이었다. 오준 · 오현 · 오탁 · 우치적이 이 글을 가지고 와서 알려 주었다.

(2) 단속사에서의 강회(1565년 10월)

산청 단속사에서의 강회(1565년 10월 11일)는, 남명선생의 답서를 돌리고

---

31) 吳健, 『德溪集』, 卷1, 詩, 七言絶句, 「智谷寺留待南冥先生」, "遙待佳人歲暮時, 却嫌寒雨濕荷衣, 雲深石逕苔痕滑, 還向桃川倚竹扉."

다음날 12일에 도희령·정수복·오현이 연락하여 남명선생의 안부를 하인을 통해 묻게 한 뒤 단속사로 향함으로써 이루어졌다. 진양에 거주하는 이염 3형제는 당시 선방에서 독서하고 있었다. 13일에 남명선생이 도착하자, 덕계는 선생을 모시고 3박 4일에 걸친 강학을 시작하였다. 이훈도와 함께하였다. 14일에는 권문임이 왔고, 15일에는 권문임이 돌아가고 정구鄭構가 왔다. 16일에 남명선생이 돌아가자 도희령은 단성으로 향했고, (덕계는) 노대수·노대장과 함께 술을 마시고 자리를 파한 후 정복현·오경숙과 함께 돌아갔다.

(3) 남계서원에서의 강회(1565년 10월)

함양 남계서원에서의 강회(1565년 10월 25일)를 보면, 먼저 노진의 아들 노사회가 편지를 가지고 (덕계를) 찾아와서 강학을 청하였다. 11월 5일에는 한규·정윤이 와서 지곡에서의 강회를 청하였고, 정민효가 왔다. 9일에 덕계는 부곡釜谷(車黃面) 향리의 원로 효렴재 이경주와 최당장 두 사람을 위한 부곡사釜谷寺(黃山) 경로연에 참석하여 헌시를 하고, 10일에는 부곡에서 함양으로 출발하여 임희무를 방문하였는데 눈바람이 매서웠다. 임희무가 술을 많이 권해서 서원에서 잤다. 이때 개암 강익이 와서 함께하였고, 오준이 산음에서 왔다. 11~17일까지는 강공하·강문필·강익·김우굉·김우옹32)·김우용(1538~?)·노진·도희령·박사화·양열·양홍택·양흔·오언숙·임언실·정복현·정수복·정중언 형제·정지·조식曹湜 등이 참여하였고, 19일에 유택중·도희령·양홍택기 와서 머물렀으며,

---

32) 金宇顒, 『東岡集』, 附錄, 卷4, 「年譜」 27歲條, "四十五年丙寅, 先生二十七歲, ○ 夏, 與 吳德溪盧玉溪積姜介庵翼, 會講于灆溪書院, ○ 遊西溪, 溪在咸陽郡西, 有泉石之勝, 先生 與仲氏開巖公沙溪公及姜介庵盧徒庵裸鄭梅村復顯諸賢遊, 有唱酬詩."

정복현·강익은 하루 전에 서원에 와서 당일 함께하였다. 25일에는 아침 식사 후에 각자 서원으로 왔다. (덕계는) 김우굉·도희령과 더불어 용유담을 탐방하고 군자사에서 지냈는데, 도희령은 숙소로 돌아오지 않았고 김우굉 역시 덕산으로 간다고 해서 인사를 나누었다. 서원에서 노진·강익 제군이 덕계와 더불어『주자연보』중권과『연평답문』1권으로 서로 질문하였다.[33] 26일에 김우굉 형제가 덕산으로 떠났으며, 저녁에 (덕계는) 단속사에서 지냈다.

(4) 지곡사에서의 2차 강회(1565년 12월)

1565년 12월 8일에 남명선생의 동정을 살피고 선생의 편지가 도착하자, 1566년 정초에 성균관 학정을 제수받아 상경을 앞둔 덕계가 남명선생을 모시고 지곡사에서 강회를 개최였다.

이 강회는 일주일간에 걸쳐 열렸다. 1월 10일에 남명선생이 산음의 지곡사에 온다는 소식이 있었고, 이날 남명이 지곡에 도착하였다. 그 서간을 보고 (덕계는) 즉시 옥계에게 알렸다. 오급吳伋이 이를 보고 지곡으로 갔고, 오준·오현·오간의 3형제가 나아가 안내하고, 여위○·우치적·한찬 등이 와서 남명선생을 배알하였다.

11일에는 정복현·김우옹·조식曹湜이 와서 남명선생을 뵌 후, 이내 노진·노관과 임희무가 도착하였고, 이인지도 창녕에서 왔다.

12일에는 사방 인근에서 여러 벗이 모였다. 사람이 너무 많아 지곡사에 모두 수용할 수 없게 되자, 먼저 온 오간·우치적·한찬 등은 집으로 갔고, 성주(지난해[乙丑] 12월 초에 새로 부임한 산음현감 이경훔)가 남명과 옥계를

---

33) 吳健,『歷年日記』, 1565년, 10월 25일~11월 25일; 曹湜,『梅菴逸稿』, 卷2,「年譜」41歲條.

뵈었다. 그리고 권세진이 단성에서 왔다.

13일에는 권문현·권문임·권문언·이천경이 단성에서, 강초가 진주에서, 강익·강진·정유명이 함양에서 왔다. 정원거·송업·임우춘이 왔고, 이충후는 성산에서 왔다. 단성현감 안전이 문안하러 왔고, 이경두가 왔다.

14일에는 (덕계가) 남명 조식과 옥계 오진을 모시고 하산하니 여러 벗이 각기 돌아갔다. 산음현감이 강변 다리까지 나와 남명을 배웅하였다. 옥계 노진이 먼저 도사관道士館으로 향하고 노관이 그 뒤를 따랐으며, 덕계와 임언실이 그 뒤를 따랐다. 현감의 요청으로 차탄리 초정으로 가서 작별주 한 잔씩 돌린 후 (덕계가) 남명 조식과 옥계 노진을 배행하였다. 차탄정에 이르러 주인이 술과 음식을 대접하였다. 옥계가 여러 벗과 각기 인사하고 돌아가니, 남명과 김우옹만이 남았다. 찰방 문징과 문산두가 찾아와 머물렀다. 남명은 덕계가 살 만한 장소를 정해 둔 세 곳을 둘러보고, 그 중 맨 위에 있는 서계西溪가 좋다고 하였다. 그날 밤 (덕계는) 초정에서 남명 조식을 모시고 함께 잤다.

15일에는 남명이 덕계의 집으로 가서 덕계의 아이를 보고 식사를 한 후 돌아가니 골짜기 다리 부근에서 송별하였다.[34]

당시 1566년 정월에 남명, 노진, 김우옹과 더불어 지곡사 강회가 있었는데,[35] 지곡사에서의 강회는 사람들이 너무 많이 모여 요사寮舍에 수용하지 못할 정도였으며 5일 만에 끝이 났다.

이 5일간에 걸친 강회는 "병인년(1566) 봄에 노진·강익·오건·노관·정복현·김우옹 등과 더불어 산음의 지곡사에서 여러 날에 걸쳐 읊은

---

34) 吳健, 『歷年日記』, 丙寅 正月 10日∼17日條.
35) 吳健, 『德溪集』, 「德溪年譜」, 卷1, 46歲條(명종 21, 1566).

것을 서로 주고받으면서 교유한 것이었다."[36] 이해 가을에 남명은 안음의 산수가 빼어남을 듣고서, 노진·강익·임훈·임운 등과 더불어 안음의 옥산동을 두루 돌아보았다.

이렇듯 강회활동과 관련한 일련의 학술회의는, 지곡사에서는 강론을 중심으로 하였고, 단속사에서는 의리와 사족부인의 실행에 관해 다루었으며, 남계서원에서는 내외경중의 구분·의리·심성정의 분별 등을 논하였던 것으로 보인다.[37] 강학의 경전과 주제는 『심경』, 『근사록』, 『회암절요』, 『주역』, 『대학』, 『논어』, 『주자연보』 중권中卷, 의義에 대한 논변, 경전을 궁리하는 것 등이었다.[38]

4. 맺음말

이 글은 개암 강익의 교육과 강학활동에 관한 연구로서 지금까지 제대로 평가받지 못한 개암의 위상을 재고할 수 있는 기회를 마련해 본 것이다. 개암의 교육적 특징은 위기지학의 자득공부와 자득을 강조하는 교육으로 살펴볼 수 있었다. 또한 개암의 강회규칙과 남명학파의 강회를 통해서 그 속에서의 개암의 위상과 강회운영방식을 짐작할 수 있었다. 이제 이를 정리하면 다음과 같다.

개암의 위기지학의 공부는 정성스럽고 독실하였으며, 한결같이 정밀

---

36) 林希茂, 『灆溪集』, 卷2, 「行狀」, "丙寅春, 先生與盧玉溪姜介庵盧徙庵鄭梅村金東岡, 會于山陰智谷寺累日, 遊玩吟詠相酬而歸, 是秋, 南冥聞安陰山水之佳麗, 與玉溪介庵葛川瞻慕堂諸賢, 及先生遍遊三洞, 相與賦詩而歸."
37) 朴絧, 『無悶堂集』, 卷5, 「南冥先生年譜」 66歲條.
38) 吳健, 『歷年日記』1565년 5월 9·16·18·19일, 6월 9·13일, 7월 19·23일, 8월 5·6·7·29일, 9월 3·7·8일, 11월 15일조.

하게 생각하고 힘써 실천하는 것을 위주로 삼았다. 학문에 있어서는 자득을 중하게 여겼으며, 자득한 것이 아니라면 어긋나고 잘못되기가 쉽다고 보았다. 그리고 일은 힘써 노력할 것이며, 힘써 노력하지 않는다면 공을 이룰 수 없음을 강조하였다.

자득을 강조하는 교육은 개인의 학습흥미, 능력, 요구 등의 차이에 따라 교육하는 것으로서, 이는 개인차를 고려하며 스스로 터득하는 것을 강조한다. 비록 현재는 가치가 없고 하찮아 보이는 물건일지라도 때와 장소를 잘 살펴서 유효적절하게 사용한다면 유용하고 가치 있는 물건이 될 수 있듯이, 사람도 각자의 타고난 본성과 자질은 고유한 가치를 지니고 있기 때문에 이를 잘 육성하고 구원해야 한다는 것이다. 이러한 교육적 특성은 제자들에게 학습자의 개인차를 중시하거나 자득을 강조하는 교육으로 이해되고 있다.

한편, 개암의 강회규칙은 16세기 후반의 초기 형태의 서원강회규칙을 인용한 것으로 보인다. 그는 40세 때 제생의 통독규칙을 정하여 매월 초하룻날 제생을 모아 강독하였는데, 마치 이산서원의 원규를 활용하여 남계서원을 운영한 것과 마찬가지로 통독규칙 역시 당시의 학령學令이나 고과평정법考課評定法과 크게 다르지 않았을 것으로 보인다.

남명학파의 강회활동은 산청 및 함양지역에서의 학술회의로 그 절정을 보게 되는데, 이른바 지곡사·단속사·남계서원에서의 학술회의가 바로 그것이다. 이는 당시 남명과 개암을 비롯한 문인들 간의 학술적 교유의 정도를 짐작할 수 있게 해 준다.

강학에 참여한 이들은 남명, 강익, 권문임, 김우옹, 노진, 도희령, 문익성, 유종지, 양희, 이조, 이후백, 임희무, 정구鄭構, 정복현, 정온, 정유명, 최영경, 하항, 조종도, 노흠, 조식曹湜, 정구鄭逑, 이광우 등이었다. 그리고 강학지는 지리산, 자연동紫烟洞, 덕산사, 지곡사, 환아정, 남계서원, 단속사, 동산사 등이었다. 주로 서원書院, 재齋, 정亭, 당堂, 사舍, 숙塾, 원院, 사寺 등과 인근의 지역으로 보이는데, 이는 학문을 위한 독서와 강론 및 서재書齋로 활용되기도 하였다. 강학경전 및 주제는『심경』,『근사록』,『회암절요』,『주역』,『대학』,『논어』,『연평답문』(卷一),『주자연보』(中卷), 의義에 대한 논변, 경經에 대한 궁리 등이었다.

이렇듯 위기지학의 자득공부와 자득을 강조하는 교육, 그리고 개암의 강회규칙과 남명학파의 강회는 다양한 강학주제와 내용으로 전개되었다. 특히, 자득을 강조하는 개암의 교육은 남명의 교육과 더불어, 조선 중기 학습자 중심의 교육을 강조하고 있었다는 점에서 교육사적 의의를 지닌다고 할 수 있다.

제7장 개암 강익의 생애와 시세계 고찰

강 구 율

1. 서론

경남 함양咸陽 출신의 개암介庵 강익姜翼(1523~1567)에 대해서는 우리 학계에 크게 알려진 것이 없다. 지금까지 그에 대한 연구[1]가 소략한 상태에 머무르고 있는 것이 이를 반증한다고 할 수 있겠다. 대략 한시문학에 대한 연구가 1편, 「단가삼결短歌三関」과 같은 국문시가에 대한 연구 2편 정도가 개암 문학 연구의 전부라고 하겠다. 나머지 자료들은 개암 연구의 기초 자료 정도로 생각할 수 있겠다. 앞으로 개암 문학에 대한 연구가 활발하게 진행되기를 기대해 본다. 그렇지만 남아 전하는 자료가 풍부하지 못해 다양한 연구를 하기에는 일정한 한계가 예상되기도 한다. 좀 더 다양한 연구방법의 개발로 많은 후속

---

1) 김일근, 「介庵 姜翼先生의 生涯와 文學—短歌三関을 中心으로」, 『文湖』 제2집 (1962). 尹浩鎭, 「『介庵集』解題」, 『남명학연구』 제10집(경상대학교 남명학연구소, 1990). 崔海甲, 「介庵 姜翼의 年譜와 行狀의 飜譯」, 『진주문화』 제13집(1994). 權純會, 「<短歌三関>의 創作脈絡과 詩的 志向」, 『韓國詩歌研究』 제8집(韓國詩歌學會, 2000). 文範斗, 「介庵 姜翼의 學行과 文學」, 『한민족어문학』 제56집(한민족어문학회, 2010).

연구가 이루어지기를 기대한다.

금번에 남명학연구원과 함양문화원이 '개암 강익의 학문과 향촌교화'라는 주제로 공동 주최하는 학술대회는 어떻게 보면 본격적인 개암 연구의 출발이라고 하겠다. 앞에서도 언급한 바와 같이 개암 연구는 국문시가인 「단가삼결」을 중심으로 하여 산발적인 고찰이 이루어져 왔다. 따라서 이번 학술대회를 계기로 개암의 학문과 문학 등 전반에 대한 관심을 고조시켜 그것이 연구로 이어지기를 기대한다.

개암은 평생을 환로宦路에 진출하지 않고 향리에 묻혀 지내면서 자신을 수양하였고, 특히 교육기관이라고 할 수 있는 남계서원灆溪書院을 건립하여 학문 후속세대를 기르는 일에 몰두하였다. 가히 처사형·은거형·산림형 선비라고 하겠다. 또한 그의 생애가 45세에 그쳤기 때문에 그렇게 많은 업적을 남기지 못한 것도 또한 사실이다. 그렇지만 짧은 생애 기간에 당대의 많은 학자들과 교류를 가졌는데, 그 가운데 특히 남명南冥과의 교유가 눈에 띈다. 그는 남명으로부터 가르침을 받았고, 이것이 향후 그의 일생에 크게 영향을 미친 것으로 보인다. 아울러 향촌사회에서 명현들과 교유하고 후학들을 가르치며 철저하게 자신을 수양하는 선비의 삶을 산 것은 높이 평가하여야 할 것이다.

본고는 처사적 삶을 살다간 개암이 남긴 문학을 중심으로 고찰해보고자 한다. 비록 한시 작품의 숫자는 22제題 25수首에 그치고 국문시가는 「단가삼결」에 불과하지만, 한 편 한 편이 개암의 문학세계를 살펴보는데 귀중한 자료이다. 따라서 개암의 문학을 한시의 세계와 국문시가의 세계로 나누어 살펴보고, 한시 세계에서는 달과 물의 지향 세계와 양성양진養性養眞의 세계로 나누어 그의 문학적 특징을 규명하고자 한다.

고찰에 활용한 텍스트로는 민족문화추진회民族文化推進會에서 영인표

점영인표점點影印標點한, 한국문집총간韓國文集叢刊 제38집에 실린『개암집介庵集』을 대상으로 하였다.

2. 개암의 생애

개암 강익의 생애는 현재 문집에 남아 전하는 그의「연보年譜」를 중심으로 간단하게 재구성해 보기로 한다.

개암은 성姓이 강姜이요 본관은 진주晉州이며, 휘諱는 익익이고 자字는 중보仲輔이며 자호自號는 개암介庵 또는 송암松庵인데, 중종中宗 18년인 1523년 1월 18일에 함양군咸陽郡의 효우촌孝友村에서 출생하였다. 원조遠祖는 고려高麗 문과국자박사文科國子博士로 원종元宗 때 통신사서장관通信使書狀官으로 일본을 다녀온 후 진산부원군晉山府院君에 봉해진 휘諱 계용啓庸이며, 이후 자손 대대로 벼슬이 끊이지 않고 이어졌다. 고조는 휘 안복安福으로 형조정랑刑曹正郎을 지내고 이조참의吏曹參議에 증직되었으며, 증조는 휘 이경利敬으로 군위현감軍威縣監을 지냈고 조부는 휘 한漢으로 지례현감知禮縣監을 지냈다. 부친은 승사랑承仕郎 경기전참봉慶基殿參奉을 지낸 근우謹友이고 모친은 참판參判인 일로당逸老堂 양관梁瓘(1437~1507)의 손녀이자 승사랑 양응기梁應騏의 따님인 남원양씨南原梁氏이다.

출생 당시 머리가 툭 튀어 나와서 용모가 특이하였는데, 관상을 잘 보는 사람이 뒷날 사문斯文을 크게 빛내어 오도吾道의 모범이 될 것이라고 예견하였다. 8세에 글을 의젓하게 읽어서 승사공承仕公이 교독敎督을 엄하게 하지 않았으며, 9세 되었을 때 모친이 질병에 걸려 고생하므로 정성을 다하여 기도를 드려서 모친의 병환이 완쾌되니 사람들이 모두

지성至誠의 소치所致라고 감동하였다.

15세 때에 배움의 중요성을 강조하는 부친의 명령에 따라 같은 동네에 사는 당곡唐谷 정희보鄭希輔(1488~1547)의 문하에 나아가 수업하였는데, 당시 당곡의 문하에는 옥계玉溪 노진盧禛(1518~1578), 청련靑蓮 이후백李後白 (1520~1578), 구졸九拙 양희梁喜(1515~1581) 같은 선비들이 가득하였다. 이때 당곡이 개암에게 사서史書를 가르치니 구두句讀가 분명하고 글을 읽는 소리가 청랑淸朗하여 마치 노숙한 학자와 같았다. 이로 인해 당곡은 여러 문도들에게 개암을 후진後進이라 생각하지 말고 이 사람이 앞으로 제생諸生들의 사표師表가 될 수 있으니 함께 더불어 경건敬虔하게 지내라고 말하기도 하였다.

16세에는 위인지학爲人之學보다 위기지학爲己之學에 대한 확신을 가지고 정진精進하여 경서經書와 사서史書의 공부를 밤낮으로 게을리하지 않고 앙독부사仰讀俯思하며 올바른 이치의 터득에 주력하였다. 17세 때에 행동에는 법도가 있고 언어는 도에 일치되었으며 주선진퇴周旋進退의 예절에 질서가 엄숙하여 노성한 군자와 같았으므로 스승인 당곡이 크게 칭찬하였다. 18세에는 어버이 섬김에 효성과 지극한 정성을 다하여 평소 생활에 근심이 없게 하였고, 19세 때에는 구졸九拙 양희梁喜, 옥계玉溪 노진盧禛, 청련靑蓮 이후백李後白 등 여러 현인들과 도의지교道義之交를 맺어 왕래하면서 심성수양에 전심全心하였고 의리義理의 오지奧旨를 연마하였다.

20세에는 남명南冥의 학문과 인격의 고풍高風을 듣고 문하에 나아가고자 하였으나 부친의 병환으로 그만두었고, 22세 때에 부친상을 당하여 초상初喪을 『주자가례朱子家禮』의 예제禮制에 따라 거행하였으며 3년간 시묘侍墓살이를 하였다. 24세에 탈상脫喪을 하였고, 25세 때에 부윤府尹인

효문孝文의 증손녀曾孫女이자 참봉參奉 윤원潤源의 따님인 초계변씨草溪卞氏에게 장가들었다. 26세에는 집의 남쪽에 '숙야재凤夜齋'라는 자그마한 재실齋室을 지어 자신을 수양修養하는 장소로 삼고 더욱 독행칙궁篤行飭躬하며 지냈는데, 첫닭이 울면 일어나 세수하고 빗질하는 등 의관을 정제하고 가묘家廟에 참배한 다음 모부인母夫人에게 문안을 드리고 서재에 나아가 위좌危坐하여 독서를 하였다. 그 모습이 소상塑像과 같았으며, 이때 자호自號를 '송암松菴'이라 지어 불렀다.

27세 때에 모부인의 명령으로 향시鄕試에 응하여 백형伯兄과 함께 진사시進士試 3등으로 18인에 입격入格하였다. 이해에 덕계德溪 오건吳健(1521~1574), 동강東岡 김우옹金宇顒(1540~1603)이 개암의 어진 인품을 듣고 숙야재를 예방禮訪하여 수일을 머물렀는데, 이때 경經·사서史書를 연토硏討하며 지심지우知心之友를 맺었다. 28세에는 과거에 몇 번 응시해 본 후 적성에 맞지 않아 그만두고 독서구지讀書求志와 모부인 봉양에 특별히 정성을 기울였으며, 검소한 생활을 하였으나 마음의 여유가 있고 가난을 걱정하지 않았다. 29세 때에 남명이 화림동花林洞을 유람할 때 개암의 명성을 듣고 방문함에 화림동에서 시를 지으면서 즐겼다.

30세에는 사문斯文을 일으키고 유교儒敎를 창명倡明하는 것으로써 자기의 소임所任을 삼아서 소고嘯皐 박승임朴承任(1517~1586), 사암徙菴 노관盧祼(1522~1574), 매촌梅村 정복현鄭復顯(1521~1591), 남계灆溪 임희무林希茂(1527~1577) 등과 함께 문헌공文獻公 일두一蠹 정여창鄭汝昌(1450~1504)을 위한 서원 건립에 나서서 갖은 노력을 기울였으나 제반 여건의 불비不備로 완공하지는 못하였다. 31세 때에 덕계 오건과 함께 지리산을 유람하다가 등구登龜라는 마을이 마음에 들어, 거기에다 작은 서재書齋를 지어 '양진재養眞齋'란 편액扁額을 걸고 성정의 함양과 수양에 힘쓰니 많은 학자들이 풍문을 듣고 몰려들어 학문을 질의하였다.

32세에는 덕천동德川洞으로 남명을 찾아가 배알하고 수개월을 강론도의講論道義한 뒤 귀가하였는데, 이때 남명이 『대학大學』과 『논어論語』를 강론講論하면서 분명히 서로 믿고 도와서 의심하지 않아도 되는 사람은 개암 한 사람뿐이라고 허여하였다. 33세 되던 해에 동강 김우옹이 양진재를 방문함에 『대학』을 가지고 서로 의논하였다. 34세 때에 자호自號를 '개암介庵'이라 고치고 날마다 후학의 지도를 자기 임무로 삼으니 많은 학자들이 운집하였다. 눈서리를 무릅쓰고 방문한 덕계 오건과 갈천葛川 임훈林薰(1500~1584)의 정성에 시를 지어 보답하고, 논학論學에는 자득면강自得勉强해야 한다는 말에 이르러 자신의 생각을 피력하니 두 선생이 개암의 득도得道에 감복하였다. 35세에는 퇴계退溪의 도덕이 순수함을 듣고 항상 가까이에서 교화의 감화를 받고자 하였으나 백형伯兄인 진사공進士公의 병환으로 배알하지는 못하였다. 36세 때에 남명에게 수개월 『주역周易』을 배우다가 돌아와서 덕계 오건을 방문하였다.

37세 때에 함양군수 윤확尹確과 전 군수 서구연徐九淵이 양진재로 개암을 방문하여 서원역사書院役事에 적극적인 지원을 약속하였고, 이로써 서원의 규모를 제대로 갖추는 공사를 마칠 수 있게 되었다. 38세 때에 독실하게 도의를 실천하고 심성을 깊이 길렀으며 경서와 사서의 독서에 전력을 기울였다. 특히 양진재에서 제생들과 논도論道하다가 "중추仲秋의 달밤에 사람은 세심정려洗心精慮를 맑은 달밤처럼 가져야 한다"라고 하면서 북송의 상수학자象數學者인 강절康節 소옹邵雍(1011~1077)이 지은 오언절구 「청야음淸夜吟」 한 수를 읊었다. 39세에는 드디어 서원의 역사가 완공되어 중춘仲春에 문헌공의 위패를 봉안하게 되었다.

40세 때에 제생들을 이끌고 여러 날을 논변하니 그 소문을 듣고 멀리 있던 학자들이 다투어 달려와 배움을 청하였다. 이때 통독규칙通讀規則을 정하고 매월 초하루에 제생들을 모아서 강독을 실시하니, 학문적 성취를 이룬 선비들이 많이 배출되었다. 41세에는 양진재 남쪽에다 시를 읊조리는 장소로 삼으려고 '풍영風詠'이라는 정자를 하나 지었다. 이 정자는 경관이 매우 빼어난 곳에 자리 잡고 있었는데, 개암은 증점曾點의 풍치風致를 본떠서 제생들과 함께 시를 읊고 돌아오곤 하였다.

42세가 되던 해에 동강 김우옹의 형인 이계伊溪 김우홍金宇弘이 군수가 되어 부임하고는 개암을 방문하였다. 서원의 사우祠宇는 완성이 되었으나 동재東齋와 서재西齋가 아직도 건축되지 않은 까닭에 학생과 선생이 일당一堂에서 거처하여 예의가 엄숙하지 못하니, 김 군수와 의논하여 동서재東西齋를 건립하고 아울러 재하齋下에 조그만 연못을 파고 연못 주변에는 매죽梅竹을 심고 연못 가운데에는 홍紅·백련白蓮을 심었다. 이렇게 함으로써 서원이 거의 완전한 제도를 갖추게 되었다. 당대의 유명한 서예가書藝家인 매암梅庵 조부曺溥에게 강당의 이름으로 명성明誠, 좌우협실左右夾室의 이름으로 거경居敬과 집의集義, 동서재東西齋의 이름으로 양정養正과 보인輔仁, 재헌齋軒의 이름으로 애련愛蓮과 영매詠梅, 대문의 이름으로 준도遵道라는 편액을 쓰게 하였다. 그리고 경상감사 이감李戡에게 요청하여 네 고을의 소금과, 두 고을의 생선과 소금, 세 고을의 어장 생산물을 서원에다 영속永屬시키게 하여 양사養士의 경비를 마련하였다. 43세에는 서원에 학생이 늘어나 서책과 재정이 빈약해짐에 따라 사암徙菴 노관盧祼에게 서책 구비의 책임을, 죽암竹菴 양홍택梁弘澤에게 재정 확충의 책임을 맡기니, 두 사람이 애쓴 결과 100여 권의 서책이 구비具備가 되고 재정의 집행에 여유가 생겼다. 이후 옥계玉溪 노진盧禛과 구졸九拙 양희梁喜와 함께 의논하여 서원 재산을 고을의 서당과 동내洞內

에 나누어 지급하여 혼례婚禮와 상례喪禮에 도움이 되게 하고, 춘추春秋로 강신례講信禮를 행하여 고을의 일상예식日常禮式이 되게 하였다. 44세가 되던 해에는, 한훤당寒暄堂 김굉필金宏弼(1454~1504)과 일두一蠹 정여창鄭汝 昌이 갑자사화로 피화한 후에 제대로 사당을 세워 모시지 못하고 있었는 데 이계伊溪 김우홍金宇弘 군수와 근사재近思齋 박계현朴啓賢(1524~1580) 상 공相公의 도움으로 가을인 7월에 남계서원灆溪書院이라 사액賜額을 받고 춘추로 치제致祭를 하게 되었다. 이 일을 성사시키는 데에는 옥계玉溪 노진盧禛, 구졸九拙 양희梁喜, 청련靑蓮 이후백李後白 등 세 사람의 공로가 지극히 중대하였다.

45세 되던 해 9월에 덕계 오건의 추천으로 소격서참봉昭格署參奉에 제수되었으나 취임하지 않았는데, 한 달이 채 되지 못해 폭병暴病을 얻어 정침正寢에서 별세하니 향년 겨우 45세였다. 12월에 입석동立石洞 묘좌卯坐 유향酉向의 언덕에 장사지내니 승사공 묘역의 옆쪽이다.

이상에서 살펴본 바와 같이 개암의 일생은 벼슬과는 거리가 멀고 다만 향리에서 자신의 수양과 현인들과의 교유, 훌륭한 스승으로부터의 사사師事, 서원의 건립, 후학의 지도와 양성, 향촌의 교화 등에 주력한 대표적인 처사형 · 산림형 선비의 삶이었다고 하겠다.

3. 개암의 시세계

개암의 한시 작품은 그 숫자가 그리 많지 않다. 대략 22제 25수 정도에 그치고 있다. 당시 여러 문사文士들의 경우와 견주어 보면 대단한 과작寡作 이라고 할 수밖에 없다. 여기에는 문집의 간행이 늦어지고 보관이 어려워

병란兵亂과 화재火災 등으로 제대로 보존이 되지 못한 일차적인 원인이
있겠고, 또한 45세라는 그다지 길지 않은 생애가 과작寡作에 작용한
것이 아닌가 한다. 따라서 많지 않은 작품으로 시세계를 논한다는 것이
다소 무리일 수는 있겠으나, 그나마 남아 전하는 작품만을 대상으로
시세계를 고찰하는 것도 개암을 이해하는 데 일정한 부분 기여할 수
있으리라 판단되어 기존의 연구 성과를 수용하면서 개암의 시세계를
살펴보기로 한다. 여기서는 22제 25수 정도가 되는 개암의 한시와, 3수인
「단가삼결短歌三闋」을 중심으로 한시와 국문시가의 세계로 나누어 살펴
보기로 한다.

1) 한시의 세계

한시의 세계는 그가 남긴 22제 25수의 한시를 대상으로 시세계를
살펴보고자 한다. 작품의 숫자가 많지 않기 때문에 다양한 시세계를
기대하기는 어렵지만 그래도 현재 남아 전하고 있는 작품에서 그 경향성
이 두드러진 부분을 중심으로 간단하게 시세계를 설정해 보기로 한다.
대략 달과 물 지향의 세계와 양성양진養性養眞의 세계로 설정해 볼 수
있겠다.

개암의 시에서 특히 많이 등장하는 시어로 달(月)과 물(流)을 들 수
있다. 류流는 사실 물을 의미하므로 달과 물의 지향이라고도 할 수
있다. 그리고 양진養眞은 사실 양성養性과 거의 유사한 의미를 지닌다고
할 수 있다. 따라서 개암의 시세계를 형성하는 두 축은 월수月水와
양성養性이라고 하겠다. 그런데 달과 물이란 것은 그 본래의 의미도
있겠지만 우리는 문학 작품에서도 이를 확인해 볼 수도 있다. 즉,
송宋나라의 역학자易學者이자 상수학자象數學者인 이천옹伊川翁 소옹邵雍

(1011~1077)의 「청야음淸夜吟」2)이란 작품을 보면 "월도천심처月到天心處, 풍래수면시風來水面時. 일반청의미一般淸意味, 요득소인지料得少人知"(달은 하늘 가운데 떠 있고 바람은 수면을 스치네. 일반의 맑은 의미를 헤아려 알 사람이 적구나)라고 구성되어 있다. 이 작품의 이면적 의미는 '진리 곧 도道의 본질과 그 작용을 자기 스스로 깨닫고 거기에서 얻은 즐거움'이라고 하겠다. 비가 그치고 난 후의 밝은 달과 맑은 바람은 곧 광풍제월光風霽月과 같은 청허淸虛한 경지의 자연물을 말한다. 『성리대전性理大典』에서도 이 시를 "경치를 빌려 성인聖人 본체本體의 청명淸明함을 나타내고 인간의 욕심 같은 속진俗塵을 해탈했다"3)라고 평가하였다. 여기서 달은 정신이 맑은 상태를 말하고, 물은 마음이 고요한 상태를 상징한다. 소옹이 「청야음」에서 노래한 이러한 달과 물의 이미지는 개암이 몇몇 작품에서 노래하고 있는 달과 물의 이미지와 유사한 맥락에서 이어지고 있다고 할 수 있다. 이를 아래의 예시 작품에서 좀 더 자세하게 살펴보기로 한다.

(1) 달과 물 지향의 세계

개암의 작품에서 달과 물의 시어詩語가 등장하는 작품은 대략 8편 정도로 22제 25수의 작품 가운데 상당한 숫자를 차지하고 있다. 단순히 숫자가 많기 때문에 큰 의미를 가진다고 생각할 것이 아니라, 실제로 작품에서 중요한 의미를 나타내고 있다. 그 가운데 달과 물이 등장하는

---

2) 介庵의 「年譜」에 "養眞齋에서 諸生들과 論道하다가 '仲秋의 달밤에 사람은 洗心精慮를 맑은 달밤처럼 가져야 한다'고 하면서 北宋의 象數學者인 康節 邵雍이 지은 五言絶句 「淸夜吟」 한 수를 읊었다"라는 내용이 나와 있는 것을 보면, 개암이 평소 邵雍의 淸夜吟을 포함한 여러 작품을 愛好한 사실을 추측해 볼 수 있겠다.
3) Naver 지식백과에 인용된 『한시작가작품사전』에서 인용.

대표적인 작품 두 편을 보기로 한다.

먼저 '달밤에 시내를 구경하다가 느낌이 있어서'라는 제목의 오언절구 「월야완계유감月夜玩溪有感」이란 작품을 보자.

하늘을 우러러 보니 밝은 달에 부끄럽고   仰天慙白月
물에 다다르니 맑은 흐름에 부끄럽구나.   臨水愧清流
하고 많은 내 몸과 마음의 더러움을   多少身心累
어찌 능히 모두 긁어내어 버리겠는가?   何能刮盡休4)

예시 작품 기구와 승구에서는 달과 물에 부끄러운 자신의 처지를 고백하고 있다. 하늘을 우러러 보았을 때 밝은 달에 부끄럽고 물에 다다라 보니 흘러가는 물에 부끄럽다는 것이다. 이때 달은 밝은 달이고 물도 맑은 물이다. 밝고 맑은 달과 물에 부끄럽다는 것은, 자신이 달과 물처럼 밝고 맑지 못하다는 것을 의미한다. 그래서 전구에서 자기 심신心身의 더러움을 말하고 있다. 그것도 작은 것이 아니라 하도 많아서 부끄러울 정도라는 것이다. 따라서 부끄럽지 않으려면 몸과 마음의 더러움을 제거해야 할 것이다. 그리하여 결구에서는 어떻게 하면 심신의 더러움을 완전히 제거할 수 있을 것인가? 라고 하여 더러움을 제거하려는 강한 의지를 표출하고 있다. 여기에서 달과 물은 시적 자아가 몸과 마음의 더러움을 제거했을 때 도달할 수 있는 이상적인 경지의 상징물이라고 할 수 있겠다. 현재는 심신의 더러움이 완전히 제거되지 않았기 때문에 달과 물에 부끄럽지만, 심신의 더러움이 완전히 제거되고 나면 전혀 부끄러울 것이 없이 밝은 달과 맑은 물의 순진무구純眞無垢한 경지에 이를 수 있을 것이다. 결국 밝은 달과 맑은 물은 시적 자아가 도달하고자

---

4) 『介庵先生文集』上, 207쪽.

하는 최종적인 지향 대상이라고 할 수 있겠다.

다음은 '산천재에서 남명선생을 모시고 달을 구경하며'라는 제목의 오언절구 「산천재山天齋, 시남명선생상월侍南冥先生賞月」이란 작품을 보자. 역시 앞의 작품처럼 달과 물이 등장한다.

흰 달은 가을 비단처럼 밝게 빛나고	素月明秋練
맑은 물은 고요해 물결도 일지 않네.	澄流靜不波
봄바람 부는 한밤을 내내 앉아 있으니	春風坐一夜
참된 맛이 정히 어떠한가요?	眞味正如何5)

예시 작품의 기구와 승구에서도 달과 물이 등장한다. 역시 그 달은 밝은 달이고 물도 맑은 물이다. 달의 밝은 정도는 가을 흰 비단과도 같고, 물은 물결이 전혀 일지 않고 고요한 맑은 물이다. 밝고 맑은 것이 극처極處에 도달한 상태를 나타낸다고 하겠다. 어쩌면 남명선생이 바로 이러한 경지에 도달한 것을 넌지시 나타낸다고도 볼 수 있다. 따라서 시적 자아는 자신이 현재까지 그러한 경지에 도달하지 못했음을 아울러 행간에 숨기고 있다가, 이런 생각을 다음의 전구와 결구에 가서 좀 더 분명하게 드러낸다고 할 수 있겠다. 전구와 결구에서는 봄바람이 따스하게 불 때 밝은 달이 비추어 주고 맑은 물이 흘러가는 상황에서 밤새도록 앉아 밝은 달빛과 고요한 물을 관조觀照하고 감상하는 장면을 그리고 있다. 그렇지만 시적 자아는 현재까지 참된 맛을 제대로 알지를 못한다. 결구의 '참된 맛이 정히 어떠한가요?'라는 물음이 바로 진미眞味의 본질에 대한 인식이 현재까지 부족하다는 것을 나타내고 있다. 다시 말하면, 스승 남명의 경지를 시적 자아는 여태껏 도달하지 못하고 있는데

---

5) 『介庵先生文集』 上, 207쪽.

이것을 '참된 맛이 어떠한가?'라는 질문으로 자신에게 말하고 있다. 여기서도 밝은 달과 맑은 물은 소옹이 「청야음」에서 말한 달과 물의 경지이자 스승 남명이 도달한 경지이고, 따라서 시적 자아는 참된 맛을 알기 위해서라도 스승의 경지에 도달할 수 있도록 노력하겠다는 의지를 행간에 감추고 있다고 하겠다. 여전히 밝은 달과 맑은 물은 작자가 도달해야 하고, 도달하려고 노력하는 대상임이 분명하다.

그 외에 달만 등장하는 작품 가운데 대표적인 작품 두 편을 보기로 한다. '매화나무 아래에서 달을 구경하다가 절구 한 수를 얻어서 덕계 오자강에게 부친다'라는 제목의 칠언절구 「매하완월梅下玩月, 득일절得一絶, 기오덕계자강寄吳德溪子强」이란 작품이다.

뜨락 아래 찬 매화와 책상 위의 책 있으니	階下寒梅几上書
시골 늙은이 생계가 온전히 성글지는 않네.	野翁生計未全疏
즐거운 마음에 다시 갠 하늘 달이 떠 있으니	賞心更有晴天月
인간에서 누리는 내 맑은 복이 어떠한가?	淸福人間我何如6)

예시 작품의 기구와 승구는 매화와 책이 있어서 시골 노인의 생계가 성글지는 않다고 노래하고 있다. 이때 시골 노인은 보통의 노인이 아니라 바로 시적 자아 자신의 상징이라고 할 수 있겠다. 따라서 자신은 매화와 책만 있으면 은거의 생활이 전혀 문제가 되지 않는다는 것을 나타내면서 결구에서 말하는 청복淸福은 이미 복선伏線으로 깔고 있다. 전구와 결구에서는 기구와 승구의 만족에 이어서 즐거운 마음으로 지내고 있는데 거기다가 갠 하늘에 뜬 달이 있으므로 자기와 같은 청복을 누리는 사람이 드물다는 것을 노래하고 있다. 여기서 '청천월晴天月'의 의미에

---

6)『介庵先生文集』上, 207쪽.

주목해 보자. '청천월'은 보통의 달이 아니라 바로 광풍제월光風霽月의 달을 말한다고 하겠다. 한 짐의 티끌도 없이, 모든 진애塵埃가 완전히 제거된 상태의 온전히 맑은 달이다. 그것은 곧 일호一毫의 물욕物慾도 존재하지 않는, 조금의 사욕私慾도 개재되어 있지 않은 순선무구純善無垢한 인간의 본성을 상징한다고 볼 수 있겠다. 따라서 매화의 감상과 독서를 통해 이미 즐거운 마음이 되어 있고, 그 위에다 순선무구한 인간 본성의 경지에 도달하였기 때문에 인간세상에서 누리는 청복이 자기와 같은 사람은 없다고 언급하고 있다. 매화와 책과 상심賞心만 하여도 이미 어느 누구도 누리지 못하는 청복인데, 거기다 '청천월'까지 겸하였으니 그 청복은 단연 독보적인 것이다. 이제 시적 자아는 이미 최고의 경지에 이르렀다고 하겠다.

다음은 '숙야재에서 주역을 읽는다'라는 제목의 오언절구 「숙야재독역夙夜齋讀易」이란 작품을 보자. 여기에도 달이 등장한다.

등불 아래에 책을 펼쳐 들고 읽으니	燈下披黃卷
옛 성현의 얼굴 분명하게 떠오르네.	分明古聖顔
밤 깊어 방문 열고 밖을 내다보니	夜深開戶看
눈 위에 비친 달이 빈산에 가득하네.	雪月滿空山[7]

예시 작품 기구와 승구에서는 등불 아래에서 책을 읽으니 『주역周易』을 만들거나 읽었던 옛 성현들의 얼굴이 떠오른다는 내용을 표출하고 있다. 『주역』은 복희씨伏羲氏가 황하黃河에서 나온 용마龍馬를 보고 처음으로 팔괘八卦를 긋고, 문왕文王이 괘사卦辭 혹은 단사彖辭를 지었으며, 그 아들인 주공周公이 효사爻辭를 짓고, 공자孔子가 십익十翼을 지었다고

---

7) 『介庵先生文集』 上, 207쪽.

알려져 왔다. 복희씨로부터 시작된 『주역』이 공자에 와서 비로소 완성이된 셈이다. 더군다나 공자는 '위편삼절韋編三絶'이란 고사가 생길 정도로 『주역』을 애독하였다. 지금 시적 자아가 등불 아래에서 『주역』을 읽으니 바로 『주역』을 완성하는 데 공헌한 옛날 사람들의 얼굴이 떠오른다는 것이다. 전구와 결구에서는 깊은 밤까지 책을 읽다가 문을 열고 바라보니 공산空山에 흰 눈과 달빛이 가득함을 노래하고 있다. 눈이 내려 하얗게 된 세상을 달빛이 환하게 비추는 이 장면을, 바로 성현들이 천지만물의 이치를 환하게 밝혀 내어 우리에게 알려주는 것과 같은 상황으로 연결 지어 볼 수 있겠다. 따라서 시적 자아는 달빛이 세상을 환하게 비추어 온 세상을 밝히듯이 자신도 성현들처럼 천지자연과 만물의 이치를 터득하여 사람들에게 알려주는 경지에 도달하고 싶다는 소망을 은연중에 드러내고 있다고 하겠다. 독서하는 사람들은 거의 대부분이 성현의 경지에 이르고자 하는 소망을 지니고 있겠으나, 시적 자아의 경우 그 소망을 전혀 드러내지 않음으로써 더욱 간절하게 소망하고 있음을 알 수 있겠다.

이상에서 살펴본 바와 같이 개암은 작품에서 달과 물을 많이 노래하고 있다. 그런데 가만히 살펴보면 달과 물, 특히 밝은 달과 맑은 물은 소옹이 「청야음」에서 노래한 경지로서, 개암이 도달하고자 하는 궁극적 대상과 존재로서의 의미를 지닌다는 사실을 알 수가 있다. 여러 작품에서 이 점을 확인할 수 있다. 특히 달과 물의 속성 가운데 밝음과 맑음이 바로 그것이다. 명징明澄한 달과 물, 이것은 조선시대 선비들이 지향하는 일반적 가치와도 연결된다. 따라서 개암이 지향하는 대상을 통해서 그가 소망하는 세계의 일면을 규지窺知할 수 있겠다.

(2) 양성양진의 세계

개암 시세계의 특징 가운데 또 하나로 거론할 수 있는 것이 바로 양성양진養性養眞의 세계라고 할 수 있겠다. 이 용어는 그의 작품에 시어詩語로 등장하고 있어서 그대로 시세계를 나타내는 용어로 활용하고자 한다. 먼저 '구곡에다 약제禴祭를 지내는 봄에 양진재를 짓고 손수 매화와 국화를 심었는데 느낌이 있어서'라는 제목의 칠언절구 「구곡龜谷, 약결양진재禴結養眞齋, 수식매국유감手植梅菊有感」이란 작품을 보자.

구곡에다 초가를 지어 새봄을 맞이하니	誅茅龜谷及新春
산을 탐낸 것이 아니라 양진하기 위함이네.	不是貪山爲養眞
매국이 오래 전부터 부합함을 이미 사랑하여	梅菊已憐冥契宿
짐짓 시내 비를 뚫고 은근하게 심었다네.	故穿溪雨種慇懃8)

예시 작품 기구와 승구에서는 새봄에 구곡龜谷에다 풀을 베어 내고 초가草家를 지은 것은 양진養眞하기 위해서라고 건축 목적을 분명하게 제시하고 있다. 약제禴祭는 하夏나라와 은殷나라 때에는 봄에, 주周나라 때에는 여름에 지내는 제사를 말하는데, 여기서는 봄에 지내는 제사로 보고 논의를 진행한다. 봄에 구곡에다 풀을 베어 내고 조그마한 초가 하나를 완성했는데, 집을 지은 목적이 산의 경관이나 탐하려는 것이 아니라 바로 자신이 타고난 본성을 잘 기르기 위해서라는 점을 분명하게 밝히고 있다. 다시 말하면 외면적인 향유享有가 아니라 내면적 수양과 성찰의 용도로 지었기 때문에 크거나 화려할 필요도 없이 소박한 초가면 족하다는 뜻을 행간에 담고 있다. 양진養眞이란 양성養性과 말만 다를

---

8) 『介庵先生文集』上, 207쪽.

뿐이지 거의 같은 의미이다. 또한 양진養眞의 방법으로는 『맹자孟子』 「진심하盡心下」에서 "마음을 기르는 데에는 욕심을 적게 하는 것보다 좋은 방법이 없다"(養心, 莫善於寡欲)라고 말한 바와 같이 양심養心과 마찬가지로 욕심을 적게 가지는 것이 중요하다고 하겠다. 따라서 구곡에 집을 지은 것은 경관 구경을 탐내기 위함이 아니라 양진을 위함이라고 분명하게 밝히고 있다. 전구와 결구에서는 승구에서 말한 양진이 주목적임을 분명하게 뒷받침하고 있다. 바로 매화와 국화가 오래 전부터 자신과 뜻이 부합함을 사랑하여 시냇가에 내리는 비를 일부러 뚫고 은근慇懃하게 심는 행위를 통해 이를 드러내고 있다. 매화와 국화는 결코 화려하거나 아름다운 꽃이 아니다. 매화나 국화보다 화려하고 아름다운 꽃은 지천으로 널려 있다. 그런데도 매화와 국화를 선비들이 혹애酷愛한 이유는 바로 이들 꽃이 지닌 속성 가운데 오상능설傲霜凌雪의 기상이 있기 때문이다. 선비가 갖은 유혹과 위협, 간난한 환경을 꿋꿋하게 딛고 일어서는 기상을 지닌 사람이듯이 매화나 국화 역시 제반 악조건을 극복하고 꽃을 피워 내는 존재이기에, 이미 선비와 매국梅菊은 유유상종의 동질성과 친연성을 가지고 있다. 따라서 좋아할 수밖에 없다고 하겠다. 그래서 비가 내리는 열악한 조건도 기꺼이 감내하면서 은근하게 심게 되는 것이다. 비록 매국을 심는 조그마한 하나의 사건에 불과하지만 양심養心과 양진養眞, 양성養性하는 하나의 방법으로서의 수양 행위로 볼 수 있겠다. 시적 자아는 화려한 꽃에 마음을 빼앗기지 않고 매국의 기상을 긍정하는 행위를 통해 양진의 세계를 구가하고 있다고 하겠다.

다음은 '고요한 밤에 읊조린다'라는 제목의 칠언절구 「정야음靜夜吟」이란 작품이다.

성품을 기름은 치우치게 고요한 속에 많으니	養性偏從靜裡多
밤중에 온전히 깨달으니 즐거움이 어떠한가?	夜中全覺樂如何
하늘 가운데 달은 밝고 산문은 잠겨 있는데	天心月素山門掩
누가 속세인연 따라 내 집으로 들어오겠는가?	誰把塵緣入我家9)

이 작품의 기구와 절구에서는 고요한 속에서 양성養性이 많이 이루어
지고 이런 사실을 밤중에 온전히 깨달았다는 사실을 고백하고 있다.
양성은 시끄러운 곳에서는 이루어지기가 어렵다는 사실을 '편偏'이라
는 한 글자가 나타내고 있다. 물론 대은大隱은 저잣거리에 숨는다는
말과 같이 도道가 높으면 고요하지 않은 곳에서도 양성할 수가 있겠지만
특별히 편정偏靜한 곳에서 양성이 많이 이루어진다는 사실을 제시하고
있다. 그리고 이러한 사실을 한밤중에 온전히 깨달았으니 그 즐거움이
어떠한가? 라고 표현함으로써 즐거움이 지극하다는 사실을 강조하고
있다. 대체로 밤중은 군동群動이 행동을 멈추는 고요한 시간이기 때문에
양성하기가 아주 적합한 시간이라고 할 수 있다. 이러한 사실을 깨달았
으니 즐거움은 이루 말할 수 없을 정도로 크다고 하겠다. 전구와 결구에
서는 달이 밝고 문이 잠겨 있어서 고요의 극점에 있는 시간과 장소에
어느 누가 찾아오겠는가? 라고 하여 아무도 찾아올 사람이 없다는
것을 노래하고 있다. 사실 밝은 달이 환하게 내리비치고 문이 잠겨
있는 산가山家는 그야말로 정밀靜謐의 시공간으로 양성하기에 더없이
좋은 환경이다. 이런 시공간에 찾아올 사람이 없다는 것은 그만큼
양성하는 사람이 없다는 것을 나타낸다고도 할 수 있다. 오직 자신만이
가장 고요한 시공간에서 양성의 즐거움을 만끽하고 있음을 강조하고
있다고도 하겠다.

---

9) 『介庵先生文集』上, 207쪽.

다음 예시는 양진이나 양성과 같은 직접적인 시어를 사용하지는
않았으나 양진양성할 수 있는 최적의 공간과 환경을 노래한 작품이라고
할 수 있겠다. '다음날 아침 돌 위에 이르러 개암 김경부(1524~1590)[10]의
운자에 차운한다'라는 제목의 오언고시 「익조翌朝, 지석상至石上, 차김개
암경부운次金開巖敬夫韻」이란 작품을 보자.

내가 서계를 구경하고자 하니	我欲賞西溪
벗들을 맞아 서로 끌고 가네.	友朋邀相挈
요조한 지경은 점점 그윽해지고	窈窕境轉幽
맑고 차서 마음이 활발하고자 하네.	淸寒心欲活
바위 나무는 푸른 장막 이루고	巖樹翠成幄
돌 여울은 희게 눈을 뿌린 듯.	石瀨白灑雪
가랑비는 훌쩍 날아가 버리고	細雨忽飛去
청산엔 다시 근심이 없어졌네.	靑山更愁絶
정경과 취미는 한없이 넓고	景趣浩無窮
풍연은 걸음마다 달라지네.	風煙步步別
푸른 소나무 내 자리를 뒤덮고	蒼松蔭我坐

---

10) 이름은 宇宏. 본관은 義城이며, 자는 敬夫이고 호는 開巖이다. 경상북도 星州 출신
으로 金從革의 증손이고 贈都承旨 致精의 손자이다. 부친은 府使 希參이고 모친은
淸州郭氏이며, 李滉의 문인이다. 1542년(중종 37) 鄕試에 首席, 1552년(명종 7) 進士
試에도 首席하였다. 1565년 경상도 유생을 대표해서 여덟 차례에 걸쳐 중 普雨의
주살을 상소하였다. 이듬해 別試文科에 乙科로 及第해 藝文館檢閱이 되었다. 그
뒤에 注書를 시작으로 兵曹佐議·承旨에 이르렀다. 그러나 李銖의 獄事로 곧 파직
되었다. 1582년 忠淸道觀察使가 되었다가 刑曹參議·掌隸院判決事·弘文館副提學
등을 역임하였다. 이듬해 儒生 朴濟로부터 陰凶하다는 彈劾을 받아 外職으로 물
러나 靑松府使·光州牧使 등을 지냈다. 1589년 관직에서 물러나 고향 성주로 돌
아갔다. 그해에 동생 金宇顒이 鄭汝立의 獄事에 연좌되어 안동의 임지에서 會寧
으로 귀양을 가자 榮川으로 달려가서 동생을 만나 갓과 옷을 벗어 주고 시 한
수를 지어 주며 이별하였다. 大司諫으로 있을 때 사사로이 獄訟을 결정한 刑曹判
書를 당당히 탄핵해 주위 사람들을 놀라게 하였다. 尙州 涑水書院에 祭享되었다.
저서로 『開巖集』이 있다.

찬 샘물은 나를 맞아 씻어 주네.	冷泉迎我灌
담소를 함에 속된 기운 사라지고	笑談塵機息
시를 읊으니 시원한 소리 들리네.	噲哦爽籟發
잠깐 난초와 혜초 떨기에 기대니	暫倚蘭蕙叢
기쁘게 빙옥의 깨끗함을 얻었네.	喜得氷玉潔
숲과 구렁이 참으로 내 땅이니	林壑眞我土
영화와 욕됨 달게 여기지 아니하네.	榮辱非所屑
이 사이에 지극한 즐거움 있으니	此間有至樂
바람을 읊고 또 달을 읊조리네.	吟風且咏月
언제 마땅히 함께 깃들여 살며	何當共棲遲
그대와 함께 서로 마주 대할꼬?	與君相對越
다행히 내 운수의 친구가 있는데	幸我雲水交
아름다운 기약 여기서 맺었네.	佳期從此結11)

다소 긴 오언고시의 이 작품은 서계西溪의 석상石上에서 느끼는 시적
자아의 심정을 잘 노래하고 있다. 특히 청산靑山에서 다시 근심이 끊어져
사라지는 '수절愁絶'의 평온不穩을 느끼고, 청한淸寒함에서 마음이 활발하
게 살아 움직이는 '심활心活'을 느꼈다는 것이다. 다시 말하면 청산이란
공간에서 청한한 환경을 맞아 충분히 양진양성養眞養性할 수 있다고
시적 자아는 인식하고 있다. 거기다 창송蒼松과 냉천冷泉의 청정한 환경이
더해지고 마음이 통하는 벗들과 담소談笑와 금아噲哦가 이루어지니 양진
양성의 모든 조건이 갖춰지게 된다. 그리하여 임학林壑이 참으로 자신의
공간이 되어 영욕榮辱에 대해서는 조금도 달갑게 여길 바가 못 된다는
것이다. 따라서 지락至樂의 공간에서 음풍영월吟風詠月하며 지낼 수가
있게 된다. 이러한 공간에서 자신만이 아니라 친구들과 함께 지내고

---

11) 『介庵先生文集』上, 209쪽.

싶다는 소망을 표출하면서 끝을 맺고 있다. 시적 자아는 이 작품에서 창송과 냉천이 있는 청한한 청산에 살며 벗들과 어울려 마음껏 담소談笑하고 음풍영월의 음시吟詩를 하면서 양진양성하려는 의지를 잘 드러내었다고 하겠다.

이상에서 본 바와 같이 양성양진의 세계에서는 화려한 꽃에 마음을 빼앗기지 않고 매국梅菊의 기상을 긍정하는 행위를 통해 양진養眞의 세계를 구가하고 있다. 또한 밝은 달이 환하게 내리비치고 문이 잠겨 있는 정밀靜謐의 시공간으로서의 산가山家에서 양성養性을 하며 창송蒼松과 냉천冷泉이 있는 청한淸寒한 청산靑山에 살며 벗들과 어울려 마음껏 담소하고 음풍영월吟風詠月의 음시를 하면서 양진양성養眞養性하려는 의지를 나타내고 있다.

2) 국문시가의 세계

개암은 특이하게도 한시만 남긴 것이 아니라 국문시가인 시조時調도 3수 남겼다. 조선시대 학자들 가운데 시조를 지은 사람이 그렇게 드문 것은 아니지만 많다고 하기도 어렵다. 그런데 작품이 3수에 그친다는 것은 아무리 생각해도 쉽게 납득이 되지 않는다. 시조를 지은 솜씨가 그렇게 빼어난 것은 아니지만, 이 정도의 작품 수준으로 보았을 때 3수보다는 더 많았을 가능성이 높아 보인다. 그렇지만 자료가 3편만 전하기 때문에 그 가능성을 현재로서는 입증하기 어렵다. 따라서 현재 남아 전하는 3수에 주목하여 내용을 살펴보는 것으로 그치고, 이후 자료가 더 발굴되기를 기대해 본다. 첫 번째 작품을 보자.

물아 / 어듸가는나 / 갈ㅅ길 / 미러셔라 /
뉘누리 / 다치와 / 지내노라 / 여흘여흘 /
滄海예 / 몯밋츤전의야 / 근칠쭐이 / 이시랴 / 12)

현대역 물아 어디를 가느냐? 갈 길이 멀었어라.
         여울을 다 채워 지내노라 여흘여흘
         창해에 미치기 전이야 그칠 줄이 있으랴?

첫 번째 작품은 일종의 문답 형식으로 구성되어 있는데, 시적 자아가
물에게 묻고 물이 대답하는 형식이다. 초장初章에서는 물에게 어디 가는
가를 물으니 물이 갈 길이 멀다고 대답한다. 확실한 목적지는 말하지
않고 있다. 그렇지만 일반적으로 땅에 떨어진 물은 최종 목적지가 바다이
다. 따라서 바다까지 흘러가야 하니 갈 길이 멀기는 멀다. 그런데 중장中章
을 보면 그 의미가 언뜻 선명하게 다가오지 않는다. '뉘누리'는 소용돌이
나 여울을 뜻하고 '여흘여흘'은 강이나 개울의 물살이 빠르게 좔좔
흐르는 모양을 뜻한다. 그래도 감이 얼른 오지 않는다. 강해强解를 해
보자면 아마도 『맹자』「이루하離婁下」에 나오는 "원천原泉이 혼혼混混하야
불사주야不舍晝夜하야 영과이후盈科而後에 진進하야 방호사해放乎四海하
나니 유본자여시有本者如是라"13)라는 말을 염두에 두고 한 말이 아닐까
한다. 시조의 의미는 '물이 여울을 다 채워서 빠르게 좔좔 흘러 지나간다'
라는 의미라고 하겠다. 따라서 『맹자』에서 말한 '영과이후진盈科而後進'을
적용해 보면 그나마 의미가 통한다. 물은 어떤 경우에도 건너뛰는 법이
없다. 흘러가다가 구덩이를 만나면 반드시 그 구덩이를 다 채우고 나서야

---

12) 『介庵先生文集』 上, 215쪽.
13) 근원이 있는 샘물은 콸콸 용솟음쳐 나와서 밤낮을 쉬지 않고 흘러 구덩이를 채
   운 뒤에 점점 나아가서 사해에 이르나니, 근본이 있는 것은 이와 같으니라.

흘러간다. 구덩이가 깊다고 하여 그것을 놓아두고 우회하는 법은 절대로 없다. 그러나 사람들은 때로 엽등躐等을 하고 과정을 건너뛰거나 생략하기도 한다. 따라서 우리는 물이 구덩이를 다 채우고 흘러가듯이 과정을 생략하고 건너뛰는 행보를 해서는 안 된다는 것을 배워야 한다. 중장에서는 이 점을 강조하고 있다. 종장終章에서는 끊임없이 흘러 바다에 닿아야만 멈추는 물의 속성을 말하고 있다. 바다에 이르기 전에는 결코 멈추는 법이 없다. 이것이 물의 속성이다. 그렇지만 사람들은 어떤 일을 목표로 하다가 중도이폐中道而廢하는 경우가 많다. 엽등을 하거나 중도이폐하는 사람들은 반드시 이 시조를 읽어 보고 교훈을 얻어야 할 것이다. 자연보다 위대한 스승은 없다. 따라서 목표를 세우고 그 성취를 위해 나아가다가 요령을 피우거나 중도에 포기하는 사람들은 반드시 물을 교훈과 스승으로 삼아서 자기 자신을 경계해야 할 것이다.

두 번째 작품을 보자.

芝蘭을 / 갓고랴ᄒ야 / 호믜를 / 두러메고 /
田園을 / 도라보니 / 반이나마 / 荊棘이다 /
아히야 / 이기음몯다믹여 / 히져믈까 / ᄒᄂ리 / 14)

현대역 지란을 가꾸려 하여 호미를 둘러메고
        전원을 돌아보니 반이나마 가시이다.
        아이야 김 못다 매어 해 저물까 하노라.

초장과 중장은 전원에서 지란芝蘭을 가꾸려고 하니 벌써 반 이상을 형극荊棘이 차지하고 있는 상황을 노래하고 있다. 지란과 형극은 상극물相

---

14) 『介庵先生文集』 上, 215쪽.

虺物이다. 가시가 있으면 지란이 자라기가 어렵고, 지란이 자라려면 가시가 없어야 한다. 자라는 속도와 개체의 튼실함은 지란이 형극에 비할 바가 못 된다. 형극은 가꾸지 않아도 너무나 잘 자라지만, 지란은 사람이 돌보아 주지 않으면 형극에 밀려 제대로 자라지 못한다. 여기서 지란은 선善에, 형극은 악惡에 견주어 볼 수도 있겠다. 선을 하기는 너무나 어렵고 악을 하기는 너무나 쉽다. "선을 하기는 짐을 지고 산을 올라가는 것과 같아서 뜻은 비록 확고하나 힘이 오히려 미치지 못할까 두렵고, 악을 하기는 준마를 타고 평지를 달라는 것과 같아서 비록 채찍질을 더하지 않더라도 족히 또한 능히 통제하지 못한다"[15]라는 옛말을 상기해 볼 때 위선爲善과 위악爲惡의 차이가 지란과 형극의 차이와 같다고 하겠다. 또 다른 의미로 지란은 자신의 몸과 마음을 닦아 덕을 기르는 선비로, 형극은 진정한 선비가 되는 데 방해가 되는 존재로 볼 수도 있겠다. 선비가 선비답게 되는 데 방해가 되는 외물外物에의 경도傾倒와 욕망慾望 등을 형극이라고 할 수 있는 것이다. 따라서 진정한 선비가 되기 위해서는 형극을 제거하는 일을 게을리해서는 안 된다. 종장에서는 형극을 제거하는 데 하루가 부족하다는 사실을 말하고 있다. 김을 다 매지 못하여 하루해가 저물까 걱정하는 것은, 결국 하루 동안에 김을 다 매지 못할 만큼 형극이 많고 빨리 자란다는 것을 의미한다고 하겠다. 다시 말하면 형극을 제거하기가 몹시 어렵다는 것을 암시한다. 이것은 실제로 밭의 잡초를 제거하는 경우에 직접 경험할 수 있는 일이다. 조금의 틈만 보여도 잡초는 제거하기가 힘들 만큼 성장 속도가 빠르다. 따라서 부지런히 형극을 제거하는 일에 매진하여야 겨우 지란을

---

15) 李邦獻, 『省心雜言』, "爲善, 如負重登山, 志雖確而力猶恐不及, 爲惡, 如乘駿走坂, 雖不加鞭策而足亦不能制."

보존할 수가 있다. 참선비가 되는 길이 결코 녹록지 않았음을 이 작품을 통해서 알 수가 있겠다.

마지막 세 번째 작품을 보자.

柴扉예 / 개줒는다 / 이山村의 / 긔뉘오리 /
댓닙 / 푸른듸 / 봄ㅅ새 / 울소리로다 /
아히야 / 날推尋오나든 / 採薇가다 / ㅎ여라 / 16)

현대역   시비에 개 짖는다. 이 산촌에 그 누가 오리?
        댓잎은 푸른데 봄새 울음소리 들려오네.
        아이야 날 찾아오거든 나물 캐러 갔다고 하여라.

이 작품의 초장은 나를 찾아올 사람이 없는데도 사립문에 개가 짖는 상황을 언급하고 있다. 나무로 만든 사립문에 개가 컹컹 짖어대는 것이 누가 나를 찾아온 모양인데, 아무리 생각해 봐도 정녕 나를 찾아올 사람은 없어서 의아하다는 것이다. 아마도 개가 잘못 보고 짖는다고 하여 아무도 나를 찾아올 사람이 없다는 사실을 강조하고 있다. 중장에서는 시적 자아가 거처하고 있는 환경을 노래하고 있다. 사방은 푸른 대나무 잎으로 둘러싸여 있고 들려오는 소리는 봄철의 새가 우는 소리뿐이다. 고즈넉함을 느끼게 하는 환경이다. 다시 말하면 자연 속에 숨어 살아가는 은자隱者의 일반적인 환경과 다르지 않은 전형적인 모습이라고 할 수 있겠다. 종장에서는 속인俗人의 내방來訪을 거절하겠다는 의지를 표현하고 있다. 아이에게 나를 찾아오는 사람이 있다면 나물을 캐러 갔다고 둘러댐으로써 거절하라고 당부하고 있다. 지금

---

16) 『介庵先生文集』 上, 215쪽.

내가 즐기고 있는 산중의 은둔생활을 조금도 방해받고 싶지 않다는 소망이 드러난다. 세속인의 방문은 듣고 싶지 않은 속세의 이야기를 들어야 하는 고역을 주기 때문에 아예 만나고 싶지 않다는 의사를 통해서 자연 속에서 절대적인 자유를 구가하며 살고자 하는 시적 자아의 의지를 확인할 수 있다. 이 세 번째 시조는 당唐나라 시인 가도賈島 (774~841)의 「심은자불우尋隱者不遇」를 연상하게 한다. 어쩌면 이 시에서 영감을 얻었는지도 모를 일이다. 물론 아닐 수도 있지만, 시의 내용은 다음과 같다. "소나무 아래에서 동자에게 물으니, 스승님은 약을 캐러 가셨다고 말을 하네. 다만 이 산중에 계시기는 하지만, 구름이 깊어서 계신 곳을 알지 못하겠나이다."17) 특히 이 시의 승구承句가 시조의 종장과 많이 닮아 있다. 물론 채약採藥과 채미採薇의 차이는 있다. 가도의 시는 동자가 스스로 말한 것처럼 되어 있지만 시조의 종장은 아이에게 스승이 둘러대라고 시키고 있는 점이 다르다. 가도의 시에서도 스승이 동자에게 둘러대라고 시킨 정황을 전혀 부정할 수는 없지만, 언표言表로만 보자면 동자의 자발적인 발언으로 보인다. 동자의 자발적인 발언이든 시켜서 한 발언이든, 속인을 거절하려는 시적 자아의 의지만큼은 분명히 드러난다. 동자의 등장은 거절 의지를 더욱 돋보이게 하려는 장치인지도 모르겠다.

이상 세 수의 시조에서 엽등을 하지 않고 과정을 지키며 꾸준히 노력하여 학문을 성취해야 하는 점, 형극의 방해를 뚫고 지란을 키워내듯이 욕망의 유혹을 떨치고 참된 선비가 되어야 하는 점, 속인의 방해를 받지 않고 자연 속에서 절대적인 자유를 구가하려는 의지를 보인 점 등을 읽어 낼 수가 있었다. 결국에는 개암이 시조에서 노래하고

---

17) 松下問童子, 言師採藥去. 只在此山中, 雲深不知處.

있는 것이나 한시에서 노래하고 있는 것이나 표현 수단만 다를 뿐이지 그 내용은 별다른 차이가 없다는 사실도 알 수가 있었다.

4. 결론

개암 강익은 비록 향시에 응시하여 입격하기도 하였으나 평생 벼슬길에 나아가지 않고 초야에 묻혀 학자와 교육자의 길을 걸어간 대표적인 처사형 사림이라고 할 수 있겠다. 짧은 생애에 한 일이라고는 남계서원의 건립과 명현들과의 교유, 제자의 양성이 대표적인 사업이었다. 그렇다고 저술을 많이 남긴 것도 아니다. 물론 여기에는 문집의 출간이 늦은 점 때문에 자료의 일실이 있었으리라고 생각된다. 그렇지만 그렇게 다작을 한 것으로 보이지는 않는다. 다시 말하면 평생을 독행근칙篤行謹飭하는 삶을 산, 실천적 유학자라고 말할 수 있겠다. 이제 본론에서 논의한 내용을 결론적으로 요약해 보면 아래와 같다.

개암의 시세계는 크게 한시의 세계와 국문시가의 세계로 나누어 볼 수 있다. 먼저 한시의 시세계를 보면 다시 달과 물 지향의 세계와 양성양진養性養眞의 세계로 구분할 수 있겠다. 달과 물 지향의 세계에서는 달과 물, 특히 밝은 달과 맑은 물이 등장하는데, 이것은 소옹이 노래한 「청야음」에서의 경지와 같은 것으로서 개암이 도달하고자 하는 궁극적 대상과 존재로서의 의미를 지닌다. 이러한 부분은 그의 여러 다른 작품에서도 확인할 수 있다. 특히 달과 물의 속성 가운데 밝음과 맑음이 바로 그것인데, 명징明澄한 달과 물, 이것은 조선시대 선비들이 지향하는 일반적 가치와도 연결된다고 하겠다. 다음은 양성양진의 세계로, 화려한 꽃에 마음을 빼앗기지 않고 오상능설傲霜凌雪하는 매국梅菊의 기상을 긍정하는 행위를 통하여 양신養眞의 세계를 구가하고 있다. 또한 명월明月이 환하게 비치고 문이 잠겨 있는 정밀靜謐의 시공간으로서의 산가山家에서 양성養性을 하며 푸른 소나무와 찬 샘물이 있는 청한淸寒한 청산에 살면서 벗들과 어울려 마음껏 소담笑談하고 시를 읊으며 양진양성하려는 의지를 아울러 나타내고 있다.

마지막으로 국문시가의 세계에서는 단계를 뛰어넘지 않고 과정을 준수하려고 노력하여 학문을 성취해야 하는 점, 가시의 갖은 방해를 이겨내고 지란芝蘭을 키워 내듯이 내외부적인 욕망의 강한 유혹을 떨쳐버리고 참된 선비가 되어야 하는 점, 세속인들의 방해를 받지 않고 자연 속에서 절대적인 자유를 구가하려는 의지를 보인 점을 잘 나타내고 있다.

이상에서 논의한 내용만으로 개암의 문학에 대한 전모가 밝혀졌다고는 할 수 없다. 앞으로 능력을 갖춘 훌륭한 연구자들이 계속 관심을 가지고 연구에 집중하여 개암 문학의 전모가 분명하게 밝혀져서 우리 문학사에 개암의 위상이 확고하게 자리매김되기를 기대해 본다.

제8장 남명학파와 개암 강익

권 인 호

1. 머리말

먼저 올해(2017) 남명학연구총서[1] 10권『개암 강익[2]』의 발간을 위해 1월 14일 연구원 회의 결과로 각 논문 제목이 분정되어, 2017년 8월 26일 함양군청에서 학술세미나를 개최하게 되었다. 이때 내가 맡은 세미나 발표 주제는「남명학파와 개암介庵[3] 강익姜翼」이다.

'남명학파'란 남명 조식(1501~1572)과 종유인從遊人 · 제자문인弟子門人 · 사숙인私淑人 등의 인물들과 그들의 학문사상을 말함이다.[4] 그렇기 때문

---

1) 그동안 남명학연구원에서는 이 총서에 해당하는 책들로서 1권『남명사상의 재조명』(384쪽), 2권『남명학파 연구의 신지평』(448쪽), 3권『덕계 오건과 수우당 최영경』(400쪽), 4권『내암 정인홍』(448쪽), 5권『한강 정구』(560쪽), 6권『동강 김우옹』(360쪽), 7권『망우당 곽재우』(440쪽), 8권『부사 성여신』(352쪽), 9권『약포 정탁』(313쪽)을 편집 출간하였다.

2) 강익은 본관이 晉州, 자가 仲輔, 호는 介庵과 松庵이다. 生卒은 중종 18년(1523. 1. 18)~명종 22년(1567. 10. 2)이다.

3) 그의 호는 26세 때 지은 松庵이 있으나, 35세 때 다시 지은 介庵을 일반적으로 호칭한다.

4) '南冥學派'에 대한 연구는, 李樹健을 시작으로 오이환과 이상필 및 김경수 · 사재명 등의 남명의 여러 종류의『山海 · 德川師友淵源錄』을 중심으로 연구한 성과가

에 남명학파를 개암과 연관하여 거론하고, 이어서 개암이 남명학파의 인물과 사사·종유·강론한 사실이나 후세에 이루어진『산해山海·덕천 사우연원록德川師友淵源錄』 등을 통해 개암의 남명학파와의 관계, 그의 위상을 살펴보았다.

그러면서 다시금 느낀 점은 그 당시마다 인물평가와 학문사상에 대한 외적 요인이자 정치·사회·당파黨派(色目)·문화적인 시대상황으로 인하여, 즉 남명학파의 인물평가 등에 악영향을 끼쳐 심각하게 왜곡·날조된 것도 없지 않았다는 것이다. 이러한 점을 감안하여 이 시대에 다시 수정·보완하여 진실 되고 사실에 보다 접근할 수 있는, 즉 남명학파의 진정하고 올바른 모습을 재정리하는 데에 비재독필非才禿筆한 의견을 피력해 보았다. 이를 통하여 혹시라도 향후 남명학파나 개암 강익의

있었고, 그 가운데『덕천사우연원록』을 중심으로 가장 많은 인물을 수록하고 있다. 그러나 당쟁과 인조반정(왕위찬탈; 궁정쿠데타, 1623), 무신란(무신기의, 1728), 한일합방(일한병합, 1910) 등 남명학파에게는 학문연원(사승관계나 인물 수록)이나 학파로서의 번창에 걸림돌이 된 큰 역사적 사건들이 있었다. 그렇기 때문에 조선 중기 선조~광해군 연간의 남명학파의 융성에 비해, 조선 후기 시대에서 후기로 올수록 현재까지도 시대가 변천되어, 비록 최근 2~30년 사이에 재조명과 현창이 되어 간다고 하지만, 여타 퇴계학파와 율곡학파에 비해 상대적으로 위축되고 남명학 학문사상의 진실·사실과 본질이 다소간 왜곡·변질되었다고 본다. 아무리 정국이 바뀌어 살아남기 위한 몸부림이었다고는 하나, 심지어『南冥集』·『師友淵源錄』·『門人諸賢文集』 등의 판각에 특정 인물의 성함과 관련 기록을 깎아 지워 버리고 그 인물과는 관련이 없다거나, '진작에 義絶했다'는 등의 왜곡·날조된 글을 새겨 넣기까지 하였다. 色目을 남인과 서인(노론)으로 바꾸거나 조상의 신도비문을 그들에게 청탁하는 행위도 있었다. 경상우도에서 태어나 성장하며 先賢과 先祖의 학문경향성을 몰각하거나 비난하는 남명학파 내부의 모습도 보여 왔다는 것은 사실이다. 그런 것을 감안하여 나를 포함한 많은 남명학파 연구자인 후학들과 후손들은 다시금 부끄럽게 여기고 반성해야만, 새로운 모습의 남명학의 재조명이 가능하다고 본다. 남명학이 주자학이나 퇴계학·율곡학과 그 軌를 같이하면서도 남명학파만의 특질이 우뚝하게 되살아날 것으로 믿는다. 儒學과 南冥學의 末學인 나는 그렇게 생각하며 공부하고 바라보며 희망의 끈을 붙들고 있다.

연구자 제현諸賢들의 재조명에 참고가 되었으면 한다. 이러한 연구태도와 경향성은 그 어떤 연구대상이나 주제(인물 포함)에도 존재하고 담보되어야 한다는 것이다. 이것이 평소에 내가 생각하는 올바른 연구태도이고 나의 철학(사상)적 소신이며 역사철학적 견해이다.

『개암집』(영인본『韓國文集叢刊』第38輯, 201~239쪽)에 나오는 남명학파의 인물들은, 먼저「서문」에서 "(강익) 선생은 문헌공(정여창)의 고향에서 태어나고…… 남명 조선생(조식)에게서『역경易經』을 배웠으며…… 갈천 임(훈)·덕계 오(건)·옥계 노(진)·동강 김(우옹) 선생들로서 모두 일대의 유종儒宗들과 서로 왕래하여 수창酬唱하며 의리를 강명講明하고, 또한 조정에 추천되었다"고 하였다.

『개암집』의 간행은, 숙종 13년(1686)[5] 개암의 증손 대징大徵이 함양

---

[5] 이 당시의 정국을 정리해 보면 다음과 같다. 효종 사후 자의대비(인조의 계비)의 '기해(1659)복제' 문제로 인한 서인·노론(송시열·송준길)과 남인(윤휴·허목)의 예송이 있었고, 갑인년(1674) 2월에 효종비 인선왕후가 죽자 다시 자의대비의 복제 문제가 재개되었다. 현종이 죽고 숙종 즉위. 9월에 진주 유생들이 송시열의 예론 복제에 대해 반대 상소를 하고, 10월에 성균관 유생들이 송시열의 예론 복제를 지지하는 상소를 하였다. 12월에 기해년에 기년제를 주장했던 신하들의 죄를 추궁하고 송시열을 삭탈관직하였으며, 다음해 1월에 송시열을 덕원에 유배 보내었다. 숙종 초기(1675년간)에 남인이 집권하여 개혁정치를 실시하니, 인조반정(1623) 이후 52년 만이었다. 경신대출척(1680)으로 다시 노론이 집권하였으나, 1689년 기사환국으로 다시 실각하고 송시열이 사사되었다. 1694년 갑술옥사(사화)로 남인 몰락하고, 비록 경종과 정조 대에 일부 소론·남인이 등용되긴 했으나 이후로는 노론의 집권이 계속된다. 그런데 한일병탄 이후 한반도가 병참기지화한 일제 말기의 상황에서 남명학파의 남인 미수 허목의 남명신도비가 쓰러졌고, 최근 몇 년 전에는 그 비의 귀부마저도 산산조각내서 없앴다. 마치 인조반정 때 내암 정인홍의 신도비를 쓰러뜨려 깨어 없애듯……!
이 무렵 함양 출신의 인물로 呂聖齊(1625~1691)가 있었다. 그는 탁월한 외교가(명과 일본)이자 뛰어난 선정관인 呂祐吉(1567~1632)의 손자로, 부친은 부사 爾亮이고 모친은 영돈령부사 한준겸의 딸이다. 숙종 4년(1678) 강릉부사에서 예조판서로 특진 발탁되었고, 좌찬성·판의금부사를 거쳐 1684년 병조판서, 이조판서를 거쳐 1688년 우의정이 되고, 다음해에 좌의정을 거쳐 영의정이 되었다. 그의 조부 여우길와 우길의 형인 呂裕吉(1558~1619)도 광해군 말년까지 높은 벼슬

남계서원에서 목판본으로 간행한 것이 초간본이고 이에 더하여 헌종 12년(1846) 8대손 연조延祚가 신도비명을 추각하여 합부한 것이 후쇄본으로, 분량은 2권 1책 총 70판이다.

먼저 이「서문」을 쓴 정기윤鄭岐胤은 초계草溪(八溪)정씨로 동계桐溪 정온鄭蘊(1569~1641)의 손자다. 정온은 내암來庵 정인홍鄭仁弘(1535~1623)의 고제다. 정기윤은 미수眉叟 허목許穆(1595~1682)의 막냇사위이다. 경기도 연천漣川 출신 허목은 선배인 포천抱川 출신 용주龍洲 조경趙絅(1586~1669)6)과 함께, 남명과 덕계 오건, 정인홍과 동강 김우옹, 한강寒岡 정구鄭逑(1543~1620)의 제자인 모계茅溪 문위文緯7)에게서 배우다가 문위의 추천으로 정구의 만년 제자가 되었다. 정인홍과 조경·허목·우암尤庵 송시열宋時烈(1607~1689)은 남명의 신도비를 찬撰한 인물이다.

을 하였고, 효·현·숙종 연간을 거치며 남인과 가까운 소론 출신이다. 부친 여이량은 실학적 학문 경향성을 지닌 久菴 韓百謙(1552~1615)의 제자다. 한백겸의 실학자적 학풍에 대해서는 한국철학사연구회, 『한국실학사상사』(도서출판 다운샘, 2000), 33~43쪽 참조.

6) 권인호,「近畿南人의 실학적 學問淵源 및 嶺南學派와의 연계성」, 『인문학연구』 제9호(대진대학교 인문학연구소, 2012), 29~63쪽 참조.

7) 字는 順南, 본관은 丹城, 居昌에서 살았다. 明宗 9년(明 嘉靖 32; 甲寅; 1554) 生, 1631년에 卒함. 약관에 德溪 吳健에게서 배우고 후에 來庵 鄭仁弘과 東岡 金宇顒 그리고 寒岡 鄭逑에게서 배웠는데, 항상 일컫기를 "兩岡이 우리의 선생이시다" 하였다. 조선 후기 實學의 淵源을 따질 때 眉叟 許穆이 바로 모계 문위와 한강의 제자가 됨을 볼 때, 다시금 실학의 학문적 연원이 南冥學派임을 알 수 있다. 『尙書』에 능통하였고, 임진왜란 때 향병을 거느리고 松庵 金沔과 함께 고령 등에서 왜적을 물리쳤다. 김우옹과 유성룡 등에게 천거되어 동몽교관, 선공감주부, 사헌부감찰을 지내고 낙향, 두문불출로 독서에 전념하였다. 1623년(광해군 15; 인조 원년) 3월 인조반정 후에 70세 나이로 고령현감으로 부임했으나 병으로 사임하였다. 거창 龍元書院에 제향되었고, 저서에 『茅溪集』이 있다. 권인호,「東岡 金宇顒의 學問과 思想 硏究-生涯와 經世思想을 中心으로」, 『南冥學硏究論叢』 第2輯(南冥學硏究院, 1992), 462쪽, 주67) 참조.

2. 사숙한 문헌공 정여창과 함양·진주 사림, 남명 조식의 문인 강익

경상도의 온전한 옛 이름은 '경주상주진주안동도慶州尚州晉州安東道'이었다. 낙동강을 경계로 좌·우도로 나누어 호칭하거나 관할을 이야기할 때 함양군은 진주목에 속했었다. 경상도가 남·북도로 나뉜 것은 고종 32년(1895)으로, 이른바 '을미개혁' 때이다. 이로부터 일제강점기 때인 1925년 부산으로 이전하기 전까지 경남의 도청소재지는 진주였다.

개암 강익이 같은 고향으로 일찍부터 사숙하고 남계서원을 창건하며 주향으로 모신 일두 정여창은 하동정씨河東鄭氏[8]로, 고려 고종 연간 경상도 하동 현리縣吏 출신 정국룡鄭國龍(추밀원부사 추증, 묘소는 하동에 있다)의 7세손이다. 일두의 증조인 정지의鄭之義(宗簿寺正)는 본관지인 하동에서 함양으로 처음 입향하였으며, 정여창의 증조모는 전라도 보성 선씨寶城宣氏로서 그 가문은 고려 말에 사족화士族化하면서 본관지를 떠나 상경 종사하였고 그 일부가 함양에 이주하였다. 이 선씨 가문은 15세기 훈벌(勳閥家)로 성장하였는데, 정여창의 증조가 하동에서 함양으로 옮긴 것도 처향妻鄕을 따라온 것이었다. 일두의 부친 정육을鄭六乙은 함길도咸吉道 우후虞候(종3품 무관직)로 있으면서 세조 13년(1467)에 일어난 '이시애李施愛의 난亂' 때에 나라를 위해 순절하였으며, 정종 임금의

---

8) 한국의 정씨의 본관은 원래 247개나 된다고 하나, 현재까지 계승된 것은 대략 30여 본에 불과하다. 하동정씨는 성씨 본관별 인구 순위로는 50위(333위 중)로서 158,396명(2013)이다. 조선 초기에 비해서 후기로 올수록 크게 번창하지 않아 조선조 문과급제자 순위로는 50위권 밖에 있다. 참고로 정씨의 한국 성씨 순위는 269성(2005) 가운데 김·이·박·최씨 다음으로 5위이고, 중국에서는 23위로 약 1014만 명(2003)이다. 곽동환(운경재단), 「河東鄭氏」, 『先賢의 발자취』(건들바우 박물관 출판부, 1994), 185∼190쪽; 紫圖中國姓氏尋根游 編輯部, 『中國姓氏尋根游』(讀行天下, 2003), 204∼210쪽 참조.

손녀사위9)로서 일찍부터 사회적 신분과 정치경제적 기반과 지위를 지니고 있었다.10)

그렇다면 '사림파와 선비'라는 명칭과 관련하여 당시 시대적 상황과 후대의 명명 및 평가에 대해 생각해 볼 여지가 있을 것이고, 이른바 '사림파의 종장'이라는 김종직에 대한 훗날 퇴계 이황李滉과 교산 허균許筠의 미언微言과 폄하11) 또한 참고해 봄직도 할 것이다.

일찍이 '영남은 인재의 보고와 선비의 본고장'이라 하였다. 그 가운데서도 선비의 본고장으로 '좌안동 우함양'이라 하여 낙동강 좌안에서는 안동이, 우안에서는 함양이 으뜸이라는 뜻의 말이 회자되었다.

함양의 대표적 토성은 여씨呂氏, 오씨吳氏, 박씨朴氏, 서씨徐氏, 조씨曺氏가 있었다. 그러나 이 함양의 토성들은 함양지역에서 그 세력을 지속적으로 유지하지는 못하고 대개 초기의 모형에 따라 다른 지역으로 이주한 것으로 보인다. 예로서 함양여씨는 서울의 북촌인 계동桂洞으로 옮겨간 것으로 보이는데, 함양향안 작성 시에 당시 우의정이었던 여성제呂聖齊와 부사였던 여익제呂翼齊가 입록하고 있고 나중 향안을 발간할 때 후손 여동식呂東植이 서문을 쓰고 있다. 그 외 함양오씨는 이웃인 산청지역으로 옮긴 것으로 나타나는데, 덕계德溪 오건吳健, 사호思湖 오장吳長 등의 함양 오씨가 그들이다. 오장의 경우 함양지역의 사림들과 매우 긴밀한 관계를 갖고 의병활동 등에도 참여하고 있다.

함양박씨의 경우 『신증동국여지승람』에 의하면 고려 말기의 인물로는 치암恥菴 박충좌朴忠佐(1287~1349)가 있고, 조선 초기에 들어와서는 박자

---

9) 定宗과 誠嬪池氏의 2子인 桃平君 李末生의 사위.

10) 李樹健, 『嶺南士林派의 形成』(영남대 민족문화연구소, 1980), 135~137・191~192쪽 참조.

11) 道學(性理學)보다는 문장가(詞章學)로 평가받았으며, 「조의제문」과 세조・성종 때 仕宦을 지낸 이중성을 지적받았다.

안, 여칭, 박실, 오응, 여자신, 여윤철로 대표되는 인물조에 두 사람이나 나타나며, 또 효자로 박안행, 박유효가 기록되어 있는 것으로 보아 함양지역의 대표적인 성씨였던 것 같은데, 이후로는 함양지역에서 세력을 유지하지 못하였던 것으로 보인다. 아마도 이들 토성세력은 사위나 외손 성씨들에게 지역적 기반을 넘겨주고 그들 또한 처가나 외가의 기반을 따라 옮겨간 것으로 보인다.

한편 갑자사화에서 진주지방 사림 출신으로 정여창과 함께 피화被禍를 당하는 인물로서 지족당知足堂 조지서趙之瑞(1454~1504)[12]가 있다. 그런데 조식의 조모가 바로 조지서의 누이다. 조지서는 연산군이 세자일 때의 사부師傅(輔德)로서 권학에 힘써 연산군으로부터 미움을 사고, 갑자사화 때 지나치게 강직한 성품과 정치 원칙에 충실하려는 태도, 그리고 신진 사림파라는 등의 여러 가지 이유로 참혹한 죽음을 당한다. 이러한 강직한 성품 또한 조식에게 영향을 준 것 같다.

현재에도 대개 경상우(남)도 진주지방 사람들의 성격이 강직하고 불의를 참지 못하거나 입바른 소리(直言)를 곧잘 하여 정적을 많이 사는 경향이 있다. 이 때문에 역사를 살펴보면 정치적인 피해를 많이 입는 것을 볼 수 있다. 조식의 고제인 수우당守愚堂 최영경崔永慶(1529~1590)과 정인홍

---

12) 자는 伯符, 본관은 林川. 嘉林伯 趙天瑞의 후손이다. 갑술년(단종 2, 1454)에 태어나 갑오년(성종 5, 1474)에 生員科에 장원하고, 進士科에 제2등으로 합격되어 문과에 오르고 청백리에 들었다. 원래는 生員·進士科 모두 壯元했으나 國法에 한 사람이 兩科 모두 장원은 할 수 없다 하여 생원은 제1, 진사는 제2로 하였을 정도로 文筆이 당시 최고였다. 大科를 거쳐 重試에서도 壯元하여 그가 살던 동네를 '三壯元洞'이라 하였다. 벼슬은 文翰의 校理, 弼善 등을 역임하였다. 그의 妻는 圃隱 鄭夢周의 증손 允寬의 딸로서, 烈女로 旌門『南冥集』권4,「遊頭流錄」에도 기록이 나온다)이 세워졌다. 『燕山君日記』, 권2, 2년 2월 乙丑(趙之瑞의 獄中上疏);『南冥集』, 권2,「中訓大夫 侍講院輔德 贈通政大夫 承政院都承旨 趙公墓銘」;『南冥先生續集』,「知足堂趙公遺事」; 李樹健,「南冥 曹植과 南冥學派」,『民族文化論叢』2·3합집(영남대 민족문화연구소, 1985), 193쪽 참조.

도 그러한 성품의 소유자로 각각 기축옥사己丑獄事(士禍)와 인조반정仁祖反正(왕위찬탈·궁정쿠데타)으로 성적들에 의해 무고하게 불법적으로 참형을 당하였고 후세에 두고두고 왜곡·날조가 심하다. 망우당忘憂堂 곽재우郭再祐(1552~1617)도 성격이 너무 강직하고 타협할 줄을 몰라 정치적으로 불운하였다. 임진왜란 때 의병장으로서의 공로를 인정받아 성주·진주목사, 경상좌도병마절도사로 잠시 부임하여 치적을 올렸으나 바로 은퇴하였고, 이후에도 중앙과 지방의 고위 문·무관 직에 임명되었으나 끝내 나아가지 않았다. 그러나 다른 면에서 바라본다면 그만큼 진주지방 사람들은 기회주의나 권세나 이익에 타협을 모르고 정치의 원칙에 충실하였다는 의미가 있다.13)

조지서는 당시 정성근鄭誠謹(?~1504)14)과 함께 진주를 대표하던 사림파이다. 남명도 「지족당조공유사知足堂趙公遺事」15)에서 두 사람을 함께

---

13) 丙子胡亂 때 三田渡의 항복에 다른 斥和派들은 말만 무성하고 淸에 굴복한 仁祖의 조정에 신하 노릇하면서도 입으로만 '존명사대'와 '북벌론'을 외칠 뿐이었다. 이후 이들은 조선 후기 勳戚의 영화를 세세토록 누리다가 다시 나라가 日本에 망하자 대부분 親日賣國奴로 변절하고 만다. 이러한 일반적인 西人-老論과 外戚들과는 다르게, 정인홍의 제자인 鄭蘊(호는 桐溪, 1569~1641)은 淸나라와 무능한 仁祖 그리고 主和派에 대항해 할복자살을 기도했다가 창자가 밖으로 나오고도 죽지 못하자 고향의 인근 덕유산 아래 安陰(지금의 함양군 안의면과 거창군 위천면)으로 은퇴하였다가 그 후유증으로 죽는다. 이를 통해 더욱 이 지방 인물들의 剛毅한 性品을 엿볼 수 있다. 英祖 4년 老論의 一黨專制에 반기를 든 戊申政變이나 고려 신종 때(1200)의 鄭方義의 난 등이 진주에서 일어나고, 조선 철종시대(1862)에 일어난 전국적인 대규모 임술농민항쟁이 단성·진주농민항쟁에서부터 촉발된 것도 이와 연관 지을 수도 있겠다.

14) 자는 而信이며, 『雜錄』에서는 兼夫라 하였다. 본관은 晉州요, 한성판윤 鄭陟의 아들이다. 성종 갑오년에 문과에 올라 승지가 되었고 갑자년에 살해당하였다. 중종 때 이조참판을 증직하고 정문을 세워 표창하였다.

15) 공은 청백함이 당시 최고였고, 같은 진주 출신 承旨 鄭誠謹도 역시 청백하다고 하였다. 明나라의 龔用卿이란 사람이 우리나라에 사신으로 와서 간편하고 엄숙함을 힘써 하니 사람들이 공경하고 두려워하였다. 어떤 사람이 북쪽 오랑캐 땅의 黃毛로 붓을 매고 白金으로써 붓대를 만들어 바쳤다. 龔公이 그의 글씨가 마음먹은 대로 됨을 사랑해서 붓대는 뽑아 버리고 받으니, 나라 안의 사람들이

거론하며 그 청백淸白함을 기리고 있다. 연산군 10년(1504년 윤4월)의 갑자사화에서 정성근과 조지서는 효수를 당한다. 김종직과 그 문인들이 대개 무오사화(연산군 4, 1498)에서 피해를 입는 것과는 시기적으로 약간의 차이가 있다. 그러나 같은 영남 사림파로서 사화로 인하여 큰 피해를 입은 것은 비슷하다고 할 수 있다.

바로 이러한 것은 당시 조지서와 정성근의 개결介潔한 성품과 인물됨을 알게 한다. 이로 미루어 볼 때, 어느 정도 사림파 내부에서도 그 출신배경과 성격 그리고 사회경제적 기반 등의 차이에 의해 보수파와 진보파의 모습이 이미 엿보인다고 할 수 있다. 이러한 모습은 그의 제자나 남명학파 계열의 공통적 성격으로 등장하는데, 남쪽 특유의 지리적 환경16)도 작용한다고 볼 수 있다.17)

조지서와 정성근에 대한 『연려실기술』18), 『신증동국여지승람』, 『문집』 등의 기록을 참고해 본다면, 조지서는 기해년(1479)에 중시重試에 장원하여 연산군이 동궁으로 있을 때 세자시강원 보덕에 이르고, 호당湖堂을 거쳐 홍문관 응교가 되었다. 갑자년에 살해되어 시체가 강물에 던져지기까지 하였으나 중종 때에 도승지로 증직하였다.19)

몰래 가만히 말하기를 "공은 결백한 것으로 스스로 높게 여기지 마라. 우리나라에도 趙某와 鄭某가 있다"고 하였다.(『南冥先生續集』, 「知足堂趙公遺事」)

16) 李重煥, 『擇里志』, 「八道總論·慶尙道」; 『慶尙道邑誌』 참조.

17) 權仁浩, 「南冥 曺植의 現實認識과 出處思想 研究 ― 時代的 人物에 投影된 退溪 李滉의 出處思想과 比較하며」, 『南冥學研究論叢』 제3집(南冥學研究院, 1995), 187~193쪽 참조.

18) 『燃藜室記述』, 제6권, 「燕山朝故事本末」.

19) 李籽, 『陰崖日記』. 조지서의 집안은 대대로 진주에 살았다. 진주에 三壯元峯이 있었는데, 조지서가 司馬初試와 생원과와 중시에 모두 장원을 하자, 사람들은 그것이 공에게서 증험되었다고 하였다. 조지서의 부인 鄭氏는 鄭夢周의 증손녀였다. 대대로 山陰(산청)에 살았다. 조지서가 술잔을 들어 영결하며 "내가 이번에 가면 반드시 돌아오지 못할 것이니, 조상의 신주를 어쩌면 좋소" 하니, 정씨는 울면서 "마땅히 목숨을 바쳐 보전하겠습니다" 하였다. 과연 조지서는 살해당하고 그 집

정성근은 효성이 지극하여 부모가 세상을 떠남에 매우 슬퍼하고 예절을 다하였으며, 성종이 세상을 떠났을 때에도 홀로 3년상을 행하니 갑자년에 괴이한 행실이라 하여 그를 죽였다. 그의 아들 승문원 박사 정주신鄭舟臣이 슬퍼하여 음식을 먹지 않고 굶어 죽었다. 주신의 아우 매신梅臣과 매신의 아들 원린元麟, 원기元麒와 원린의 아들 효성孝成이 모두 효행이 있어 정문을 세워 표창하였다. 정성근은 관직에 있을 때 비록 사무가 분주하더라도 매양 초하룻날과 보름날을 지키어 반드시 부모의 묘에 가서 친히 제수를 만들어 제사지내기를 여막에 있을 때처럼 하여 종신토록 게을리하지 아니하였다.[20]

은 적몰되니 정씨는 의탁할 데가 없었다. 이에 그 친정아버지가 "시집이 이미 망했으니 친정으로 돌아와서 일의 종말을 보는 것이 어떠냐?" 하자, 정씨는 의리를 내세워 거절하면서 "죽은 분이 나에게 조상의 신주를 부탁하였고 저는 목숨을 바쳐 보전하겠다고 승낙했으니, 어찌 중간에 와서 변경하겠습니까. 또 죽은 분의 첩이 따로 집이 있으니 가서 의지할 것입니다" 한 뒤 신주를 안고 그 집에 가서 아침저녁으로 곡하고 제사지냈다. 왕명을 전하는 仲使가 그 지방에 온다는 말을 들으면 곧 신주를 안고 집 뒤의 대숲 속에 엎드려 혹은 수일 동안이나 지내기도 하면서 3년을 마치었다. 중종이 반정하자 옛집을 도로 받아 제사를 받드니 온 고을 사람들이 칭찬하였다. 李墹가 晉州牧使가 되어 고을 사람에게 그 사실을 물어 임금에게 아뢰었다. 『國朝寶鑑』에는 "감사 張順孫이 알렸다" 한다. 이에 중종 2년 정묘년(1507)에 정문을 세워 표창하게 하였다.

20) 『諛聞瑣錄』. 정성근은 천성이 굳세고 곧아서 흔들리거나 굴하지 아니하였다. 일찍이 對馬島에 사신으로 갔는데, 지나는 길에 梅林寺라는 자못 깨끗한 절이 있었다. 여러 사람이 청하기를 "배 안에서 오랫동안 답답하게 지냈으니 외국의 절일지라도 한 번 가 보지 않겠느냐?" 하니, 공은 "너희들이나 갈 것이지, 나는 필요가 없다. 나는 이미 앉아서 다 상상하고 있다. 법당을 깨끗이 쓸고 부처를 놓고 향을 피우고 뜰에는 귤나무와 치자나무 따위의 과실나무를 심은 것에 지나지 않을 것이니, 우리나라의 절과 무엇이 다르랴" 하였다. 島主의 집에 이르니, 도주가 문밖으로 나와 조선의 왕명을 받아야 할 것인데 문밖에 나오기를 꺼려하였다. 이에 공은 밖에서 胡床에 걸터앉아 통역을 시켜 두 번 세 번 독촉하여 왕명을 의식대로 공경히 받게 하였다. 일을 마치고 나서는 연회를 베풀어 도주가 공경히 왕명을 받은 것을 위로하였다. 도주가 폐백으로 바친 물건은 그림부채·차는 칼·胡椒·瓣香에 지나지 않으나, 공은 일행이 얻은 것을 모두 거두어 한 그릇에 넣어 봉하여 떠나올 때 접대하던 왜인에게 주어 도주에게 돌려보냈다. 그 후에 도주는 특별히 사람을 보내어 그 물건을 조선에 가지고 와서 나누어

진주와 아울러 함양 고을을 더욱 빛나게 한 두 사람의 훌륭한 대학자이자 뛰어난 목민관으로 신라 말의 고운孤雲 최치원崔致遠(신라 후기 天嶺郡; 함양군 太守)과 조선 초기 점필재佔畢齋 김종직金宗直(함양군 군수)이 있다. 뿐만 아니라 일두 정여창과 함께 김굉필金宏弼, 김일손金馹孫, 유호인兪好仁, 조위曹偉, 남효온南孝溫, 홍유손洪裕孫, 이종준李宗準 같은 여러 현인들은 점필재의 제자들 중에도 특히 뛰어났다.

조선 중기 기축옥사己丑獄事(1589)와 인조반정仁祖反正(1623) 및 후기의 무신란戊申亂(1728) 등의 정치적 사건으로 인하여 진주지역(지금의 서부경남 일대)은 중앙 조정으로부터 다른 지방에 비해 인재발탁의 차별을 당하였다. 그리고 색목色目 등에 의해 선비 본고장으로서의 면모가 상당히 저상沮喪되었었다. 그러나 '왕대밭에 왕대가 나듯' 뛰어난 선비와 훌륭한 인물은 끊어지지 않고 면면히 이어져 왔다고 본다.

3.『개암집』에 수록된 강익의 사우와 남명학파

1)「연보」와「행장」에서의 사우와 남명학파

「연보」에 따르면, 개암 강익은 중종대왕 18년(명 세종 가정 2; 1523) 계미癸未년 정월 18일(乙亥) 효우촌孝友村(현 함양군 水東面 牛鳴里; 藍溪川의 동쪽)의 옛집에서 태어났다.

김일근은 일찍이「개암 강익 선생의 생애와 문학」에서 '사우로 조남명曹南冥, 노옥계, 김동강'을 거론하고 있다. 몸이 약해 일반적으로 입학하는

주기를 청하였다. 임금이 그 청을 승인하자 공이 아뢰기를, "신이 그곳에 가서는 받지 않다가 여기서 받으면 앞뒤 마음이 다르게 되니 원치 않습니다" 하였다. 임금도 강제로 하지 못하고 물건을 왜인에게 도로 주어서 보내었다.

시기보다 늦은 15세(1537)에 부친이 "사람으로서 배우지 못하면 금수와 다를 바 없다"고 하면서 당곡唐谷 정희보鄭希輔[21] 선생 문하에서 공부에 매진하게 하였다. 당곡 문하의 동문으로는 옥계玉溪 노진盧禛(1518~1578, 본관 豊川, 자는 子膺)[22], 청련靑蓮 이후백李後白(1520~1578, 본관 延安, 자는 季眞)[23], 구졸재九拙齋 양희梁喜(1515~1581, 본관은 南原, 자는 懼而)[24], 매촌梅村 정복현鄭復

---

21) 함양지방의 선비로서 옥계와 개암·청연·구졸재를 비롯한 많은 제자를 배출했으며, 溏洲書院의 別祠에서 제향되어 왔다. 당주서원은 文孝公 玉溪 盧禛을 主享하는 서원으로, 1581년(선조 14)에 건립되어 1660년(현종 1)에 사액을 받았다.

22) 증조부는 예조참판 叔소, 부친은 友明. 1537년에 생원시에 들고 1546년(명종 1)에 증광문과에 급제, 1555년 지례현감으로 나아가 선정관과 청백리에 들었다. 1560년 형조참의로 있다가 도승지가 되었으나, 시골의 老母를 봉양하기 위해 외직을 지원하여 담양부사, 진주목사를 지냈다. 1567년 이조참의로 있다가 충청도관찰사, 전주부윤으로 선정을 베풀었고, 홍문관부제학이 되어 다시 조정에 들어왔다. 1571년 다시 노모의 봉양을 위해 친가와 가까운 곤양군수로 나갔다. 다음해에 대사간에 이어 이조참의가 되고 경상도관찰사·대사헌이 되었다. 1575년 예조판서에 올랐으나 사퇴하였고, 그 뒤 대사헌이나 여러 판서로 연배되었으나 병으로 출사하지 않았다. 평소 노수신·기대승·김인후 등과 도의로 교류하였다. 효자로서 정려가 세워졌고, 남원의 창주서원, 함양의 남계서원과 당주서원에 배향·제향되었다. 저서에 『옥계문집』이 있고, 시호는 文孝다.

23) 관찰사 淑珹의 증손, 현감 元禮의 손자, 부친은 國衡이다. 어려서 어버이를 여의고 백부 집에서 성장하였다. 1535년(중종 30) 향시에 장원하고 상경하였다. 1546년 사마시에 합격하고, 1555년 식년문과에 급제하여 승문원주서를 거쳐 1558년 승문원박사로 賜暇讀書의 은전을 받았다. 홍문관典翰, 시강원설서, 사서, 사간원 정언, 병조·이조정랑, 의정부사인을 역임하고, 1567년(선조 즉위년) 원접사의 종사관, 동부승지, 이어서 대사간, 병조참의, 도승지를 역임하였다. 1571년 정시 문과에 장원하고, 이어 예조참의, 홍문관부제학, 이조참판을 역임하였다. 1573년 종계변무사로 명나라에 다녀왔다. 仁聖王后(仁宗妃)가 죽어 복제 문제가 일어나자 3년喪을 주장하여 그대로 시행케 했다. 1574년 형조판서, 다음해에 평안도 관찰사로 선정을 베풀었다. 그 뒤 이조판서와 양관(예문관과 홍문관) 대제학이 되었고, 다시 호조판서가 되자 휴가를 내고 함안에 성묘를 갔다가 그곳에서 죽었다. 청백리에 녹선되었고, 앞서 종계변무의 공으로 1590년에 光國功臣 2등으로 延陽君에 추봉되었다. 문장이 뛰어나고 덕망이 높아 사림의 추앙을 받았다. 함안의 文會書院에 제향되었고, 저서에 『청련집』이 있다. 시호는 文淸이다.

24) 僉正 應鵾의 아들. 노진, 이후백과 함께 '영남의 三傑'로 일컬어졌다. 1546년 식년 문과 을과로 급제하여 사간원정언, 사헌부지평을 지냈고, 1568년(선조 1) 예빈시 정으로 춘추관편수관을 겸직하며 『명종실록』을 편찬하였다. 파주목사, 사간원 사간, 의주목사, 승지를 거쳐 1580년 장예원판결사를 지냈고, 다음해인 1581년

顯(1521~1591, 본관은 瑞山, 함양에 거주)[25]과 같은 사람들이 있다.

16세 때, 학업이 크게 진척이 있고 저술 또한 극히 정민精敏하였다. 일찍이 말하기를 "자하子夏가 이르기를 '옛날 학자는 위기지학을 했는데, 요즘 학자들은 위인지학을 한다'고 하였는데, 선비로서 학문에 뜻을 둔다면 당연히 위기지학일 따름이다"라고 하였다.

19세 때, 양구졸재·노옥계·이청련 제현들과 서로 도의지교를 맺고 왕래하였다.

20세 때, 남명 조 선생의 풍모를 소문으로 듣고 마음을 기울여 흠모하였다.

25세 때, 초계변씨草溪卞氏를 배필로 빙聘하였는데, 참봉 윤원潤源의 따님이고, 부윤 효문孝文의 증손이다.

27세 때, 모부인의 명으로 큰형과 함께 동점同占으로 지방 향공鄕貢(향시) 진사進士 시험을 치러 3등 제18인에 합격하였고, 그해에 오덕계, 김동강 등 제현과 함께 숙야재夙夜齋에서 여러 날 동안 경서와 역사를 연구토론하였다.

29세 때, 남명 조 선생이 화림동 계곡에 유람을 오셨는데, 선생의 어짊을 듣고 함께 화림동을 차례로 방문하였다. 노옥계·오덕계 양兩 선생도 함께 갖추었는데 시 한 편이 있다.

30세 때, 동문들과 함께 문헌공 일두 정여창 선생에 대한 서원 창건을 발의하였다.

31세 때, 오덕계와 함께 지리산을 유람하였다.

동지사로 명나라에 갔다가 객관에서 병사하였다. 뒤에 이조판서에 추증되었고, 함양의 龜川祠에 제향되었다. 내암 정인홍의 丈人이다.

25) 남명의 문인으로, 정조 1년(1777)에 거창 瀯濱書院에 배향되었다. 저서로 『梅村實記』 2권 1책이 있다.

32세 때, 덕천동에 들어가서 조 선생을 배알하고 도의를 강론하고 수일 후에 돌아왔다.

33세 때, 김동강이 양진재養眞齋를 방문하여 함께 『대학』을 토론하였다.

34세 때, 임갈천과 오덕계 두 선생께서 눈길을 무릅쓰고 방문하셨기에, 시로써 감사함을 표했다.

35세 때, 퇴계 이 선생의 도덕이 순수하다는 소문을 듣고 항상 친히 가서 배우기를 바랐으나 백형인 진사공이 병이 있어 그 결과가 없었다.

36세 때, 남명선생에게서 수개월을 머무르며 『주역』을 배웠고, 돌아오면서 오덕계를 방문하였다.

42세 때, 이계伊溪 김우홍金宇弘(1522~1590)이 함양군후咸陽郡侯(군수)로 왔는데, 남명 선생의 외손서인 동강 김우옹의 백형이다. 강익은 평소 교분이 두터웠던 김우홍이 방문하자 남계서원의 동재東齋와 서재西齋를 건설할 계획을 의논하였고, 서재 좌우에 조그마한 연못을 파고 못 주변에 매화나무, 대나무를 심어 서원의 규모를 확정하였다.

43세 때, 드디어 서원에서 많은 학생들이 모여 기숙하고 학문을 연마하게 되었는데, 재정이 빈약하여 인재를 양육할 수 없을까 걱정하여, 옥계 노진의 동생인 사암徙庵 노관盧裸(관직은 察訪)에게는 서적을 구입하는 책임을 맡겨 무려 1백여 권의 서질을 갖추었고, 죽암竹庵 양홍택梁弘澤에게는 재정의 책임을 맡겨서 선비들에게 물자를 넉넉하게 제공할 수 있게 하였다. 옥계와 구졸재와 더불어 시종 협력하여 일을 순조롭게 처리해 나갔다. 당시 서원은 완성되었으나 나라에서 제사를 지내도 좋다는 인정을 받지 못하였기 때문에 사당에 함부로 제사지낼 수 있는 여건은 아니었다.

44세(1566) 때, 일두 정여창의 서원에 사액을 청하는 상소를 올려 명종이 그의 건의를 예조에 내리니 예조가 편액과 서책을 하사하여 권장하는 뜻을 보이기를 청하였다. 임금이 그에 따라 남계서원藍溪書院이라는 편액을 하사하였다(『明宗實錄』 21년 6월 15일)고 한다. 이로부터 춘추로 사당에 제사를 모실 수 있게 되었다. 남계서원은 우리나라에서 소수서원 다음으로 세워진 것이다. 그리하여 남계서원은 함양뿐만 아니라 강우지방을 대표할 만한 서원이 된 것이다.26) 이는 노진, 양희, 이후백 등의 도움으로 강익이 이룩한 것이다.27)

45세 때(명종 22; 明 穆宗 隆慶 원년; 丁亥; 1567) 9월에 오덕계가 (강익) 선생을 조정에 학행으로 소격서 참봉으로 추천하였다. 선생은 뜻을 기르고 의로움을 지켜 벼슬에 나아가는 것을 기뻐하지 않았다. 그렇지만 집은 가난하고 부모님은 늙어 가심에 장차 정중하게 받아들일까 하였는데, 갑자기 감기가 들어 정침에서 역책易簣(卒)하였으니 10월 초2일이다.

조카(從子)인 강위수姜渭琇가 선조 29년(명 신종 만력 24; 1596; 丙申) 2월 상한上澣(상순)에 지은 행장行狀과 강익의 생질이 되는 동계 정온28)이 지은 행장에 따르면, 강익의 선조先祖는 고려 국자감박사 강계용姜啓庸이고, 증조는 이경利敬(현감), 조부는 한漢(현감), 부친은 근우謹友(承仕郎; 종8품)이다.

---

26) 후일 선조 40년(1607) 내암 정인홍이 남계·덕산(뒤에 덕천)·향천 등 세 서원의 원장이 되어 당시 경상우도 사림의 종장 위치에 있었다. 鄭慶運, 『孤臺日錄』, '丁未年(1607) 3월 4일조' 및 권인호, 『조선 중기 사림파의 사회정치사상』(한길사, 1995), 300쪽; 권인호, 「書院의 역사와 유학사상」, 『한길역사기행』 1(한길사, 1986), 225~246쪽 참조.
　　龍嚴書院은 경상남도 합천군 봉산면 죽죽리에 있었던 서원으로 1603년(선조 36)에 창건되었으며, 曺植의 위패를 모셨다. 광해군 1년(1609)에 사액서원이 되었다. 정인홍의 「용암서원 중수봉안문」이 전해지는 것으로 보아 그가 당시 원장이었던 것으로 추정할 수 있다. 김경수 엮음, 『龍嚴書院誌』(글로벌콘텐츠, 2017), 31~40쪽 참조.
27) 김경수·사재명, 『남명선생 문인자료집』(남명학연구원출판부, 2001), 75쪽.
28) 행장을 지을 당시 鄭蘊의 품계와 관직명은 '嘉善大夫(종2품) 行 承政院都承旨 兼 經筵參贊官 春秋館修撰官 藝文館直提學 尙瑞院正'이었다.

2) 남계서원 창건과 강익의 역할 및 그 사우와 남명학파

남계서원藍溪書院[29]은 문헌공 정여창의 학덕을 기리고 그를 추모하기 위하여 건립된 서원이다. 명종 7년(1552)에 개암 강익이 일두 정여창을 주향하는 서원과 사당을 건립할 것을 주창하고 박승임과 노관, 정복현, 임희무 등 30여 인의 협조를 얻어 사업에 착수하였다. 이 시기에 함양군수를 지냈던 김우홍, 서구연徐九淵, 윤확尹碻 등의 도움과 함양과 유림의 부조로 1559년에 완성하였다. 1561년에는 서원의 사우를 완성하고 정여창의 위판을 봉안하였는데, 명종 21년(1566)에 '남계'라는 사액을 받았다. 숙종 3년(1677)에 동계 정온이 배향되고, 숙종 15년(1689)에 개암 강익이 배향되었으며, 별사에는 뇌계 유호인兪好仁과 송탄 정홍서鄭弘緒를 제향하였다.

남계서원의 건립과 그 초기의 운영은 남명 조식의 문도들이 주도하고 있었는데, 이는 이 지역의 유종儒宗인 일두 정여창과 남명 조식을 받듦으로써 유학적 도통연원을 분명히 하고 일두, 남명의 연원을 통하여 사림세력의 구심점을 결집하려는 것이었다. 서원의 건립과 운영에 주도적으로 참여한 함양의 대표적 사족들은 하동정씨 외에 풍천노씨(介坪), 진주정씨(木峴), 진주강씨(巨坪·菊溪), 진주강씨(愚洞·竹場), 나주임씨(黍坪), 동래정씨(南孝), 남원양씨(松坪) 등이었고, 이 중에서도 하동정씨, 풍천노씨, 진양하씨, 남원양씨 등이 적극적으로 관여한 것으로 나타난다.

그런데 무신란(영조 4; 1728) 이전에는 우도의 명망 있는 유림 중에서 원장院長(山長)이 선출되었으나, 무신란 이후에는 중앙의 노론계 학자와

---

29) 경남 함양군 수동면 남계서원길 8-11(경남 함양군 수동면 원평리 586-1) 소재, 2009년 5월 26일 대한민국의 사적 제499호로 지정되었다. 1597년(선조 30)에 정유재란으로 소실되었다가 1603년 나촌으로 옮겨 복원되었으며, 1612년에 옛터인 현재의 위치에 중건되었다. 1868년에 별사를 훼철하였다.

관직자들 중에서 원장이 나왔는데, 이는 무신란 때 하동정씨들이 정희량 鄭希亮(?~1728)에 반대하여 공을 세운 것과 무관하지 않은 것 같다. 이후로 남계서원은 노론계 후예들이 관장하는 서원이 된 것으로 보인다.

4. 기축옥사・인조반정(癸亥政變)과 무신란 이후의 남명학파

훈구・척신파의 사림파에 대한 공격인 이른바 '4대 사화士禍'(戊午・甲子・己卯・乙巳) 이후, 같은 양상을 거듭하는 기축옥사己丑獄事(피해자인 東人들은 '己丑士禍'로 명명)를 비롯한 일련의 정쟁을 '사림파 내부의 당쟁'(?)으로 규정한 역사학계의 명명은 문제를 내포한다고 본다. 그런데 진주・함양 지방을 위시한 영남우도(동인-북인) 사림 집단에게 또다시 큰 충격으로 다가온 것은 인조반정이다.

이에 앞서 기축옥사 3년 후인 1592년 임진왜란이 일어났을 때, 남명학파 의 대부분은 분연히 창칼을 들고 창의하여 왜적과 전투를 벌여 영남우도 를 보호하고 왜적이 호남의 곡창으로 진입하는 것을 막는 데 대공을 세웠다. 광해군 역시 선조를 대신하여 분조分朝[30]를 이끌면서 임진왜란 을 슬기롭게 극복하는 데 큰 기여를 하였다. 이런 까닭으로 광해군이 등극하게 되자 자연히 의병활동을 활발히 전개했던 남명학파의 정계 진출이 활발해져서 광해군정권의 정책노선을 결정하는 핵심에 진입할 수 있었는데, 그 중심에 정인홍이 있었다.

정인홍은 남명의 대표적 제자들 중 한 사람으로서 합천을 중심으로 산청, 함양, 거창, 진주, 창녕에 걸치는 광범위한 지역에서 문인들을

---

30) 중국 (趙)宋代의 모습을 참고한 것.

거느리고 있었으며, 임진란을 통해서 그 명성이 더욱 높아졌다.[31] 그는 임진왜란을 통해 나약함을 드러낸 여타 학문 집단(학파)과 비교힐 때 스스로의 사문師門(南冥首門)과 학문의 정당성에 대한 자부심으로 충만해 있었는데, 남명을 폄훼하는 언론이 퇴계학파 가운데서 흘러나오자 격분 하여 「회퇴변척소晦退辨斥疏」[32]를 통해 회재 이언적과 퇴계 이황의 출처出 處를 문제 삼는 정면공격을 단행하였다.[33] 내암은 선조 40년(1607) 73세 때에 남계·덕산(뒤에 덕천)·향천 등 세 서원의 원장이 되어 당시 경상우도 사림의 종장의 위치에 있었다.[34]

앞서 간단히 언급한 영남우도 사림에게 심대한 충격을 준 정치적 사건은 바로 기축옥사, 인조반정 후 영조 4년(1728)에 일어난 이른바 '무신란'이었다. 무신란의 영남 측 중심인물인 정희량은 초명이 준유遵儒 로 동계 정온의 현손이었다. 또한 정희량을 도와 합천에서 일어난 조성좌 曹聖佐는 남명과 종유했던 송계松溪 신계성申季誠의 외손인 도촌陶村 조응 인曹應仁의 후손이었다.[35] 정희량은 포부가 큰 인물로 젊어서 경종景宗으

---

31) 아쉬운 점은 함양읍 백연리 돌뿍 출신으로 임진왜란에 대한 생생한 기록『孤臺 日錄』을 남긴 孤臺 鄭慶雲에 대한 선비와 의병으로서의 모습 일면을 上梓하여 전 하지 못한 것이다.

32) 『광해군일기』권39, 3년 3월 26일 丙寅조에 요약 기재되어 있다. 정인홍은 77세 때인 1611년에 의정부 우찬성이 제수되자 이에 대한 사직소인 「辭二相箚」를 올 렸다가, 상소의 내용이 문제가 되어 성균관 서인 유생들에 의해 靑衿錄(성균관 학적부)에서 削籍당하는 봉변을 당하였다. 상소문 내용과 注, 학문사상적 문제와 정치철학적 논쟁에 대한 자세한 것은 권인호, 『조선중기 사림파의 사회정치사 상』(한길사, 1995), 228~236쪽과 각주26)~60) 참조.

33) 권인호, 「來庵 鄭仁弘의 至治主義的 學問傾向性과 改革思想」, 『南冥學研究論叢』第6 輯(南冥學研究院, 1999), 401~439쪽 참조.

34) 鄭慶運, 『孤臺日錄』, '丁未年(1607) 3월 4일조' 및 권인호, 『조선 중기 사림파의 사 회정치사상』(한길사, 1995), 300쪽; 김경수 엮음, 『龍巖書院誌』(글로벌콘텐츠, 2017), 31~40쪽 참조.

35) 이에 대한 연구로서, 무신봉기(의거)에 앞서 숙종의 말년 당시 15년간 노론의 영수로 있던 좌의정 李頤命(1658~1722)과의 불법적 '獨對' 사건(숙종 43, 丁酉;

로부터 장래의 재목으로 촉망받았는데, 경종의 갑작스런 죽음 및 연잉군 延礽君(세제; 후일 영조)의 '독시설毒弑說'과 '영조英祖 김씨金氏[36]설' 등에 분격한 끝에 충청도의 재야 소론이었던 이인좌李麟佐와 연합하여 노론이 주도하는 정국을 뒤엎으려는 생각으로 거병하였던 것이다.

이른바 '무신난戊申亂(일명 義擧)'의 성격을 보자. 숙종 20년(1694) 갑술옥사(정변) 이후 '노론의 일당전제一黨專制'가 계속되어 민심이 흉흉하였다. 노론-남인·소론-노론의 출척·환국·옥사 등 정국의 변화가 잇따랐고, 인현왕후가 폐비되었다가 복위되었으며, 희빈장씨가 왕비에서 다시 희빈으로 강등당하고 끝내 사사賜死되었다. 이어서 숙종과 이이명의 불법적 독대獨對 사건과 세자(후일 景宗)나 연잉군(후일 英祖) 처리의 문제 등이 일어났다. 무신란은 이러한 일들이 원인이 되어 일어난 '양반들의 반란'이나 '불의에 대한 봉기'로서 의거義擧나 기의起義 등으로 규정할 수도 있는 것이다. 이것은 소외된 사대부(남인과 소론 일부)들의 집권층(노론)에 대한 항거로, 영남우도의 입장에서는 인조반정 이후로 지속된 정치적 차별 대한 무력항쟁의 시도로 읽을 수 있다.

아무튼 이 기축옥사(1589~91)와 인조반정(1623), 무신란(1728) 등의 3가지

1717. 7. 19.)을 문제 삼아 경상도(尙州) 鄕試를 거부한 사건의 始末을 기록한 책(呂用賓, 권인호 교열·해제, 박찬호 원문정리, 임옥균 번역, 『西戌錄』, 學古房, 2012)과 조성좌의 직계후손인 조찬용이 펴낸『1728년 무신봉기와 300년의 차별』(學古房, 2012)을 참조. 당시의 경상우도 선비들의 동향과 전후 사정 및 약 300년간의 남명학파의 모습을 파악하는 데 도움이 될 것이다.

36) 金長生의 증손이고 숙종의 왕비(仁敬王后)의 아비인 金萬基의 손자 金春澤은 1694년 재물로 궁중과 내통하여 폐비 민씨(인현왕후)를 복위하고 정국을 무력으로 뒤엎으려 한 혐의로 심문을 받았으나 갑술환국으로 풀려났다. 그 뒤 그는 노론에서는 공로자로 인정받았고, 소론인 남구만 등에게서는 음모(誣告 등)를 이용한 정치적 파행을 서슴지 않은 자로 공격받았다. 1701년 희빈 장씨(그 당시 賜死)의 소생인 세자(후일 경종)를 모해한 혐의로 심문을 받고 제주도에 유배되기도 하였다. 이러한 김춘택(光山金氏)의 선산 묘지기 딸(궁중 무수리 출신인 淑嬪 崔氏)과 밀통하여 낳은 아들이 훗날 영조라고 하여 생긴 풍문이다.

의 정치적 사건(정변)은 영남우도의 전체 선비(士林)들에게 여러 가지 측면에서 엄청난 영향을 끼쳤는데, 즉 무신란 이후 영소英祖는 대구 감영에 이른바 '평영남비平嶺南碑'를 세우고 향후 50년간 경상우도의 진주지방 일대를 '정거停擧 조치'하였던 것이다.

5. 맺음말

개암 강익의 생졸연대는 조선 중종 18년(1523)~ 명종 22년(1567)이다. 태어난 해는 기묘사화(1519)가 일어난 지 4년 후의 일이고, 45세의 일기로 거세한 해는 명종이 죽은 해(1567년 6월)와 선조 즉위년(그해 7월)과 같다(그해 10월 2일 易簀).

을사(1545) · 정미사화(1547)로 인해 올곧은 사림 출신들이 사화 등으로 배척되고 문정왕후와 훈척파의 국정농단이 지독했던 20년간이 문정왕후의 죽음(명종 20; 1565년 4월)으로 일단락되었다. 바로 그 다음해(1566) 8월에 왕의 교지로 상서원 판관으로 소명되어 남명이 포의로 경복궁 사정전에서 명종을 알현하여 정치의 요체와 개혁을 말한 뒤 벼슬을 마다하고 하향하다가, 마포 나루터 근처에서 토정土亭 이지함李之菡(1517~1578, 본관 韓山, 자는 馨仲)[37]을 만나보던 그 무렵이다.

학파나 인물 연구에 있어서 그 학문사상과 연원에 대한 철저한 반성과 구명究明이 없거나, 후학들이 사실과 진실에 대한 새로운 깨달음 없이 기존 자료를 그대로 모사模寫하기만 한다면, 이를 학문 연구나 그 성과물이라고 할 수 없을 것이다.[38]

---

37) 權仁浩, 「土亭 李之菡의 出處義理와 實學思想 硏究」, 『韓中哲學』 제4집(景仁文化社, 1998), 120~145쪽 참조.

일찍이 서인-소론 출신 손와損窩 최석항崔錫恒(1654~1728)[39]이 경상감사로 오자 도내의 서인들이 서인 감사를 믿고 남인들에게 시비를 걸어 싸우고 무고하는 등 감사에게 소장을 올리는 일이 빈번해졌는데, 이에 최석항은 "영남에서 나고 영남에서 자랐으면서도 의론이 영남인과 다른 자는 모두 '반부배조叛父背祖한 자'이다"[40]라고 한 말이 떠돌았다.

지역감정을 조장하여 사적인 이익을 취하려 하거나 자신의 당파黨派(色目)와 관련 있는 학파의 유아독존을 위해 타 지역·당·학파를 배척하려는 배타심을 정당화하기 위한 것으로, 이러한 생각을 자신의 허술한 연구를 문자로 공표하는 것에 대한 부끄러움의 차단막으로 사용해서는 안 될 것이다. 또한 시대의 흐름에 기회주의식으로 부화뇌동하고 전통과 연원을 바꾸어 영합하여 개인의 권력과 부를 취하려는 자들, 이러한 '수기修己'가 미흡한 '인간人間(사람과 사람 사이) 같잖은 것들'이 학문을 논하고 '치인治人'할 수 있다는 것은 어불성설이라는 것이다.

끝으로, 『개암집』에는 오덕계와, 동강 김우옹을 비롯한 그의 백형 김우홍, 중형 김우굉 등 형제(4남 1녀) 가운데 3형제의 이름이 자주 등장한다. 그래서 이번 학술세미나에 발표할 논문 초고를 마무리하면서 지난 1992년도에 발표된 김동강에 관한 나의 논문「동강 김우옹의 학문과 사상

---

38) 권인호, 「동서양 윤리 패러다임의 위한 자주적 방법론 정립―근현대 西勢東漸과 한·중·일 전통 문화사상의 갈등 및 자주적 방법론」, 『시대와 철학』 제19권 1호(한국철학사상연구회, 2008 봄), 453~490쪽; 권인호, 「한국 실학사상과 근현대철학에서 실용주의」, 『동서사상』 제8집(경북대학교 동서사상연구소, 2010), 23~50쪽 참조.

39) 본관은 전주, 자는 汝久, 영흥부사 起南의 증손이다. 부친은 後遠인데 後亮에게 입양되었으며, 영의정 錫鼎의 아우이다. 사리판단이 정확하여 당시의 '전국의 관찰사의 제1위는 경상도관찰사 최석정'이라는 평판을 들었다. 이조판서를 거쳐 좌의정에 이르렀고 나이 70에 耆老所에 들었다. 저서로『損窩遺稿』13권이 있다.

40) 방은기념사업회 편, 「韓國黨爭史」, 『韓國思想論稿: 放隱成樂熏先生文叢』(동화출판공사, 1979), 280쪽.

연구」, 『남명학연구논총』 제2집, 431~513쪽; 20년 뒤 '『남명학총서』 6'에 상재하기 위해 일부 수정·보완한 원고(200자×438매)는 납득하기 어려운 혜명 등으로 상재되지 못했다)을 다시 읽었다.

또 지난 8월 19일 오전에 우송된 박병련 원장의 책(『필화에 담긴 유교적 비판정신』, 2017)을, 그 제목과 목차가 관심을 끌어 단숨에 읽고 오후 늦게 통화하여 의견을 교환하며…… 남명학파와 오덕계·최수우당·정내암· 김동강·정한강·허미수·송우암 등의 이야기를 했다.

그리고 조선조 중·후기의 시대상황과 현재 우리의 남명학 연구 모습을 비교해 보았다. 서로 시각과 생각이 다르다고 판각을 깎고·수정하거나 선현과 동학을 타매하고 진실과 사실이 다른 문자로 견강부회·왜곡 날조하면서도, 추시부세追時附勢하고 기리무치嗜利無恥하면서 살아가고 있는 것은 아닌지? 스스로 되돌아볼 일이다.

제9장 남계서원의 건립과 개암 강익

오 용 원

1. 머리말

함양은 지정학적으로 빼어난 경관을 갖춘 곳이 많다. 그래서 예로부터 유향儒鄕으로서 많은 선비들을 배출했을 뿐만 아니라, 이들의 선진적 유학 보급을 통해 다양한 문화원형을 생산할 수 있었다. 이 중 주목할 만한 공간이 바로 남계서원이다. 이 서원은 일두 정여창을 비롯하여 동계 정온, 개암 강익 등의 위패를 봉안한 사액서원으로서 조선시대에 건립된 다른 서원에 비해 비교적 이른 시기에 건립된 서원이며, 훗날 대원군의 서원철폐 때도 그대로 존속했던 서원이다. 그리고 초기 서원 건립의 중심에 개암 강익이라는 한 인물이 있었다. 1552년에 개암이 중심이 되어 서원의 건립을 주도하였고, 훗날 서원의 현판을 사액(1566)받 는 데도 그가 소두가 되어 앞장섰다. 그는 국가로부터 사액을 받은 그 이듬해(1567)에 아쉽게도 갑작스런 병으로 인해 45세의 짧은 생을 마감하였다.

개암은 대과에 급제하여 청요직을 두루 역임한 문신도 아니며, 그렇다고 자신이 시대적 사도를 자임하고 후학을 양성해서 저명한 학자를 배출한 당대의 스승 역시 아니다. 하지만 45세라는 짧은短 유자적儒者的 삶 속에 그가 남긴 족적은 뚜렷하고, 사후 경상우도의 유학 형성에 지대한 영향을 끼쳤다. 또한 그는 당곡과 남명의 문하에서 수학하였고, 생애의 대부분을 함양과 산청을 중심으로 활동하면서 두 문하에서 출입했던 동문들과 주로 교유했다. 이런 그의 인생편력을 볼 때 많은 창작물을 생산했을 텐데, 오늘날 남아 있는 그의 저작물은 그리 많지 않은 편이다.

이런 그의 배경과 자료적 한계에도 불구하고 그에 대한 연구는 학계에서 꾸준히 이루어져 왔다. 먼저 문학 분야에서 그의 삶과 문학을 언급한 적이 있다.[1] 물론 초기 연구였기에 다양한 자료를 참고할 수 없어서 그가 창작한 단가短歌를 중심으로 문학세계를 다루었다. 이후 남계서원 관련 고문서와 그의 문집이 본격적으로 소개되면서 폭넓게 연구가 진행되었다.[2] 특히 남계서원 관련 고문서와 문집에 대한 해제작업과 아카이브 구축은 남계서원 연구뿐만 아니라 개암 연구의 외연을 확장하는 데 좋은 계기가 되었고, 관련 연구가 심도 있게 이루어질 수 있었다.[3]

---

1) 金思燁, 『國文學史』(정음사, 1953), 379쪽; 金一根, 「介庵 姜翼先生의 生涯와 文學」, 『文湖』 12집(건국대 국문학과, 1962), 9~17쪽; 여기현, 「江湖認識의 한 樣相」, 『반교어문연구』 1(반교어문학회, 1988), 146~148쪽.
2) 영남대 민족문화연구소 편, 『민족문화연구소자료총서』 4(1994), 50쪽; 최해갑, 「介庵 姜翼의 年譜와 行狀의 飜譯」, 『진주문화』 13(진주교대 진주문화권연구소, 1994), 1~26쪽; 윤호진, 「介庵集 解題」, 『南冥學研究』 제10집(남명학연구소, 2000), 385~398쪽.
3) 조용욱, 『우리 역사문화의 갈래를 찾아서』(역사공간, 2011); 문병두, 「介庵 姜翼의 學行과 文學」, 『한민족어문학』 56(한민족어문학회, 2010), 269~310쪽; 권인호, 「慶尙右道 士林派와 선비의 본고장 함양의 얼――蠹 鄭汝昌과 그 후예 및 書院을 중심으로」, 『儒教思想文化研究』 第58輯(韓國儒教學會, 2014), 7~38쪽; 김기주, 『맑은 강물 같은 문화의 흐름-瀜溪書院』(경상대 남명학연구소, 2015).

이 글에서는 개암 강익의 문집 및 그 관련 자료를 주 텍스트로 삼아 개암과 남계서원 관련 기성 연구를 토대로 개암의 현실인식과 교유관계 등을 알아보고, 남계서원 건립 과정에서의 그의 역할과 서원 건립의 역사를 살펴보고자 한다.

2. 개암 강익의 삶과 현실인식

강익姜翼(1523~1567)은 1523년(중종 18)에 함양의 효우촌孝友村에서 태어났고, 1567년 10월 2일에 생을 마감하였다. 1581년에 향내에서 그를 위해 사묘祀廟를 세웠고, 1634년에 남계서원灆溪書院으로 사우祠宇를 옮겨 제향하였다. 아버지는 승사랑承仕郎 강근우姜謹友이며, 어머니는 승사랑 남응기南應麒의 따님 남원양씨南原梁氏이다. 그가 생전에 창작한 글은 오늘날 그렇게 많이 남아 있지 않다. 그나마 그의 인생편력을 확인할 수 있는 자료로는 『개암집』의 「연보」, 1596년에 강위수姜渭琇가 지은 「행장行狀」과 생질甥姪인 동계 정온鄭蘊이 지은 「행장」, 박세채朴世采가 지은 「개암강공묘갈명介庵姜公墓碣銘」, 양천익梁天翼이 지은 「묘표문墓表文」 등이 있다. 이러한 자료들을 근거로 그의 삶과 학문적 수수관계를 살펴보기로 한다.

강익은 자가 중보仲輔, 호가 송암松庵 또는 개암介庵이며, 본관이 진주晉州이다. 27세에 송암을, 34세에 개암을 자호로 삼았다. 어려서부터 병약하여 아버지 승사공이 학문을 독려하거나 글을 가르치지 않았기 때문에, 그저 공부하는 선비들을 따라 다니거나 논설을 듣는 정도였지 학문에 매진하지는 못했다. 그러다가 15세(1537) 무렵에 차츰 병세가 호전되자

아버지의 권학에 힘입어 같은 동네에서 후학을 양성하고 있던 당곡唐谷 정희보鄭希輔(1488~1547)의 문하에 들이기 본격적으로 공부를 시작하였다.

당곡은 남해에서 함양으로 이거하여 후학을 양성하였는데, 함양지역의 유풍 진작에 큰 공헌을 한 스승이었다. 특히 이조판서를 지내고 '천령삼걸天嶺三傑'로 칭송받았던 문효공文孝公 옥계玉溪 노진盧禛(1518~1578), 이조판서를 지낸 문청공文淸公 청련靑蓮 이후백李後白(1520~1578), 이조판서에 증직된 구졸九拙 양희梁喜(1515~1581) 등을 비롯하여 홍문관전한弘文館典翰을 지낸 덕계德溪 오건吳健, 매암梅庵 조식曹湜, 양성헌養性軒 도희령都希齡, 죽암竹庵 양홍택梁弘澤, 우천愚泉 우적禹績 등 학덕을 갖춘 출중한 제자들이 그의 문하에서 많이 배출되었다.

개암은 비교적 늦은 나이에 당곡의 문하에 입문한 편이었다. 그러나 개암의 「연보」에 의하면, 당곡이 시험 삼아 사서史書를 그에게 가르쳤는데 구두가 분명하고 글 읽는 소리가 청랑하였으며, 문장의 어려운 뜻을 해석하고 강론하는 능력을 당곡이 보고 앞으로 대유大儒가 될 인재라고 지목하였다. 그래서 문도들에게 말하기를, "제군들은 이 사람을 '후배'(後進)라고 여기지 말라. 내가 생각하기에 이 사람이 앞으로 제군들의 사표師表가 될 테니, 이제부터 문도들은 더욱더 그를 공경하기 바란다"[4]라고 했다.

17세(1539) 때, 개암의 남다른 언행과 뛰어난 학습력을 본 당곡은 그를 '노성군자老成君子'라고 극찬을 아끼지 않았다. 그래서 그의 학문을 익히는 자세와 변화를 보고, "용이 나는 듯하고 봉황이 우는 듯하다. 습숙習熟을 기다리지 않아도 능숙하기 때문에 이 사람의 기질 변화가 이와 같이 빠르다"[5]라고 했다. 그는 당시 동문수학했던 구졸九拙, 옥계玉溪, 청련靑蓮,

---

4) 『介庵先生文集』下, 附錄, 「年譜」, "……唐谷試敎以史. 句讀分明. 音韻淸朗. 有若宿業者然. 而時或講決其疑義. 唐谷竦然敬之曰. 爲他日大儒. 必此人也. 因語門徒曰. 諸君願勿以爲後進. 此子當師表諸君. 門徒自此加敬焉.……"

덕계德溪 등과 도의지교道義之交를 맺고 늘 왕래하면서 수학하였다. 이들과의 학문적 교유는 훗날 동문으로서 남명학뿐만이 아니라 경상우도의 학적 형성에 깊은 인연이 된 셈이다.

20세(1542)에 남명 조식의 풍모를 듣고 남명의 가르침을 받고자 하였으나 아버지 승사랑의 병환으로 인해 그 뜻을 이루지 못했다. 그는 이념을 초월하여 훌륭한 선생이 있으면 어디든 찾아가서 배움을 청하려는 학문적 자세를 견지하고 있었는데, 35세 때에도 퇴계선생이 도덕의 순수함이 있다는 소문을 듣고 안동 도산으로 찾아가서 제자의 예를 갖추고 집지하려고 하였으나 형이 갑자기 병이 들어 그 뜻을 이루지 못한 적이 있었다. 22세(1544)에 아버지가 돌아가시자 묘소 곁에 여막을 짓고 『주자가례朱子家禮』에 의거하여 상사의 예를 다하였다. 3년상을 마친 그는 슬픈 마음을 다스릴 수 없고 마음이 어수선하여 그저 책을 읽으며 문의文意를 탐구하고자 노력하였다. 그러나 결국 그 뜻을 터득할 수 없었기 때문에 늘 세속을 떠나 깊은 곳에서 생활하며 자신의 뜻을 기르고자 했다.

25세(1544)에 부윤 변효문卞孝文(1396~?)의 증손녀이자 변윤원卞潤源의 따님인 초계변씨草溪卞氏와 결혼하였다. 그 이듬해에 수양을 위해 집 남쪽에 작은 서재를 지은 뒤 '숙야재夙夜齋'라 편액하고 학문에 열중하였다. 그는 이때부터 과거를 통한 입신양명보다 은자적 삶을 통한 자기 수학의 길로 나아갔다. 숙야재에서 『주역』을 공부하다가 자신의 심정을 토로한 「숙야재에서 『주역』을 읽다」(夙夜齋讀易)를 통해 그의 이러한 의식적 정서의 일면을 엿볼 수 있다.

---

5) 『介庵先生文集』下, 附錄, 「年譜」, "嘉靖十八年己亥. 先生年十七歲. 動靜有則. 語默合道. 片於周旋進退之間. 儼然一老成君子. 唐谷亟稱於人曰. 龍之飛. 鳳之鳴. 固不待習熟而能. 此子之變化氣質. 若是之速也."

등불 아래서 책을 넘기니,   燈下披黃卷

옛 성현의 얼굴 또렷허구나.   分明古聖顔

밤 깊어 가는데 문 열고 바라보니,   夜深開戶看

눈 속의 달빛이 빈산에 가득하네.   雪月滿空山6)

개암은 숙야재에서 열심히 공부하다가 27세(1546)에 어머니의 강권에
못 이겨서 백형과 함께 향시鄕試에 응시하여 진사시進士試 3등 18인에
입격하였다. 하지만 이후 더 이상 과거에 응시한 적이 없이, 생애의
대부분을 산림에 은거하며 학문에만 전념하였다. 이해에 덕계德溪
오건吳健(1521~1574)과 동강東岡 김우옹金宇顒(1540~1603)이 개암의 학덕이
뛰어나다는 소문을 듣고 숙야재로 찾아왔다. 며칠 동안 동안 머물며
경사經史를 연구하고 토론하면서 서로의 마음을 알아주는 벗이 되었다.
비슷한 연배였던 개암과 오건의 만남은 훗날 두 사람의 학문적 교유의
길을 열어 준 의미 있는 시간이 되었다. 오건은 개암 사후 그의 죽음을
슬퍼하며 지은 만사에서 "하늘이 우리 동방의 도가 밝지 않음을 근심하
여, 이 문헌공을 낳았고 다시 선생이 있었네"7)라고 일컬었을 정도로
훗날 개암이 이룩한 학문적 성취와 남계서원 건립의 노고를 높이
평가하였다.

2년 후, 오건이 다시 숙야재를 방문하게 된다. 개암이 29세(1551)가
되던 해, 남명 조식이 옥계 노진, 덕계 오건 등과 화림동花林洞에 유람
왔다가 개암의 학행이 남다르다는 소문을 듣고 숙야재를 찾은 것이다.
이때 개암은 남명을 처음 뵙게 되었다. 그는 남명을 비롯하여 옥계

---

6) 『介庵先生文集』上,「夙夜齋讀易」.

7) 『介庵先生文集』下, 附錄,「挽章(吳德溪健)」, "天懼吾東道不明. 旣生文獻又先生. 功專
敬義淵源遠. 學貫天人德業成. 麗澤十年瞻斗極. 重霄一夜晦星精. 自今鄕國將安仰. 灆水
含悲帶雨鳴."

노진과 덕계 오건이 직접 자신을 찾아와 함께 화림동에서 유상한 심경을 다음과 같이 한 편의 시로 표현하였다.

남명이 옥계를 데리고 와서,	南冥携玉溪
부르며 올라와 우리들에게 오셨구나.	喚起及吾儕
풀은 향기롭고 산 모습 아름다운데,	芳草山容好
가며 읊조리니 말머리 가지런하네.	吟鞭馬首齊
월연담月淵潭에서 처음 발을 씻고,	月淵足初濯
용간에서 다시 시를 짓는다네.	龍澗詩更題
즐기는 마음 가는 곳마다 즐겁고,	賞心隨處樂
구르는 수레 소리에 들짐승이 우네.	輪與野禽啼8)

개암이 지은 「유화림동시遊花林洞詩」의 전문이다. 화림동은 산수가 빼어나 남명이 평생 동안 제자들과 자주 들러 유상했던 공간이다. 이 무렵 산청읍 덕촌에 살고 있던 덕계는 남명을 찾아가 제자로서 수학하고 있었다. 이후 그는 남명을 찾아가 그곳에 묵으며 수학하였는데, 32세(1554)에는 덕천동에 있는 남명을 찾아뵙고 몇 개월 동안 도의道義를 강론하고 돌아왔다. 당시 남명은 『대학』과 『논어』를 강론하던 중 『시경』의 「탕蕩」에 있는 "끝까지 잘하는 이가 흔치 않다"(鮮克有終)라는 어휘가 나오자 오늘날 학자들이 끝까지 잘 마무리하는 이가 없음을 매우 탄식한 적이 있었다. 당시 남명은 다음과 같이 말하였다. "내 평생 동안 다른 사람들에게 속임을 당한 적이 많다. 확실히 서로 믿고 의심이 없을 정도인 사람은 오직 그대 한 사람뿐이다."9) 자신의 문하에 출입한 기간이 그리 오래되지

---

8) 『介庵先生文集』上, 詩, 「遊花林洞」.
9) 『介庵先生文集』下, 附錄, 「又行狀」, "……因曰. 吾平生見欺於人多矣. 的然相信. 而保無可疑者. 惟吾子一人而已.……"

않았음에도 이러한 표현을 남겼다는 점에서 그가 학문과 인간적인 면모에서 제자를 얼마나 신뢰하고 있있는지를 가늠해 볼 수 있다. 그리고 36세(1558)에는 산천재에서 후학을 양성하고 있던 남명을 찾아가 수개월 동안 『주역』을 배우고 돌아왔다. 비록 어린 나이에 남명 문하에 입문하지는 못했지만 스승에 대한 그의 존경은 남달랐고, 남명 역시 개암에 대한 믿음이 깊었다. 훗날 개암 사후에 남명은 젊은 나이에 세상을 떠난 제자에 대한 슬픔을 다음과 같이 토로하였다.

의례 삼천 가지를	儀禮三千錄
오십 년을 찾아가며 탐구하였네.	尋究五十年
장성한 자식 거듭된 불행 보시고,	棘薪看燬重
어머니 또한 백발이 되셨네.	萱草又霜顚
밤이 다 가는데도 꾀꼬리 울고	夜盡啼商鳥
봄이 깊은데도 두견새 우는구나.	春深叫杜鵑
하늘에 소리칠 수도 없고,	上天呼不得
군자가 결국 무슨 허물이 있었기에.	君子果何愆10)

남명은 젊은 나이에 세상을 떠난 제자에 대한 슬픔을 공자가 평생 동안 가장 신임했던 제자 안회顔回의 조졸早卒을 슬퍼한 것에 비유하였다. 공자는 자신이 가장 아꼈던 제자, 그것도 29살의 젊은 제자 안회가 죽었을 때, "하늘이 나를 버렸도다! 하늘이 나를 버렸도다!"(天喪予, 天喪予)라고 하며 하늘에 울부짖었다. 이 만사를 통해 남명이 문하의 수많은 제자들 가운데 개암을 얼마나 신임했는지를 알 수 있다.

개암은 30세(1552)가 되면서 학문적 성취를 이루게 되자 더욱더 주위의

---

10) 『南冥先生集』, 卷1, 五言四韻, 「姜參奉挽詞(名翼, 字仲輔)」.

신망을 받았지만, 이제 과거에 대한 꿈을 접고 삶에 새로운 각오를 세웠다. 그는 사문斯文을 일으키고 유교를 주창하여 밝히는 것을 자신의 임무로 삼고, 이 시기부터 선현추존先賢推尊과 후학양성後學養成을 위한 공간을 마련하는 데 몰두하게 된다. 그의 첫 번째 프로젝트가 바로 서원의 건립이었다. 이를 현실화하기 위해 소고嘯皐 박승임朴承任(1517~1586), 사암徙庵 노관盧祼(1522~1574), 매촌梅村 정복현鄭復顯(1521~1591), 남계蘫溪 임희무林希茂(1527~1577) 등과 회동, 서원 건립의 필요성과 당위성을 설명하고 실천에 옮겼다.

31세에 덕계와 지리산을 유람하다가 북쪽 산기슭의 등구登龜라는 마을을 알게 되어, 이곳에 작은 서재를 짓고 '양진養眞'이라는 편액을 달았다. 그가 속세를 떠나 양진재에서 성정을 함양하며 수양하고 있다는 소문을 듣고 많은 선비들이 찾아와 학문을 논의하였다. 33세에는 동강 김우옹이 이곳을 찾아와 『대학』을 함께 논설하기도 하였다. 34세(1556)에 자호를 다시 '개암介庵'이라고 하였다. 이때부터 후학을 양성하는 데 더욱더 몰두하였고, 문하에 많은 제자들이 모여들었다. 당시 오건, 임훈 등을 비롯하여 여러 사람들이 많은 눈이 내리는데도 불구하고 이곳을 방문하자 자신의 심정을 다음과 같이 토로하였다.

골짜기에 눈을 감상하러 오는 이 없었는데,	谷裡無人賞雪來
섬계에 배 한 척 돌아오는 것에 깜짝 놀란다.	剡溪驚見一船回
갈선의 풍미 누가 그와 비슷하랴?	葛仙風味人誰似
간담을 터놓고 서로 한 잔 술을 기울이네.	肝膽相傾酒一盃[11]

양진재는 깊은 골짜기에 있었지만 많은 제자들이 찾아왔다. 하지만

---

11) 『介庵先生文集』 上, 詩, 「謝林葛川吳德溪諸兄雪中見訪」.

진정으로 마음을 터놓고 상자연賞自然하며 술잔을 기울일 만한 사람은 없었다. 특히 임훈과 오건의 방문은 뜻밖의 일이라 너무나 반가웠다. 「사임갈천오덕계제형설중견방謝林葛川吳德溪諸兄雪中見訪」은 당시 그들의 방문에 감사하며 지은 작품이다. 자신을 찾아온 사람들과 학문을 논하면서 자득自得, 면강勉强 등의 어휘를 서로 논하였는데, 이때 그는 "학문에 자득이 매우 중요한데, 자득하지 않는 사람은 쉽게 실수하게 되며, 면강하지 않는 사람은 공부를 이룰 수 없다"[12]라고 하였다. 이에 갈천과 덕계가 그의 득도得道에 크게 감복한 바 있었다.

45세(1567) 때 오건이 조정에 학생으로 추천하여, 소격서참봉昭格署參奉에 제수되었다. 오건은 1558년에 대과에 급제한 이후에 주로 내직에 있으면서 요직을 두루 거쳤는데, 이때 승정원주서承政院注書로 있으면서 그를 추천하였다. 그는 자신의 뜻을 기르는 것을 중시하여, 오건의 추천을 받고도 벼슬길에 나아가기를 좋아하지 않았다. 그러나 집이 워낙 가난하고 어머니가 늙으셔서 결국 벼슬길에 나아가려 했는데, 갑자기 병이 들어 10월 2일 정침正寢에서 하세하게 되었다. 사후 원근의 많은 사람들이 슬퍼하였으며, 특히 그와 사우관계에 있었던 사람들이 모두 만장을 지어 그의 죽음을 조상하였다. 옥계 노진, 덕계 오건, 동강 김우옹 등이 만장과 제문을 지었고, 특히 스승이었던 남명까지도 만사를 지어 그의 죽음을 애도하였다.

개암은 당곡 정희보와 남명 조식의 문하에서 수학하며 27세에 진사시에 응시하여 입격한 적은 있지만, 삶의 대부분을 은거하며 숙야재와 양진재, 남계서원 등에서 수학과 후학양성에 몰두하다가 생을 마쳤다.

---

12) 『介庵先生文集』下, 附錄, 「年譜」, "……論學至自得勉强等語. 乃曰學貴自得. 非自得者. 易至差失. 事在勉强. 非勉强. 則無以成功. 二先生咸服其得道焉.……"

특히 그는 당곡과 남명의 문하에 출입했던 당대 명유들과 교유하며 경상우도의 학맥 형성에 중요한 역할을 하였다.

3. 남계서원 건립과 개암의 참여

개암의 「연보」에는 남계서원의 건립 초기(1552)부터 사액을 받기(1566)까지의 서원의 건립사를 볼 수 있게 기록되어 있다. 「연보」에 의하면, 서원 건립을 위한 발의에서부터 사액서원의 온전한 형태를 갖추는 데 이르기까지 꼬박 14년이 걸렸다. 이런 일련의 과정에서 중심에는 늘 개암이 있었고, 임금으로부터 사액받기 위한 상소의 소두疏頭 역시 그가 맡았다. 그래서 그가 세상을 떠난 이후 1689년(숙종 15)에 그 역시 남계서원의 제향 인물이 되었다.

개암은 그의 나이 30세(1552)에 사문斯文을 일으키고 유교儒敎를 주창하여 밝히는 것으로 자신의 평생 임무로 삼겠다고 선언하였다. 여기서 그가 삶의 좌표로 삼았던 '흥기사문興起斯文'과 '창명유교倡明儒敎'는 그의 삶에 시사한 바가 크다. 우선 흥기사문興起斯文하기 위해서는 사문을 일으킬 만한 대상이 있어야 했고, 창명유교倡明儒敎하기 위해서는 유교를 주창하여 밝힐 만한 공간이 있어야 했다.

그래서 그는 자신의 임무를 실행하기 위한 첫 번째 프로젝트로 바로 서원의 건립을 추진하였다. 1552년에 그는 소고 박승임, 사암 노관, 매촌 정복현, 남계 임희무 등과 회동하였고, 함양에 서원 건립을 실행하기 위한 구체적인 대안을 다음과 같이 제시하였다.

우리 고향은 바로 문헌공文憲公의 고향이다. 문헌공이 돌아가신 지 이미 50년이나 되었는데, 오히려 서원을 건립하고 사우를 세운 적이 없었다. 실로 우리 고향의 수치이다. 여러 사람들이 '그렇다'고 하였다. 바로 문헌공의 서원을 창립할 때가 지금이다. 우리 동방의 서원은 오직 주무릉周茂陵이 죽계에 설립한 것 외에는 없다. 견문이 미숙하고 서로 다른 의론이 많았으나, 선생이 의연하게 흔들리지 않고 결의하여 서원 건립의 역사役事를 실행하였다.

고을의 선비들이 서로 앞 다투어 미곡米穀 약간 섬(斛)을 가져왔고, 이웃 고을에서도 미곡을 출연하고 역사에 부조하는 이가 역시 많았다. 군수 서구연이 선생을 공경하고 그 일을 가상하게 여겨 진심으로 도와 강당을 건립하였으나, 서구연이 체직되어 떠났다. 그 뒤를 이어서 온 군수가 힘을 내어 서로 돕는 것을 달갑게 여기지 않았다. 당시에 또 흉년이 들었기 때문에 건립을 재기하지 못하고 결국 역사를 멈췄다. 남은 재물을 증식하여 좀 넉넉할 때를 기다렸다가 공사의 마무리를 기약했다.[13]

당시 개암이 향내 유림에 서원 건립을 발의한 것은 매우 이례적인 일이었다. 왜냐하면 조선시대 최초 서원은 주세붕이 1543년에 건립한 백운동서원白雲洞書院(紹修書院)이며, 그 다음은 1549년에 그가 황해도관찰사로 재임할 때 건립한 수양서원首陽書院(文獻書院)이다. 서원 건립의 시기를 놓고만 따져볼 때 남계서원의 건립은 우리나라 서원 건립의 비교적 이른 시기가 되는 셈이다.

개암은 서원 건립의 명분으로 우선 함양에는 문헌공 일두― 蠹 정여창鄭汝昌(1450~1504)의 고향임에도 불구하고 그를 추존하고 강학할 공간이 없다는 점을 들었다. 정여창은 김굉필金宏弼·김일손金馹孫 등과 함께

---

13) 『介庵先生文集』下, 附錄, 「年譜」, "……吾鄕乃文獻公之鄕. 而文獻公之歿, 已至五十年, 尙無建院立祠之擧. 實吾鄕之羞. 諸君曰然. 乃創立文獻公書院, 是時也. 我東方書院, 惟周茂陵設竹溪之外, 無有焉. 見聞未熟, 異議橫生, 先生毅然不動, 決意擧役. 鄕之儒士, 爭致米穀若干斛, 隣邑之出米助役者亦來. 郡守徐侯雅敬先生, 尙其所爲, 盡心以助, 旣立講堂, 而徐侯遞去. 繼之者不肯出力相助. 時又不稔, 故堂未再而遂停其役. 殖餘財以待贍, 而期訖功焉.……"

김종직金宗直의 문하에서 수학하였고, 1490년에 대과에 급제한 이후에 예문관검열·세자시강원설서·안음현감 등을 역임했다. 1498년(연산군 4) 무오사화에 연루되어 종성으로 유배되어 죽었는데, 죽은 뒤에 또다시 갑자사화가 일어나서 1504년 부관참시되는 불행을 겪었다. 개암이 서원 건립을 추진하던 때는 정여창이 종성에서 하세한 지 48년이 되는 해로서, 그는 우선 박승임, 노관, 정복현, 임희무 등 향내에 있는 비슷한 연배의 선비들에게 서원 건립의 당위성과 시급성을 설명하고 뜻을 구했다. 물론 주위에 많은 사람들의 이론異論이 있었지만 건립 역사를 실행에 옮길 수 있었다.

서원을 건립하는 데 많은 물력과 인력이 필요했다. 고을 선비들로부터 재물과 인력을 지원받았지만, 관의 지원을 받지 않으면 많은 물력을 감당할 수 없었다. 그래서 당시 함양군수였던 오유당烏有堂 서구연徐九淵 (1502~1561)으로부터 관의 지원을 받을 수 있었다. 서구연은 예천 용문 출신으로 1537년에 문과에 급제하여 함양군수, 밀양부사, 사헌부장령, 사간원대사간 등을 지냈다. 그의 묘비문에 보면, "사헌부에 들기를 두 번이요, 성균관을 거치기를 세 번이며, 여러 고을을 맡아 다스릴 때 정치나 형벌에 간결 청렴하였다"라고 하여 지방관으로서 호평을 받았다. 이러한 군수 서구연의 지원으로 서원의 여러 공간 중에 우선 강당 건립이 완공되었다. 강당을 건립한 이후에 개암은 그 감회를 시로 피력하여 유생들에게 보였다.

우리 도가 이미 싸늘한 재 되어 슬프도다!	爲憐吾道已寒灰
종성에서 돌아가신 지 그 몇 해나 되었나.	月冷鍾城歲幾回
늠름하게 남기신 풍교에 공경할 수 있고,	凜凜遺風能起敬
이제서야 광간하지만 재단할 줄 아는구나.	庶今狂簡幸知裁[14]

서원 건립을 발의하여 우여곡절을 거쳐 그 당년에 강당을 건립하여 단초를 마련할 수 있었지만, 서구연이 체직된 후에 새로 부임한 군수는 서원 건립의 역사에 별다른 관심이 없었다. 게다가 그해에 흉년마저 들어 부득이 역사를 중단하고 후일을 기약할 수밖에 없었다. 결국 서원의 건립은 향내 고을의 재물과 인력의 출연이 한 몫을 하였지만, 이보다 관의 지원이 없으면 완공하는 데 매우 어려운 지경에 처할 수밖에 없었음을 알 수 있다.

남계서원은 강당을 건립한 지 7년 후(1559)에 새로 부임한 함양군수 윤확尹確의 지원으로 부속 건물을 완공할 수 있었고, 39세(1561)에 문헌공의 위판까지 봉안할 수 있었다.

군수 윤확尹確이 부임하여 업무를 보게 되었는데, 선생의 어진 소문을 듣고 부임하자 마자 양진재에 달려가서 예를 갖추었다. 그리고 서원의 역사役事에 대해 말하였다. 윤 군수가 말하기를, "감히 사문斯文의 좋은 일에 힘을 다하지 않겠습니까?"라고 하였다. 마침내 역사를 마칠 수 있었는데, 건물을 크고 아름답게 하였으며 담장을 둘렀다. 창고, 부엌, 목욕간이 모두 지어졌다. 또한 당의 동쪽 언덕에 묘우를 짓기로 했다.15)

이해에 서원의 역사가 마무리되었다. 중춘仲春 16일에 많은 고을 선비들을 모아 놓고 문헌공의 위판을 봉안하였다. 품식品式이 상세하고 밝았고(詳明) 의식의 절도가 엄숙하여 사림士林이 눈을 비비고 바라보며 여러 사람들이 한목소리로 축하하여 말하기를, "이제부터 사문斯文이 실추하지 않고 우리들이 돌아갈 곳을 알 것이다. 문물文物의 융성함을 기술할 수 있을 것이다" 하였다.16)

14) 『介庵先生文集』上, 詩, 「初建蘫溪書院 得一絕示諸生」.
15) 『介庵先生文集』下, 附錄, 「年譜」, "……尹侯確來守, 雅聞先生之賢, 旣下車, 趨拜於養 眞齋. 因語及院役. 尹侯曰, 敢不盡力於斯文上事乎. 始克完役, 光大其堂, 繚繞以墻. 面庫 庾庖湢, 無不就成. 又度廟宇於堂之東丘."

앞에서 언급한 바와 같이 초기에 건립된 서원은 건축비의 대부분을 관청에서 지원받을 수밖에 없었다. 1552년에 서원의 강당을 건립한 이후로 새로 부임한 함양군수들이 서원 건립에 별로 관심이 없었고, 그러던 중에 군수 윤확이 새로 부임하면서 중단되었던 서원의 역사가 새로 진행될 수 있었다. 개암은 31세 이후에 지리산 기슭에 양진재를 건립하고, 이곳에서 후학을 양성하고 있었다. 그는 양진재를 찾아온 신임 군수 윤확에게 서원의 창고, 부엌, 목욕간 등 부속 건물의 신축을 요청하였고, 군수는 흔쾌히 지원을 아끼지 않았다. 그리고 2년 뒤에 사우祠宇가 완공됨으로써 문헌공의 위패를 봉안할 수 있다. 이렇게 됨으로써 서원이 갖추어야 할 가장 기본적인 건물 형태를 갖추게 되었다.

남계서원의 강당과 사우, 그리고 부속건물은 완공되었지만, 동재와 서재가 아직 건립되지 않아 서원의 온전한 형태를 갖출 수 없었다. 마침내 개암과 평소 친분이 있었던 김우홍이 신임군수로 부임하면서 뜻을 이루게 되었다.

이해에 김우홍金宇弘(1522~1590)이 군수가 되었다. 바로 동강 김 선생의 형인데, 군수 역시 몸가짐에 법도가 있었다. 군수는 선생을 우러러 사모하여 처음 도착하자마자 먼저 선생을 찾아왔는데, 서로 함께 맺은 우정이 매우 깊었다. 서원의 사우는 완성되었으나 동·서재의 건물이 오히려 아직 건립되지 않아 제자와 스승이 같은 건물에 있다 보니 예의가 엄하지 못했다. 이에 김 군수와 서로 의론하여 다시 동·서재를 건립하였다. 건물 아래 좌우에 작은 연못을 파고, 연못 주위에 매화와 대나무를 심었는데 차례가 있었고 연못 안에 홍백 연꽃을 심었다.……

매암 조부가 평소 글씨를 잘 쓰는 것으로 세상에 이름이 있었다. 선생이 이에 그로

---

16) 『介庵先生文集』 下, 附錄, 「年譜」, "……是年, 院役就完. 仲春十六, 大會鄕儒, 奉安文獻公位版, 將事之際. 品式詳明, 儀度嚴肅, 士林拭目, 合辭而賀曰, 自此斯文不墜, 吾黨知所歸矣. 一時文物之盛, 有可述焉."

하여금 큰 글씨를 쓰게 하여 강당에 편액을 '명성明誠'이라 하였고, 그 좌우의 작은 방을 각각 거경居敬과 집의集義라고 편액하였다. 동재와 서재를 각각 '양정養正'과 '보인輔仁'이라 하였고, 동재와 서재의 헌을 각각 '애련愛蓮'과 '영매詠梅'라고 하였으며, 그 대문을 준도遵道라고 하였다. 감사監司 이감李戡에게 부탁하여 네 고을의 소금, 두 고을의 생선과 소금, 두 고을의 물고기 젓갈, 세 고을의 어장을 서원에 영속永屬하게 하여 선비를 기르는 데 경비를 갖추게 했다.[17]

김우홍金宇弘(1522~1590)은 자가 면부勉夫, 호가 이계, 본관이 의성義城이다. 그는 조식의 문인이며, 김우굉金宇宏(1524~1590)과 김우옹金宇顒(1540~1603)의 형이다. 1553년에 별시 문과에 급제하였고, 1562년에 병조좌랑으로 재임하다가 그 이듬해 함양군수로 부임했다. 김우옹은 개암보다 20살 연하이긴 했지만, 개암이 숙야재와 양진재에서 후학을 양성하고 있을 때 어린 나이에도 불구하고 오건과 함께 찾아와 학문을 강론한 적이 있었다. 이런 인적 관계망에서 김우옹의 형이었던 김우홍의 함양군수 부임은 개암의 서원 건립에 좋은 기회가 될 수 있었던 것이다. 동재와 서재의 건립에는 많은 물력이 소요됨을 알면서도 김우홍은 건립에 필요한 비용을 지원하였다. 그리고 서원 경내에 연못을 준설하고 연못 주위에 매화를 비롯한 다양한 수종의 나무를 식재함으로써 서원의 주위 환경이 대폭 정비되었다.

개암은 30세가 되던 1552년에 서원 건립을 기획하고 당년에 강당을 완공하였다. 그리고 이후 약 12년 만에 부속건물(창고, 부엌, 목욕간), 사우祠

---

17) 『介庵先生文集』 下, 附錄, 「年譜」, "是年, 金侯宇弘爲郡侯. 乃東岡金先生之兄也, 侯亦律己有度. 雅景仰先生, 始至, 先訪先生, 相與契許最深. 常以爲院宇旣成. 而東西齋舍, 猶未營建, 生師一堂, 禮儀不嚴. 乃與金侯相議, 更東西齋舍. 齋下左右, 鑿小池, 池邊種梅竹有次, 池中植紅白蓮花……曹梅庵溥, 素以筆名於世. 先生乃使書大字, 扁其堂曰明誠, 扁其左右夾室曰居敬, 集義. 扁其東西齋曰養正, 輔仁. 其齋軒曰愛蓮, 詠梅. 其大門曰遵道. 請于監司李相戡, 得四邑食鹽, 兩邑魚醢, 三條漁基, 而永屬於院, 以備養士之需焉."

宇, 동서재 등의 건립과 경내 환경조성을 마쳤다. 그런데 서원의 건립에서 현판은 매우 중요한 역할을 한다. 어떻게 보면 편액의 당호는 서원의 각 건물을 상징하는 전고이기도 하였다. 편액은 여러 가지 목적에 의해서 만들어진다. 우선 건물의 상징성을 함축하고 있을 뿐만 아니라 건물 외형의 심미적인 효과를 가지고 있다. 개암은 이에 대해 「남계서원기灆溪 書院記」에서 다음과 같이 밝혔다.

> 마침내 강당을 '명성明誠'이라고 이름을 지었는데, 『중용』의 "밝아지면 정성된다"는 뜻에서 취한 것이다. 당의 협실 좌측을 '거경居敬'이라고 하고 우측을 '집의集義'라고 하였는데, 정자의 유훈인 "거경궁리居敬窮理"와 『맹자』의 "의義를 집적하여 (호연지기 를) 생성한다"는 뜻에서 취했다. 재실齋室의 동재는 '양정養正'이라고 하였는데, 『주역』 「몽괘蒙卦」의 "어리석어서 바름을 기른다"는 뜻에서 취했다. 서재는 '보인輔仁'이라고 하였는데, 『논어』의 "벗을 통해 자신의 인덕을 보완한다"는 뜻에서 취했다. 재실에 두 헌軒이 있으니 '애련愛蓮'과 '영매咏梅'라고 하였고 앞의 큰 대문을 '준도遵道'라고 하였는데, 각각 뜻이 있다.[18]

개암은 각 건물마다 공간의 목적에 따라 의미를 부여하여 당호를 짓고, 글씨에 뛰어난 매암 조부에게 청탁하여 글씨를 써서 각 건물에 편액을 게판하게 되었다.

서원으로서의 면모를 갖추게 되자 서원에는 많은 유생들이 찾아왔다. 그러나 비록 서원이 갖추어야 할 외형을 온전히 갖추긴 했지만 아직 사액을 받지 못한 서원이었기에 관으로부터 운영 경비를 지원받지

---

18) 『介庵先生文集』下, 記, 「灆溪書院記」, "……謹識其立院之意. 而遂名其講堂曰明誠, 取 中庸明則誠之意也. 堂之夾室, 左曰居敬, 右曰集義, 取程訓之居敬窮理, 鄒經之集義以生 之旨也. 齋之室, 東曰養正, 取義於蒙以養正也. 西曰輔仁, 取義於以友輔仁也. 齋之二軒, 曰愛蓮, 曰咏梅, 前之大門曰遵道, 名各有義.……"

못하면 서원 경영에 여러 가지 어려움에 직면할 수밖에 없었다.

> 서원에 학생들이 모여서 강학을 하는데, 서적이 없고 재물과 곡식이 많지 않아서 선생은 인재를 양육할 수 없게 될까 매우 두려워하였다. 사암徙庵 노관盧祼(1522~1574)에게 서책을 구비하는 임무를 맡게 하고, 죽암竹庵 양홍택梁弘澤에게 재산을 모으는 책무를 맡게 했다. 처음부터 끝까지 협심하여 일을 성취할 수 있었다. 책이 모두 백여 권이나 되었으며, 재물과 곡식은 선비들에게 제공하기에 충분했다. 선생이 결국 옥계, 구졸 두 선생과 함께 의논하여 서원의 재물을 고을 내에 있는 서당에 나누어 주어 마을 내 혼례와 상례에 도움을 주기로 했고, 그리고 봄과 가을에 강신례를 행하여 마침내 한 고을에 일정한 의식이 되게 했다.[19]

원사는 갖추어졌지만 가장 어려운 문제로 대두된 것은 바로 경제적인 어려움과 서적의 부족이었다. 이를 해결하기 위해 개암은 초기 서원 건립에 적극 참여했던 노관과 양홍택에게 각각 그 관련 유사를 맡겼다. 노관과 양홍택은 개암과 함께 당곡의 문하에서 수학한 동문이었는데, 노관이 서책을 구비하는 임무를 맡았고 양홍택이 재산을 모으고 관리하는 일을 맡았다. 두 사람의 적극적인 노력으로 인해 서책뿐만 아니라 물력 역시 풍부하게 되자, 개암은 옥계, 구졸 등과 상의하여 서원에서 여유가 있는 재물을 인근 서당에 나누어 주거나 마을에서 일어나는 각종 예식에 지원해 주기로 했다.

결국 향내 도움을 받아 서원을 운영할 수 있었지만, 장기적으로 서원의 안정적인 운영을 보장받기 위해서는 국가로부터 공인을 받아 서원의

---

19) 『介庵先生文集』下, 附錄, 「年譜」, "……院中學徒, 交集講業, 而書籍無存, 財穀不多, 先生大懼無以養育人材. 以盧徙庵祼, 掌備書之任, 以梁竹庵弘澤, 典裒寶之責. 終始協心, 克有成就. 書秩凡百餘卷, 財穀有裕於供士. 先生乃與玉溪, 九拙兩先生定議分院財各授境內書堂及洞內使之各助其昏喪, 而春秋行講信禮, 遂爲一鄕定式."

현판과 노비·서적 등을 하사받는 것이 급선무라고 여기고 개암은 그
방안을 모색했다.

대개 한훤당 김굉필과 일두 정여창 선생이 화를 입어 이후로부터 정덕 정축년(1517)에
누명을 씻긴 했지만, 당시 대신들이 의론하여 제우를 건립할 땅이 없다고 여기고
각각 가묘에서 춘추로 제사를 지내도록 하였다. 이제 이미 사우祠宇를 세웠으니 마땅
히 서원에서 제사를 지내야 하지만, 제기를 마음대로 진설하는 것은 예법에 맞지
않다. 그래서 바라는 바의 말씀을 올렸으나, 장차 어떻게 될지 알 수 없고 또 세상에는
덕을 좋아하는 현명한 사람이 드물어 전달할 수 있는 때를 만나지 못했다. 다행히
김 군수가 와서 근무하면서 도움을 받았고, 또한 감사 관원灌園 박계현朴啓賢(1524~
1580)이 풍교風教를 보게 됨으로써 마침내 임금에게 글을 올렸다. 가을 7월에 선조가
사액하여 '남계서원灆溪書院'이라 하고 봄과 가을로 제사를 지내게 했다. 그 사이에
주선하면서 옥계玉溪, 구졸九拙, 청련靑蓮 등이 진실로 힘이 되어 주었다.[20]

개암은 서원의 사액을 받기 위해 30여 명이 임금에게 올린 글의 소두가
되었다. 글에 의하면, 당시에 이미 영천의 임고서원, 풍기의 백운동서원
을 비롯하여 성주星州, 강릉江陵 등에 꽤 많은 서원이 건립된 것으로
기록되어 있다.[21] 이때 올린 장고狀告에 대해 1566년(명종 21) 6월 15일에
당시 경상도관찰사였던 월포月浦 강사상姜士尙(1519~1581)이 치계馳啓하였

---

20)『介庵先生文集』下, 附錄,「年譜」, "······蓋自寒暄, 一蠹被禍之後, 雖有正德丁丑昭雪之
   典, 而當時大臣, 議以爲無立祠之地, 令各於家廟, 春秋致祭. 今旣立祠, 則當致祭於院, 而
   擅陳俎豆, 不合禮法. 故陳辭丐請, 不知其幾, 而世罕好德之賢, 未遇轉達之期. 幸賴金侯來
   守, 又遭朴相公啓賢觀風, 始得上達. 秋七月, 宣賜額號曰灆溪書院. 令春秋致祭. 其間周旋
   之際, 玉溪, 九拙, 靑蓮, 實有力焉.······"
21)『明宗實錄』, 33卷, 21年 6月 15日 甲戌, "······被臨皐[永川郡別號也. 臨皐書院, 卽鄭文
   忠公 夢周祠也.], 紹脩[卽豊基郡 白雲洞書院 安文成公 珦之祠也. 我國古無書院, 周世鵬
   爲豊基郡守, 始起此院, 立廟以祠文成, 置齋以居學者, 書籍田民, 無不具焉. 又爲黃海監司
   爲崔文憲公 冲立書院於海州, 名曰文獻堂而規模一如白雲故事, 遠近學者, 多就之. 嘉惠之
   功, 有足多者. 自後若星州, 江陵效此, 立院之處頗多云.]二院, 皆出於一時慕古者之作, 非
   有朝廷之命, 祀典之載, 而亦皆賜額頒經, 兼之臧獲土田, 恩典極矣.······"

다.22) 그리고 다음 달 7월에 명종이 '남계서원灆溪書院'이라고 사액하고 서책을 하사하였다. 서원의 편액을 '남계灆溪'라고 한 것은 서원 옆으로 흐르는 시내의 이름이 '남계'였기 때문이었다.

개암은 30살(1522)에 향내 유림의 뜻있는 선비들과 함께 서원의 건립을 기획하여 서원이 완공되어 1566년 7월에 드디어 임금으로부터 '남계서원'이라는 사액을 받게 되었다. 그는 가을에 장문의 「남계서원기灆溪書院記」를 지어 서원의 건립 과정을 하나하나 여과 없이 기록하고, 향후 이 서원에서 공부하게 될 원생들에게 당부하는 자신의 뜻을 피력하였다. 남계서원이 건립된 이듬해(1567) 9월에 그는 오건이 학행으로 천거함으로써 소격서참봉昭格署參奉에 제수되었으나 10월 2일에 갑자기 병을 얻어 하세하였다. 그 후 1675년(숙종 1)에 유림에서 개암과 정온을 문헌공의 묘에 병배竝配해 줄 것을 청하는 상소를 올렸다. 하지만 정온만 병배되었다가, 15년 후(1689, 숙종 15)에 개암 또한 배향되었다.23)

4. 맺음말

개암은 1523년에 함양 효우촌孝友村에서 태어났고, 1567년 10월 2일에 생을 마감하였다. 그는 전형적인 조선시대 재야 학자로서 향촌사회의 유풍진작儒風振作을 위해 평생을 살다간 인물이다. 그는 당곡 정희보와 남명 조식의 문하에서 수학하였고, 27세에 진사시에 응시하여 입격한

---

22) 『明宗實錄』, 33卷, 21年 6月 15日 甲戌, "……慶尙道觀察使姜士尙[不營産業, 廉素可取. 然於國事, 無特拔建明之稱.]馳啓曰: '咸陽居進士姜翼等三十餘人狀告曰……'"

23) 『介庵先生文集』 下, 附錄, 「年譜」, "……士林同聲叫閽, 請以先生及桐溪鄭先生, 竝配于, 文獻公廟. 而兪音獨下於鄭先生矣. 其後十五年己巳, 多士再疏陳乞, 蒙允陞配焉.……"

적은 있지만 삶의 대부분을 은거하며 숙야재와 양진재, 남계서원 등에서 수학과 후학양성에 몰두하며 생을 마쳤다. 특히 그는 당곡과 남명의 문하에 출입했던 당대 명유들과 교유하며 경상우도의 학맥 형성에 중요한 역할을 하였다.

아울러 그는 나이 30세(1552)에 사문을 일으키고(興起斯文) 유교를 주창하여 밝히는(倡明儒敎) 것으로 평생의 숙명적 과제로 삼았다. 이를 완수하기 위한 첫 번째 프로젝트가 바로 남계서원의 건립이었다. 그가 기획한 서원의 건립은 민관民官의 물질적 지원이 있었고, 결국 1566년 7월에 임금으로부터 '남계서원'이라고 사액을 받게 되었다. 1675년(숙종 1), 유림에서는 개암과 정온을 문헌공의 묘에 병배竝配해 줄 것을 청하는 상소를 올렸다. 하지만 정온만 병배되었고, 개암은 15년 후(1689, 숙종 15)에 비로소 배향될 수 있었다.

부 록

연보와 행장

개암 강익 연보[1]

중종中宗 18년(1523) 계미癸未

- 정월正月 18일 을해乙亥에 선생은 함양군咸陽郡 효우촌孝友村 옛집에서 태어났다. 태어날 때에는 특이한 기질과 머리가 위로 툭 튀어나와 우뚝하였고 두 눈동자가 빛났으며 그를 본 사람들은 범상한 아이가 아니라고 하였다. 어느 날 한양에서 온 어떤 관상을 잘 보는 이가 말하기를 뒷날에 사문斯文을 크게 빛내고 오도吾道의 모범이 될 사람은 반드시 이 아이라 하였다.

중종 19년(1524) 갑신甲申, 선생 2세

중종 20년(1525) 을유乙酉, 선생 3세

중종 21년(1526) 병술丙戌, 선생 4세

중종 22년(1527) 정해丁亥, 선생 5세

중종 23년(1528) 무자戊子, 선생 6세

중종 24년(1529) 기축己丑, 선생 7세

- 생김새가 호탕하고 씩씩하며 총명함이 뛰어났다.

---

1) 부록 1·2로 수록된 개암 선생의 연보와 행장은 진주교육대학교 최해갑 교수가 번역하여 『진주문화』 13호(1994)에 수록한 것을 교정하고 보완한 것이다.

중종 25년(1530) 경인庚寅, 선생 8세

- 호탕하고 씩씩하여 자그마한 일에 구속받지 아니하니, 부친 승사공承仕公이 그 뛰어난 총명을 사랑하여 가르침을 엄하게 하지 아니하였다.

중종 26년(1531) 신묘辛卯, 선생 9세

- 모부인母夫人이 일찍 이질병(설사병)에 걸려 신음할 때 선생은 얼굴에 근심이 가득하였고 고통을 참고 병세의 차도가 있기를 바라면서 밤이 되면 정한수를 떠놓고 향을 피워 북극성北極星에 쾌유를 지성껏 빌었다. 이를 본 사람들은 모두 기특하게 여겨 말하기를 참으로 효자로다 하였다. 그러자 며칠이 지나 모부인의 병환이 깨끗이 나았으니 아마도 선생의 지성至誠에 감응했던 것이다.

중종 27년(1532) 임진壬辰, 선생 10세

- 어느 날 여러 아이들이 씨름을 하고 노는데 선생은 항상 높은 곳에 꼿꼿이 앉아 아이들을 지휘할 뿐이었다. 그러자 사람들이 간혹 왜 그렇게 앉아 있느냐고 물으면 답하기를 "저는 씨름을 좋아하지 않습니다. 그래서 잠깐 이 아이들을 시험해 봤을 뿐입니다. 그리고 어찌 이 몸으로 씨름을 가까이하겠습니까" 하였다.

중종 28년(1533) 계사癸巳, 선생 11세

- 일찍이 병세가 심하여 글을 읽지 못하였다.

중종 29년(1534) 갑오甲午, 선생 12세

- 부친 승사공承仕公이 병이 많음을 걱정하여 글을 가르치지 아니하니, 선생은 날마다 공부하는 선비들을 따라 그 논설論說을 듣곤 하였다.

중종 30년(1535) 을미乙未, 선생 13세

중종 31년(1536) 병신丙申, 선생 14세

중종 32년(1537) 정유丁酉, 선생 15세

- 병세가 차츰 회복되자 부친 승사공이 말하기를 "사람이 착실히 배우지 아니하면

짐승과 다를 바가 없는 것인데 어찌 저속하고 어리석은 자들이 하는 것과 같이 하겠느냐' 하니, 선생이 두렵게 느껴 책을 들고 같은 동네 사는 당곡唐谷 정희보鄭希輔의 문하에서 배웠다. 당시 당곡의 문인門人에는 옥계玉溪 노진盧禛, 청련靑蓮 이후백李後白, 구졸九拙 양희梁喜 같은 이들이 있어 모두 문장과 문리文理에 뛰어났고 그들 외에도 예의를 갖추어 배우는 자들이 또한 운집하였으니, 거문고 타고 글 읽는 소리가 항상 마을에 울려 퍼졌다. 선생의 성취한 학문을 보고 모두들 배움이 늦은 감이 있다고 생각하였다. 당곡이 사서史書를 시험 삼아 가르치니 그 구두句讀가 분명하고 글 읽는 소리가 청량하여 노숙한 학자 같았다. 때로 혹 강론할 때 문장의 어려운 뜻을 해석하는 것을 보고는 당곡이 놀라 조심스레 말하기를, 뒷날에 대유大儒가 될 사람은 반드시 이 사람이라 하였다. 그리하여 문도門徒들에게 말하기를 "제군들은 이 사람을 후진後進이라 생각하지 말라. 내가 생각하기엔 이 사람이 앞으로 제군들의 사표師表가 될 것이니, 문도들은 이제부터 더욱 경건히 지내도록 하라"라고 하였다. 선생은 이로부터 감정이 고조되어 스스로 분발 노력해서 종일 꼿꼿이 앉아 부지런히 공부하였으니, 잠자는 것과 밥 먹는 시간도 잊고 연마하였다.

- 책 한 권을 읽고 문리文理에 통달하니, 경전經傳과 백가자집百家子集을 읽는 책마다 문리가 밝게 통하였다. 스승을 따라 배우지 아니하여도 깊은 뜻과 미묘한 어려운 뜻의 요점과 난해한 것을 찾아내어 당곡에게 나아가 물으니, 당곡이 선생을 볼 때면 반드시 용모를 고치고 몸을 일으켜, 다른 학생들과는 다르게 대우했다.

중종 33년(1538) 무술戊戌, 선생 16세

- 학문이 크게 진보하고 저술이 또한 극히 정밀하니 당곡唐谷이 크게 놀라 더욱 칭찬하였다. 선생이 말하기를 "선비의 학문이 어찌 오직 과거科擧 문장文章에만 있겠느냐. 자하子夏가 말하기를 옛날 학자는 마땅히 위기爲己의 학學에 힘썼으나 오늘의 학자는 위인爲人의 학에 힘쓴다 하였는데, 선비가 학문에 뜻을 두었다면 마땅히 위기에 힘써야 하거늘 위인에 힘써야 되겠느냐' 하면서 이로부터 문을 굳게 닫고 꼿꼿이 앉아 좌우에 있는 경서經書와 사서史書를 공부하기를 밤낮으로 게을리하지 아니하였다. 오래도록 읽고 깊이 생각하며 정신을 가다듬고 몸과 마음과 내외간內外間을 바로 하여 글의 바른 이치를 터득하였다.

중종 34년(1539) 기해己亥, 선생 17세

− 행동에는 법도法度가 있고 언어는 도道에 일치되었으며 일을 주선하고 행동함이 예절에 맞고 질서가 엄숙하여 한 노성군자老成君子와 같으니, 당곡이 자주 여러 사람들에게 칭찬하여 말하기를 "용龍이 나는 것 같고 봉황鳳凰이 우는 것 같아서 공부의 숙달을 기다리지 않아도 능숙하니, 이 사람의 기질氣質의 변화變化가 이처럼 빨리 이루어졌다"라고 하였다.

중종 35년(1540) 경자庚子, 선생 18세

− 어버이를 섬김에는 지극한 효성孝誠으로 하였고 아침저녁으로 문안을 드리며 정성을 다했다. 아침저녁 문안드린 뒤 여가에는 반드시 어린 하인에게 명해서 맛난 음식을 봉양하기를 의논하였고, 혹시라도 빠뜨릴까 염려하기를 그치지 않아 몸소 음식을 올렸다. 부친 승사공에게 밥상을 갖다드리고 밥을 드시는 것을 보시고 물러 나왔다. 부친 승사공이 가세가 소박하고 청빈하였으나 평소 생활에 근심이 없었던 것은 선생의 지극한 효성 때문이었다.

중종 36년(1541) 신축辛丑, 선생 19세

− 몸가짐과 심성心性을 기름이 방정하였고 학술學術이 더욱 밝았다. 양구졸梁九拙, 노옥계盧玉溪, 이청련李靑蓮 제현들과 도의지교를 맺어 왕래하면서 서로 학문을 연마하고 수양하였다.

중종 37년(1542) 임인壬寅, 선생 20세

− 남명南冥 조식曺植 선생의 학문과 높은 인격을 듣고 마음이 쏠려서 흔쾌히 사모의 정을 느껴 뵈옵고 스승의 가르침을 받고자 하였으나, 부친 승사공이 병환이 있었기 때문에 가서 뵈옵지 못하였다.

중종中宗 38년(1543) 계묘癸卯, 선생 21세

− 부친 승사공의 오랜 병환이 차도가 없어 밤낮으로 옆에서 모시고 앉아 옷 띠를 벗지 않고 밤에는 북극성에 쾌유를 빌고 자신이 대신 아프기를 빌었으며 사람들에게 말할

때 반드시 눈물을 흘리니 사람들이 감탄하지 않는 이가 없었다.

중종 39년(1544) 갑진甲辰, 선생 22세

– 부친 승사공承仕公이 돌아가시니 선생이 슬픔에 몸이 수축되고 초췌하였고 예에 지나
칠 정도로 물 한 모금도 마시지 않으니 거의 기절하였다가 다시 소생하기도 하였다.
장례를 치른 뒤 산소 옆에 여막을 짓고 애도하였고 모부인母夫人에 문안드리는 외에
는 발자취를 궤연几筵에서 떠나지 않았으며 상복과 허리의 질대를 벗지 않았다. 마지
막 보내드리는 예와 제사를 드리는 예절의 절차는 『주자가례』에 따라 엄격히 준행하
니 마을 사람들이 그 지극한 효성에 감복하였다.

인종仁宗 원년元年(1545) 을사乙巳, 선생 23세

명종明宗 원년元年(1546) 병오丙午, 선생 24세

– 3년상을 마치고 마음이 두렵고 어수선하여 책을 읽고 의미를 탐구하여도 뜻을 터득할
수 없을 것 같아 항상 세속을 떠나 그윽한 곳에서 생활하면서 뜻을 기르고자 하였다.

명종 2년(1547) 정미丁未, 선생 25세

– 초계변씨草溪卞氏 참봉 윤원潤源의 따님에게 장가를 들었는데 부윤府尹 효문孝文의
증손녀였다.

명종 3년(1548) 무신戊申, 선생 26세

– 조그마한 재실을 집의 남쪽에 지어 편액을 숙야재夙夜齋라 명명하고 수양의 장소로
삼았다. 학문의 연마와 행실을 더욱 돈독히 하여 언제나 첫 닭이 울면 일어나 세수하
고 빗질하고 의관을 정제하여 가묘에 먼저 참배한 뒤 모부인에 문안을 드리고, 서재에
나아가 꼿꼿이 앉아 글을 읽는데 마치 흙으로 만든 인형과 같았다. 자호를 송암松庵이
라 지어 불렀다.

명종 4년(1549) 기유己酉, 선생 27세

– 모부인의 명령으로 향시鄕試에 응하여 백형伯兄과 함께 진사시에 합격하였는데, 합격

자 18인 중 3등이었다. 이해에 덕계德溪 오건吳健, 동강東岡 김우옹金宇顒이 선생의 어진 인품을 듣고 같이 숙야재를 예방하였다. 그리하여 며칠 동안 머물면서 경서와 사서를 연구하고 토론하여 학문과 우의를 다졌다.

명종 5년(1550) 경술庚戌, 선생 28세

- 한두 번 과거에 응시하고는 곧 싫어서 그 이후로는 그만두었다. 모부인도 강요하지 않았다. 오로지 독서와 뜻을 구함에 힘쓰고 홀로된 어머니를 봉양함에 정성을 쏟아 어머니를 기쁘게 해 드렸으며 어려운 살림에도 지성껏 받들어 즐겁게 해 드렸다. 언제나 조석문안을 드릴 적에 차분히 옆에 모시고 앉아 고금의 가언선행佳言善行을 말씀드려 들으시고 기뻐하시기를 바랐다. 형제자매가 언제나 화목하여 추호도 언쟁이 없었으며, 시집가고 장가드는 일에 힘써 모두 능히 자립하니 외숙 양공梁公이 기뻐하였다. 외숙이 인근에 살고 계셨기 때문에 조석으로 문안을 드렸으며 서재에 있으면서 외숙의 목소리를 들으면 반드시 자리에서 일어나 경건한 마음으로 외출하심을 알고 서재에서 내려와 두 손을 경건히 잡고 지나가시기를 기다렸다.
- 집안이 가난하여 가끔 끼니를 거르기도 하였고 의복은 반드시 화려한 것을 입지 아니하였으며 음식은 배부르게 먹지 아니하였으나, 마음의 여유가 있었고 가난을 걱정하지 아니하였다.

명종 6년(1551) 신해辛亥, 선생 29세

- 남명 조식 선생이 화림동에 유람하면서 선생의 어짊과 재주를 듣고 방문하여 화림동에 같이 놀았는데, 노옥계·오덕계 두 선생도 함께했다. 시 한 수를 읊었다.

명종 7년(1552) 임자壬子, 선생 30세

- 사문을 일으키고 유교를 창명하는 것을 임무로 삼았다. 어느 날 박군朴君 승임承任, 노사암盧徙庵 관裸, 정매촌鄭梅村 복현復顯, 임군林君 희무希茂와 함께 의논하여 말하기를 "우리 고향은 문헌공文獻公이 사시던 고장인데, 문헌공이 돌아가신 후 50년이 되었는데도 아직 서원을 세워 향사를 드리지 못하니 참으로 우리 고장의 부끄러움이다"라고 하니 제군諸君이 그렇다 하였다. 곧 문헌공의 서원을 창립하기로 한 것이

바로 이때이다. 우리 동방의 서원은 주무릉周茂陵(周世鵬)이 죽계竹溪에 설치한 외에는 없었는데, 제군들의 견문이 미숙하여 의논이 분분하였으나 선생이 의연히 마음을 굳혀 서원 창건을 결심하니 고을의 선비들이 다투어 쌀을 가져오고 이웃 마을에서도 쌀을 가져와 서원 건립 공사를 도우는 이가 많았다. 군수 서후徐侯가 평소 선생을 공경하였는데, 선생이 하려는 일을 높이 여겨 마음을 다해 도왔다.

- 강당이 세워진 뒤에 서후가 체직되어 갔다. 신임 군수는 서원 건립을 도와주지 아니하였고 또한 때에 흉년이 들었기 때문에 강당에 기와를 덮지 못하고 공사를 중단하였다. 경비를 증식하여 재정이 넉넉해지기를 기다려서 공사를 마치기로 하였다.

명종 8년 (1553) 계축癸丑, 선생 31세

- 오덕계와 함께 지리산에 유람하였는데, 지리산 북쪽 산기슭에 등구登龜라는 마을이 있었다. 그 집들이 그윽한 곳에 있는 것을 사랑하여, 땅의 형세가 험준하였지만 밭을 사서 띠풀을 얽어 집을 짓고 여생을 여기서 보내려고 계획하였다. 특별히 작은 재실을 지어 편액을 양진養眞이라 명명하고 매화나무, 대나무, 난초, 국화들을 손수 집 좌우에 심어 성정을 조용히 함양하며 속세를 피해 깊이 수양하니, 학자들이 풍문을 듣고 모여들어 다투어 학문을 질의하였다.

명종 9년(1554) 갑인甲寅, 선생 32세

- 덕천동德川洞으로 가서 남명선생을 배알하고 학문과 도의를 강론하다가 수개월 후에 돌아왔다. 남명선생이 『대학大學』과 『논어論語』를 강론하면서 말하기를, 학자들이 공부의 처음은 있으나 끝을 맺는 이가 드물다 하면서 깊이 탄식하였다. 이어 오늘의 학자들은 학문의 끝을 맺지 못하는데 내 평생 사람들에게 기만을 당한 일이 많지만 이제 분명히 서로 믿고 도와 의심할 수 없는 자는 바로 그대 한 사람뿐이라 하였다.

명종 10년(1555) 을묘乙卯, 선생 33세

- 김동강金東岡 우옹宇顒이 양진재養眞齋를 방문하여 『대학』을 서로 논하면서 말하기를 "글이 어찌 깨닫기 어려움이 있겠는가. 옛사람의 글은 모두 분명히 이치가 있는 것이니 이치를 거슬러 뜻을 구하면 자연히 어려움이 없을 것"이라 하였다.

명종 11년(1556) 병진丙辰, 선생 34세

- 호를 개암介庵이라 하고 날마다 후학을 가르치는 것을 임무로 삼으니 학자들이 문전 성시를 이루었다. 어느 날 오덕계吳德溪 건健, 임갈천林葛川 훈薰 두 선생이 눈서리를 무릅쓰고 선생을 방문하니 시를 지어 감사를 표하였다. 학문을 논함에 스스로 깨닫도록 열심히 노력해야 한다는 말에 이르러 말하기를 "학자는 모름지기 자득해야 한다. 만약 학자가 자득하지 못하면 차질이 생기고 실수하기 쉬울 것이다. 매사는 열심히 노력함에 있으니, 열심히 노력하지 않으면 성공할 수 없다"라고 하니 두 선생이 그 성취함에 감복하였다.

명종 12년(1557) 정사丁巳, 선생 35세

- 퇴계退溪 이황李滉 선생의 학문과 도덕이 순수함을 듣고 항상 가까이서 교화의 감화를 받고자 하였으나 백형伯兄 진사공進士公이 병환이 있어 배알치 못하였다.

명종 13년(1558) 무오戊午, 선생 36세

- 『주역』을 남명 조식 선생에게 수개월 배우다가 돌아와서 오덕계를 방문하였다.

명종 14년(1559) 기미己未, 선생 37세

- 윤후尹侯 확碻이 군수로 부임하였는데 평소 선생이 어질다는 소문을 들었다. 부임한 뒤 곧장 양진재로 와서 배알하였다. 서원 건립 공사에 이야기가 미치니, 윤후 확이 말하기를 "어찌 사문의 훌륭한 일을 힘을 쏟아 도우지 않으리요" 하였다. 비로소 서원의 역사를 마치고 그 강당을 아름답게 꾸미고 원장을 둘러치고 창고와 부엌과 목욕실을 완성하였다. 묘우를 강당의 동쪽 언덕에 세우기로 하였다.

명종 15년(1560) 경신庚申, 선생 38세

- 도의의 실천이 독실하고 심성을 기름이 더욱 깊어 외물에 마음을 빼앗기지 아니하고 오로지 덕의에 귀착하도록 노력하였다. 방 하나를 깨끗이 청소하여 좌우에 경서와 사서를 배열한 뒤 의관을 정제하고 엄숙한 자세로 앉아 입은 책 읽는 소리를 내지 않고 눈은 창밖을 내다보지 않으니 앉은 자세가 그림 속의 사람처럼 보였다.

- 가을 달밤에 제생과 양진재에서 학문과 도의를 토론하다가 갑작스레 긴 한숨을 쉬며 말하기를, "이처럼 밤이 맑으니 어찌 한 티끌만큼이라도 마음에 더러움이 있어서야 되겠느냐. 사람은 마땅히 마음을 깨끗이 하고 정신을 맑게 하는 것을 이 맑은 달밤처럼 가져야 사람답게 될 수 있는 것"이라 하면서 소강절邵康節 선생의 「청야음清夜吟」 일절一絶을 읊었다.

명종 16년(1561) 신유辛酉, 선생 39세

- 이해에 서원의 공사가 완성되니, 중춘 16일에 고을 선비들을 모아 문헌공文獻公 정여 창鄭汝昌 선생의 위판을 봉안하였다. 이때 예식이 상세하고 의식은 절도가 엄숙하니 사림이 눈을 닦고 쳐다보며 뜻을 모아 축하하여 말하기를 "이로부터 사문이 빛나고 우리 선비들이 돌아갈 곳을 알 것이니, 한때의 문물의 번성함을 이에 말할 수 있으리라" 하였다.

명종 17년(1562) 임술壬戌, 선생 40세

- 제생을 이끌고 논변하기를 며칠 동안 계속하니, 멀리 있던 선비들로서 학문에 뜻을 둔 사람들이 다투어 말을 타고 달려와 배움을 받았다. 선생이 제생의 통독의 규칙을 정하여 매월 초하룻날 제생을 모아 강독하니 선비들이 학문을 성취하는 이가 많았다.

명종 18년(1563) 계해癸亥, 선생 41세

- 양진재의 남쪽 수십 보 떨어진 곳에 한 정자를 지어 손수 푸른 느티나무를 심고 거닐며 시 읊는 장소로 삼았다. 정자 좌우에는 깎아 세운 듯한 절벽이 있고 단풍나무 숲과 철쭉나무들이 위아래로 햇빛을 가리고, 석계 일대에는 물이 돌아 흘러 물소리가 쇳소리처럼 쟁쟁하게 들리니 사랑스러우며 맑은 물이 하늘과 구름을 비추어 그림자가 아름다웠다. 늦은 가을이면 그 정경이 더욱 기이하고 절묘하여 선생이 언제나 제생과 함께 시를 읊조리며 돌아오곤 하였다. 그 위에 정자의 편액을 풍영이라 명명하였는데 이는 증점曾點의 풍치의 뜻을 취한 것이었다.

명종 19년(1563) 갑자甲子, 선생 42세

- 이해에 김우홍金宇弘이 군수가 되었는데 동강 김우옹 선생의 형이시다. 김후金侯 또한

몸가짐이 법도가 있고 훌륭한 인품으로 평소 선생을 추앙하여, 부임하자마자 선생을 먼저 방문하여 서로 정의를 맺음이 가장 깊었다. 서원의 사우가 완성되었으나 동서재 재사가 아직 지어지지 못해 학생과 선생이 한곳에서 기거하여 예의가 엄숙지 못하니, 김후金侯와 의논하여 동서재 재사를 건립하고 재의 아래 좌우로 조그마한 못을 판 뒤 못 주변에 매화나무와 대나무를 심고 못 가운데에는 붉고 흰 연꽃을 심었다. 이로써 강당과 동서재사가 위엄이 있고 계단과 섬돌이 높고 질서가 있으며 문로의 돌아드는 길이 깨끗하여 가히 볼만하였다. 조매암曹梅庵 부박夫溥가 필명筆名으로 세상에 이름이 드러나니 선생이 부박溥로 하여금 큰 글자를 쓰게 했다. 강당講堂의 편액을 명성明誠이라 하고 좌우 협실의 편액을 거경집의居敬集義라 하고 동서재의 편액을 양정보인養正輔仁이라 하고 재의 이름을 애련영매愛蓮詠梅라 하고 대문의 이름을 준도 遵道라 하였다. 감사 이상감李相戡에게 청하여 네 고을에서 생산되는 소금과 두 고을 에서 생산되는 생선과 소금, 세 고을의 어장의 생산물을 거두어 서원에 영속시켜 선비를 양성하는 경비를 갖추었다.

명종 20년(1565) 을축乙丑, 선생 43세

- 서원의 학도들이 모여 서로 학문을 강론하였으나 서적이 많이 없고 재정이 빈약하여 인재를 양육할 수 없음을 크게 걱정하여, 노사암盧徙庵 관穖에게 강당의 서적 구비의 책임을 맡기고 양죽암梁竹庵 홍택弘澤에게 재정의 책임을 맡겼다. 시종 협력하여 서적 100여 권을 구비하고 재정을 안정시키니 선비들이 공부할 수 있게 되었다. 그리하여 선생이 노옥계盧玉溪, 양구졸梁九拙 두 선생과 의논해서 서원의 재산을 고을의 서당과 마을에 나누어 주어 혼례와 상례에 도움이 되게 하고, 춘추로 강신례講信禮를 행하여 한 고을의 일정한 예식이 되게 하였다.

명종 21년(1566) 병인丙寅, 선생 44세

- 김한훤당金寒暄堂 굉필宏弼, 정일두鄭一蠹 여창汝昌 선생이 화를 당하신 후(비록 中宗 12년[1517] 丁丑에 신원되었으나) 당시 대신들이 의논하여 향사할 땅이 없으므로 각기 가묘에서 춘추로 치제토록 했는데, 이미 사우가 건립되었으니 마땅히 서원에서 치제 해야 하나 임의대로 예를 경솔히 함은 예법에 맞지 않으므로 상소하여 허락을 받는 일이 마땅하였다. 그러나 그 허락의 여부를 알 수 없고 세상에는 덕 높은 선비가

드물어 우리가 바라는 때를 만나지 못하고 있다가, 다행히도 김후金侯와 박상공朴相公 계현啓賢이 이 풍교의 아름다움을 보고 비로소 조정에 알려 가을 7월에 남계서원灆溪 書院이라는 액호를 하사받고 춘추로 치제를 하게 되었다. 그간의 여러 가지 주선에 노옥계盧玉溪, 양구졸梁九拙, 이청련李靑蓮 세 선생이 진실로 노고가 많았다.

명종 22년(1567) 정묘丁卯, 선생 45세

- 9월에 오덕계가 선생의 학행을 조정에 추천하여 소격서의 참봉參奉에 제수되었으나 선생은 의를 지키고 뜻을 기름에 굳은 지조가 있어 벼슬에 나아감을 기쁘게 생각하지 아니하였다. 선생은 가세가 빈곤하였으나 부로父老를 공경하며 가정을 다스림이 엄숙 하였는데, 갑작스레 병을 얻어 집에서 별세하시니 10월 2일 갑신일甲申日이다. 병세가 위독할 때 한 가닥 붉은 빛 기운이 생명을 연장시킬 상서로운 기운처럼 공중에서 지붕 위에 드리웠다가, 임종에 미쳐 그 기운이 차츰 박명을 거두면서 돌아갔다. 그 광경을 본 사람들은 이상하게 여겨 말하기를 철인이 죽을 때는 하늘이 괴이한 기운을 보이는 것이라고들 하였다. 향년 45세였다. 원근에서 부음을 들은 이들은 모두 눈물을 흘리며 조의하지 않는 이가 없었다. 이해 12월에 입석동立石洞 유향酉向의 원원에 장사 지냈는데 부친 승사공 묘역 옆쪽이다. 원근의 선비들이 와서 곡하고 고을의 늙은이와 젊은이들이 여러 곳에서 와서 장례를 도우며 울면서 말하기를 "선인이 돌아가시니 하늘이 어찌 이렇게도 무심탄 말인가" 하였다.

선조宣祖 14년(1581) 신사辛巳

- 고을 사람들이 사당을 세워 선생을 옥계玉溪 노진盧禛 선생과 같이 배향하였는데, 뒤에 한강寒岡 정구鄭逑 선생이 의논하여 위차位次의 서에 적기를 개암介庵과 옥계玉溪 는 붕우로서 서로 공경하였으니 사생師生의 신분은 아니었다고 하였다. 이에 동강 김우옹이 말하기를 이와 같이 병향의 위位를 정하고 특별히 축문과 예식을 같이하는 것이 좋겠다고 하였다.

인조仁祖 12년(1634) 갑술甲戌

- 사림이 의논하여 말하기를 "남계서원은 선생이 창건한 것으로 선생이 평생 존모하던

곳이다" 하고, 이어 동계桐溪 정온鄭蘊 선생과 의논하여 사우를 남계서원으로 이건하여 향사하게 되었다. 그 후 9년 뒤 임오壬午에 다시 뇌계㵢溪 유선생兪先生과 동계 정온 선생을 병향하였다.

효종孝宗 3년(1652) 신묘辛卯

- 입석동立石洞에 있는 선생의 묘역에 물기가 있어 군남郡南 목동木洞 사향巳向의 원原에 이장하였는데, 이곳은 선생의 조고祖考 금재선생琴齋先生의 묘역 옆쪽이다. 부인 변씨卞氏와 동영同塋하였다.

숙종肅宗 원년元年(1675) 을묘乙卯

- 사림이 한목소리로 조정에 상소하여 선생과 동계 정온 선생을 문헌공묘文獻公廟에 함께 배향하기를 청하였으나 동계선생만 윤허를 받았다. 그 후 숙종 15년(1689) 기사己巳에 많은 선비들이 다시 상소하여 윤허를 받아 같이 배향케 되었다.

介庵年譜

皇明世宗嘉靖二年[我中宗大王十八年]癸未

正月十八日乙亥, 先生生于咸陽郡孝友村舊第. 生有異質, 頭角嶄然, 雙瞳烱然, 見者知其爲非常兒. 一日, 漢人善相者過之曰, 他日大明斯文, 爲吾道表的者, 必此人也.

嘉靖三年甲申, 先生年二歲

嘉靖四年乙酉, 先生年三歲

嘉靖五年丙戌, 先生年四歲

嘉靖六年丁亥, 先生年五歲

嘉靖七年戊子, 先生年六歲

嘉靖八年己丑, 先生年七歲
氣骨豪邁, 穎悟絶人.

嘉靖九年庚寅, 先生年八歲

豪逸不羈, 不肯折節讀書, 而承仕公愛其超悟, 不嚴其敎督焉.

嘉靖十年辛卯, 先生年九歲

母夫人嘗患痢, 先生憂形於色, 嘗糞甘苦以驗其輕重, 夜則酌水焚香, 禱于北辰. 人咸異之曰, 孝哉此兒. 數日, 母夫人疾愈, 蓋其至誠之感也.

嘉靖十一年壬辰, 先生年十歲

日與羣童, 角觝爲戱, 而常危坐高處, 指揮兒童而已. 人或問之, 則曰, 吾非好此. 而姑試彼輩耳. 何可身親其戱乎.

嘉靖十二年癸巳, 先生年十一歲

早抱沈痾, 尙未入學.

嘉靖十三年甲午, 先生年十二歲

承仕公憂其多疾, 不施其敎, 而先生日從隷業之士, 聽其論說.

嘉靖十四年乙未, 先生年十三歲.

嘉靖十五年丙申, 先生年十四歲

嘉靖十六年丁酉, 先生年十五歲

疾漸有效, 承仕公乃曰, 人而不學, 無異禽獸, 奈何甘與蠢蠢者同歸, 先生瞿然執書, 就學於同閈唐谷鄭斯文希輔之門. 其門人如盧玉溪禛, 李靑蓮後白, 梁九拙喜, 皆以詞翰理致相高, 其他摳衣跣襪之徒, 塡咽門巷, 絃誦洋溢. 見先生就學, 咸以爲晩. 唐谷試敎以史, 句讀分明, 音韻淸朗, 有若宿業者然. 而時或講決其疑義, 唐谷竦然敬之曰, 爲他日大儒, 必此人也. 因語門徒曰, 諸君願勿以爲後進. 此子當師表諸君, 門徒自此加敬焉. 先生於是, 激昂自奮, 終日危坐, 孜孜矹矹, 忘寢與食.

纔讀一卷, 文理通透, 經傳百家, 觸處洞然. 不復從師授讀, 而拈出奧旨微義之肯綮難曉處, 就正於唐谷, 唐谷見必改容起居, 異於諸生.

嘉靖十七年戊戌, 先生年十六歲

學業大進, 著述且極精敏, 唐谷大加嗟賞. 一日, 先生曰, 士之爲學, 豈獨時文而已. 子夏曰, 古之學者爲己, 今之學者爲人, 士之志學者當爲己乎, 爲人乎, 自是閉門危坐, 左右書史, 夙夜不怠, 仰讀俯思, 而喚醒斂飭於身心內外之間者, 已得其端的焉.

嘉靖十八年己亥, 先生年十七歲

動靜有則, 語默合道, 片於周旋進退之間, 儼然一老成君子, 唐谷亟稱於人曰, 龍之飛, 鳳之鳴, 固不待習熟而能, 此子之變化氣質, 若是之速也.

嘉靖十九年庚子, 先生年十八歲

事親至孝, 晨昏定省之餘. 必命小奚, 議其甘旨之供, 而或云不繼, 則憂之不已, 躬自供進. 承仕公進食而後乃退. 承仕公家素淸貧, 而得自養無憂者, 蓋由先生誠孝也.

嘉靖二十年辛丑, 先生年十九歲

持養有方, 學術益明. 梁九拙 · 盧玉溪 · 李靑蓮諸賢, 共爲道義之交, 往來切磋, 硏贖義理之奧焉.

嘉靖二十一年壬寅, 先生年二十歲

聞南冥曹先生之風, 傾心欣慕, 欲承函丈之誨, 而承仕公有疾, 故未果焉.

嘉靖二十二年癸卯, 先生年二十一歲

承仕公久病未效, 先生晝夜侍側, 衣不脫帶, 夜則禱于北辰, 願以身代, 對人語必流涕, 人莫不感歎焉.

嘉靖二十二年甲辰, 先生年二十二歲

承仕公卒, 先生哀毀踰禮, 勺水不入口, 絶而復甦. 旣葬, 廬于墓側, 省問慈闈之外, 足迹未嘗離於几筵, 不脫經帶, 不茹葷菜. 凡送終之禮, 祭奠之節, 一以朱文公爲法, 鄉隣咸服其孝.

嘉靖二十四年[我仁宗大王元年]乙巳, 先生年二十三歲

嘉靖二十五年[我明宗大王元年]丙午, 先生年二十四歲

服闋, 皇皇如有求而不得, 每欲謝世幽栖, 以養其志.

嘉靖二十六年丁未, 先生年二十五歲

聘于草溪卞氏, 參奉潤源之女, 府尹孝文之曾孫.

嘉靖二十七年戊申, 先生年二十六歲

築小齋于宅之南, 扁曰夙夜齋, 以爲藏修之所. 而篤行益苦, 飭躬愈勤, 每雞鳴盥櫛衣冠, 先謁家廟, 次省母夫人, 出就書齋, 危坐讀書, 有若泥塑人然, 自號松庵.

嘉靖二十八年己酉, 先生年二十七歲

以母夫人命, 應鄉貢, 與伯兄參, 同占進士試三等第十八人. 是年, 吳德溪健·金東岡宇顒聞其賢, 共訪于夙夜齋. 因留數日, 硏討書史, 許爲知心之友焉.

嘉靖二十九年庚戌, 先生年二十八歲

一二赴擧, 輒已厭廢. 母夫人亦不欲强之. 專以讀書求志爲事, 而奉養孀母, 左右無方, 承顔以色, 菽水盡歡. 每於定省之際, 從容侍坐, 歷陳古今嘉言善行, 冀其聞而喜悅焉. 兄弟姊妹, 怡怡無間言, 而營釐嫁娶, 咸克有立, 舅氏梁公悅居與之近, 朝夕必省拜, 而在書樓聞其語聲必起敬, 認其出外, 輒下樓拱手, 以俟其過.

家素貧簍屢空, 而衣不必取完, 食不必取飽, 處之裕如, 不以爲憂焉.

嘉靖三十年辛亥, 先生年二十九歲

南冥曹先生, 遊花林洞, 聞先生之賢, 歷訪同遊於花林洞, 盧玉溪·吳德溪兩先生, 亦與俱焉. 有詩一扁.

嘉靖三十一年壬子, 先生年三十歲

以興起斯文, 倡明儒敎爲己任, 一日, 與朴君承任·盧徒庵祼·鄭梅村復顯·林君希茂, 議曰, 吾鄕乃文獻公之鄕, 而文獻公之歿, 已至五十年, 尙無建院立祠之擧, 實吾鄕之羞, 諸君曰然. 乃創立文獻公書院, 是時也. 我東方書院, 惟周茂陵設竹溪之外無有焉. 見聞未熟, 異議橫生, 先生毅然不動, 決意擧役, 鄕之儒士, 爭致米穀若干斛, 隣邑之出米助役者亦衆. 郡守徐侯雅敬先生, 尙其所爲, 盡心以助.

旣立講堂, 而徐侯遞去. 繼之者不肯出力相助, 時又不稔, 故堂未瓦而遂停其役. 殖餘財以待贍, 而期訖功焉.

嘉靖三十二年癸丑, 先生年三十一歲

與吳德溪, 同遊智異, 智異北麓, 有洞曰登龜. 愛其宅幽而勢阻, 買田結茅, 以爲終老之計, 別構一小齋, 扁曰養眞, 凡梅竹蘭菊之屬, 皆手植左右, 而靜養性靈, 嘉遯永貞, 遠近學者, 聞風坌集, 爭問業焉.

嘉靖三十三年甲寅, 先生年三十二歲

入德川洞, 謁曹先生, 講論道義, 數月而還. 曹先生論學, 語及鮮克有終, 深歎今之學者不克終. 因曰, 吾平生見欺於人多矣, 的然相信, 而保無可疑者, 惟吾子一人而已.

嘉靖三十四年乙卯, 先生年三十三歲

金東岡訪于養眞齋, 共論大學曰, 書豈有難可曉者. 古人爲文, 皆有其理, 泝理而求之, 自無難處.

嘉靖三十五年丙辰, 先生年三十四歲

又號介庵, 日以誘掖後進爲任, 學者踵門如市. 一日, 吳德溪·林葛川二先生, 冒雪同訪, 先生以詩謝之. 論學至自得勉强等語, 乃曰學貴自得, 非自得者, 易至差失. 事在勉强, 非勉强, 則無以成功, 二先生咸服其得道焉.

嘉靖三十六年丁巳, 先生年三十五歲

聞退溪李先生道德之純粹, 常欲親灸承化, 而以伯兄進士公有疾, 未果焉.

嘉靖三十七年戊午, 先生年三十六歲

學易于南冥先生, 留數月而歸, 歷訪吳德溪.

嘉靖三十八年己未, 先生年三十七歲

尹侯確來守, 雅聞先生之賢. 旣下車, 趨拜於養眞齋. 因語及院役, 尹侯曰, 敢不盡力於斯文上事乎. 始克完役, 光大其堂, 繚繞以墻, 而庫庾庖湢, 無不就成. 又度廟宇於堂之東丘.

嘉靖三十九年庚申, 先生年三十八歲

踐履篤實, 充養益深, 不以外物嬰心, 專以德義爲歸, 而靜掃一室, 左右經史, 深衣大帶, 儼然端拱, 口不作伊吾之聲, 目不及牕牖之外, 疑然若畫中人.

嘗於仲秋月夜, 與諸生論道于養眞齋, 忽發興長歎曰, 淸夜如此, 豈復有一塵之汚耶, 人當洗心靜慮, 政如此夜, 而後可以爲人, 因吟邵康節淸夜吟一絶.

嘉靖四十年辛酉, 先生年三十九歲

是年, 院役就完, 仲春十六, 大會鄕儒, 奉安文獻公位版, 將事之際, 品式詳明, 儀度嚴肅, 士林拭目, 合辭而賀曰, 自此斯文不墜, 吾黨知所歸矣, 一時文物之盛, 有可述焉.

嘉靖四十一年壬戌, 先生年四十歲

率諸生, 春秋院享之餘, 執經論辨, 或至累日, 遠方士子之有志於學者, 爭騈趨而承學焉. 先生乃定諸生通讀之規, 每月朔, 會諸生講讀, 士多有成就者.

嘉靖四十二年癸亥, 先生年四十一歲

養眞齋之南數十步, 築一亭, 手植綠槐, 以爲遊咏之地. 左右斷崖如削, 而楓林躑躅, 高低

314

掩映, 石溪一帶, 環流其下, 戛玉鳴金, 琤琤可愛而澄泓一鑑, 元雲倒影. 春後秋晚, 光景奇絶, 先生每與諸生, 詠歸. 其上, 因扁其亭曰風詠, 蓋取曾點風于詠而之義也.

嘉靖四十三年甲子, 先生年四十二歲

是年, 金侯宇弘爲郡侯, 乃東岡金先生之兄也. 侯亦律己有度, 雅景仰先生, 始至先訪先生, 相與契許最深. 常以爲院宇旣成, 而東西齋舍, 猶未營建, 生師一堂, 禮儀不嚴, 乃與金侯相議, 更建東西齋舍, 齋下左右, 鑿小池, 池邊種梅竹有次, 池中植紅白蓮花. 於是, 堂齋儼然階砌峻整, 門路折旋, 鑿鑿可觀. 曹梅庵溥, 素以筆名於世, 先生乃使書大字, 扁其堂曰明誠, 扁其左右夾室曰居敬・集義, 扁其東西齋曰養正・輔仁, 其齋軒曰愛蓮・詠梅, 其大門曰遵道. 請于監司李相戩, 得四邑食鹽・兩邑魚醢・三條漁基, 而永屬於院, 以備養士之需焉.

嘉靖四十四年乙丑, 先生年四十三歲

院中學徒, 交集講業, 而書籍無存, 財穀不多, 先生大懼無以養育人材, 以盧徒庵禊, 掌備書之任, 以梁竹庵弘澤, 典裒寶之責, 終始協心, 克有成就, 書秩凡百餘卷, 財穀有裕於供士. 先生乃與玉溪・九拙兩先生定議分院財各授境內書堂及洞內, 使之各助其昏喪, 而春秋行講信禮, 遂爲一鄉定式.

嘉靖四十五年丙寅, 先生年四十四歲

蓋自寒暄・一蠹被禍之後, 雖有正德丁丑(1517)昭雪之典, 而當時大臣, 議以爲無立祠之地, 令各於家廟, 春秋致祭. 今旣立祠, 則當致祭於院. 而擅陳俎豆, 不合禮法, 故陳辭丐請, 不知其幾, 而世罕好德之賢, 未遇轉達之期. 幸賴金侯來守, 又遭朴相公啓賢觀風, 始得上達, 秋七月宣賜額號曰鑑溪書院. 令春秋致祭, 其間周旋之際, 玉溪・九拙・靑蓮, 實有力焉.

穆宗隆慶元年[我明宗大王二十二年]丁卯, 先生年四十五歲

九月, 吳德溪薦先生學行于朝, 除昭格署參奉, 先生養志守義, 不喜仕進. 而以家貧親老, 將理肅行. 忽感疾, 易簀于正寢. 寔十月之二月甲申也. 當其疾革, 有一條紫氣若長繩, 自空中垂接于屋上, 迨其屬纊, 其氣漸收, 薄天而滅. 見者異之, 以爲哲人之亡, 天其示異乎. 享年四十有五. 遠近聞訃, 莫不攬涕相弔.

是年十二月, 葬于立石洞酉向之原, 承仕公之兆側也. 遠邇章甫, 聚首來哭, 鄉里老少, 處處執紼而號曰, 善人歿矣, 天何忍也.

神宗萬曆九年[我宣祖大王十四年]辛巳

鄉人立祠廟, 而配享先生于玉溪盧先生, 其後寒岡鄭先生, 答稟定位次之書有曰, 介庵與

玉溪, 只以朋友而相敬, 未見其師生之分. 東岡金先生之言亦如是, 始定竝享之位, 而別爲祝辭, 品式均齊.

崇禎六年[我仁祖大王十二年]甲戌

士林會議, 以爲蘫溪乃先生所創, 而平生尊慕之地. 稟定于桐溪鄭先生, 而移建祠宇于蘫溪書院以享之. 後九年壬午, 又以潘溪兪先生桐溪鄭先生竝享焉.

崇禎後二十三年[我孝宗大王三年]辛卯

以立石洞奮兆有水氣, 改厝于郡南木洞巳向之原, 乃是先生之祖考琴齋先生[崇禎甲中移, 辛巳, 鄕人, 立祠于龜川書院]墓側也, 夫人卞氏同塋焉.

崇禎後四十八年[今上元年]乙卯

士林同聲叫閤, 請以先生及桐溪鄭先生竝配于文獻公廟, 而兪音獨下於鄭先生矣. 其後十五年己巳, 多士再疏陳乞, 蒙允陞配焉.

【부록 2】

개암 강익 행장

　선생의 성姓은 강姜이고 휘諱는 익翼이며 자字는 중보仲輔이다. 그 선조先
祖는 진양인晉陽人이며 고려국자박사高麗國子博士 계용啓庸의 후예이다.
집안에 고관대작이 누대累代로 끊어지지 않았다. 증조曾祖의 휘는 이경利
敬이요 현감縣監이며, 조祖의 휘는 한漢이요 현감縣監이다. 고考는 휘가
근우謹友로 승사랑承仕郎을 지냈으며, 비妣는 남원양씨南原梁氏로 여조麗朝
에서 태자중윤太子中允을 지낸 주운朱雲의 후손이며 참판參判 일로당逸老堂
관灌의 손녀이자 승사랑承仕郎 응기應麒의 따님이다.

　중종中宗 18년(1523) 계미癸未 1월 18일 을해乙亥에 함양군咸陽郡 동쪽
효우촌孝友村 본가에서 선생을 낳았다. 선생이 태어나자 특이한 기질과
머리끝이 위로 우뚝 튀어나오고 두 눈동자가 밝게 빛났다. 이를 본
사람들은 보통 아이가 아님을 알았다. 어느 날 한양에서 온 어떤 관상을
잘 보는 이가 지나면서 보고 말하기를 뒷날에 사문斯文을 크게 떨쳐
도학道學의 모범이 될 인물이 바로 이 아이라 하였다.

　중종 24년(1529~1530) 기축己丑, 겨우 나이 7~8세 때에 호탕하고 씩씩하여
자그마한 일에 구속받지 아니하였고 평소 행동범절을 바꾸지 아니하였
다. 글을 읽는데 부친 승사공承仕公이 그 총명함을 사랑하여 교독敎讀을
엄격히 아니하였다.

중종 26년(1531) 신묘辛卯 9세 때, 모부인母夫人이 이질병으로 고생하자 선생은 변이 쓴지 단지를 맛보아 병세를 가늠하였고, 밤이면 향을 피우고 북극성에 쾌유를 빌었다. 이를 본 사람들이 모두 효성이 특이한 아이라 하였다.

중종 32년(1537) 정유丁酉 15세 때, 선생의 오랜 병세가 차츰 차도가 있자 부친 승사공이 사람이 배우지 아니하면 새와 짐승과 다를 바가 없는 법인데 어찌 속된 어리석은 자들과 같은 길을 걷겠는가 하니, 선생이 두려워 책을 들고 같은 마을에 있던 당곡노인唐谷老人 정사문鄭斯文(儒學者) 희보希輔 어른의 문門에 나아가 글을 배웠다. 그 문하의 학도들로는 옥계玉溪 노진盧禛, 구졸九拙 양희梁喜, 청련靑蓮 이후백李後白 등이 있었다. 이들 선진先進의 문장文章과 문리文理가 뛰어나서 선생은 배움이 늦음을 부끄러워했다. 당곡唐谷이 시험 삼아 사서史書를 가르치니, 그 구두句讀가 분명하고 글 읽는 소리가 낭랑하여 노성한 학자 같았다. 이에 당곡이 놀라며 말하기를 "뒷날에 대유大儒가 될 인물은 바로 이 사람이 분명하리라" 하고, 문도들에게 말하기를 "이 사람을 후진後進이라 생각지 말라. 분명히 이 사람이 앞으로 제군들의 사표師表가 되리라" 하니 문도들이 이로부터 더욱 경건히 대하였다. 선생은 감정이 고조되어 스스로 분발하여 종일토록 꼿꼿이 앉아 침식을 잊고 독송讀誦을 게을리하지 아니하였다. 잠깐 책 한 권을 가르치니 곧 문리에 통달하였고 경전과 백가자집百家子集에 문리가 환히 통하였다. 이로부터는 스승을 따라 배우지 아니하였으나 글의 오묘하고 난해한 요점을 찾아서 당곡에게 나아가 질정하여 바로 이해하니, 당곡이 얼굴을 변색하며 크게 감탄하였다.

중종 33년(1538) 무술戊戌 16세 때, 선생의 학문이 크게 진보하고 글을 짓는 것이 정민精敏하였다. 어느 날 "선비의 학문이 어찌 오직 과거문장科擧文章에만 있단 말인가. 자하子夏가 말하기를 '옛날 학자는 위기爲己의 학문에 힘썼는데 오늘의 학자는 위인爲人의 학문에 힘쓴다' 했으니, 선비로서 학문에 뜻을 둔 자는 마땅히 위기의 학문에 뜻을 두어야 하거늘 위인의 학문에 뜻을 두겠느냐" 하며, 이로부터 문을 굳게 닫고 바로앉아 좌우에 경서와 사서를 배열하고 밤낮으로 독서를 게을리하지 아니하였다. 부독앙사俯讀仰思하며 정신을 가다듬고 심신내외心身內外의 사이를 바로하고 문장文章의 바른 이치를 터득하였다.

중종 34년(1539) 기해己亥 17세 때, 선생은 일거일동에 법도가 있고 언어는 도리에 어긋남이 없어서 엄연히 한 노성군자老成君子 같았다. 그러자 당곡이 자주 칭찬하여 말하기를, "용龍이 나는 것 같고 봉황鳳凰이 우는 것 같도다. 공부의 숙성을 더 기다리지 않아도 이렇게 능숙하니 이 사람의 기질氣質의 변화變化가 이처럼 빠르도다" 하였다.

중종 35년(1540) 경자庚子 18세 때, 부모를 섬김에 지극한 효성孝誠으로 하여, 조석문안을 마치고 물러나와 반드시 어린 하인과 더불어 맛난 음식이 있는지를 의논해서 혹시라도 맛난 음식을 봉양할 수 없으면 근심하면서 몸소 스스로 구해 올렸다.

중종 37년(1542) 임인壬寅 20세 때, 남명南冥 조식曺植 선생의 훌륭한 고풍高風을 듣고 스승의 교회敎誨를 배우고자 하였으나 부친 승사공이 병환에 계셨으므로 가서 뵈옵지 못하였다.

중종 38년(1543) 계묘癸卯 21세 때, 부친 승사공의 오랜 병환이 차도가 없자 선생은 밤낮으로 옆에 모시고 앉아 의관을 벗지 않고 밤이 되면 북극성에 쾌유를 빌며 스스로 대신 아프기를 빌었으며 사람들에게 말할 때에 눈물이 쏟아지니 감탄하지 않는 이가 없었다.

중종 39년(1544) 갑진甲辰 22세 때, 부친 승사공의 상喪을 당함에 슬픔이 지나쳐 몸이 초췌하고 예절이 지나쳐 거의 기절했다가 소생하기도 하였다. 장사를 치른 뒤에는 묘소 옆에 여막廬幕을 짓고 애도하고 어머니에게 문안드리는 외에는 발걸음이 궤연几筵을 떠나지 아니하였다. 장사 지내고 제사 드리는 예절을 한결같이 주문공朱文公의 가례家禮를 기준으로 행하니 고을 사람들이 그 효성에 감복하였다.

명종明宗 원년元年(1546) 병오丙午 24세 때, 부친의 상을 탈상한 뒤 두렵고 마음이 어수선하여 글을 읽고 글 뜻을 탐구해도 뜻이 이해되지 않자 세속을 벗어나 그윽한 곳에서 뜻(志)을 기르고자 하였다.

명종 3년(1548) 무신戊申 26세 때, 집 남쪽에 소재小齋를 짓고 편액扁額을 숙야재夙夜齋라 명명하여 독실한 실천으로 더욱 공부에 열중하였다. 언제나 첫닭이 울면 일어나 의관정제하고 먼저 가묘家廟에 참배하고 모부인母夫人에 문안을 드린 뒤 숙야재夙夜齋에 나아가 꼿꼿이 앉아 글을 읽는데, 그 모습이 마치 흙으로 만든 인형 같았다. 자호自號를 송암松庵이라 하였다.

명종 4년(1549) 기유己酉 27세 때, 모부인의 명으로 백형伯兄과 같이 과거에 응시하여 함께 합격하였다. 이해에 동강東岡 김우옹金宇顒, 덕계德溪 오건吳健이 함께 숙야재夙夜齋를 방문하여 며칠 머물면서 경서와 사서를 연토硏討하며 서로 지심知心의 우友로 삼았다.

명종 5년(1550) 경술庚戌 28세 때, 과거공부를 그만두고 오직 독서구지讀書求志에만 힘썼다. 홀로된 어머니를 지성껏 받들어 모시고 언제나 조석 문안을 드릴 적에 조용히 옆에서 시봉하며 고금 성현聖賢의 가언선행嘉言善行을 말씀드려서 듣고 기뻐하시기를 바라니, 외숙外叔 양공梁公께서 기뻐하였다. 외숙과 이웃에 살고 있었기 때문에 조석으로 문안을 드렸고,

서재書齋에 있다가도 외출하시는 외숙外叔의 말소리를 들으면 반드시 일어나 서재에서 내려와 두 손을 차분히 잡고 외숙이 지나가시기를 기다렸다.

명종 6년(1551) 신해辛亥 29세 때, 남명南冥 조식曹植 선생이 화림동花林洞에 유람할 때 선생의 현덕賢德을 풍문으로 듣고 방문하니 함께 유람하였다. 때에 옥계 노진, 덕계 오건도 같이 동행하였다.

명종明宗 7년(1552) 임자壬子 30세 때, 사문斯文을 흥기시키고 유교儒敎를 창명倡明할 것을 나의 임무로 삼아야겠다고 뜻을 밝혔다. 어느 날 박군朴君 승임承任, 노사암盧徙庵 관裸, 정매촌鄭梅村 복현復顯, 임군林君 희무希茂와 같이 의논하여 말하기를 "우리 고을은 문헌공文獻公(鄭汝昌)이 살았던 고장인데 문헌공이 돌아가시고 50년이 되었는데도 서원書院과 사우祠宇를 건립하지 못하였으니 우리 고장의 부끄러움이다" 하면서 곧 문헌공文獻公의 서원書院을 창립할 것을 결의하였다. 우리 동방에는 서원이 경상북도 풍기豊基 죽계竹溪 위 백운동白雲洞에 주무릉周茂陵(周世鵬)이 세운 백운동서원白雲洞書院(紹修書院)이 처음이며 그 외에는 어디에도 없었는데, 서로 견문이 미숙하여 의견이 분분하였으나 선생이 의연히 마음을 가다듬어 서원의 역사役事를 결의하게 된 것이다. 이 역사에는 고을의 유생儒生들이 다투어 쌀을 가져오고 이웃 마을에서도 출미出米하여 도우는 이가 많았다. 당시 군수는 서후 구연이었는데, 평소 선생을 공경하였고 선생의 사업을 높게 여겨 힘을 내어 도왔다. 강당이 건립된 뒤 서후가 체직되어 떠났다. 한 해 농사가 흉년이 된 데다가 새로 부임한 군수의 의지가 서후의 진심에 미치지 못하여 마침내 그 공역이 중단되었으니, 그 남은 재물을 불려서 넉넉해진 뒤에야 공역을 마칠 수 있었다.

명종 8년(1553) 계축癸丑 31세 때, 오덕계와 함께 지리산을 유람하였는데 북쪽 산기슭에 등구登龜라는 마을이 있었다. 그 집들이 그윽하고 한적한 것을 사랑하여, 지세가 험준하였으나 전답을 사서 띠풀로 집을 지어 여생을 보낼 것을 계획하였다. 이윽고 일소재一小齋를 지어 편액扁額을 양진養眞이라 명명한 뒤 매화나무, 대나무, 난초, 국화들을 집 좌우에 손수 심어 조용히 성령性靈을 기르며 세속을 피해 즐겁게 오래토록 정조를 기르는 공부를 하니, 원근의 학자들이 풍문을 듣고 구름처럼 모여들어 다투어 학문을 질의하였다.

명종 9년(1554) 갑인甲寅 32세 때, 덕천동德川洞에 가서 조식曺植 선생을 배알하고 여러 달을 머물다가 돌아왔다. 조선생曺先生이 『대학』과 『논어』 를 강론하다가 "학문을 함에 끝을 제대로 맺는 이가 드물다" 하며 깊이 탄식하여 말하길, "오늘의 학자는 학문의 끝을 맺는 이가 더욱 드물다. 내 평생 사람들에 기만을 당한 일이 많은데 분명히 서로 믿고 도움이 되기에 의심 없을 자는 그대 한 사람뿐이로다" 하였다.

명종 10년(1555) 을묘乙卯 33세 때, 동강東岡 김우옹金宇顒이 양진재養眞齋 를 방문하고 『대학』을 같이 강론하고 토론하였는데, 선생이 말하기를 "글을 어찌 이해하지 못할 바가 있겠느냐. 옛날 사람의 글은 모두 이치가 분명하니, 그 이치를 따라 글의 뜻을 탐구하면 자연 어려운 곳이 없게 된다" 하였다.

명종 11년(1556) 병진丙辰 34세 때, 또한 호號를 개암介庵이라 하였다. 날마다 후학을 지도하는 것을 자기 임무로 삼으니 문하에 이르는 학자들 이 성시를 이루었다. 어느 날 오덕계吳德溪 건健, 임갈천林葛川 훈薰이 눈서리를 무릅쓰고 선생을 방문하니 시를 지어 감사의 뜻을 표하였다. 학문은 자득自得에 힘써야 한다는 말에 이르러 "학문은 자득이 존귀한 것이니, 자득하지 못하면 뜻을 이루지 못하기 쉽다. 매사는 면강勉强에 있는 법이니, 면강하지 않으면 성공할 수 없다"라고 말하자 두 선생이 그 득도得道의 자세에 감복하였다.

명종 12년(1557) 정사丁巳 35세 때, 퇴계退溪 이황李滉 선생의 도덕순수道德純粹를 듣고 예의를 갖추어 뵙고 배움을 청하려 하였으나 백형伯兄 진사공進士公의 병환으로 뵈옵지 못하였다.

명종 13년(1558) 무오戊午 36세 때, 『주역周易』을 남명 조식 선생에게 배우고 돌아와 오덕계를 방문하였는데, 이해에 오덕계가 처음으로 벼슬에 나아갔다.

명종 14년(1559) 기미己未 37세 때, 윤후尹侯 확確과 전 군수 서후가 평소 선생의 현덕을 듣고 와서 수레에서 내려 양진재養眞齋를 배알했다. 선생이 서원의 역사役事에 대해 말하였는데, 이야기를 끄집어내자마자 윤후 확이 말하기를 "사문斯文의 경사에 감히 힘을 쏟지 않을 수 있겠습니까" 하였다. 그리하여 비로소 서원의 역사를 완성하였으니, 강당講堂을 아름답게 꾸미고 원장을 둘러쌌으며 창고와 부엌과 목욕실을 완비하고 묘우廟宇를 강당의 동쪽 언덕에 잘 어울려지게 지었다.

명종 15년(1560) 경신庚申 38세 때, 제생諸生과 더불어 양진재養眞齋에서 논도論道하였다. 때는 바로 중추仲秋여서 월색月色이 고우니 갑작스레 감정이 발흥하여 길게 감탄하며 말하기를 "맑은 가을밤이 이리도 밝으니 어찌 한 점의 티끌이라도 마음에 더러움이 있어서야 되겠느냐. 사람이란 마땅히 세심정려洗心精慮하여 마음이 바로 이 맑은 달밤처럼 되고서야 사람이 될 수 있으리라" 하면서 소요부邵堯夫의 「청야음淸夜吟」 일절一絶을 읊었다.

명종 16년(1561) 신유辛酉 39세 때, 서원의 역사가 완성되고 유사儒士들을 크게 모아 문헌공文獻公(鄭汝昌)의 위판位版을 봉안하니, 사림士林이 눈을 닦고 쳐다보며 하는 말이 "이제부터 사문斯文이 흥하여 우리 고을 사람들이 돌아갈 곳을 알리라" 하였다. 이로부터 원방사자遠方士子들로서 학문에 뜻을 둔 자들이 말을 타고 모여들었는데, 통독通讀의 규칙을 정하여 매월 초하룻날 제생諸生을 서원에 모아 집경변론執經辨論하니 선비들이 학문을 성취하는 이가 많았다.

명종 18년(1563) 계해癸亥 41세 때, 양진재養眞齋의 남쪽 수십 보步 떨어진 곳에 한 정자亭子를 지어 손수 푸른 느티나무를 심고 편액을 풍영風詠이라 명명하였는데, 주위의 절벽이 깎아 세운 듯하고 주변에 단풍나무 숲과 철쭉 꽃나무들이 높고 낮은 곳에 산재하여 햇빛을 가리었으며 석천石川 일대는 맑은 물이 흘러 가히 사랑스러웠다. 제생諸生과 더불어 시를 읊고 돌아오곤 하였다.

명종 19년(1564) 갑자甲子 42세 때, 김후金侯 우홍宇弘이 군수로 부임하여 선생을 먼저 방문하니 서로 교분이 크게 두터워졌다. 곧 김후와 의논해서 다시 서원의 동서재사東西齋舍를 건립한 뒤 재사 아래 좌우에 조그마한 못을 파고 못 주변에 매화나무, 대나무를 심고 다시 못 가운데에는 붉고 흰 연꽃을 심으니, 강당과 재사가 엄숙하고 계단과 섬돌이 질서가 정연하여 가히 볼만하였다. 조매암曹梅庵 부溥가 평소에 세상에 필명筆名이 드러났는데, 선생이 곧 부溥로 하여금 편액의 대자大字를 쓰게 했다. 강당의 편액을 명성明誠이라 하고, 좌우의 협실夾室은 거경집의居敬集義라 하고, 동서재사東西齋舍를 양정보인養正輔仁이라 하고, 그 재헌齋軒을 애련영매愛蓮詠梅라 하고, 그 대문大門을 준도遵道라 하였다. 그리고 방백方伯(監司)에게 청하여 네 고을의 소금과 두 고을의 생선과 소금, 세 고을의 어장의 생산물을 서원에 영속永屬시켰다.

324

명종 20년(1565) 을축乙丑 43세 때, 선생이 인재를 양육할 수가 없음을 크게 두렵게 여겨서 노사암盧徒庵 관裸으로 하여금 강당의 서적 구비의 책임을 맡게 하고 양죽암梁竹庵 홍택弘澤으로 하여금 재정확보의 책임을 맡게 하니, 두 공公이 시종 합심한 끝에 서적書籍 백여 권이 구비되고 재산財産이 공사供士에 넉넉하였다. 선생은 옥계玉溪 노진盧禛, 구졸九拙 양희梁喜 두 선생과 의논하여 서원 재산의 여유분을 고을 안의 동내洞內와 서당書堂에 나누어 주어 각기 혼상례婚喪禮에 도움이 되게 하고, 춘추로 강신례講信禮를 거행하여 한 고을의 일정한 예식禮式이 되게 하였다.

명종 22년(1567) 정묘丁卯 45세 때, 덕계 오건 선생이 선생의 학행을 추천하여 조정에서 소격서昭格署 참봉參奉을 재수하였으나 선생은 양지구도養志求道의 굳은 자세를 지키며 벼슬길에 나아감을 기쁘게 생각하지 아니하였다. 선생은 가빈친로家貧親老로 가정의 다스림이 엄숙하였는데, 갑자기 득병得病하여 정침正寢에서 역책易簀하였다. 10월 2일 갑신일甲申日이며, 향년享年 45세였다. 병세가 위독할 무렵 한 가닥 붉은 빛 기운이 생명을 연장시킬 상서로운 기운처럼 공중으로부터 내려와 옥상屋上에 드리웠다가 임종 시에 차츰 박명을 거두며 돌아갔다. 이 광경을 본 사람들이 기이하게 여겨 말하기를 "철인哲人이 죽을 때는 하늘이 괴이한 현상을 보이는 것"이라고들 하였다. 원근에서 이 부음을 듣고 달려와 눈물을 흘리며 서로 조상하지 않는 이가 없었다. 이해 12월 입석동立石洞 유향酉向의 원原에 장사지냈으니, 선고先考 승사공承仕公의 묘소가 있는 곳 바로 옆쪽이다. 장사 지내는 날에 원근의 선비들이 와서 머리를 모아 곡하였고, 고을의 늙은이와 젊은이들이 곳곳에서 와 장례를 도우며 울면서 말하기를 "선인善人이 돌아가시니 하늘이 어찌 이렇게도 무심한고" 하였다.

선조宣祖 14년(1581) 신사辛巳에 고을 사람들이 사묘祠廟를 세워 향사享祀하였다.

아아 슬프도다! 선생의 천품의 자질이 고명高明하고 마음이 너그러우며 기개와 도량이 뛰어났다. 수염이 아름답고 희로喜怒의 감정을 얼굴빛에 드러내지 않으며 시비是非에 대한 말을 입에서 내지 않고 침잠정묵沈潛靜黙하였다. 행동은 고인의 법도를 준행하여 술을 좋아하지 않고 성색聲色을 가까이 아니하였으며 일체세미一切世味에 담박하였다. 그 몸가짐은 강직하면서도 신중하였고, 사람을 대할 때는 화기和氣를 띠면서도 엄숙하였으며, 사친事親의 자세는 양지養志의 효孝를 우선하였다. 털끝만큼이라도 비의非義로써 마음을 속이지 아니하였고 가정을 다스림에는 예교禮敎에 힘썼다. 저속하고 야비한 말로 행동을 어지럽히지 아니하였으며, 일상생활의 태도는 진실하고 신의가 두터웠다. 또한 사람들과 구차스럽게 뜻을 같이하지 아니하였고, 친족에게는 화목하여 기쁘게 정을 나누었으며, 마음을 속이거나 다른 생각을 가지는 일이 일절 없었다.

그 학문 자세는, 스승에게 배우지 아니하여도 스스로 능숙하였고 분발노력하며 학문이 뛰어났으니, 자나 깨나 주희朱熹, 주돈이周敦頤, 정명도程明道, 정이천程伊川의 학문을 연마하고 성명性命의 원천原泉을 탐구하여 마음으로 즐김이 고명高明하였고, 경전의 깊은 뜻을 깨달아서 몸을 바르게 가짐에 삼가고 엄숙하였으며, 성현聖賢의 법도法度를 충실히 실천하였다. 고서古書의 어려운 곳을 추적하여 사람들이 이해하기 어려운 일경一經을 날카롭게 보고 쉽게 상세히 이해하여, 사리事理의 정미함을 사람들이 이해하지 못하여 혹 질문을 하면 부석설명剖析說明함에 의심이 없었다. 격물치지格物致知에 힘써 정사명변精思明辨의 공용功用을 다하였고, 성의정심誠意正心에 힘써 정예심조精詣深造의 신묘함을 지극히 하였다. 표리교양表裏交養하여 주고받는 언론이 이치에 일치하고 마음에 근본을 두어 몸가짐이 차분하며 기운이 맑아 쳐다보면 두렵고 가까이 가 보면 사람을 사랑함이 따뜻하니, 현불초賢不肖를 막론하고 한번 보면 감발흥기感發興起하지 않는 이가 없었고 끝내 원망하거나 미워하는 이가 없었다. 『시전詩傳』에 이른 "저 사람도 미워함이 없고 이 사람도 싫어함이 없도다" 하는 말이 바로 선생을 두고 한 말이라 하겠다.

선생은 옥계 노진, 덕계 오건, 동강 김우옹과 더불어 도의의 교유를 맺어 왕래하면서 서로 추중推重하였고 충양充養의 절차탁마切磋琢磨의 수양이 더욱 독실하여 가상스러웠다. 옥계 노진이 제문祭文을 읽고 곡하면서 말하였다. 병거구지屛居求志는 고인古人이 바라던 일이니 몸은 법도를 실천하고 생각은 깊은 뜻에 밝아서, 경전을 연구하여 글을 보고 말없이 마음에 이치가 통하여 비록 글귀의 어려운 요점을 만나더라도 쉽게 이해하였고 일단사일표음一簞食一瓢飮으로도 몸가짐이 확고하였다. 지기知氣로 진실하였고 조그마한 물질이 그 뜻을 빼앗지 못하였으며 남이 예에 어긋나는 일을 하여도 시비하지 않으니 사람들이 어찌 시골에 살면서 덕성德性과 도량의 순수함이 이렇게 돈독하단 말인가 하였고, 시골에서의 효행孝行이 건전하니 옛날에도 이런 이가 있었던 말인가 하였다.

동강 김우옹이 제문을 읽고 곡하며 말하였다. 정자程子와 주자朱子가 돌아가신 후 미언微言이 끊어져서 사문斯文을 열기는 하였으나 대도大道가 드러나지 않으매 이 도道의 의탁은 문자文字와 구이口耳에 불과하여 이단異端의 학學이 난무함을 이기지 못하니, 선비가 이 세상에 태어나

탁출卓出한 고식高識이 아니고서는 누군들 특립特立하여 현혹되지 않겠느냐. 또한 말하였다. 폐문자수閉門自守하여 중인衆人이 음미하지 못한 것을 음미하였으니 호걸지사豪傑之士가 아니고선 문왕文王의 지혜智慧를 기다리지 않고 분발흥기할 수 있겠는가. 내가 이 세상에서 벗을 구하여 얻어 가진 바가 많으나 학문의 정수正守가 확고한 이는 부자夫子(介庵)의 순독淳篤 같은 것은 없었도다. 넓은 도량度量이여! 집덕執德의 넓고 강인함이여! 임도任道의 역량力量은 참으로 정중하였고 그 문회文會의 익독益篤은 마음에 쌓아 깊고 두터웠다. 겉으로 드러나는 것은 소박하고 아름다웠고 평범한 진실을 착실히 실천하였다. 남과 잘 어울리며, 행동은 도道에 어긋남이 없었고 마음가짐은 구차하지 아니하였으니 은연히 탁세濁世의 지주砥柱가 되었도다.

아아! 슬프도다! 선생의 재덕才德으로 출사하여 조정에 있었으면 배운 바를 펴서 세상에 경륜經綸을 시험할 수 있었을 터이지만, 애석하도다, 하늘이 시간을 주지 않고 목숨을 빼앗아 감이 이렇게도 빠르니 도道가 이미 당시에 행해지지 않았다는 말이로다. 또한 후세에 남긴 유풍遺風과 여복餘馥을 가볍게 볼 수 없으며 백세百世의 하下에서 나약懦弱한 이를 일으켜 세움에 충분한 인품이었으니 사도斯道의 심통深痛이 아니랴! 선생은 저술著述을 좋아하지 않았으나 혹 감흥을 만나면 시를 읊고 일을 따라 글을 짓기도 하였다. 다만 그 다소多少를 알 수 없고, 그마저도 산실散失되어 남아 전하는 것이 얼마 되지 않는다. 그 남은 것은 시詩 몇 수와 서書·기記 약간 편篇이 있을 뿐이다. 돌아보건대 후학들의 감개感慨가 아니랴!

선생은 초계변씨草溪卞氏 참봉參奉 윤원潤源의 여女이자 부윤府尹 효문孝文의 증손녀曾孫女에게 장가들어 3남 3녀를 두었다. 장자長子는 위영渭英이고 차남次男은 위현渭賢이며 3남은 위명渭明이니, 위영은 사인士人 이탁李琢의 딸에게 장가들어 일자一子를 낳았는데 민緡이며, 위현은 생원 김환金瓛의 딸에게 장가들어 이자二子를 낳았는데 횡絋이요 임絍이며, 위명은 주부主簿 오규吳珪의 딸에게 장가들었다. 큰딸은 사인士人 손광현孫光顯에게 시집갔으나 무후無後하고, 둘째 딸은 사인 신의愼誼에게 시집갔으나 무후하고, 셋째 딸은 사인 임진민林眞愍에게 시집가서 일자一子를 낳았는데 아직 어리다.

선조宣祖 29년 2월 상한上澣 종자從子 위수渭琇가 삼가 기록하노라.

行狀(姜渭琇)

先生姓姜, 諱翼, 字仲輔. 其先晉州人, 高麗國子博士啓庸之後. 衣纓袞袞, 累代不絶. 曾祖諱利敬, 縣監, 祖諱漢, 縣監, 考諱謹友, 承仕郎, 妣南原梁氏, 麗朝太子中允朱雲之後, 參判逸老堂灌之孫, 承仕郎應麒之女. 以嘉靖二年癸未正月十八日乙亥, 生先生于咸陽郡東之孝友村舊第. 先生生有異質, 頭角嶄然, 雙瞳烱然. 見者知其爲非常兒. 一日, 漢人善相者過曰, 他日大明斯文, 爲吾道表的者, 必此兒也. 己丑, 先生生纔七八歲, 豪邁不羈, 不肯折節讀書. 而承仕公, 愛其超悟, 不嚴其敎督. 辛卯, 母夫人患痢, 先生嘗糞甘苦, 夜則焚香禱于北辰. 人咸異之曰, 孝哉此兒. 丁酉, 先生宿痾有效, 承仕公曰, 人而不學, 無異禽獸, 奈何甘與蠢蠢者同歸, 先生瞿然執書, 就學於同閈唐谷老人鄭斯文希輔之門. 其門學從, 如盧玉溪禛·梁九拙喜·李青蓮後白, 皆先進也. 以詞翰理致相高, 見先生, 笑其晚. 唐谷試敎以史, 句讀分明, 讀聲琅琅, 有若宿業者然. 唐谷竦然曰, 爲他日大儒, 必此人也. 因語門徒曰, 勿以爲後進. 當師表諸君, 門徒自此加敬. 先生激昂自奮, 終日危坐, 忘寢與食, 讀誦不怠. 纔授一卷, 文理通達, 凡經傳百家, 觸處谹然, 自是, 不復從師, 只拈出微奧之難曉者就正焉, 唐谷見必改容. 戊戌, 先生學業大進, 著作精敏. 一日, 嘗曰, 士之爲學, 豈獨時文而已. 子夏曰, 古之學者爲己, 今之學者爲人, 士之志學者, 當爲己乎, 爲人乎. 自是, 閉門端坐, 左右書史, 夙夜不怠. 仰讀俯思, 而喚醒斂飭於心身內外之間者, 已得其端的焉. 己亥, 先生動靜有則, 語默合道, 儼然一老成君子. 唐谷亟稱曰, 龍之飛, 鳳之鳴. 固不待習熟而能, 此子之變化氣質, 若是之速也. 庚子, 事親至孝, 定省而退, 必與小笑, 議其甘旨之有無, 或不繼則憂之, 躬自供進. 壬寅, 聞南冥曺先生之風, 欲承函文之誨, 而承仕公有疾, 未果. 癸卯, 承仕公久病未效, 先生晝夜侍側, 衣不脫帶, 夜則禱于北辰, 願以身代, 對人語, 必流涕, 人莫不感歎. 甲辰, 丁承仕公憂, 哀毀踰制, 絶而復甦. 旣葬, 廬于墓側, 省問慈闈之外, 足迹未嘗離於几筵. 几送終之禮, 葬祭之節, 一以朱文公爲法, 鄉鄰咸服其孝. 丙午, 服闋, 皇皇如有求而不得, 每欲謝世幽栖, 以養其志. 戊申, 築小齋于宅南, 扁曰夙夜齋, 篤行益苦. 每鷄鳴, 整衣冠, 先謁家廟, 次省母夫人, 出就齋, 危坐讀書, 有若泥塑人然. 自號松庵. 己酉, 以母夫人命, 中進士, 與伯兄參同榜. 是年, 金東岡宇顒·吳德溪健, 共訪于夙夜齋, 留數月, 硏討書史, 許爲知心之友. 庚戌, 遂廢擧業, 專以讀書求志爲事. 而奉養孀母, 左右無方, 每於定省之際, 從容侍坐, 歷陳古今嘉言善行, 冀其聞而喜悅焉. 舅氏梁公悅居與之近, 朝夕必省拜, 而在書樓, 聞其語聲, 必起敬, 認其出外, 必下樓拱手, 以俟其過. 辛亥, 南冥先生遊花林洞, 聞先生之賢, 歷訪仍與同遊於花林. 是時, 盧玉溪·吳德溪, 亦與俱焉. 壬子, 以興起斯文, 倡明儒敎爲己任. 一日, 與朴君承任·盧徙庵祼·鄭梅村復顯·林君希茂議曰, 吾鄉乃文獻公之鄉, 而文獻公之沒, 已至五十年, 尙無建院立祀之擧, 實吾鄉之羞也, 乃創立文獻公書院. 是時, 我東方書院, 竹溪之外無有焉. 見聞未熟, 異議橫生, 先生毅然不動, 決意擧役, 鄉之儒生, 爭致米穀, 隣邑之出米助役者亦衆. 郡守乃徐侯九淵也, 雅敬重先生, 尙其所爲, 出力相助. 旣立講堂, 而徐侯遞去, 時又不稔, 繼之者更不及徐侯之盡心, 故遂停其役, 殖其餘財, 以待豐贍而後, 訖功焉. 癸丑, 與吳德溪健, 同遊智異山而還, 是行也, 得智異北麓之一洞, 名曰登龜, 愛其宅幽而勢阻, 買田結茅, 以爲終老之計, 別搆一小齋, 扁曰養眞, 凡梅竹蘭菊之屬, 皆手植左右, 而靜養性靈, 嘉遯永貞, 遠近學者, 聞風坌集, 爭問業焉. 甲寅, 入德川洞, 謁曺先生, 留數月而還. 曺先生論學, 語及鮮克有終, 深歎今之學者不克有終. 因曰, 吾平生見欺於人多矣, 的然相信, 而保無可疑者, 惟吾子一人而已. 乙卯, 金東岡宇顒訪于養眞齋, 共論大學, 先生曰, 書豈有不可曉者. 古人爲文, 皆有其理, 沂理而求之, 自無難處. 丙辰, 又號介庵. 日以誘掖後進爲

任, 學者踵門如市. 一日, 吳德溪健·林葛川薰, 冒靈同訪, 先生以詩謝之. 論學至自
得勉強等語, 乃曰, 學貴自得, 非自得者, 易至差失, 事在勉強, 非勉強, 則無以成功,
二先生服其得道. 丁巳, 聞退溪李先生之道德純粹, 欲摳衣趨學, 而以伯兄進士公
有疾, 未果焉. 戊午, 學易于南冥曹先生而歸, 歷訪吳德溪, 德溪是年, 釋褐而始至焉.
己未, 尹侯確來守, 雅聞先生之賢, 旣下車, 趨拜于養眞齋, 先生因語及院役, 尹侯曰,
敢不盡力於斯文上事乎. 始克完役, 光大其堂, 繚繞以墻, 而庫廎庖湢, 無不就成,
又度作廟宇於堂之東丘. 庚申, 嘗與諸生論道於養眞齋時當仲秋, 月色如練, 忽發
興長歎曰, 淸夜如此, 豈復有一塵之汚耶, 人當洗心靜慮, 政如此夜而後, 可以爲人,
因咏邵堯夫淸夜吟一絶. 辛酉, 院役就完, 大會儒士, 奉安文獻公位版, 士林拭目曰,
自此, 斯文不墜, 吾黨知所歸矣. 自是, 遠方士子之承學者駢至, 乃定通讀之規, 每月
朔, 會諸生於院, 執經辨論, 士多有成就者. 癸亥, 養眞齋之南數十步, 築一亭, 植綠
槐, 扁曰風咏, 斷崖如削, 楓林躑躅, 高低掩映, 一帶石川, 澄泓可愛, 每與諸生,
咏歸其上. 甲子, 金侯宇弘爲郡, 先訪先生, 相與契許最深, 乃與金侯相議, 更建書院
之東西齋舍, 齋下左右, 鑿小池, 池邊植梅竹有次, 池中種紅白蓮花, 堂齋儼然, 階砌
整整可觀. 曹梅庵溥, 素以筆名世, 先生乃使書大字扁其堂曰明誠, 其左右室曰居
敬·集義, 其東西齋曰養正·輔仁, 其齋軒曰愛蓮·咏梅, 其大門曰遵道. 請于方
伯, 得四邑食鹽·兩郡魚醢·三條漁基, 永屬於院. 乙丑, 先生大懼無以養育人材,
以盧徒庵祼, 掌備書之任, 以梁竹庵弘澤, 典裒寶之責, 二公終始協心, 克有成就,
書秩凡百餘卷, 財穀有裕於供士. 先生乃與玉溪九拙兩先生定議, 分院財之餘, 各
授境中洞內及書堂, 使之各助其婚喪, 而春秋行講信禮, 遂爲一鄕定式. 隆慶丁卯,
德溪吳先生, 薦先生學行于朝, 除昭格署參奉, 先生養志求道, 不喜仕進. 而以家貧
親老, 將理肅行, 忽感疾, 易簀于正寢. 寔十月之二日甲申也, 享年四十有五. 當其疾
革, 有一條紫氣若長繩, 自空中垂接于屋上, 迨其屬纊, 其氣漸收, 薄天而滅. 見者異
之, 以爲哲人之亡, 天其視異乎. 遠近聞訃, 莫不攬涕相弔. 是年十二月, 卜葬于立石
洞酉向之原, 承仕公之兆側也. 葬之日, 遠邇章甫, 聚首來哭, 鄕里老少, 處處執紼而
呼之曰, 善人沒矣, 天何忍也. 萬曆辛巳, 鄕人立祠廟以享之. 嗚呼, 先生天資高明,
城府坦蕩, 氣宇峻拔, 鬚髯秀美, 喜怒不形於色, 是非不出於口, 而沈潛靜默, 動遵古
人繩墨, 不喜麴糵, 不近聲色, 而一切世味, 淡泊如也. 其守己也簡而重, 其接人也和

而嚴, 事親則以養志爲先, 而不以一毫非義逆其心, 刑家則以禮敬爲務, 而不以俚近鄙野亂其儀, 處鄉而恂恂, 亦不必苟同於人, 睦族而由由, 未嘗有睽異於心. 至其爲學, 則無所師承而自能奮發超悟, 寤寐伊洛之學, 探賾性命之原, 玩心高明, 而冥悟夫圖象之玄微, 飭躬謹嚴, 而允蹈乎賢聖之軌躅, 古書之盤錯, 人所難曉, 而一經於目, 刃迎縷解, 事理之精微, 人所未透, 而人或有問, 剖決無疑, 從事格致, 而盡精思明辨之功, 用力誠正, 而極精詣深造之妙, 表裏文養, 酬酢合宜, 根心腴體, 色夷氣淸, 望之可畏, 卽之可愛, 人無賢不肖, 一見莫不有以感發興起, 而終無怨惡之者. 詩之在彼無惡, 在此無斁者, 正先生謂也. 先生與盧玉溪禛·吳德溪健·金東岡宇顯, 許爲道義之交, 而往來切磋, 互相推重, 蓋先生之於爲學, 非但天質粹美, 依本分做底, 其克養之功, 磋磨之益, 亦可尙已. 玉溪以文哭之曰, 屛居求志, 古人是希, 身蹈繩約, 思徹玄微, 稽經觀書, 默契心會, 雖遇肯綮, 迎刃而解, 一簞一瓢, 其守愈確, 和而實介, 物莫之奪, 犯而不校, 人孰涯涘, 德宇醇如, 可敦薄鄙, 孝友行全, 疇克倫比. 東岡亦哭以文曰, 程朱沒而微言絶, 關婺墟而大道隱, 此道之托, 不過乎文字口耳, 而異端之學, 又不勝其紛縕, 士生斯世, 非有卓然之高識, 則孰能特立而不惑, 又曰, 閉門自守, 味衆人所不味, 斯非豪傑之士不待文王而興者歟. 余求友於斯世, 蓋所取之多方, 而學之正守之固, 未有如夫子之淳篤, 又曰, 弘哉其執德之廣, 毅乎其任道之力, 闇闇其取善之量, 切切其文會之益, 則其積於內者深而厚, 所以著於外者朴以茂, 脚踏平實, 雖不爲崖岸嶄絶之行, 而存心不苟, 隱然爲濁世之砥柱. 嗚呼. 先生如許之才之德, 達而在上, 則可展所學, 而試經綸於斯世矣. 惜乎. 天不假年, 奪之斯速, 道旣不行於當時. 而言又不暇於垂後, 遺風餘馥, 雖足以立懦於百世之下, 豈非斯道之深痛也哉. 先生不喜著述, 而其或遇興而吟, 因事而纂, 亦未知多小, 而散失無餘. 今其所存, 詩若書記若干篇而已, 顧非後學之感慨也耶. 先生娶草溪卞氏參奉潤源之女, 府尹孝文之曾孫, 生三男三女, 長曰渭英, 次曰渭賢, 次曰渭明. 渭英娶士人李琢女, 生一子, 曰緒, 渭賢娶生員金轍女, 生二子, 曰紲·紝, 渭明娶主簿吳珪女, 女長, 適士人孫光顯, 無后, 次適士人愼誼, 無后, 次適士人林眞懋, 生一子, 幼.

萬曆二十四年丙申二月上澣, 從子渭琇, 謹識.

又行狀(鄭蘊)[2]

先生姓姜. 諱翼. 字仲輔. 自號介庵. 又號松庵. 其先晉州人. 高麗國子博士啓庸之
後. 厥後世趾其美. 冠冕不絶. 曾祖諱利敬. 軍威縣監. 祖諱漢. 知禮縣監. 考諱謹友.
承仕郎. 妣南原梁氏. 麗朝太子中允朱雲之後. 長興都護府使灌之孫. 承仕郎應麒
之女. 以嘉靖癸未正月十八日. 生先生. 生而岐嶷. 甫及齠齔. 狀貌魁偉. 雙瞳洞然.
見者知其爲非常兒矣.[一本. 此下有一日. 漢人善相者過之曰. 他日大明斯文. 爲吾道表者. 必此人
二十五字.] 然氣骨豪邁. 不拘繩墨. 常以田獵角觗爲事.[一本. 此下有亦指揮群兒而已七字.]
年至十四五.[一本. 此下有早抱沈痾四字.] 尙未入學. 承仕公憂之. 而方在沈痾中. 不能嚴
其教督之方. 一日. 戒之曰. 人而不學. 無異禽獸. 奈何甘與蠢蠢者同歸. 先生默[一本
作瞿]然良久. 忽有所感悟. 明日. 就學于同閈鄭希輔.[一本云唐谷鄭斯文希輔] 其門學徒.
見先生以初學從之. 皆笑以爲晩. 希輔[一本云唐谷]試教以史略初卷. 見其句讀分明.
音韻淸朗. 竦然異之曰. 爲他日大儒. 必此人也. 自是. 激昂自奮. 終日危坐. 孜孜矻
矻. 忘寢與食. 纔讀一卷. 文理已達. 不復從師. 有時質疑而已. 于時先生年幾弱冠.
不但畫以通書史習時文而已. 蓋已知有所謂爲己之學者. 而喚醒斂飭於心身內外
之間者. 已得其端的矣. 甲辰. 丁外艱. 初喪. 哀毀踰禮. 旣葬. 廬于墓側. 省問慈闈之
外. 足跡未嘗離几筵. 鄕隣稱嘆之.[一本云服其孝]己酉. 與伯兄參同占進士試. 其後一
二赴擧. 輒已厭廢. 專以讀書求志爲事. 奉養孀母. 左右無方. 承顔以色. 菽水盡歡.
每於定省之際. 從容侍坐. 歷陳古今嘉言善行. 冀其聞而喜悅焉. 與兄弟姊妹. 怡怡

---

2) 『개암집』에 실린 「행장」의 말미에는 편찬자의 주석이 부기되어 있다. 이에 따
르면, 동계 정온은 2종의 행장을 지었는데 그 내용에 약간의 차이가 있기 때문
에 『동계집』 간본에 실려 있는 행장을 수록한 뒤 異本의 내용을 주석으로 보충
하여 참고하도록 했다고 한다. 전체적인 내용은 강위수의 것에 비해 다소 소략
하고 다만 말미의 구성은 대동소이한데, 정온은 강위수의 행장을 참조하여 번잡
한 것은 버리고 중요 사안을 위주로 구성한 것으로 보인다. 따라서 정온이 지은
행장은 번역문을 생략하고 원문만 소개하기로 한다. 행장의 말미에 부기되어
있는 주석의 내용은 다음과 같다. "謹按, 桐溪鄭先生所撰行狀有二本, 而小有詳略. 故
玆錄其本集刊行之本, 而添註一本於其間, 以備參考."(삼가 살펴보니 동계 정선생이
지은 행장은 2개의 판본이 있는데, 다소 상세하고 소략한 차이가 있다. 그래서
여기에는 본집 간행 시의 판본을 수록하고 그 사이에 다른 판본의 내용을 첨부
하여 주석을 달아 참고하도록 대비하였다.)

無間言. 營虀嫁娶. 咸克有立. 舅氏梁公悅居與之近. 朝夕必省焉. 在書樓聞其語聲.
認其出外. 則輒下樓拱立. 以俟其過. 家業屢空. 衣未必取完. 食未必取飽. 而處之裕
如. 不以爲憂. 雅有高趣. 栖心間靜. 頭流北麓. 有洞曰登龜. 愛其宅幽而勢阻. 買田結
茅. 以爲終老之計. 歲在壬子. 先生爲一蠹文獻公. 創立書院. 時我東方書院. 竹溪之
外. 無有焉. 見聞未熟. 異議橫生. 先生毅然不動. 決意擧役. 適值郡守徐九淵. 雅敬重
先生. 尙其所爲. 出力相助. 旣立講堂. 而徐公遞去. 繼之者匪人. 未瓦而風且雨者六
年. 其後得尹確金宇弘相繼來莅. 首尾十年. 而乃克訖功. 廟宇儼然. 階砌峻整. 東西
齋舍. 樓門廚庫. 次茅俱備. 池垣潔正. 松竹森列. 以春秋次丁. 率諸生而俎豆之.
儀式詳備. 禮貌嚴肅. 諸生莫不駿犇將事. 不懈益虔. 旣又爲之料理指畫. 裒書聚穀.
以爲藏備永久之地. 遠近聞風坌集. 莫不願在諸生之列. 聽其講說. 事聞. 賜額灆溪.
頒書籍以榮之. 蓋自寒暄・一蠹被禍之後. 雖有昭雪之典. 而士氣猶未盡伸. 斯文
猶未盡興. 至於父兄子弟之所以勸勉詔告者. 猶未脫然於禍福成敗之機. 而諱言道
學之事. 先生用是憂之. 奮然爲己任. 排衆咻. 斥群疑. 憊心疲精. 積以歲月. 而卒有所
成就. 使道學煥然復明於世. 嚮之咻者定. 疑者信. 而諱言者釋然. 則儒先之道. 得先
生而益光且明. 其有補於世道. 豈淺淺乎. 隆慶丁卯. 以吳斯文德溪之薦. 除昭格署
參奉.[一本. 此下有先生養志求道. 不喜仕進. 而以家貧親老十六字.] 將理肅行. 以疾不起. 寔十月
之二日也. 當其疾之病. 有紫氣若長繩. 自空中垂接于屋上. 迨其屬纊. 其氣漸收.
薄天而滅. 見者異之. 以爲喆人之亡. 天其示異乎. 享年四十有五. 卜葬于立石洞卯
坐西向之原. 承仕公兆側也.[一本. 此下有葬之日. 遠近章甫. 聚首相弔. 鄉里老少. 執紼而號曰.
善人沒矣. 天何悲也二十八字.] 萬曆辛巳. 鄉人立祠廟. 以先生配於玉溪盧先生. 其後寒岡
鄭先生. 答棐定位次之書. 介庵與玉溪. 只以朋友而相敬. 未見其師生之分云. 東岡
金先生之言亦如是. 始定竝享之位. 別爲祝詞. 品式均齊. 先正之言. 豈無所見而然
耶. 始建於溏洲. 中移於羅村. 後移於新溪. 因號爲新溪書院云. 先生天品高明. 城府
坦易. 沈潛靜默. 喜怒不形. 風彩峻拔. 鬚髯秀嫩. 不喜麯蘗. 不近聲色. 其於一切世
味. 泊如也. 至其爲學. 無所師承. 而自能奮發超悟. 探賾義理. 貫徹玄微. 古書之盤錯
肯綮人所難曉者. 一經於目. 迎刃縷解. 聞其講釋. 如客得歸. 嘗曰. 書豈有不可曉者.
古人爲文. 皆有其理. 沂理而求之. 自無難處. 又嘗曰. 學貴自得. 非自得者. 易至差
失. 事在勉强. 非勉强. 則無以成功. 先生之於爲人. 非但天質粹美. 依本分做底.

334

其强學力行. 精思明辨. 從事於格致之方. 用力於誠正之功. 幽獨隱微之中. 而所以
操存者不懈. 動作酬應之際. 而所以省察者益密. 蓋其重厚故其學固. 剛毅故其行
篤. 內外完好. 色夷氣清. 望之可畏. 卽之可愛. 是以人無賢不肖. 莫不有以觀感.
而無怨惡之者. 諸所謂在彼無惡. 在此無斁者. 先生蓋近之矣. 先生與玉溪先生.
交契深密. 終始莫違. 以先進事南冥先生. 出入其門. 又與東岡金先生. 往來切磋.
互相推重. 斯三先生者. 智足以知賢人. 而不爲阿好溢媺之言. 南冥嘗與先生論學.
語及鮮克有終. 深歎今之學者不克有終. 因曰. 吾平生見欺於人多矣. 的然相信.
而保無可疑者. 惟吾子一人而已. 玉溪以文哭其死. 累數百餘言. 其略曰. 唯君之生.
氣厚才明. 早習文藝. 卽判重輕. 屏居求志. 古人是希. 身踏繩約. 思徹玄微. 稽經觀
書. 默契心會. 雖遇肯綮. 迎刃而解. 一簞一瓢. 其守愈確. 和而實介. 物莫之奪.
犯而不校. 人孰涯涘. 德宇醇如. 可敦薄鄙. 孝友中全. 疇克倫比. 東岡亦哭之以文.
略曰. 嗚呼. 程朱沒而微言絶. 關麥墟而大道隱. 此道之託. 不過文字口耳. 而異端之
學. 又不勝其紛綸. 士生斯世. 非有卓然之高識. 則孰能特立而不惑. 雖北方之學者
猶多. 昧其向方. 而況乎東土之陋. 僻於斯世. 而閉門自守. 味衆人所不味. 斯非豪傑
之士不待文王者歟. 余求友於斯世. 蓋所取之多方. 然而學之正. 守之固. 則未有如
夫子之淳篤. 又曰. 弘哉其執德之廣. 毅乎其任道之力. 闓之乎其取善之量. 切切乎
其文會之益. 則其積於內者深而厚. 所以著於外者朴而茂. 脚踏平實. 雖不爲崖岸
斬絶之行. 而存心不苟. 隱然爲濁世之砥柱. 又曰見斯世有斯人. 而謂天其未喪於
斯文也. 是何其德之豐而命之嗇. 賦予之偏. 終不得其均也. 已矣乎. 揚休山立. 不可
得而復見. 猶有不亡者之長存云云. 欲求先生之道者. 見此三賢之言. 則可以得其
槪矣. 先生之沒. 于今六卜年餘. 而狀文之托. 未有所屬. 當時親炙之徒. 皆已老死.
名言懿行之在人耳目者. 皆已湮沒. 十未得其一二. 雖以甥姪之親. 如蘊之愚. 而生
於易簀之後三年. 則何由得其遺光之萬一哉. 第以表兄渭明之請. 懇懇不已. 義亦
有不可推諉. 故謹就鄉士[一本. 此下有朴汝樑三字.]從子[一本. 此下有姜渭琇三字.]之所敍述.
略陳於前. 而終證之以三先生之說. 所引繁而不殺. 殊失狀文之體. 然與其以疑似
髣髴之跡. 敷衍誇張. 自立己說. 以欺先生. 欺後世. 曷若引據諸賢的確之論. 可傳於
後無疑者哉. 文體之失. 固不暇顧也. 嗚呼. 天之生先生也. 旣賦以如許之才之德.
而澤焉而不川. 使不得行道於當世. 又奪之斯遽. 使不暇立言垂后. 以爲開來學淑

부록 2∥ 개암 강익 행장 335

人心之地. 天之生先生之意. 果安在哉. 痛矣哉痛矣哉. 先生娶慶基殿漆奉卜潤源之女. 示亦草溪著姓. 生三男三女. 男. 渭英・渭賢・渭明. 女. 孫光顯・愼誼・林眞愍. 先生不喜著述. 其或因事而記纂. 遇興而吟咏者. 未知其多少. 而皆散失無餘. 今其存者. 只在人口誦者若干首而已. 其亦可憾也已. 甥姪嘉善大夫.

行承政院都承旨兼經筵參贊官春秋館修撰官藝文館直提學尙瑞院正鄭蘊 謹狀.

사단법인 남명학연구원은

남명선생의 학문을 연구하고 학덕을 선양하기 위해 1986년 발족되었다. 1988년 9월 전문학술지『남명학연구논총』을 창간, 2004년 13호를 끝으로 일시 정간하였다가 2009년 3월『남명학』으로 제호를 바꾸어 복간하였으며, 한국전통문화의 근간인 선비문화를 진흥하기 위해 2004년 4월 교양잡지『선비문화』를 발행하여 현재 32호에 이르렀다. 그동안 매년 전국 규모의 학술대회를 개최하는 한편 격년으로 국제학술대회를 개최하여 남명학에 대한 학문적 성과를 국제적인 수준으로 제고하였다. 현재 10여 명의 상임연구위원과 70여 명의 연구위원이 연구활동에 종사하고 있으며 700여 명의 회원이 연구원의 사업을 지원하고 있다.

필진 소개(게재순)

김학수(한국학중앙연구원 교수)

강문식(서울대학교 규장각한국학연구원 학예연구관)

손병욱(경상대학교 교수)

문범두(경남과학기술대학교 교수)

구진성(한국선비문화연구원 연구위원)

사재명(남명학연구원 연구위원)

강구율(동양대학교 교수)

권인호(대진대학교 교수)

오용원(한국국학진흥원 책임연구위원)

예문서원의 책들

역학총서

주역철학사 (周易研究史) 廖名春·康學偉·梁韋弦 지음, 심경호 옮김, 944쪽, 45,000원
송재국 교수의 주역 풀이 송재국 지음, 380쪽, 10,000원
송재국 교수의 역학담론 — 하늘의 빛 正易, 땅의 소리 周易 송재국 지음, 536쪽, 32,000원
소강절의 선천역학 高懷民 지음, 곽신환 옮김, 368쪽, 23,000원
다산 정약용의 『주역사전』, 기호학으로 읽다 방인 지음, 704쪽, 50,000원

한국철학총서

조선 유학의 학파들 한국사상사연구회 편저, 688쪽, 24,000원
퇴계의 생애와 학문 이상은 지음, 248쪽, 7,800원
조선유학의 개념들 한국사상사연구회 지음, 648쪽, 26,000원
유교개혁사상과 이병헌 금장태 지음, 336쪽, 17,000원
남명학파와 영남우도의 사림 박병련 외 지음, 464쪽, 23,000원
쉽게 읽는 퇴계의 성학십도 최재목 지음, 152쪽, 7,000원
홍대용의 실학과 18세기 북학사상 김문용 지음, 288쪽, 12,000원
남명 조식의 학문과 선비정신 김충열 지음, 512쪽, 26,000원
명재 윤증의 학문연원과 가학 충남대학교 유학연구소 편, 320쪽, 17,000원
조선유학의 주역사상 금장태 지음, 320쪽, 16,000원
한국유학의 악론 금장태 지음, 240쪽, 13,000원
심경부주와 조선유학 홍원식 외 지음, 328쪽, 20,000원
퇴계가 우리에게 이윤희 지음, 368쪽, 18,000원
조선의 유학자들, 켄타우로스를 상상하며 理와 氣를 논하다 이향준 지음, 400쪽, 25,000원
퇴계 이황의 철학 윤사순 지음, 320쪽, 24,000원
조선유학과 소강절 철학 곽신환 지음, 416쪽, 32,000원
되짚어 본 한국사상사 최영성 지음, 632쪽, 47,000원
한국 성리학 속의 심학 김세정 지음, 400쪽, 32,000원
동도관의 변화로 본 한국 근대철학 홍원식 지음, 320쪽, 27,000원
선비, 인을 품고 의를 걷다 한국국학진흥원 연구부 엮음, 352쪽, 27,000원

성리총서

송명성리학 (宋明理學) 陳來 지음, 안재호 옮김, 590쪽, 17,000원
주희의 철학 (朱熹哲學研究) 陳來 지음, 이종란 외 옮김, 544쪽, 22,000원
양명 철학 (有無之境—王陽明哲學的精神) 陳來 지음, 전병욱 옮김, 752쪽, 30,000원
정명도의 철학 (程明道思想研究) 張德麟 지음, 박상리·이경남·정성희 옮김, 272쪽, 15,000원
송명유학사상사 (宋明時代儒學思想の研究) 구스모토 마사쓰구(楠本正繼) 지음, 김병화·이혜경 옮김, 602쪽, 30,000원
북송도학사 (道學の形成) 쓰치다 겐지로(土田健次郎) 지음, 성현창 옮김, 640쪽, 32,000원
성리학의 개념들 (理學範疇系統) 蒙培元 지음, 홍원식·황지원·이기훈·이상호 옮김, 880쪽, 45,000원
역사 속의 성리학 (Neo-Confucianism in History) Peter K. Bol 지음, 김영민 옮김, 488쪽, 28,000원
주자어류선집 (朱子語類抄) 미우라 구니오(三浦國雄) 지음, 이승연 옮김, 504쪽, 30,000원

불교(카르마)총서

학파로 보는 인도 사상 S. C. Chatterjee·D. M. Datta 지음, 김형준 옮김, 424쪽, 13,000원
유식무경, 유식 불교에서의 인식과 존재 한자경 지음, 208쪽, 7,000원
박성배 교수의 불교철학강의: 깨침과 깨달음 박성배 지음, 윤원철 옮김, 313쪽, 9,800원
불교 철학의 전개, 인도에서 한국까지 한자경 지음, 252쪽, 9,000원
인물로 보는 한국의 불교사상 한국불교원전연구회 지음, 388쪽, 20,000원
은정희 교수의 대승기신론 강의 은정희 지음, 184쪽, 10,000원
비구니와 한국 문학 이향순 지음, 320쪽, 16,000원
불교철학과 현대윤리의 만남 한자경 지음, 304쪽, 18,000원
유식삼심송과 유식불교 김명우 지음, 280쪽, 17,000원
유식불교, 『유식이십론』을 읽다 효도 가즈오 지음, 김명우·이상우 옮김, 288쪽, 18,000원
불교인식론 S. R. Bhatt & Anu Mehrotra 지음, 권서용·원철·유리 옮김, 288쪽, 22,000원
불교에서의 죽음 이후, 중음세계와 육도윤회 허암 지음, 232쪽, 17,000원

한의학총서

한의학, 보약을 말하다 — 이론과 활용의 비밀 김광중·하근호 지음, 280쪽, 15,000원

동양문화산책

주역산책 (易學漫步) 朱伯崑 외 지음, 김학권 옮김, 260쪽, 7,800원
동양을 위하여, 동양을 넘어서 홍원식 외 지음, 264쪽, 8,000원
서원, 한국사상의 숨결을 찾아서 안동대학교 안동문화연구소 지음, 344쪽, 10,000원
안동 풍수 기행, 와혈의 땅과 인물 이완규 지음, 256쪽, 7,500원
안동 풍수 기행, 돌혈의 땅과 인물 이완규 지음, 328쪽, 9,500원
영양 주실마을 안동대학교 안동문화연구소 지음, 332쪽, 9,800원
예천 금당실·맛질 마을 — 정감록이 꼽은 길지 안동대학교 안동문화연구소 지음, 284쪽, 10,000원
터를 안고 仁을 펴다 — 퇴계가 굽어보는 하계마을 안동대학교 안동문화연구소 지음, 360쪽, 13,000원
안동 가일 마을 — 풍산들가에 의연히 서다 안동대학교 안동문화연구소 지음, 344쪽, 13,000원
중국 속에 일떠서는 한민족 — 한겨레신문 차한필 기자의 중국 동포사회 리포트 차한필 지음, 336쪽, 15,000원
신간도견문록 박진관 글·사진, 504쪽, 20,000원
선양과 세습 사라 알란 지음, 오만종 옮김, 318쪽, 17,000원
문경 산북의 마을들 — 서중리, 대상리, 대하리, 김룡리 안동대학교 안동문화연구소 지음, 376쪽, 18,000원
안동 원촌마을 — 선비들의 이상향 안동대학교 안동문화연구소 지음, 288쪽, 16,000원
안동 부포마을 — 물 위로 되살려 낸 천년의 영화 안동대학교 안동문화연구소 지음, 440쪽, 23,000원
독립운동의 큰 울림, 안동 전통마을 김희곤 지음, 384쪽, 26,000원
학봉 김성일, 충군애민의 삶을 살다 한국국학진흥원 기획, 김미영 지음, 144쪽, 12,000원

일본사상총서

도쿠가와 시대의 철학사상 (德川思想小史) 미나모토 료엔 지음, 박규태·이용수 옮김, 260쪽, 8,500원
일본인은 왜 종교가 없다고 말하는가 (日本人はなぜ 無宗敎のか) 아마 도시마로 지음, 정형 옮김, 208쪽, 6,500원
일본사상이야기 40 (日本がわかる思想入門) 나가오 다케시 지음, 박규태 옮김, 312쪽, 9,500원
일본도덕사상사 (日本道德思想史) 이에나가 사부로 지음, 세키네 히데유키·윤종갑 옮김, 328쪽, 13,000원
천황의 나라 일본 — 일본의 역사와 천황제 (天皇制と民衆) 고토 야스시 지음, 이남희 옮김, 312쪽, 13,000원
주자학과 근세일본사회 (近世日本社會と宋學) 와타나베 히로시 지음, 박홍규 옮김, 304쪽, 16,000원

노장총서

不二 사상으로 읽는 노자 — 서양철학자의 노자 읽기 이찬훈 지음, 304쪽, 12,000원
김항배 교수의 노자철학 이해 김항배 지음, 280쪽, 15,000원
서양, 도교를 만나다 J. J. Clarke 지음, 조현숙 옮김, 472쪽, 36,000원
중국 도교사 — 신선을 꿈꾼 사람들의 이야기 牟鐘鑒 지음, 이봉호 옮김, 352쪽, 28,000원

남명학연구총서

남명사상의 재조명 남명학연구원 엮음, 384쪽, 22,000원
남명학파 연구의 신지평 남명학연구원 엮음, 448쪽, 26,000원
덕계 오건과 수우당 최영경 남명학연구원 엮음, 400쪽, 24,000원
내암 정인홍 남명학연구원 엮음, 448쪽, 27,000원
한강 정구 남명학연구원 엮음, 560쪽, 32,000원
동강 김우옹 남명학연구원 엮음, 360쪽, 26,000원
망우당 곽재우 남명학연구원 엮음, 440쪽, 33,000원
부사 성여신 남명학연구원 엮음, 352쪽, 28,000원
약포 정탁 남명학연구원 엮음, 320쪽, 28,000원

예문동양사상연구원총서

한국의 사상가 10人 — 원효 예문동양사상연구원/고영섭 편저, 572쪽, 23,000원
한국의 사상가 10人 — 의천 예문동양사상연구원/이병욱 편저, 464쪽, 20,000원
한국의 사상가 10人 — 지눌 예문동양사상연구원/이덕진 편저, 644쪽, 26,000원
한국의 사상가 10人 — 퇴계 이황 예문동양사상연구원/윤사순 편저, 464쪽, 20,000원
한국의 사상가 10人 — 남명 조식 예문동양사상연구원/오이환 편저, 576쪽, 23,000원
한국의 사상가 10人 — 율곡 이이 예문동양사상연구원/황의동 편저, 600쪽, 25,000원
한국의 사상가 10人 — 하곡 정제두 예문동양사상연구원/김교빈 편저, 432쪽, 22,000원
한국의 사상가 10人 — 다산 정약용 예문동양사상연구원/박홍식 편저, 572쪽, 29,000원
한국의 사상가 10人 — 혜강 최한기 예문동양사상연구원/김용헌 편저, 520쪽, 26,000원
한국의 사상가 10人 — 수운 최제우 예문동양사상연구원/오문환 편저, 464쪽, 23,000원

민연총서 — 한국사상

자료와 해설, 한국의 철학사상 고려대 민족문화연구원 한국사상연구소 편, 880쪽, 34,000원
여헌 장현광의 학문 세계, 우주와 인간 고려대 민족문화연구원 한국사상연구소 편, 424쪽, 20,000원
퇴옹 성철의 깨달음과 수행 — 성철의 선사상과 불교사적 위치 조성택 편, 432쪽, 23,000원
여헌 장현광의 학문 세계 2, 자연과 인간 고려대 민족문화연구원 한국사상연구소 편, 432쪽, 25,000원
여헌 장현광의 학문 세계 3, 태극론의 전개 고려대 민족문화연구원 한국사상연구소 편, 400쪽, 24,000원
역주와 해설 성학십도 고려대 민족문화연구원 한국사상연구소 편, 328쪽, 20,000원
여헌 장현광의 학문 세계 4, 여헌학의 전망과 계승 고려대학교 민족문화연구원 편, 384쪽, 30,000원

경북의 종가문화

사당을 세운 뜻은, 고령 점필재 김종직 종가 정경주 지음, 203쪽, 15,000원
지금도 「어부가」가 귓전에 들려오는 듯, 안동 농암 이현보 종가 김서령 지음, 225쪽, 17,000원
종가의 멋과 맛이 넘쳐 나는 곳, 봉화 충재 권벌 종가 한필원 지음, 193쪽, 15,000원
한 점 부끄럼 없는 삶을 살다, 경주 회재 이언적 종가 이수환 지음, 178쪽, 14,000원
영남의 큰집, 안동 퇴계 이황 종가 정우락 지음, 227쪽, 17,000원
마르지 않는 효제의 샘물, 상주 소재 노수신 종가 이종호 지음, 303쪽, 22,000원
의리와 충절의 400년, 안동 학봉 김성일 종가 이혜영 지음, 199쪽, 15,000원
충효당 높은 마루, 안동 서애 류성룡 종가 이세동 지음, 210쪽, 16,000원
낙중 지역 강안학을 열다, 성주 한강 정구 종가 김학수 지음, 180쪽, 14,000원
모원당 회화나무, 구미 여헌 장현광 종가 이종문 지음, 195쪽, 15,000원
보물은 오직 청백뿐, 안동 보백당 김계행 종가 최은주 지음, 160쪽, 15,000원
은둔과 화순의 선비들, 영주 송설헌 장말손 종가 정순우 지음, 176쪽, 16,000원
처마 끝 소나무에 갈무리한 세월, 경주 송재 손소 종가 황위주 지음, 256쪽, 23,000원
양대 문형과 직신의 가문, 문경 허백정 홍귀달 종가 홍원식 지음, 184쪽, 17,000원
어질고도 청빈한 마음이 이어진 집, 예천 약포 정탁 종가 김낙진 지음, 208쪽, 19,000원
임란의병의 힘, 영천 호수 정세아 종가 우인수 지음, 192쪽, 17,000원
영남을 넘어, 상주 우복 정경세 종가 정우락 지음, 264쪽, 23,000원
선비의 삶, 영덕 갈암 이현일 종가 장윤수 지음, 224쪽, 20,000원
청빈과 지조로 지켜 온 300년 세월, 안동 대산 이상정 종가 김순석 지음, 192쪽, 18,000원
독서종자 높은 뜻, 성주 응와 이원조 종가 이세동 지음, 216쪽, 20,000원
오천칠군자의 향기 서린, 안동 후조당 김부필 종가 김용만 지음, 256쪽, 24,000원
마음이 머무는 자리, 성주 동강 김우옹 종가 정병호 지음, 184쪽, 18,000원
문무의 길, 영덕 청신재 박의장 종가 우인수 지음, 216쪽, 20,000원
형제애의 본보기, 상주 창석 이준 종가 서정화 지음, 176쪽, 17,000원
경주 남쪽의 대종가, 경주 잠와 최진립 종가 손숙경 지음, 208쪽, 20,000원
변화하는 시대정신의 구현, 의성 자암 이민환 종가 이시활 지음, 248쪽, 23,000원
무로 빛고 문으로 다듬은 충효와 예학의 명가, 김천 정양공 이숙기 종가 김학수, 184쪽, 18,000원
청백정신과 팔련오계로 빛나는, 안동 허백당 김양진 종가 배영동, 272쪽, 27,000원
학문과 충절이 어우러진, 영천 지산 조호익 종가 박학래, 216쪽, 21,000원
영남 남인의 정치 중심 돌밭, 칠곡 귀암 이원정 종가 박인호, 208쪽, 21,000원
거문고에 새긴 외금내고, 청도 탁영 김일손 종가 강정화, 240쪽, 24,000원
대를 이은 문장과 절의, 울진 해월 황여일 종가 오용원, 200쪽, 20,000원
처사의 삶, 안동 경당 장흥효 종가 장윤수, 240쪽, 24,000원
대의와 지족의 표상, 영양 옥천 조덕린 종가 백순철, 152쪽, 15,000원
군자불기의 임청각, 안동 고성이씨 종가 이종서, 216쪽, 22,000원
소학세가, 현풍 한훤당 김굉필 종가 김훈식, 216쪽, 22,000원
송백의 지조와 지란의 문향으로 일군 명가, 구미 구암 김취문 종가 김학수, 216쪽, 22,000원
백과사전의 산실, 예천 초간 권문해 종가 권경열, 216쪽, 22,000원
전통을 계승하고 세상을 비추다, 성주 완석정 이언영 종가 이영춘, 208쪽, 22,000원
영남학의 맥을 잇다, 안동 정재 류치명 종가 오용원, 224쪽, 22,000원
사천 가에 핀 충효 쌍절, 청송 불훤재 신현 종가 백운용, 216쪽, 22,000원
옛 부림의 땅에서 천년을 이어오다, 군위 경재 홍로 종가 홍원식, 200쪽, 20,000원
16세기 문향 의성을 일군, 의성 회당 신원록 종가 신해진, 296쪽, 30,000원
도학의 길을 걷다, 안동 유일재 김언기 종가 김미영, 216쪽, 22,000원
실천으로 꽃핀 실사구시의 가풍, 고령 죽유 오운 종가 박원재, 208쪽, 21,000원
민족고전 「춘향전」의 원류, 봉화 계서 성이성 종가 설성경, 176쪽, 18,000원